U1002372

城市研究系列

Urban Studies

城市研究系列

主　　编　周　宪　[加] 罗伯·希尔兹

项目总监　任　晖

URBAN THEORY
AND THE URBAN EXPERIENCE

城市理论与城市经验

ENCOUNTERING THE CITY

遇见城市

[英] 西蒙·帕克 著
何本国 译

江苏凤凰教育出版社
Phoenix Education Publishing, Ltd
ROUTLEDGE

出版说明

城市研究领域很深广，涉及多学科内容。经济、政治、文化、环境、资源、规划、可持续发展等主题，都与城市有关。这些主题大致涵盖了实体的物质空间和抽象的文化空间，也许在一定程度上与当代生活有关的问题大多是城市问题。

“城市研究系列”即是对中国城市化进程中可能遭遇的各种问题在理论上的一种回应。“系列”以经典性与前沿性为导向，理论研究与实证研究并重。在内容方面重点关注与城市主题有关的经典性著作、各学术流派的代表作、当代前沿问题研究、城市研究新理论、城市文化现象与发展方向的探讨等。这些内容不仅追溯了城市发展的历史进程中诸多富有影响力的节点，也契合了当前社会的热点和趋势。

“城市研究系列”既重视国外先进的城市研究著作的引入，也重视国内城市研究领域中优秀的原创著作的出版。我国的城市研究起步较晚，引入国外先进的学术理论，其目的是丰富我们认识城市的路径，建立更加科学的观照体系，从而形成并完善我们本土的城市理论系统建构。

作为中国城市化进程的目击者、参与者、解释者、引领者，我们有责任告诉世界这个历史悠久的农业大国在这一巨大的城市化转型中所发生的一切。而城市本身所具有的多样性与复杂性，也值得我们去探究，去呈现，去引领。

我们期待“城市研究系列”这一高水准的中外城市理论研究出版平台所带来的新角度和新方法，所开启的新视野，所探讨的新问题，能为我国新型的城市化进程提供充分的学术支持。

江苏凤凰教育出版社

目　录

图 目

表 目

辅助资料

致　谢

我要感谢英国约克大学政治学系的同事们，让我能够休一个学术假期，专心写作这本书。特别感谢同事罗杰·皮尔斯（Roger Pierce）和乔恩·帕金（Jon Parkin），为我提供了珍贵的资料。还要感谢约克大学政治科学工作坊的参与者，以及当代欧洲城市研究生项目的成员，帮助我深化了对城市经验的理解。本书关注的问题和主题，得益于与以下诸位进行的讨论：拉里·贝内特（Larry Bennett）、鲍伯·卡特罗尔（Bob Catterall）、皮埃尔·克拉维尔（Pierre Clavel）、罗杰·凯尔（Roger Keil）、托德·斯万斯特伦（Todd Swanstrom）、彼得·特霍斯（Peter Terhorst）。我曾定期逗留于伦敦，约翰·富特（John Foot）和马丁·布赖特（Martin Bright）两位友人慷慨地招待我并提供支持。尤其要感谢我的编辑、Routledge 出版社的安德鲁·莫尔德（Andrew Mould）在整个写作过程中给予的支持和鼓励，还要感谢几位匿名审稿人对本书的最初几稿提出的宝贵建议和建设性批评。后面正文中提出的所有观点，完全由我一人负责，有时我会草率地决定忽略上述诸位的明智建议，这一点则与他们无关。

最后，没有妻子 Esmé 以及女儿 May、Beth 和 Lily 的爱和支持，这本书不可能完成。她们的宽容耐心和同心协力总是激励、鼓舞着我。怀着真诚的感激、爱和赞美，我把这本书献给她们。

提醒各位读者：正文中所提及的部分术语，可以参见后面的术语表。

第二版致谢

我要再次感谢对于我一直充满耐心的编辑、Taylor & Francis出版集团的安德鲁·莫尔德，以及费伊·利琳克(Faye Leerink)和萨拉·克尔克斯(Sarah Gilkes)。我多次请求宽限交稿的时日，他们总是宽容相待。同时要感谢艾利森·琼斯(Alison Jones)，她对这一新版的初稿提出了有益的建议，并进行了细致的编辑加工。

还要感谢为第一版提供有益的评论和批评的匿名审稿人们，感谢罗杰·伯罗斯(Roger Burrows)、杰米·杜塞特(Jamie Doucette)，苏珊·帕内尔(Susan Parnell)以及比约恩·苏尔博格(Björn Surborg)惠允阅读新的章节并分享感受。与之前一样，仍然存在的任何缺陷和疏漏，责任完全在我一人。

在这一新版的准备过程中，罗杰·伯罗斯、阿马尔吉特·阿卢瓦利亚(Amarjit Ahluwalia)、罗南·托阿尔(Ronan Toal)、威尔·蒙哥马利(Will Montgomery)、迈克·萨维奇(Mike Savage)以及海伦·希尔斯(Helen Hills)，或是提供慷慨的招待，或是给予快乐的友情。约克大学政治学与社会学系以及城市研究中心此前和现在的师生们，帮助我思考成形，并激发我对城市以及人们如何理解城市产生了好奇心。感谢他们所有人付出的时间和陪伴。

最要感谢的是我的妻子 Esmé 以及女儿 May、Beth 和 Lily。没有她们的鼓励和理解，这一新版便无法完成。怀着无限的爱与深情，我要把新版献给她们，并以此纪念先父。

在此感谢以下版权所有人惠允我在《城市理论与城市经验》新版中再次使用相关资料：感谢伦敦交通博物馆提供了亨利·C. 贝格(Henry C.Beck)1933 年伦敦地铁示意图的照片，见图 1.1；感谢纽约市博物馆提供了雅各布·里斯(Jacob Riis)所拍的照片，见图 3.2；感谢诺曼-巴特勒(Norman-Butler)夫人和伦敦大学图书馆特色馆藏部惠允复制查尔斯·布思(Charles Booth)的照片，见图 3.3；感谢斯沃斯莫尔学院图书馆和平馆藏部惠允使用简·亚当斯(Jane Addams)的照片，见图 3.5；感谢芝加哥大学出版社惠允复制爱德华·伯吉斯(Edward Burgess)的同心圆区域图，见图 3.6。还要感谢伦敦皇家建筑师学会的英国建筑图书馆馆长惠允复制图 4.2、图 4.4、图 4.5、图 4.6、图 4.8 和图 4.9 中的图片，感谢普林斯顿建筑出版社惠允复制图 4.10中彼得·卡尔索普(Peter Calthorpe)的"新城镇标准"，感谢建筑协会摄影库和各位独立摄影师惠允复制图 4.7、图 4.11、图 5.1、图 8.1和图 12.2 中的图片。此外，还要感谢以下版权所有人惠允用图："维基共享资源"提供了图 9.2，CNES 2014，Distribution Airbus DS/Spot Image 提供了图 9.2 中迪拜市中心图片，比约恩·苏尔博格提供了图 10.1 中达卡的图片，Shutterstock.com 提供了图 10.2 和图 12.1，OpenStreetmap 提供了图 10.3，世界卫生组织提供了图 10.4，伦敦交通局提供了图 11.1。

第二版前言

自《城市理论与城市经验》第一版面世以来，世界上的多数人口都已经居住于城市之中。与此同时，在北方国家(Global North)的某些城市，我们看到了一种逆城市化过程，甚至城市的部分核心区被完全抛弃，比如底特律的情形。世界人口中现有 10 亿人生活在贫民窟中——虽然部分非正式定居点正在慢慢升级，融入服务完善的城市，比如在南非和巴西——不稳定的、"非正式的"居所在数量上还是远远多于有清洁水源、电力供应和卫生设施的居所。

这一所谓"新的全球城市化"(Merrifield，2013)的城市理论所面临的挑战在于，需要找出人们熟悉的并在某种程度上能用现有理论和分析工具来加以解释的城市化(以及逆城市化)的特征，并同时指出现有理论在解释南方国家(Global South)和北方国家城市变迁方面的局限。

整体的、普遍的城市主义理论，仍然与城市经验中更为具体的案例和更为"地方性的"解释相冲突，这类城市经验不宜轻易加以赞同。城市研究坚持提出具有探索性的问题，并借助范围广泛的学科传统，不断有所发现。但是，第一版的最后一章明确了城市经验的三个方面，我认为现在应该各自成章，进行独立详尽的考察。这三章分别叙述的是：南方国家城市和城市人口在数量、规模和多样性方面的增加，即“城市人口占多数的世界”；环境、气候和人为的风险对城市产生的威胁，即“压力下的城市”；以及信息和通信技术在使物质世界和虚拟世界结合起来方面所具有的越来越重要的作用，即“信息城市”。《城市理论与城市经验》第一版的读者，现在会发现这些小节分别构成了第九、十和十一章，每个主题都附有新的材料、辅助资料和延伸阅读推荐。

这些城市趋势中，每一种无疑都存在历史先例，但是，南方国家城市化的规模和强度、围绕着气候变化的各种威胁的汇聚、经济收益与各种形式的城市暴力的不均衡分布，以及全世界的城市和地区经由以知识为基础的数字经济实现的日益融合，与此前的各个城市时代都有质的差别。理解这些复杂而重叠的过程是一项艰巨的任务。对于这一迅速变化的城市景观，20 世纪早期的社会理论家们在寻求新的解释时采用的是宏大叙事，现在的学者们通常对这种叙事退避三舍。当代的某些城市学术研究仍在试图寻找一种普遍的城市和区域理论，想把 20 世纪 20 年代和 30 年代的芝加哥学派与 20 世纪 80 年代和 90 年代的洛杉矶学派联系起来；但是，人们更感兴趣的似乎是中间范围的城市理论的应用和推进，比如从中产阶级化(gentrification)或政治经济中引出的对城市权力的批评，包括新自由主义和新自由化理论。

城市理论在知识界的地理分布，同样一直严格地维持在北方国家的范围以内，但是近年来，这一状况开始有了改变：来自西方以外的学者开始挑战一种观念，即经由西方城市发展的透镜，发展中国家的城市很容易就能得到了解（比如参见 Robinson，2006；Roy，2011，Pieterse，2014）。与此同时，对于复杂性与制度之间相互依赖的理论日益浓厚的兴趣，产生了一个城市研究群体，它既利用科学和技术研究成果(尤其是行动者网络理论)，又利用对城市经验的后结构主义解释，这种解释或许可以归入集合理论(assemblage theory)名下。

尽管声称城市已经不再是独立的地理、经济、社会、政治和文化实体，但是政府和非政府组织、智库、学术研究中心、科学杂志、大量发行的期刊和报纸以及畅销书作者，都无意否认城市作为大型人类定居点的一个富有意义的方面存在着。21 世纪的城市生活与 19 世纪的大都市在某些特征上是一致的，尤其是对城市中最为贫穷的居民来说，比如过度拥挤、直面犯罪和暴力、污染和环境的危险，但是两者之间也有重要的差别。

比如，信息革命甚至触及了非洲最为穷苦贫困的城市居民，在那里手机不仅是与亲友保持联系的方式，还充当着付款和收钱的工具。这并不是说，在北方国家和南方国家的城市之间，不存在根深蒂固的数字鸿沟，而是在强调，在西方以外大多数城市世界中城市化最为迅速的地区，城市理论把全球化和信息时代的日常影响展现出来。在这样一个世界，壮观的建筑、智慧的城市与体量庞大的跨国劳动力市场上隐形的幽灵工人彼此共存，城市往往变成两派之间的战场：一边是反政府的叛乱组织和犯罪组织，另一边是全球性的安全机构，在许多批评家看来，后者就是一种新型的、以南方国家城市为中心的武装殖民主义(Graham，2010；Sassen，2010b)。

我们逐渐认识到 20 世纪的大部分城市景观定义着“城市性”(cityness)，这种景观现在仍然是研究和分析的对象——从郊区的成长和转变，到知识经济和极为专业化的空间劳动分工的蔓延。但是，驱动着知识和文化的创新及交流的多样性和世界主义，并非在所有地方都方兴未艾，控制和限制人口流动(尤其是在国家之间)的呼声无疑并不仅仅发自北方国家的选民之口。文化、消费和社区仍然是城市经验的核心，但城市权利在政府机构层面和公民社会内部的争夺都日益激烈，其结果是，人与人之间的冲突越来越成为开放、宽容、繁荣的社会的威胁因素，这种社会正是 19 世纪和 20 世纪早期伟大的社会改革家们所展望的。不过，现在我们还不应该假定，全世界城市的当前状况将决定着未来的城市发展。城市理论的研究表明，观念能实实在在地塑造我们生活的世界，随着城市创建者们视为理所当然的丰富资源逐渐减少，如果我们的城市世界想维持繁荣直到下一个世纪，关键就在于要把如何和平地、可持续地生活的知识付诸实践。

第一章　与城市相遇

要想有把握地获得它，就必须成天待在那里。宽恕。这是忍受城市生活的代价。

——伊安·辛克莱《伦敦轨道》(Iain Sinclair, *London Orbital*)

- 20世纪初期，全世界约有10%的人口居住在小镇或城市。
- 1975年，这个数字上升至世界人口的37.8%。
- 1995年，这个数字达到世界人口的45.3%。
- 到2030年，全世界60%以上的人口将实现城市化。

当美国杰出的城市规划者刘易斯·芒福德(Lewis Mumford)发出"何为城市?"之问时，他关注的焦点是10世纪以后欧洲及西方世界城市社会的伟大复兴，尤其是19世纪工业革命以来城市在数量和规模上的巨大扩张。芒福德是在二战即将爆发之际提出这个问题的，当时只有伦敦和纽约的人口数量接近800万。21世纪伊始，则有了22个人口规模达到八位数的"特大城市"，而在过去50年中，城市化迅速推进，现在世界上的多数人口都生活在城市中。然而一直以来，我们是否更好地理解了城市经验的本质？尤其是，对于芒福德之问的后续追问，即政治与城市之间关系的本质是什么，哪些因素导致了某些城市形式的出现，以及城市在与更广泛的地区，实际上也就是与更广阔的世界的关联中扮演着什么角色（Mumford，1938：10—1），我们有没有给出令人满意的回答？

过去150年左右的时间内，城市评论家、调查者和预言家们以各种方式探究着这些问题；本书的目的，就在于通过对这些方式进行批判性的考察，来对上述问题做出回应。这个时间轴很重要，它跨越了许多社会科学家和文化理论家所称的现代性时期。现代性与我们思考城市并栖居于城市的方式之间的交会点，正是这部作品的主要叙述对象。不过，在预想出本书的各个具体主题之前，很重要的一点是要说明，在城市研究这个语境之下理论有何目的，以及为何理论对城市生活的当前景象和未来前景不仅仅是具有学术上的价值。

城市理论为何重要？

> 理论……并非超然高蹈于日常生活之上：它来自某个地方，而研究人员有责任让理论回归到它的来处。
>
> （Liggett and Perry，1995：2）

在绝大多数情况下，“理论”表现为一种难以理解的语言，它是由学者和著述者构成的精英圈子自说自话的专利。不过，正如莫里哀同名喜剧中的那个“贵人迷”说着“散文”而不自知一般，所有在城市中居住、工作或到访城市的人，无意中都在日常层面参与着理论活动。

不妨以前往伦敦西区的一次购物之旅为例，来说明理论如何有助于理解日常的城市经验。如果是从郊区小地方的地铁站出发，我们会看到一幅数百万伦敦人和外国游客都很熟悉的地图(见图 1.1)。当然,我们看到的不是按精确比例缩小的数百英里长的轨道、站台和人行道微型图,而是根据地形进行的抽象,目的是将复杂的工程系统简化为最基本的线性形式。我们知道,在郊区,各地铁站之间的距离比市中心要长得多,但对伦敦地铁的乘客来说,重要的是先后顺序(最少要坐多少站?)或者说时间(到帕丁顿需要多少分钟?),而不是距离(要坐多少英里?)。于是,空间上的呈现就被缩短或拉长,用于满足亨利·贝克设计的 1933 年伦敦地铁线路图的要求,该图明白易懂,看上去像是意大利细面条。

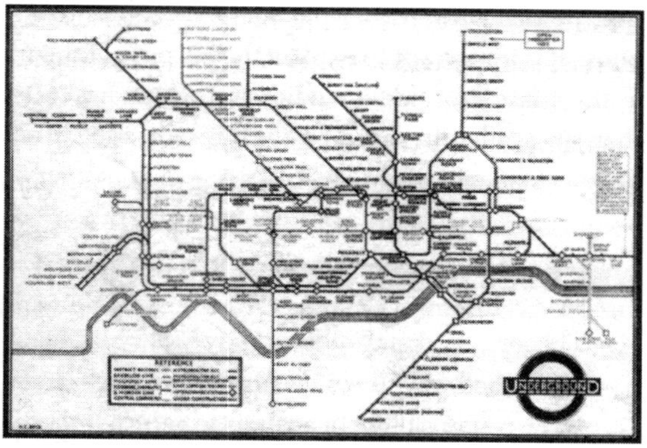

图 1.1　亨利·C. 贝克为 1933 年伦敦地铁系统所作的设计
版权所有:Transport for London,承蒙 London's Transport Museum 供图

贝克的地铁线路图可以从许多理论视角来考察,在后面的章节中对每个视角都有更为详细的探讨:

·作为表现空间(这种想象的地下城市为我们提供了一个关于伦敦的有力的精神意象,堪与其他众所周知的地标比肩,如大本钟、纳尔逊纪念碑、圣保罗大教堂、白金汉宫、皮卡迪利广场、伦敦塔桥等)。

·作为象征空间(伦敦地铁的环状和条状基本图形,能以瞬间可辨的独特标志，使人们联想出关于目的地和轨道网络的整体系统）。

• 作为叙述空间（对每一位乘客来说，每一个地铁站和每一条线路都在讲述着不同的故事——“我去哪里上班”“我去哪里购物”“我去哪里看体育比赛”）。

• 作为文化遗迹（贝克 1933 年“线路图”所具有的古典特征，能让人产生对那个时期的怀想，比如许多家庭在战时轰炸中到地铁站台上寻求庇护，突出了伦敦和伦敦人的“团结一致”）。

• 作为商品拜物教（穿着 T 恤衫，用马克杯喝茶！）。

• 作为国家干预城市经济的例证（伦敦地铁是由公共所有的大面积、大运量客运系统的最早范例之一）。

• 作为“双面城市”的隐秘地图（比如，贝克线路图中描述的地铁系统问世 80 年后，哈克尼区作为伦敦最穷的区之一，连一座地铁站都没有，而富裕的肯辛顿-切尔西区，在短短的一段距离中就有六座车站）。

• 作为盛期现代主义理性设计的产物（勒·柯布西耶[Le Corbusier]想必会赞赏贝克那支线交错的网格设计，不过对于为保护这座城市的古代地基免于崩塌所需要的复杂技术，他应该也会慨叹不已吧）。

不过，以这种理论上丰富多彩的角度来看待城市，我们能得到什么实际好处？这难道不就是有趣的学术探究？矛盾的是，最早以我们所谓的社会学视角思考城市的人，并不是学者，而是社会改革家。无论是英国的弗里德里希·恩格斯（Friedrich Engels）、亨利·梅休（Henry Mayhew）、安德鲁·默恩斯（Anderw Mearns）、布思，还是美国的里斯、亚当斯，都不在大学任教，但他们改变了人们看待城市的方式：他们让贫穷的“不可见性”被富裕阶层看到了，后者的财富和权力则决定着贫穷的大多数人的命运。然而，这些早期的城市规划者中，没有人相信单靠道德上的诅咒就能实现目标，他们知道，那些能显示贫穷让社会付出的总体代价的证据（尤其是科学上站得住脚的证据），比一千次布道更有价值。

当然，早期城市改革家们（可能恩格斯要除外）在理论上的主张，并没有后来者那么影响深远。但这并不意味着他们所做的工作在政策和理论上没有重要意义。简·亚当斯在街坊文教馆（settlement house）[①]运动中所做的工作，在 20 世纪 20 年代和 30 年代为芝加哥学派的“专业”社会学家们提供了重要的参考框架，正如布思关于伦敦贫困人口的研究为伦敦政治经济学院各门社会科学的确立铺平了道路。这些人的发现塑造了一代又一代研究者和管理者的世界观，后者将他们的许多观念纳入世界各地政府的福利政策中。

我的观点是，城市理论与城市政策之间的关联，其在当今的密切程度并不亚于在 20 世纪最初的一二十年。看看某些政策文件，如由建筑师罗杰斯（Rogers）勋爵主持、由英国政府成立的城市工作组（Urban Task Force）所制定的，这类文件很明显受到一些因素的影响，包括那些支持“密集型城市”的观点，那些关于典型的“可持续城市”包括哪些要素的讨论，以及关于商业与城市居民该如何和谐共处，我们该如何应对威胁着城市生活质量的犯罪、公共服务匮乏、社会排斥等的研究（Urban Task Force，1999）。所有这些探究，都在纷繁多样的城市理论中激起了回响，也往往从中得到了直接的反馈，而这些理论则加深了城市规划者和政策制定者对城市复合体的理解。

美国的城市政策比北欧经历了更多的起伏变化，但即使在美国，那些在罗素·塞奇基金会、布鲁金斯学会或传统基金会等政策研究机构以外开展工作的城市规划者，也长久地致力于“蓝天”构想，这种构想影响着历届联邦政府的立法计划。国会山上的政治家们熟知

① 为城市等贫民区居民提供教育、娱乐等社会服务的场所。

“种族聚居”“无序扩张”“精明增长”“社会资本”等概念，他们迫切地想知道，让城市更好地运转能给居民们带来怎样的好处。要想保障作为整体的全球社会的长久发展，而不仅仅是保障城市社区的长期未来，关键的一点就是要理解此前的研究者和思考者如何看待城市复合体，理解应以何种方式将城市恰当地视为统一的经济体、社会和政治身份的舞台、冲突的区域，以及创新和创造力的孵化场所。

城市理论的发展

现在让我们做个大胆的假设，假定为“城市理论”（urban theory）辩护的理由已经被提出并且获得了胜利——为何我们所说的理论是单数形式的，为何我们会选用形容词“urban”而不是名词“city”，为何我们没有说“城市诸理论”（theories of the city）？很重要的一点是，不要过分纠缠于语义，事实上我在这本书中，通篇几乎都在交替使用“urban”和“city”，有时甚至也用“大都市”（metropolitan）。“城市理论”一词已经为学界所接受，代指一系列与城市相关的观点和阐释，它们以不同的方式提供了对城市生活的一般性理解，这些理解超越了偶然和局部的层面，专注于城市经验的本质特征。由此看来，城市理论可以被视为社会理论的一个分支。不过，尽管两者有许多共同的词汇，但城市理论的独特之处在于，它坚定地相信，与其他类型的社会相比，城市里的社会、文化、经济和政治生活截然不同，无论“非城市世界”有多动荡和危险。因此，我们首先应该强调的一个特征是，城市生活既不是人类共有的也不是普遍存在的，并且由于这个原因，对于那些想要更好地理解城市的活动和功能复合体的人来说，它便提出了独特的理论问题。

我的观点是，所有城市理论都要面对城市经验中或可称为“4C”——最广义的文化（culture）、消费（consumption）、冲突（conflict）、社区（community）——中的至少一个方面。“文化”涵盖信仰体系、有形的建成环境(建筑物、桥梁、街道、公园)、沟通交流的内容和途径(报纸、书籍、电视、广播、互联网等),再加上传统的文化产品(艺术、戏剧、文学、管弦乐)和大众文化(电视、时装、连环漫画、流行音乐)。

消费不仅指物品和服务的消费,也指交换的特征以及这些物品和服务(包括公共的和私人的)的生产方式。冲突不仅关乎可见的、有形的暴力(如暴动和民众骚乱),也涉及不那么明显的资源争夺(比如城市居民和开发商之间的),这种争夺也会发生在各社会阶级和不同的利益群体和地位群体之间。社区涉及城市社会生活的所有方面,从人口规模到人口的分布、构成以及随时间而变化的特征。社区也是关于接触交往的一个"价值术语"(value-term),对于我们作为人类如何亲密共存,它提供了一系列设想。鉴于对文化、消费、冲突和社区四个方面的认识,我想简略说明一下,不同的理论家和理论通过哪些方式将这些主题纳入对城市经验的解释,与城市的这些相遇又以何种方式与本书的总体框架相关联。

本书框架

本书既是对城市理论各个方面展开的主题研究,又试图梳理过去150年左右"城市知识的谱系"。我深信,对不同方面的叙述不能厚此薄彼,这一点很重要,因此尽力使各章在时间上前后连续。但是,为了维持本书的概念结构,我又感到有必要在后面的几章中介绍几位对城市研究的早期发展具有重要意义的著述者。我特意提请读者注意相关的小节,因为它们为更晚近的分析提供了背景。

在第二章中,我经由四位思想家的著作来探究城市理论的基础。我认为,这四位思想家对历代研究城市的学者影响最大。可以说,我们对芒福德所称的"城市文化"的理解,四人都有推动之功。对于马克斯·韦伯(Max Weber)来说,正是建成环境的文化,及其来自希腊、罗马以及美索不达米亚和亚洲的古代城市至欧洲中世纪的那些城市的历史发展，为衡量另一个关键之“C”，即消费的扩张，提供了参照。城市首先是市场聚落以及商业和贸易场所，这个观点格奥尔格·齐美尔（Georg Simmel）是同意的，虽然对齐美尔来说，城市在文化上的新奇经验与其说来自它们的形式，不如说来自其居民的社会风俗、习惯和自我反思。齐美尔眼中的大都市是这样的社会：它已经达到了逃逸速度，从传统、从德国当代社会学家费迪南德·滕尼斯（Ferdinand Tönnies）所称的“礼俗社会”（Gemeinschaft），逃向了表现为脉动不已的工业化大众社会的“法理社会”（Gesellschaft）。这种对现代性及其为城市居民提供的新的生活世界的着迷，同样可见于瓦尔特·本雅明（Walter Benjamin）。本雅明能够以独特的方式，通过历史唯物主义的透镜来研究消费和文化；在法兰克福学派的版本中，这种唯物主义认为，冲突不仅存在于资本家和工人在劳动场所的斗争中，而且也如马克思所写的，“存在于事物的表象本身中”——或者说，存在于商店橱窗的映像中或墓地宝石匠身上。

四人中的最后一位，即亨利·列斐伏尔（Henri Lefebvre），与本雅明一样，对城市经验有一种辩证的理解。这种理解来自他阅读卡尔·马克思（Karl Marx）和恩格斯所获得的灵感，同时又融合着海德格尔（Heidegger）和尼采（Nietzsche）的反历史决定论哲学。列斐伏尔几乎凭一己之力，将马克思主义从对时间维度的沉迷中解救了出来；他坚持认为，阶级冲突具有空间维度，不仅是物理意义上的，也是社会意义和想象意义上的。在许多方面，列斐伏尔的哲学是一种满怀希望的地理学，他从艺术和政治领域的革命运动如超现实主义和境遇主义中获得启示，认为只要我们能越出商品化的空间这一领域来思考问题，就有可能找到比阶级分化的城市更好的形态。

对于可能存在着一个更好的世界这种信念，无疑鼓舞着我们在第三章遇到的那些城市规划者的研究工作。韦伯、齐美尔、本雅明、列斐伏尔都只是在援用“社区”，罕有与之面对的机会，那些率先在社会层面详细描绘城市的经验研究者和城市社会学家，则特意去与真正的社区相遇，或者直接努力去改善它们的境况。在此后的数十年中，对“社区”的研究逐渐成为英国和美国社会科学领域城市研究的主流，但是批评家们断言，这么做付出的代价是，对冲突的本质不再有恰当的理解，同时也未能把握许多人公开或含蓄提出的各种城市乌托邦所存在的文化限制。

如我们在第四章中会看到的，对工业化“夜煞之城”(city of dreadful night)之外的替代性城市文化的追求，将城镇规划这一新学科推向两个迥异的方向。以英国的约翰·拉斯金(John Ruskin)、埃比尼泽·霍华德(Ebenezer Howard)和美国的弗雷德里克·劳·奥姆斯特德(Frederick Law Olmsted)为代表的反对大都市的人深信，本雅明和齐美尔等欧洲大陆的著述者们赞颂的大规模的、工业化的大都市，对社会和经济来说都是灾难。他们敦促政府和地方当局建造新的“花园城市社区”，这些社区能轻易抵达大城市，但其外围环绕着一条由绿地和牧场组成的带状区域。勒·柯布西耶及其建筑学院(后来因现代运动而出名)里的弟子们赞成这种绿地城市，但他们反对中世纪村庄形式，属意于更为古老的原始形式，类似于旧石器时代瑞士湖泊地区的桩基住宅。这两种相互竞争的城市形象，都想在实际存在的城镇和建筑住宅区中得到实现；因此，在一种相当现实的意义上，与应用社会学理论和人种理论相比，这些“城市理论”(本质上正是任何城镇规划的起点)以更为明显的方式改变了城市面貌。不过，与之前一样，在这里，“社区”的意义与其说要归于规范性的假设，不如说要归于基于实证的研究；“坏场所”和“坏建筑”导致“坏社区”这一设想，是新城市主义等的反现代主义建筑运动的核心。

第二次世界大战后英国和美国的城市社会学家们，目光仍然聚焦于城市社区，只不过越来越视之为经济变革和崩溃的受害者，而不是可以独立运行的社会(见第五章)。从这项研究中显现出三个原型:衰落中的“传统城市社区”“成型中的郊区社区”,以及在美国不断扩张的“黑人贫民区”。以汽车为基础的服务型经济的转型导向,加快了郊区化和蔓延的步伐,强化了城市中有产者和无产者之间的分化,消费于是在这些研究中作为一个因素发挥着重要作用。与美国相比,英国及其他欧洲国家的福利国家政策放缓了城市居民在经济方面两极分化的步伐,不过,趋于融合的大势是明确无疑的。于是,在美国,城市理论家们开始关注种族隔离和经济剥夺,而在英国及欧洲,注意力则更多地放在了不同的社会群体之间对城市生存空间的争夺上。富有者和社会底层之间的区位之争,可以用“中产阶级化”指数来衡量,还可以用敌意更强的针对流浪汉、性交易工作者和无家可归者的执法政策来衡量,这些政策总是紧随着中产阶级对更为贫穷的居住区的入侵而来。

冲突和消费所具有的这些物理和社会特征,需要放在现代城市的政治经济体这个更为广阔的背景下来理解。第六章汇集了关于资本主义城市性质部分最为重要的论述,既有作为源头的恩格斯和马克思的著作,也有更为晚近的大卫·哈维(David Harvey)、曼纽尔·卡斯特尔(Manuel Castells)、萨斯基娅·萨森(Saskia Sassen)的作品。对马克思主义城市理论另有兴趣的读者,在阅读第二章关于本雅明和列斐伏尔的小节之前,可以先从这里开始。这一章主要关注的是“C系列词”的第五组,即商品(commodities)和商品化(commodification)。与新古典经济学不同,在马克思主义理论中,商品不仅是可以交易的物品,还是服务、产品和人工制品等劳动和资本之间的剥削关系的产物。商品包含“剩余”劳动价值(即物品或服务的交换价值中,雇主没有向工人支付工资的那部分),商品化就是将物品或服务从使用价值转化成交换价值的过程,换句话说,就是使其价值市场化。通过物质主义(materialism,即以金钱和固定或非流动资产的形式)体现的这种生产关系的概念化,对本雅明和列斐伏尔的研究来说至关重要,对齐美尔来说同样如此(不过与马克思不同的是,他认为交换价值不同于使用价值)。在研究当代城市政治经济的学者中,物质主义也仍然是最有影响的研究方法。

关于城市化动态、劳动的空间分工、“城市问题”、信息革命以及全球化网络城市的理论,在核心层面都有一个假设,即资本主义的市场和生产关系是新的城市布局的首要推动力量。城市的政治经济还为那些对城市运作感兴趣的人,包括那些更关心城市的管理以及围绕着私人和集体资源产生的冲突的人,提供了一个交叉点。在第七章,我集中论述了城市的政治方面:城市行政管理的必要条件是什么?为何会有如此之多的治理模式?又为何有那么多的理论来解释它们?不过,由于城市的政治不只是市政厅所做的事务,我们还需要考察城市各级政府“重新调节”背后的政治过程,以及芒福德就城市和地区关系所提出的仍然中肯的问题。在考察城市社会运动中——是什么促使城市居民为一项共同事业聚拢起来?以及我们能在城市间观察到何种政治动员模式?——“冲突”和“社区”实现了融合。最后,我们将“谁得到什么,何时得到,如何得到?”这个城市政治理论的世界,与最富雄心的城市理论所呈现的城市“鸟瞰”景观联系起来的方式是什么?

在第八章,我们回到城市文化的主题上,重点关注在城市中发现的类型日益多样的社会身份,及其表现和意义(或许可以称之为“城市话语”)的传达和解释方式。我们将探究城市文化的主要思想家,包括芒福德、莎伦·佐金(Sharon Zukin)、理查德·森尼特(Richard Sennett)、尤尔根·哈贝马斯(Jürgen Habermas)、皮埃尔·布尔迪厄(Pierre Bourdieu)和福柯等人的作品,考察“在城市中生活的艺术”如何在资本主义的城市生活方式[①]中发展起来,为何有人声称它受到

① 原文 urbanism,在本书中出现时有时泛指“城市生活方式”,有时特指“城市主义”,译文依语境区别处理。

了中产阶级的郊区生活方式的威胁，以及世界主义和文化多样性在新的"城市边缘"重塑城市文化的方式。人们越来越认同文化实践是城市经验的首要特征；与这一趋势相伴的，是哲学和美学理论中的"文化转向"。在这一章，我们检验了它所宣称的种种主张，即要对与"后现代主义"相关联的当代城市形式和行为，提供一种比传统的社会理论更令人满意的解读。最后，通过研究建筑和电影这两种共生的文化形式，我们考察了后现代性的实践。

随后的三章(本书第二版新增内容)分别探究了如下内容：城市主义在发展阶段的或大多数城市世界所披露出来的独特理论问题；面对持续的环境恶化以及城市人口的增长和流失，城市在可持续性方面面临的挑战；以及新的通信和信息技术对城镇和城市在未来的生存能力所产生的长期影响。

最后一章则试图去弄清前面梳理过的城市理论以及对城市经验的描述，能否让我们更为接近一种明确的共识，从这种共识出发，我们可以筹划未来的研究议题和行动目标。第二节回顾了后冷战时期城市理论研究的进展，并且发问：在21世纪早期，城市研究方面的成果有没有为关于城市和城市生活不断变化的性质所提出的恰当问题提供答案？在最后一节，我提出了一些关于未来的城市理论研究的问题，并且就城市规划者们如何以现有城市知识的丰富遗产为基础，向城市经验这个令人着迷又变动不居的领域带来新鲜的深刻见解提出了建议。

第二章　城市理论的基础：韦伯、齐美尔、本雅明和列斐伏尔

常有人说：是石头而不是面包。现在，这些石头就是我想象力的面包，它被一种极度的饥饿突然俘获，想要去品尝在所有地方、所有国家都没有区别的那种东西。

——瓦尔特·本雅明《单向街》(*One-Way Street*)

引言

乍看起来，本章将要考察的四位论者，其思想上的关注对象和发展过程似乎没有什么共同之处。马克斯·韦伯对社会学和社会理论最为重要的贡献，有一部分是在19世纪末和20世纪初写出来的，亨利·列斐伏尔则是从20世纪30年代才开始撰写关于城市的著述，一直到1991年去世前都在不断地贡献重要成果。另一方面，齐美尔和本雅明或许更容易归为一类：两人都来自柏林，从今天的眼光来看，我们会把两人都称为“跨学科”思想家。对于20世纪头几十年艺术和创新领域每一个方面所发生的令人兴奋又影响深远的发展，他

们就像对于哲学领域的重大争论一般熟悉。不过，和本雅明一样，齐美尔在本质上很难被归为社会学家；后者无疑认为自己是具有开拓精神的社会科学家，即便他在学术上受到的认可比不上韦伯、滕尼斯和埃米尔·涂尔干(Émile Durkheim)。同样，瓦尔特·本雅明一直未能进入核心学术圈，虽然他的确一度渴望成为大学教授。他在这方面的努力之所以一直未能如愿，部分原因在于，对于在事先划定的学科界限内做研究，本雅明感到不快，而且众人都知道这一点。在某种意义上，他的研究工作本身就是对传统的哲学探索和社会探究那种保守方法的谴责。

这四位思想家的批判性视角可能大为不同，但是，他们都把城市视为批判性反思的对象，正是这一点使他们的努力与当代城市研究保持着关联。这并不是说，其中每个人所做的贡献不论在数量还是在质量上都完全一致。马克斯·韦伯关于城市的著述，是古典社会学家对城市社会所作的唯一直接的论述(涂尔干和马克思都没有特别关注过城市)：仅仅出于这个原因，韦伯无疑就必须被归为城市形态学方面关键的经典作者。但是，韦伯广为人知的主要身份，并不是城市社会方面的历史学家，而是论述资本主义起源的《新教伦理与资本主义精神》(*The Protestant Eithic*，[1905]1985)，以及论述现代国家和社会秩序的《经济与社会》(*Economy and Society*，[1922]1968)两部里程碑式研究著作的作者。

格奥尔格·齐美尔的研究密切关注现代都市生活，其密切程度可能更甚于韦伯，不过和韦伯一样，他对城市生活本质的论述仅见于一篇论文，即《大都市与精神生活》(The Metropolis and Mental Life，Simmel [1902]1950)；文章不长，但旁征博引。齐美尔在撰写代表作《货币哲学》(*magnum opus*，*The Philosophy of Money*，[1907]1990)时，城市只是他分析商品和交易的过程与性质时一直存在的背景，城市环境作为一个主题在这本书中一直没有展开。韦伯和齐美尔的社会圈子有所交织，但在学术方面，很少有记录显示两人有思想上的交流。按戴维·弗里斯(David Frisby)的说法，其中原因主要在于，1900 年之前，齐美尔想必不会把韦伯视为研究社会学这门新学科的同僚，虽然韦伯确实在《新教伦理与资本主义精神》中承认了齐美尔所作研究的重要性(Frisby，1987：423)。实际上，齐美尔对埃米尔·涂尔干的研究基本上一直不置一词(韦伯也是)，说明在早年岁月里，社会学界更像是群岛，各岛屿之间相距遥远，而不像今天这样是一个全球性的学术网络。

这些论者之间的关联看上去像一个薄弱的根基，城市社会的新理论就要在此之上确立，不过正如本章试图表明的，在他们的研究中真正重要而独特的，是把城市大体上视为现代社会的缩影。在一系列著作中，本雅明和列斐伏尔都赋予城市中的文化、价值和节律以特殊地位，为此后一代又一代城市规划者们提供了启示。如果说我们能够从这些著作中找到共同的精神源头，那无疑就是马克思主义；不过，对于托洛茨基(Trotsky)和卢卡斯(Lukács)等人所宣扬的马克思主义对阶级社会本质的正式表述，两位作者并非无条件地尊奉。对于历史唯物主义的“决定论”主张，本雅明一直持怀疑态度，而列斐伏尔关于城市的思考，则明显带有一种意味，即与现象学(尤其是梅洛-庞蒂[Merleau - Ponty]的研究)以及尼采和海德格尔哲学的批判性相关联。不论两位思想家在思想背景和观念见解上差别多大，毫无疑问的是，他们都想努力应对由现代性的到来所引起的城市转型。

在韦伯的论述中，他所给出的解释是一种演化观；在他看来，现代城市是中世纪或文艺复兴时期城市的特别形式和复杂版本；他相信，我们眼里的城市社会，其所有组成部分到 16 世纪的时候，在北欧的大部分地区就已经存在。齐美尔则更专注于把城市与非城市社会(即乡村)区别开来，在他的理解中，城市是相当排外的社会，居住着能够自我反思的城市居民，他们构成了一个新的历史性社区，在许多方面与传统社会有着迥然不同的风俗习惯和价值观念。本雅明也想强调城市文化的独特性，不过，为城市生活赋予特殊性质的，是城市为重塑自身和再造市民生活所提供的可能性。亲密和匿名同等程度地存在于城市里发生的交易中（不论是在商场、咖啡馆，还是在妓院中），对本雅明来说，这一点将城市社会及其作家、艺术家和诗人群体与古典社会和乡野社会区别开来。相较于本雅明，列斐伏尔的城市想象更倾向于“元层面”（meta-level）的分析，但两者均扎根于商业化世界的景象和空间，又是极为相似的。不过，列斐伏尔对于城市进程日常动态的兴趣，是更为普遍性地阐述都市生活通常共有的结构和系统。这样一来，列斐伏尔就在“古典城市理论”和近几十年发展出的新的城市研究之间，提供了最为重要的关联（Harvey，1989；Soja，1989； Shields，1991；Gottdiener，1992，1993，1994，1996，2000；Brenner，1997，2000；Kipfer，1998； Borden *et al.*，2000）。

马克斯·韦伯：历史上的城市

韦伯关于城市的论述，在很大程度上得益于他对从古代社会向封建主义、从封建主义向资本主义过渡的理解，同时又基于他对前现代资本主义以及宗教的比较社会学的兴趣（Nippel，1995）。韦伯自1889年起就投身于城市发展的社会学研究，但迪尔克·克斯勒（Dirk Kaesler）认为韦伯“尚未完成”的文章《城市》（The City），“可能是在1911—1913年间撰写的”，在韦伯死后以《城市》（Die Stadt）为题发表于1922年版的《经济与社会》中。在温克尔曼（Winckelmann）所编的《经济与社会》第四版中，这篇文章被翻译为《非正当性的支配：城市的类型学》（Non-legitimate domination[typology of cities]，Kaesler，1988：42）。韦伯的确在《经济与社会》的其他部分，比如论述劳动分工、官僚制和宗教的内容中，提到了城市组织的各个方面，重点通常在于使所考察的社会学现象地方化并具有历史真实性。

韦伯关注的地理范围极为广阔，不仅涵盖了整个欧洲和俄罗斯，还纳入了古代中国、南亚和近东，他的大事年表也远远地回溯至公元前5000年最早有记录的美索不达米亚的城市聚落。不过，意味深长的是，韦伯叙述的时段到中世纪就停止了；读者不禁疑惑，是否如约纳斯(Jonas)所说，韦伯之所以不愿意思考工业时代的城市，是在面对难测的复杂性时智识上产生了退缩，又或者是在含蓄地承认，随着资本主义的发展，城市的特征已经变成整个社会的特征了(Jonas，1995:27)。

韦伯运用了"一种多维度的、理想典型的方法"(Kaesler，1988:42)来突出某种城市形式的核心特征，在他看来，这种形式在"西方"文明中表现得相当明确。在如此尝试时，韦伯采用了一种严谨的描述性方法，除了堂吉诃德式的年表，他的论述与关于城市历史的学术著作差异不大。[①] 韦伯把他所认为的不同历史时期城市的决定性特征结合起来，从而完成了一项复杂的历史重建，这种重建一次次试图对上述特征进行概括，但还是保留着互相矛盾的独特性。

韦伯的一种论述是，"城市不过是由一座或更多独立的居所构成，同时又相对封闭的聚落"(Weber，1958:65)，但后来他又扩展了这个定义，补充称"城市是个聚落，其中的居民主要靠贸易和商业而不是农业维生"(同上:66)。不过，韦伯同样敏锐地指出，并非所有主要以贸易和商业为基础的地点都可以称为城市。因此，韦伯的巧妙之处在于，先对必要的条件加以界定，再往前推进，突出为了满足"城市性"的充分要求而在城市系统中必须就位的所有其他元素。

韦伯的解释框架中没有明说的，是西方资本主义城市的目标；与达尔文(Darwin)在《物种起源》(*The Origin of Species*)中所做的近

① 并非只有韦伯一个人没能如彼得·桑德斯(Peter Saunders)指出的那样提出独特的"城市理论"，涂尔干和马克思更感兴趣的是资本主义制度下社会关系多变的基础，而不是去考察城市经验本身的唯一性和独特性(Saunders，1981:12)。

似，韦伯为自己定下的任务是，追溯现代城市的演变发展，直至其在古代社会的遥远源头。不过，与一般的城市史不同，在韦伯的叙述中，来自古代和中世纪城市社会的证据彼此之间密切交织，为分析此后的城市形成过程提供了一种比较模式。

根据韦伯的论述，赋予城市独特特征的，主要是商业和贸易的存在，再加上与此相关的一切活动，比如市场和交易的确立。因此，韦伯写道："就该词在此处的意思来讲，城市就是市场聚落。"（Weber，1958：67）这并不必然意味着早期城市是建立在现代意义上的"公开市场"的基础上。实际上，韦伯想着力指出的是，早在资产阶级产生之前，各家王室就会主动在特定的地点奠基，在这些地方，贵族主导的国内经济无意中创造出了建筑物、储存设备、道路等基础设施，作为殖民聚落运行着。在某些情形下，随着匠人、旅人、艺人及其他不受契约束缚的劳动者在这些迅速成长的财富和就业中心安顿下来，形成越来越具有自治权的核心区域，这些聚落便会扩大范围，越出领主庄园。

封建制的权力结构相对分散，有能力通过农业和制造业（例如布匹生产）中的交易活动，以及租金的抽取，来创造货币资本；在伊斯兰社会和亚洲社会，世袭制或受俸制（prebendary）[①]的社会和政治关系紧紧束缚着城市中心的成长和形成，与之相比，封建制下的城市发展则有活力得多。如特纳（Turner）强调的，在韦伯看来，封建制有利于资本主义关系的发展，因为在封建状况下，自由城市、自治行会、独立的法律职业、自由劳动以及商业化得以蓬勃发展。相比之下，受俸制则会消除或限制这样的发展过程（Turner，1996：247）。

---

① 受俸制是从意指生计或津贴的拉丁语词中衍生出来的，用来指称从教会产业收益中支付给个体教士的收益。韦伯在此处使用这个词，想到的是穆斯林神职人员或印度教教士所能获得的那种支持。这里的关键在于，东方的宗教精英依赖于固定的土地占有，而到中世纪早期时，欧洲的封建精英越来越有能力使自己的资本性资产流动起来。

不过，贸易和商业固然重要，却并不是全部，毕竟对韦伯来说，城市必须享有一定程度的政治和行政上的自治——彼得大帝在俄国确立的大型贸易中心，多数都无法满足这一点，它们不过是为皇家国库贡献收入的细流。韦伯相信，同样可能的是，某个地点在政治和经济意义上存在着，但是从经济上来看却并不符合城市的要求（Weber，1958：74）。总有人想对贸易活动施以管制并课以赋税，想管理安全事务并出资设立法庭来裁断纠纷，于是，一俟长期的经济上的聚落形成，法律秩序和官僚秩序很快就会随之确立。

随着聚落的规模和财富日益增长，同样势在必行的是创建防卫设施。历史上众多实例表明，由于财富和人口太容易被前来劫掠的敌人掳走，有些城市无法繁荣壮大。于是，在中世纪早期的欧洲，"驻防城市"或"堡垒城市"便成为城市聚落的共同特征，不仅整个欧洲如此，远至"圣地"（Holy Lands）①亦然。如韦伯所清晰陈述的，"在欧洲内部和外部，古代和中世纪那些已成历史的城市同样是独特的堡垒或驻地"（Weber，1958：75）。一直要等到19世纪下半叶，规模更大的欧洲都市才拆除城墙，尽管这些有形的屏障一直阻碍着发展和流通。

在这里，韦伯再一次提醒，堡垒＝城市和城市＝堡垒这样的推论是错误的，毕竟在古代和中世纪存在着许多筑有防御工事的聚落，而按照上面概述的其他条件，它们并不能算是城市。而城墙，对于保卫城市居民来说也并不总是必需的。比如斯巴达，韦伯说它是"永久的开放式军营"，所有人口几乎时时处于备战状态，因此没有必要筑垒。与城市市场的确立一样，像城堡和设有城墙的城镇这样筑有防御工事的建筑物，也要依赖王室或贵族精英来提供资源并积极倡导；建造这些防御性建筑体系的动机，既是为了保护出征的军队免受攻击，也是应对敌对族群发出的威胁。此类情形如圣约翰骑士团和圣殿骑士

---

① 指基督教圣地巴勒斯坦。

团建造的十字军城堡，从地中海绵延到“圣地”，其中的一部分此后构成了重要聚落（如罗德岛）的基础，其余的则变成被遗弃的废墟。

把体现为城堡、筑防宫殿或居所的强制性权威，与特许市场的经济权力并置，意味着城市同时可以是军事训练场和交易场所。如阿提卡的普尼克斯，该场所的功用从希腊的集会广场演变而来，交易和商业活动与宗教和政治活动，可以在同一块场地上展开。在古罗马，在北非，在中世纪的欧洲和南亚，更常见的是军事和政治活动与纯粹的经济事务彼此分离，虽然商业中心往往靠近具有合法性的当局（Weber，1958：78）。

那些期待与贵族之家及其随从发生贸易关系，并且得到其兵力保护的商人，被吸引到此类充满威仪的筑防聚落，随着贸易和商业变得日益重要，他们靠着自己的能力获得了财富和权力，足以确立属于自己的政治权威。其中的许多商人，比如中世纪的行会成员，在由王室或主教当局主导的城市体系内和谐地存在着。其他联合起来的城市化的士绅阶层则更为好斗，想在领主权力那不散的阴魂下主张自己的权利，如 15 世纪和 16 世纪意大利的城市共和国。不过，如韦伯敏锐指出的，“在中世纪和古代的西方，个体要在地方层面参与自我管理是不可能的”。事实上，“相比于规模较大、以商业形式组织起来的城市，在国家中，个体在地方层面对自我管理的参与要更为深入”（Weber，1958：82）。

然而，在欧洲中世纪晚期以行会为基础的商业联合中能够发现的城市社区，在其他地方并未得到复制。如韦伯所写的，“在中国、日本和印度，既没有城市社区，也没有市民团体，只在近东出现了它们的一点迹象”（Weber，1958：83）。同一时期在麦加，虽然存在着强大的类似行会的联合会，但权力仍然紧紧地握在尊贵的柯雷奇蒂（koreischitic）家族手中，如此一来，“基于行会的政府一直无法兴起”。因此对韦伯来说，市民参与，尤其是民主参与，是城市发展的关键特征。

这并不意味着只有城镇居民才能过上民主的生活。如韦伯声称的，“在古代，克里斯提尼(Cleisthenes)的时代，农民是民主的基础”，然而，“在中世纪，从一开始商业阶层就是民主的载体”(同上:206)。

“公民”既不是统治者也不是奴隶，不论是古代雅典的无产者，还是古罗马的平民，他们的存在都对城市的经济管理具有影响，因为城市精英不得不想方设法来让这些“大众阶级”有事可做，以降低发生骚乱甚至是叛变的风险。要确保城市人口粮食充足，便意味着采用严刑峻法来禁止谷物出口，或者要求殖民的行省纳贡，这些做法在希腊和罗马帝国治下得到了广泛应用。在古希腊，城市无产者在伯里克利(Pericles)统治时期同样受雇于大型公共工程，如韦伯在一项富有洞见的历史比较中指出的，古代雅典奴隶经济的广泛存在，意味着贵族和国家的消费需求几乎完全由奴隶的劳动来满足；类似的情形还出现在美国的南方腹地，这导致了一群心怀不满、政治上具有暴力倾向的“白人穷鬼”的出现，他们在形式上具有政治和法律权利，在经济上却几乎没有机会(Weber，1958:199)。因此，从最初的源头开始，城市就是一个具有高度政治性和政治化的体系，只有在经济、军事、行政事务深度整合、彼此协调时，才能有效运行。

不过，古代的城市从来就不是仅由经济上的迫切需求支配，如韦伯所写，“古代的经济政策首先关注的并不是行业生产，城邦也不是由生产者所关切的事务主导的”。然而在欧洲大陆的北部，“城市的创建与其说是军事事件，不如说是经济事件”(Weber，1958:209)，韦伯认为，这样的情况之所以发生，是因为超越于城市之上的掌权者在自身的官僚机构中没有足够的行政资源去满足城市(城市向他们提供了可观的税收和海关税收)的经济需求。对于教会，情形同样如此，这就解释了为何“从国王开始的所有封建势力，都对城市的发展极不信任”(同上:210)。

于是，资产阶级社会就从中世纪欧洲的自治城市中诞生，随着商业资本主义的成长，城市作为商业中心的卓越地位和存在理由就有了保障。城市越来越成为一个“非正当性支配”的领域，运行于教会和国家之外，并由此向国家垄断的合法权威发起了强烈的挑战（MAGNUSSON，1996：282—3）。商业城市日益富足，引发了对其商业交通和领土归属控制权的武装争斗，而在类似威尼斯和热那亚这般强大的城邦，此类争斗要比许多其他王国更为激烈。几乎在每一场冲突中，城市共和国都会丧失独立，被并入更大的地方政权，这让人更加意识到韦伯的重要判断，即就国家的发展来说，对暴力的垄断与商业和贸易同样重要。

地方国家在武装力量的组织程度和范围程度上的提升，本身就是中世纪晚期普遍的经济状况改善的结果，而事实证明，独立城邦的时代最终相当短暂。到 15 世纪，教会和王室专制政体具有优势的军事力量，最终胜过城市共和国的有限民主（明显的例外是威尼斯）（Tilly，1990）。然而，骰子已经掷下，虽然欧洲的那些大城市仍在以令人困惑的飞快速度不断易主，甚至一直晚至 19 世纪，但经济现代化和政治现代化的原始动力还是可以归结于一个词：城市化。

韦伯的《城市》一文能帮助我们理解这一城市化过程如何导向了现代资本主义的官僚-经济复合体——这正是《经济与社会》一书探讨的主题，如马丁代尔（Martindale）在他为《城市》所写的导言（Martindale in Weber，1958：50）中正确指出的，此文也能把韦伯的城市概念与格奥尔格·齐美尔的城市分析区别开来。韦伯暗示，城市的所有核心特征在以往的社会中都存在，现在只不过表现得更为明显，但是，如我们将要看到的，齐美尔则把现代性的来临与大都市的完全成形，以及一种新的、难以捉摸的主观性联系在一起。

格奥尔格·齐美尔：大都市的文化

在 20 世纪前一二十年的美国，齐美尔的确对社会学这门新兴学科产生了重要影响(Frisby, 1992b: 155—74),但是与韦伯和涂尔干不同,齐美尔有些不切实际的方法意味着他的观念不太容易适应实证研究的目的。英国学者和美国学者关注的是社会科学在实证方面的潜能,这种关注与齐美尔那种可以最恰当地被称为应用道德哲学的东西相去甚远。在此意义上,相比于韦伯和涂尔干,齐美尔与奥古斯特·孔德(Auguste Comte)、马克思和尼采有更多的相同之处,虽然对于康德(Kant)的先验道德律的拒斥使齐美尔更为坚定地要去证明,道德秩序可以作为人类文明的结果,以综合的方式产生(Simmel, 1986: xviii—xix)。正是由于狂热地相信现代性(尤其是艺术和审美)具有变革的力量,齐美尔的注意力便通常大量地集中于现代都市以及城市文化。

作为齐美尔的名篇,《大都市与精神生活》直到第二次世界大战结束后才以英语形式完整发表(Simmel, 1950),虽然齐美尔对芝加哥学派的影响现已有充分的证据,但罗伯特·帕克(Robert Park)在他写于1915年的《论城市》(The City)一文中并没有提及"研究现代性的第一位社会学家"(Frisby, 1985:2)。另一方面,路易斯·沃思(Louis Wirth)欣然承认了齐美尔的重要性,把《大都市与精神生活》称为"从社会学角度来看最为重要的单篇文章"(Wirth, 1925: 219 in Levine *et al.*, 1976: 1113),如我们在下一章将要看到的,他将在开创性的论文《作为一种生活方式的城市主义》(Urbanism as a Way of Life, Wirth in Le Gates and Stout, 1996: 189—97)中提出许多观点,此文后来成为美国社会学领域的经典文章(见第三章)。并不是只有芝加哥学派才认真对待齐美尔的研究著作,按唐纳德·莱维纳(Donald Levine)的说法,塔尔科特·帕森斯(Talcott Parsons)极有影响的《社会行动的结构》(*The Structure of Social Action*, [1937] 1949)一书中,就包含一篇关于滕尼斯和齐美尔的文章。这样一来,欧洲大陆社会学与"基础的"美国社会学之间的关联,似乎就比乍看之下要更为紧密(Kurtz,1984:17; Frisby,1994:225)。

毫无疑问,齐美尔在第二次世界大战之后声誉日隆,成为城市社会研究者参考的关键基点。菲舍尔(Fischer)等论者仔细研究了齐美尔对芝加哥学派(尤其是路易斯·沃思的研究工作)的影响,米尔格朗(Milgram)则使用了系统分析法来探究城市心理状态(mentality)的特征,有人认为,现代城市生活必然会产生这些特征(Levine *et al.*,1976: 1113)。齐美尔的影响力,从弗雷德里克·詹姆森(Fredric Jameson, 1999)这样的马克思主义文化批评家,延伸到电影理论家(Mila, 1998)、当代城市社会学家(Korllos, 1998; Joas, 1991; Ruggieri,1993;Haussermann, 1995;Kajaj,1998)、研究社会学的历史学家(Jonas,1991)、性征和性行业的论者(Bech,1998)、社会心理学家(Claes,1994)、社会地理学家(Werlen,1993)、研究社会学的哲学家(Bevers,1982;Gephart,1992)、城镇规划方面的论者(Phillips, 1994)、空间与建筑分析师(Vidler,1991),再到审美理论家(Baruzi, 1988)。这份名单远未穷尽,但已显示出齐美尔的兴趣领域,也反映出他有能力从微观层面的分析转向形而上学和元史学层面对人类文明本质的关切。

齐美尔的大都市

格奥尔格·齐美尔于1856年出生于柏林一个富足又有教养的家庭,在1914年战争爆发之前,一直居住在柏林,未来这个城市将成为统一德国的首都,以及威廉二世(Kaiser Wilhelm II)那不断扩张的帝国的行政和政治中心(Frisby, 1992b: 99)。这样看来,齐美尔是在一种极佳的环境中去观察技术、通信、商业和文化方面的伟大进步,这些进步预示着欧洲大部分地区现代时期的诞生。齐美尔选择了家乡城市柏林作为对象,并在最初的1903年发表的《大都市与精神生活》一文中加以分析。关于现代城市,这一篇幅较短的分析,成文的背景是1902年—1903年在德累斯顿举办的一场现代都市展览，齐美尔配合展览发表了一系列演讲。这篇分析并未忽视城市的负面特征，但齐美尔坚持认为，相比于能避免在礼俗社会生存所长期面临的目光狭隘和受人窥视，大都市生活的压力是微不足道的。

况且，大都市能让资本高度集中，使空间、时间和各种社会角色的整合达到迄今难以想象的复杂程度。齐美尔阐明了后来的论者们所称的“时空压缩”（Giddens，1984；Harvey，1989），并主张城市中社会和经济活动的速度和强度导向了一个新社会的出现；他是最早一批看出这一点的人之一（Frisby，1992b：113）。城市中各种活动的这种必要同步，一个例子是怀表的突然出现（20世纪初，对于城市居民来说，怀表变得随处可见又必不可少，就像21世纪初的手机一样）。齐美尔声称，个人计时至关重要，因为

> 典型的大城市人之间的关系和事务各式各样，极为复杂，没有承诺和服务上的严格守时，整个系统就会崩溃，变成一团理不清头绪的乱麻……如果柏林所有的钟表突然发生故障……这个城市的所有经济活动和通信就会陷入长期混乱。
>
> （Simmel，1950：412—3）

现代都市所有交易活动的关键，无疑是货币，它也是齐美尔主要理论研究的主题；通过将权力抽象为货币，对即便是最为复杂的功能也有可能加以整合。那些拥有货币财富的人，可以不必像在传统社会中那样使用强力或诉诸意识上的支配，便能获取物品和服务，从而实现了“独立于他人的意志”。齐美尔继续补充道：

> 现代都市居民的“独立”，是在这个词的肯定意义上来说的；即便他们需要数量繁多的供货商、劳动者和合作人，没有这些人

就会利益受损，他们与后者的关系也是完全不带感情的，仅仅以货币来体现……

(Simmel，1978：300 in Harvey，1985：5)

这种抽象的一体化力量也适用于空间领域，在此领域中货币

促成了在其他情形下难以跨越的距离中协议的达成，把最为多样的人纳入同一个项目，让人们互动并联合起来；由于空间、社会、个人在利益上的其他差异，这些人不可能被整合进任何其他群体结构……

(Simmel，1978：347，前引书：14)

城市特征

和韦伯一样，齐美尔也把大都市看成一种历史产物，他的目标是要发现城市生活自成一格的(sui generis)一般特征，而不仅仅是那些与自己家乡的城市相关的特征。不过，与韦伯不同，齐美尔构建自己对都市社会的视野，是通过观察微观层面的行为，为自己的分析更多地赋予了一种人类学或社会心理学特质，而不是韦伯所偏好的"系统分析"。如此一来，齐美尔就倾向于关注"作为个体的社会行动者的意识、人格和'特征'"(Brody，1982 in Frisby，1994：83)。与城市化关联在一起的，是从社会支配的传统形式中解放出来，齐美尔认为，这种形式的社会支配一直持续到18世纪。在传统社会，等级制度壁垒森严，个人几乎不可能维护自己的自主权和身份。到了19世纪，随着工业资本主义的到来，把从属阶级束缚于土地的绳索开始松动，"现在个体想要与他人彼此区别开来"。齐美尔相信，正是大都市发挥功能，"为这种抗争及其和解提供了活动的场所"(Simmel，1950：423)。

与这种新获得的自由一起到来的，是对城市居民同胞的冷淡态度，这种态度来自一种需要，即逃避街头的喧嚣和温文尔雅的个人主义中商业活动那不近人情的本质。同时，城市生活对感官的过度刺激导致"彼此区别的模糊"，以及出现一种"厌烦享乐的态度"（blase attitude）；齐美尔提出，在这种态度下，文雅举止无法凭借所需要的情感上的保留，来让自己对其他都市居民的生活产生共鸣甚至介入其中（Simmel，1950：414）。在城市中，个人有能力探索并发展自身人格的精神内核。不过，如迈克尔·彼得·史密斯（Michael Peter Smith）所提醒的，对齐美尔来说：

> 有可能挫败城市中的个人对精神优雅的创造性追求的，有两个伴生的危险：一方面是不断增长的客观性和理性化精神，另一方面是人的感官日益过度暴露于外部刺激之下。齐美尔把这两种发展趋势追根溯源到新兴的都市生活方式。
>
> （M.P.Smith，1980：91）

在齐美尔对现代城市的分析中，柏林是一贯的参照点，成为数篇关于城市的独立文章的主题；不过，齐美尔也频频造访其他欧洲城市，如圣彼得堡、巴黎、布拉格、维也纳、罗马、佛罗伦萨和威尼斯。后面三座城市是齐美尔于1989[①]至1907年间所发表论文的论述对象，他在其中强调了这些城市在布局上的随意性或偶然性如何产生了一种独特的审美特质。在齐美尔看来，古典的意大利城市之所以引人赞赏，是因为它能引起人们与自然风景相遇时产生的部分惊叹。这也是本雅明在他关于那不勒斯的文章（与阿丝娅·拉西斯［Asja Lacis］合写）中探讨的主题，我们会在下面一节中谈到。

---

① 原文如此。似应为1889。

瓦尔特·本雅明:训诂的城市

瓦尔特·本雅明于1940年悲剧性地自杀,自此以后,他作为批评家和理论家声誉日隆,现在我们可以谈论一个名副其实的“本雅明产业”了。每一年,在本已是洋洋大观的二次文献中都会加入许多新的品种,同时,本雅明作品的新译本也继续面世,填补了英语世界的空白(虽然本雅明《文集》的许多内容仍然没有翻译)。本雅明的作品在学界名流,如恩斯特·布洛赫(Ernst Bloch)、西奥多·阿多诺(Theodor Adorno)、格肖姆·肖勒姆(Gershom Scholem)等人当中备受推崇,但这些作品只有一小部分在他生前出版。本雅明最有抱负也最为重要的研究当属《拱廊街计划》(*Passagen-Werk*)了,这是在作者身后从他的笔记本中整理出版的;虽然这些有主题的手稿[本雅明称之为“卷宗”(Konvoluts)]就其本身来说就是小型的艺术作品,但我们还是无法知晓每个部分是如何与他的总体主张相关联的。

事实上,由于缺乏一个明显的主题或理论基础来解释为何巴黎的拱廊街值得如此详细的分析,本雅明所用的方法,或者说内容安排,便很难加以归类。个中原因在于,对于与社会学和社会心理学这两门新学科相关联的社会生活,本雅明的作品相当自觉地试图避免进行枯燥无效的探究。和他那些法兰克福学派的同道们一起,本雅明忠实于黑格尔(Hegel)和马克思开创的哲学传统,即观念论;虽然本雅明的辩证批判与同时代的马克思主义者有重大不同,但这种批判还是把他与社会学上的经验论者区别开来,后者的研究工作对本雅明的城市作品并无明显影响。正如齐美尔,甚至更类似于列斐伏尔,本雅明致力于进行一场关于真理、道德和人类境况的哲学对话,对话对象则是启蒙运动的两个巨型“书挡”,即康德和尼采。[①]

根据霍华德·凯吉尔(Howard Caygill)的说法,在本雅明的全部作品中,都能从他身上看出"经由对尼采式的积极虚无主义的拓展,发展出一种康德式的经验观"(Caygill,1988:xiii)。在本雅明自己的研究中,这一重塑康德式经验的努力完全失败了,尽管也帮助他改善了被称为内在批判的辩证方法;通过将这种方法运用于文化形态的研究,本雅明希望彻底改变迄今为止文学和文化批评的展开方式。本雅明发现,就他对人类经验本质的思考来说,大都市是尤为重要的刺激因素。除了文学和哲学方面的重要成果,他还留下了一系列作品,涵盖范围从新闻游记和自传到里程碑式的《拱廊街计划》,在所有维度上都持续为城市研究带来启示。

"城市素描"

对于本雅明对城市产生兴趣的过程,许多论者是从他在阿丝娅·拉西斯帮助下撰写的那篇关于那不勒斯的文章中寻觅到踪迹的,文章于 1925 年发表于《法兰克福报》(Buck-Morss,1989:8;Gilloch,1996:22—3; Leslie, 1999)。[②] 此文的确有些游历片断的感觉,似乎是写给有文化的中产阶级读者的,但本雅明后期作品的许多主题在这里都出现了。比如他所感兴趣的一个主题,即来访者很难融入该城市大众区域的封闭世界,这样的区域在那不勒斯随处可见。

---

① 本雅明无疑知道齐美尔的作品,并以赞同的态度提到《货币哲学》中的一段。齐美尔在其中"区分了文化的概念与古典观念论中的自治领域",他写道:"至关重要的是,要超越审美、科学、伦理……甚至是宗教成就的独立价值,这样它们就能够作为元素全部被融入人性在自然状态以外的发展中。"(Georg Simmel [1900] Philosophie des Geldes, Leipzig: 476—7 in Walter Benjamin, *The Arcades Project*, Konvolut N, 'On the Theory of Knowledge, Theory of Progress' [Benjamin, 1999b: 480])

② 1924 年,本雅明于一次休假期间在卡普里与一部革命剧的导演、来自里加的拉西斯相识。两人后来成为恋人,本雅明打算在解除与自己的法国妻子的不幸婚姻后与拉西斯结婚,但她回到了苏联,随后由于斯大林的"大清洗"在劳动营待了十年。

"游历者摸索前行,从一件艺术品到另一件,一路远行至罗马,却在那不勒斯丧失了勇气,像是沿着一道栅栏行走。"(Benjamin,1997:168)在那不勒斯随笔中,本雅明谈论了那些多孔的建筑,以及庭院、拱廊和楼梯井那分隔开公与私的门槛。他着迷于城市中不断变化的社会环境,在那里"避开了确定性的标记。没有哪种境况看起来是想保持不变的,没有哪个人宣称'就是如此,别无他途'"(同上:169)。"建筑多孔不仅是因为南部艺术家们的懒散,主要还在于即兴创作的激情,这种创作要求不计代价地保留空间和机会。"在这种对于那不勒斯社会略有些陈腐的观点之外,必须加上更为有趣的评论,即在那不勒斯,"建筑物中满是平民的舞台。它们都被分割成不计其数同时又很活跃的剧场。楼座、庭院、窗户、入口、楼梯、屋顶,这些同时都是舞台和包厢"(同上:170)。[①] "多孔是这个城市的生活中不可穷尽的法则,四处重现。周日的氛围隐藏在每个工作日中,在这样的周日中又包含着多少工作日的意味!"(同上:171—2)

就这一点来说,本雅明认为那不勒斯更像是一座发展中的城市,而不是欧洲城市;在欧洲城市,至少就平民阶层来说,私人领域并不明显。在非洲的栅栏村庄,"每一种私人态度或行为,都渗透着公共生活的气息……",与此相似,"那不勒斯的房子远不是人们的退避之处,而是不可穷尽的蓄水池,人们从那里喷涌出来"(同上:174)。经济上的必要性使这种强行实施的社会化具有一个优点:"贫困带来了边界的伸展,反映了最为炫目的思想自由。睡觉和吃饭都没有时间,通常也没有地方。"(同上:175)这座地中海南部城市的"心律失常"也是列斐伏尔感兴趣的主题,后面我们会发现这一点;不过,与列斐伏尔不同,本雅明对于气候、地形和地理并无任何特别的重视。这样一

① 不过在这里,本雅明很可能也是在指与七宗罪相关联的意大利城镇,米兰的罪是贪婪,那不勒斯的罪是懒惰,热那亚的罪则是骄傲。Benjamin, 'Naples' in One-Way Street (Benjamin,[1979]1997:173).

来，对本雅明来说，莫斯科就更接近于那不勒斯，而不是柏林，因为与“柏林街头笼罩着高贵的幽静和高贵的荒凉”相比，莫斯科的街道文化和集体行为更接近于农民社会。在莫斯科，“物品从房屋中喷涌到四处，挂在篱笆上，靠在栏杆上，躺在路面上”，正像在那不勒斯那样，而在本雅明故乡的那座城市，街道“像打扫一新的、空空荡荡的赛马场”(同上:180)。在文章的后面部分，本雅明明确指出了莫斯科和那不勒斯之间的这种关联。他写道：

> 鞋油和书写材料、手帕、娃娃的雪橇、孩子们的秋千、女士的内衣、饱食的鸟儿、晒衣的架子——所有这些杂乱地铺展在无遮无挡的街道上，似乎这里不是零下25度，而是高温的那不勒斯之夏。
>
> (同上:180—1)

再一次，“内物外放”(the inside on the outside)这个主题得到重现，让我们想起阿拉贡的“巴黎农民”那经过改造的城市生活方式。只有在完全由资产阶级组成的城市中，私人空间和公共空间之间的区隔才会如此整齐划一，泾渭分明。在无产阶级城市中，个人与公共之间交织着无中生有和虚张声势，街道和人行道上满是那些常客和主顾留下的民间日常的印迹。城市的文化及其与乡村之间的对抗关系，透彻地体现在马赛的市郊——“城镇和乡村之间的决战持续上演的地带”(同上:213)——在那里，“电线杆与龙舌兰、带刺的铁丝网与多刺的棕榈树……让人气喘吁吁的室外楼梯与身形巨大的山丘彼此肉搏”。此处，本雅明是在描述城市对乡村腹地的商业扩张，所用的语言如枪林弹雨一般，仿佛城市无法忍受乡村毫无生气的被动，几乎不得不动用军事力量和暴力来使其臣服。在写马赛的那篇文章的其他部分，本雅明让我们注意到，城市地貌如何被阶级间的支配和反抗的语言所覆盖(顺着市中心的建筑物外墙展开的花哨广告,造船所和军火库前面红色字体的社会主义涂鸦)。这些观察虽然相当简短,却在所有的城市素描中一再出现,把我们现在所称的“城市符号学”,或者说符号分析,与预示着马克思主义城市生态学之多种构想的唯物论空间分析结合起来(见第六章)。然而,正是在《拱廊街计划》中,本雅明的城市批评臻于极致。

《拱廊街计划》

如果我们把“城市素描”仅仅视为本雅明对批判性城市研究的贡献,那么他的这一类如此挑剔的读者的人数竟会超出其在德国文学出版物中最初的发行量,就很令人生疑了。然而,在新闻和随笔领域涉足城市核心,预示着一项更为广泛、在哲学上也更有野心的计划,该计划占据着他在后来的写作生涯中的多数精力。在《拱廊街计划》中,本雅明写在文前的按语乍看之下不过是一些主题的随意拼凑(用本雅明本人的话来说,即“文学蒙太奇”),归类在这些主题之下的,是从关于各种城市现象的历史、文学、科学和新闻学类的大量文献中遴选出来的长篇引文。本雅明为每一个单独的主题都标示了大写和小写字母(虽然在所收集到的手稿中并未用上所有的字母)。[①]

很明显,在为这项计划(打算与弗伦茨·黑塞尔[Franz Hessel]共同完成)所作的最初概述中,能够想象到的每一类型的城市现象,都会被纳入研究视野。提议的主题无所不包,从“便利与不便(烟草、邮箱、票券、海报立柱等)”,到“妓女的类别:街边拉客的、少女式的、应召的(高级的)、搞社会关系的、轻佻的、母狮式的、女友式的、情人

① 关于城市生活的不同主题,总共汇编了36份资料。有一部分提到了重要的论者(比如波德莱尔[Baudelaire]、圣西门[Saint-Simon]和荣格[Jung])、社会-心理学主题(比如浪荡子的形象、“社会运动”“无所事事”、无聊)、机构(股票交易所、巴黎综合理工大学)或物理特征(塞纳河、铁路、巴黎的街道)以及感知(镜子、全景以及照明方式)。

式的、艺人式的”，再到“可笑的‘纪念品’和难看的小摆设”“穷人阶级的星期天”“树丛茶饮”以及“巴黎的大小迷宫”（Benjamin，1999b：919—21）。“拱廊街”不过是列入其中的主题之一，但是随着本雅明这唯一一项计划的推进，这些商业走廊变成了他在所有方面对现代性问题批判性参与的主题。对本雅明来说，迷宫光线幽暗，其内外世界唤起的是一个充满可能性和越界行为的领域，这样的领域只有在现代大都市中才能找到。如本雅明所写的：

> 城市是人类的古老梦想，即迷宫的实现。正是这种现实，让浪荡子们不自觉地投身其中。
>
> （Benjamin，1999b：429—30）

在致力于刻画浪荡子形象的《卷宗 M》（*konvolut M*）中，能够看到本雅明对城市批评所贡献的丰富内容。按照本雅明的理解，浪荡子并不仅仅是“巴黎林荫大道的常客”（boulevardier），即以各种方式沉迷于咖啡社会偷窥奇观中的男人（在第八章我们将看到法语中这个名词的男性形式有重要意义），而是更接近于一个世俗的朝圣者，一个时空领域的渎神真相的追寻者，对大都市的隐秘奇观来说，枯燥乏味而又容易受到忽视的人性已经把那个领域踏入尘土。

浪荡子试图去寻找“消逝的时光”，就像“在社会荒原上不安游荡的狼人”（Benjamin，1999b：416，418）。他身处人群之中，却并不属于人群；人群中的每张脸孔都戴着匿名的假面，就像在“空间的化装舞会中”。与那不勒斯人和莫斯科人一样，巴黎人也身怀这种“居住于大街的技艺”，本雅明回忆起一段经历，与阿道夫·施塔尔（Adolf Stahr）的类似，后者在 19 世纪 50 年代写到在一些道路工程旁自发形成小型的户外市场，突兀地造成人为的瓶颈路段。

> 70年后，我在圣日尔曼大道和拉斯拜尔大道的街角有了同样的经历。巴黎人把街道变成室内空间……因为，如果无所事事能把整个巴黎转换成一个大型室内空间——一所房子，其房间就是“区”(quartiers)，和真正的房间同样清晰地由门槛划分着界线——那么另一方面，这座城市对于漫步穿越其中的人来说，就可能显得没有门槛：她是一幅全面的风景。
>
> (Benjamin，1999b：421—2)

这里的关键是，城市的边界大都隐而不显，只有外行才会把大都市看作一个没有形状、没有差别的整体。

无所事事也是怀旧的一种功用，或者更准确地说，是对消逝的时光、感觉、风景着迷怀想的一种功用。普鲁斯特在《在斯万家那边》(*Swann's Way*)那一卷[①]中呈现了这种“顿悟的风景”概念，他在该卷写道：

> 突然，一个屋顶、由石头反射的一缕阳光以及一条路的气息让我停止不动，去享受它们各自带给我的独特快乐；同时也是因为，在我的眼睛能够看到的表象下面，它们似乎在隐藏着什么，邀我去靠近，从那里拿取，可惜，虽然我百般努力，还是没能发现……[②]

对本雅明来说，一度忘却的经历在突然之间又回想起来，这会带来一种陶醉，就像吸食大麻带来的感觉一般；不过，与致幻药的效果一样，那是一种稍纵即逝的暂时感觉，浪荡子或吸大麻的人一直想重

① 《追忆似水年华》第一卷。

② Marcel Proust (1939) *Du Côté de chez Swann*, Vol.1, Paris, 256 in Benjamin, The Arcades Project, 420.

复体验。我们一遍遍地重返城市，想要追寻那种我们常常无法获得的真实体验；于是，在无法从总体上深入地拥抱都市时，我们便逃向了记忆的图景。

当今的历史

本雅明之所以涉足于城市研究，很大程度上是由于童年和少年时期的经历，他以此为主题于20世纪30年代写了一篇文章，即《1900年前后柏林的童年》(A Berlin Childhood Around 1900, B. Lindner, 1986)。在这篇文章及其补充内容《柏林纪事》(Berlin Chronicle)中，如苏珊·桑塔格(Susan Sontag)所评论的，"本雅明并不是在努力揭示自己的过往，而是想要理解它：把过往压缩进它的空间形式和先兆结构中"(Sontag in Benjamin,1997: 13)。本雅明与普鲁斯特一样，着迷于记忆的救赎和解放特征，这些特征让我们得以从过往中生发出一种对当时让我们感到迷惑的那些情绪和感受的理解力。对于本雅明来说，回忆的确意味着把碎片化、分散化经历的印象重新收集起来，并把它们重新组织成有意义的叙事，以其自身并不完美的方式努力呈现具有社会和心理学意义上完整性的维度。这种诠释工作，或者说启示工作，往往要调集一些无意识的元素(本雅明在此方面借鉴了超现实主义艺术家和诗人，他在作品中始终承认这一点)，并且要涉及人类发展的神话方面。不过，与此同时，本雅明也觉得有必要考虑批判理论和历史唯物主义那些更为严谨，或者说更为"科学"的主张。[①] 在此意义上，我们可以说本雅明有些类似于世俗的神学家，认为自己的任务是预卜和解释"整个城市"那些先验的、矛盾

① 本雅明对布洛赫和阿多诺的作品完全熟悉，但是按照苏珊·桑塔格的说法，他直到生命最后几年才开始读《资本论》('Introduction' in Benjamin,[1979]1997:18)。本雅明对马克思怀着钦佩和批判性的赞赏，他在《拱廊街计划》中用一整节来写马克思的作品就表明了这一点。

的本质。

本雅明的历史唯物主义往往被称为“反历史决定论的”，也就是说，他反对过去可以仅仅从过去的角度来解释的观点，因为历史总是以当今的眼光来看待的。他写道：“过去的每一副形象，若没有被当今认可为其自身的关注点之一，就有无法挽回地消失之虞。”这与其说是在请求让过去与当今相关联，不如说是在提醒人们警惕一种观念，即如兰克(Ranke)所认为的历史学家能够也应该“按实际存在的方式”叙述过去(Benjamin，1999a：247)。在一个被频繁引用且极为抒情的段落，本雅明把历史唯物主义的成果与保罗·克利(Paul Klee)画作中的“新天使”相比较：

> 画中表现的是，一位天使看起来像是要从他专注深思的某个对象上转移开。他双眼在凝视，张着嘴巴，翅膀已展开。这就是人们描绘历史这位天使的方式。他的脸转向了过去。在我们感受到一连串事件的地方，他看到的只是单独一场灾难，这场灾难不断地堆积着残骸，丢到他的双脚跟前。那天使想要停留，唤醒逝者，把打碎的东西拼凑完整。但是，从天堂卷来一阵风暴，滞留于他的翼下，力道如此凶猛，让他无法再合上翅膀。风暴无可阻挡地把他推向身后的未来，他面前的残骸则向上增长。这风暴就是我们所谓的进步……
>
> (Benjamin，1999a：249)

城市作为存放过去的巨大又活跃的仓库，在日常层面为我们提供了这种“进步”的考古残片，但是本雅明敦促我们面对的历史，不是作为“同质的、虚空的时间”处所，而是作为“充满了现在(Jetszeit)的时间”处所。古代文明由新兴的政治国家唤回并加以开拓，其方式一如雅各宾派统治下的巴黎“自视为罗马的转世再生”，召唤着“古罗马，一如流行时装召唤着古代的服饰”(同上:253)。因此,本雅明的城市想象有力地反驳了关于城市发展的“发展史即进步史”叙事,同时又有力地为主观想象和记忆在城市生活的社会建构中要求着一席之地。如我们将在下一节看到的,通过历史唯物主义的透镜对“想象的城市”所作的批判性探究,也是亨利·列斐伏尔研究工作的核心特征。不过我们在第八章将会看到,更广义地说,本雅明在审美和哲学上对城市经验的丰富介入,启发了新一代的城市著述者,他们已经运用本雅明的洞见,试图对城市进行新的解读,并把它视为研究动态的、狂暴的现代性的实验室。

亨利·列斐伏尔:城市的生产

> 正是在这一时刻,生产方式主导并承接着历史的结果,在自身的内部完善着“次级系统”,这种系统在资本主义(即商业和观念、农业、城市和乡村、知识、科学和科学机构、法律、财政体系、司法,等等)之前就已经确立,并且没有设法把自身组合成连贯的系统,清除掉矛盾。那些相信这个系统的人犯了一个错误,因为事实上并不存在完整的、已实现的总体。不过,当然是有一个“整体”(whole)的,它已经吸收了自身的历史条件,重新吸收了自身的元素,并且成功掌控了部分矛盾,虽然还没有实现想要的凝聚力和同质性。
>
> (Lefebvre, 1976: 10)

亨利·列斐伏尔是一位真正的跨学科写作者,他的研究兴趣包括文学、语言、历史、哲学、规划等,在暮年时甚至关注政策的制定(Kofman and Lebas, 1996: 6)。在关于城市问题的所有思考中,列斐伏尔同样是一位坚定的马克思主义者;他的《城市权利》(The Right to the City)宣言(Lefebvre, 1968)现在已成经典,宣言初次发表的那一年，“五月风暴”预示着以城市为中心的系列社会运动即将蔓延，引发了城市生活中新的创造和试验形式。许多年轻的积极分子读过《城市权利》后赞赏不已，继而成为影响广泛的建筑师、规划师、政治人物和学者，但是直至最近，列斐伏尔的影响都多多少少局限于故乡法国；究其原因，部分在于他的著作和文章，几乎没有被翻译成英文，事实上，列斐伏尔那些卷帙浩繁的作品，许多重要方面仍然没有被翻译出来。然而，随着人们对大卫·哈维等人类地理学家的研究成果，以及曼纽尔·卡斯特尔的社会空间理论越来越感兴趣，这位著述者身为首批详细考察“空间政治”以及城市的物质环境与其多种社会和经济关系之间关联的人之一，其新的读者群体已经发展起来。

对于一直被教育要仔细区分“规范”判断与科学判断的英语读者来说，列斐伏尔的作品读来可能晦涩难懂。与同时代的许多法国哲学家一样，列斐伏尔在写作中偏爱随笔风格，满是华丽的修辞，令人费解的隐喻，其中几乎没有什么能被略带夸张地称作“学识的装备”（或者说文献出处的综合引用）。列斐伏尔热切倡导社会正义不可或缺，资产阶级的主导地位需要克服（虽然他自己的职业地位和个人地位无疑应该被称为养尊处优的中上阶层），他的写作风格常常是爱论辩的檄文式的。他并不觉得对于这种风格特征有必要感到抱歉，毕竟马克思传扬最广的作品，仍是他于1848年与弗里德里希·恩格斯合著的那本革命小册子《共产党宣言》；列斐伏尔无疑认为，作为一种城市实践的哲学，自己的观念应该和马克思的一样，致力于改变而不仅仅是评论社会。

《城市权利》

《城市权利》一书把许多主题汇聚到一起，列斐伏尔在这些主题上耕耘多年。与马克思一样，列斐伏尔认为城市是这样一个场所，使用价值和交换价值在此相遇，进而结合起来进入一种正式的体系，或者说成为“生产关系”。简单地说，使用价值关乎物质环境、人以及原材料，而交换价值关乎按资本主义生产方式制造出来，着眼于销售的商品的价值。随着资本主义的发展日益强化，城市范围内活动场所和空间的转换也变得越来越商品化。在资本主义早期阶段显而易见的劳动分工越出城市或地区的范围，扩展至全国甚至国际层面；另一方面，市场那横扫一切的力量造成的贫富两极分化，把城市变成了拼缀之物，中间是商业区，四周环绕着下层社会的贫民区和高高在上的富人飞地。

列斐伏尔把资本主义城市称为“消费受到控制的官僚社会”(Dikeç，2009：74)，这个术语后来被普及为“消费社会”。不过，城市权利并不等同于消费权，毕竟人类还有“从事创造性活动的需求，拥有全部作品([oeuvre]不仅是产品和耗材)的需求，以及获取信息、使用符号的需求，想象和娱乐的需求”。“全部作品”这个概念是列斐伏尔作品中反复出现的主题，指向城市的所有方面，包括重要方面、审美方面、次要方面，对其最好的概括即越出商品化空间领域之外的城市。列斐伏尔认为，传统上从社会层面对城市所作的科学探究存在局限，原因在于

> 研究对象，即城市，作为完美的现实正在四分五裂。知识把已经经过修饰的历史城市摆在自己面前，把它完全割裂，再从碎片中拼凑出来。作为社会文本，这种历史城市不再有连续的因袭习惯，不再有与象征和风格相关联的对时间的运用……作为历史事实建构的城市不再鲜活，也不再从实际上得到理解。它只是观光者以及一种(原文如此)唯美主义进行文化消费的对象，沉迷于壮观和美景。
>
> (Lefebvre in Kofman and Lebas，1996：147)

以上段落中充满密集的见解，此种方式现在已经成为世界范围内的文化研究和城市研究的惯用手法。碎片化的城市，不断地重新组合，没有固定的或根植于历史的身份——这种观念与许多对当代城市生活所作的后现代描述是一致的。类似地，如我们在第八章将要看到的，城市作为一种“社会文本”或者城市叙事的概念，是由现代城市的后结构主义和后殖民主义阐释者推广的。对于“历史城市”之死亡以及今人所称的“遗产产业”之崛起的宣告，预示着当代的许多讨论，包括城市的“空心化”、随着大众旅游的兴起出现的“历史空间”商品化（Urry，1990），以及以“边缘城市”为表现形式的“非场所城市领域”（non place urban realm）不可阻挡的崛起（Webber，1964；Garreau，1991）。

随后，列斐伏尔从分析转向提出对策，赞成采纳一种可以让“城市社会”充分显现的新的尝试性方法。列斐伏尔相信，即使在资本主义晚期，乡村-农业社会仍然限制和扼杀着真正的城市社会的潜力，后者没有乡村和“自然”的主要特征（这些特征也是僵化的等级制社会秩序、严密的监管和社会控制以及反智主义和反世界主义的核心负面特征）——如我们已经指出的，齐美尔也大声地说出了对这些特征的憎恶。列斐伏尔提出，新的城市创建者应该采用转导（transduction）和试验性乌托邦的方法。列斐伏尔用“转导”这个词来描述构建理论对象（比如一座新城市）的过程，此过程不仅基于与（比如说）当前的城市现实相关的信息，也基于由现有的各种城市现实提出的疑问。在新的理论想象被赋予具体形式时，反馈机制确保后续的规划/项目在思考—调查—批评—贯彻的无尽循环中考虑到了这一新近改变的现实。

列斐伏尔在《城市权利》中的第二项提议，即试验性乌托邦，以以下观念为前提：20 世纪晚期任何像样的城市规划者，都会自视为乌托邦空想家。然而，以创造理想共同体为目标的乌托邦主义，需要在实际的城市环境中研究日常生活。通过研究如何使城市居民变得良善、快乐、活跃，列斐伏尔相信未来的城市可以从今天的梦想中建立(Lefebvre in Kofman and Lebas, 1996: 152)。不过列斐伏尔也说，建筑师们往往会教条地接受功能、形式和结构，它们伪装成了各自意识形态上的对应物，即功能主义、形式主义和结构主义。这意味着建筑师的行为太多时候接近于天真的社会学家：以机械论的方式看待世界，而不去领悟“栖居于其中的人所感受和生活的意义”(同上)。

如何补救这一缺陷？列斐伏尔的答案是为城市社会的研究和生产吁求一种整体观念。他希望看到研究城市的哲学家与城市系统的那些科学和技术专家之间消除派系分歧，正确理解总体和部分。换句话说，必须把注意力放在个体环境(milieux)的细节及其与全世界其他城市环境有哪些共同的总体特征和问题上。为了在全部的历史和空间维度上理解城市问题的范围，列斐伏尔认为有必要发展出“一种时间-空间(time-spaces)一般性理论”。这是一项重大任务，列斐伏尔此后的思考都投入在其中。在此背景下，列斐伏尔得以预见理论家们后来解决的一些关键问题，如安东尼·吉登斯(Anthony Giddens)的结构化理论(Giddens, 1984)、卡斯特尔的“流动空间”理论(Castells, 2000a)(见第六章)。

论《空间的生产》

《空间的生产》(*The Production of Space*)于1974年首次以法文出版，但直到1991年英文版才面世。列斐伏尔这本书明确宣称的目标是把空间(精神空间)的哲学和认识论纳入与真正空间或经验空间的对话。与他的其他许多作品中一样，列斐伏尔在本书中的主要对话者是笛卡尔(Descartes)、康德、黑格尔等哲学家，所有这些人在他看来都忽视或错误处理了人类经验的空间维度。如艾拉·卡茨纳尔逊(Ira Katznelson)告诉我们的，“列斐伏尔的方案是基于作为理论建构和经验建构的城市和城市生活方式的分离。城市是客体在空间中的排列，而城市生活方式是一种生活方式"。列斐伏尔主张，"各生产方式与它们构成的空间之间并不严格对应"，但他又声称，"每个时代都生产着属于自己的空间"(Katznelson，1992:96)。

如果说 19 世纪的工业资本主义催生了一种以劳动分工为基础的特定城市形式，那么在 20 世纪，工业资本主义社会已经被城市社会辩证地超越了。这一点之所以成为可能，原因在于以金融和资产投机为表现形式的资本的城市化，带来了又一种资本循环，而这种与生产性资本相关的资本循环日益占据主导地位(同上:97)(见第六章)。然而，无论资本采取何种形式，它必定会导致对劳动力的剥削，而劳动阶级对其从属地位的反抗，不可避免地会引起阶级冲突。如卡茨纳尔逊再次总结的，对列斐伏尔来说：

> 空间不仅是人造的环境，而且是一种生产力量和消费对象。空间也是政治斗争的对象，因为它是国家可以运用的控制工具。(同上:98)

然而，国家对空间施加的控制从来就不是绝对的，因为如列斐伏尔所声称的，不同层级的国家机构之间总是存在着冲突，正如阶级冲突会一直存在。在此意义上，列斐伏尔欣然承认城市中的政治权力是"多元的"，即便他拒绝接受"多元主义"是一种美国意义上的民主模式(Lefebvre in Kofman and Lebas,1996: 379)(见第七章)。当列斐伏尔将一些希望寄托于"多元主义所避开的东西"时，在识别大卫·哈维所称的"希望的空间"([space of hope] Harvey，2000)的过程中，他似乎越过了正统的马克思主义决定论；而在"希望的空间"中，"非商品化的"一定程度的存在或许(一度)是可能的。在实践层面，集体空间的非商品化可能需要来一场成功的运动，以修建公园、提供免费的城市交通，或者承认擅自占地者的权利（见第七章，辅助资料 7.1）。这样一来，与齐美尔的理论一样，我们可以将列斐伏尔的空间理论解释为在城市消费过程中和在商品形式的物质生产中得到了同等程度的暗示，而在此方面列斐伏尔的研究成果关联着曼纽尔·卡斯特尔的城市理论，后者我们将在第六章较为详细地考察。

但是，列斐伏尔之所以是最令人困惑和最有挑战性的城市理论家之一，原因在于他的两种倾向，即把思辨哲学与人类学结合起来，并寻找能够吸引画家或作曲家而不是社会科学家的那类模式（patterns）——如他生命最后几年关于地中海城市的“节奏分析”（rhythmanalysis）的作品所表明的（Lefebvre and Regulier，1986）[①]。对列斐伏尔来说，仪式和节奏密切相关，他注意到了地中海社会中宗教仪式、节日、斋戒和筵席的丰富和重要，这些仪式又如何把一种节奏嵌入当地居民的日常生活中。列斐伏尔提出，楼梯和台阶充当着在不同的时间之间——“在建筑（房屋和围场）的时间与城市时间（街道、没有建筑物的空地、广场和纪念碑）之间”（Lefebvre in Kofman and Lebas，1996：237）——提供关联的功能；这里可以明显看出来自本雅明的启发（同样没有得到承认）。这些古老的节奏能够同化战争与征服，或者同化类似威尼斯那些观光者的日常侵入，同时又保留着它们的戏剧特征和特殊感。对于与国家的“元节奏”（metarhythms）迥然不同的私人的、秘密的、顽强的节奏的强烈依恋，让这座地中海城市历经数千年而基本上没有变化。这就解释了原因，用列斐伏尔的话来说，“每一种形式的霸权主义和同质性在地中海都不受待见”（同上：238）。

列斐伏尔无力把这些相当粗略、往往还彼此矛盾的观念发展成关于城市类型学的更为连贯、思虑周详的假设，这有些令人遗憾，毕

① 我们在这里想到的是菲利普·格拉斯（Philip Glass）为戈弗雷·雷吉奥（Godfrey Regio）1982 年的电影《失衡生活》（*Koyaanisqatsi*）所作的铿锵有力的配乐。

竟它们揭示了在城市的文化地理学领域进行有趣的比较研究是可能的。不过，我们只好同意卡茨纳尔逊的判断，即列斐伏尔在他的城市发展年代学方面对抽象理论化的持续专注

> 当然不是基于细致的经验学识。他（与哈维和卡斯特尔一样）接受了城市在工业资本主义时期既作为主体也作为客体从马克思主义中的消失。城市诸可能性的实现，看起来几乎完全是一种自发的实践；因果关系上的约束被留意到了，却又因劝告而被忘却了。总体来看，列斐伏尔通过把一种假定的历史进程，与他的断言——城市化及其伴生的空间关系共同提供了现代性的新的主导进程——结合起来，（重新）创造出了对城市的偶像崇拜。
>
> （Katznelson，1992：101）

然而，说列斐伏尔对于空间实践在城市环境中展开的方式未加留意也并非事实，他只是对传统的城市主义看待城市问题的方式提出了异议。对于列斐伏尔来说：

> 空间实践调节着生活，而不是创造生活。空间没有“内在的”权力，空间本身也并不决定着空间的矛盾。它们是社会的矛盾，是社会之中的一件事物与另一件事物之间的矛盾，比如生产力和生产关系之间的矛盾——不过是在空间中出现，位于空间层面，从而造成了空间的矛盾……
>
> （Lefebvre，1991：358—9）

列斐伏尔接下来继续举例说明，我们把越来越多的空间让渡给汽车和道路之后，并不是缓解交通问题，而是加速拿掉非商品化的公

共空间，把它变成能产生利润的商品化空间。列斐伏尔继续说道：

> 城市空间容易通过两种方式被这一矛盾过程分割、降级，并最终毁灭：快速道路和停车空间的激增，以及它们带来的必然结果，即林荫道、绿色空间、公园和花园的减少。因此，矛盾存在于两种空间消耗之间：一种消耗产生的是剩余价值，另一种消耗带来的是纯粹的享受，因而是“没有成效的”……
>
> （同上）

列斐伏尔在此提出了许多重要问题，我们在后面各章中还将返回来考察。这些问题如城市的可持续性、捍卫公共空间和民用空间的斗争、把城市视为消耗性空间的观念，简·雅各布斯（Jane Jacobs）、理查德·森尼特、曼纽尔·卡斯特尔、莎伦·佐金等多个领域的论者都曾研究这些主题，在后续各章中我们也会进一步展开。

结语

列斐伏尔否认“城市在现代生活中是任何形式的有意义的实体”（Harvey in Lefebvre, 1991: 430—1），许多杰出的当代城市规划者虽然对此感到不安，却还是把列斐伏尔视为20世纪最为重要的城市理论家之一。我认为，个中原因在于，类似《空间的生产》这样的作品表明，马克思对资本主义生产关系的分析，与这些阶级压迫的策略嵌入（尤其是）城市社会本身结构中的方式是可以并存的。另一方面，虽然马克斯·韦伯可能从列斐伏尔的追随者那里得不到多少喝彩，他的城市发展史却为彼得·霍尔（Peter Hall，1998）、爱德华·苏贾（Edward Soja，2000b）等当代城市规划者，以及刘易斯·芒福德等后来的城市历史学家立下了一根标杆。同时，在对城市权力的当代描述方面，是韦伯继续就官僚权威的重要性、市场的存在和运行以及身份与利益群体的组织和再生产给出关键性的参照点。正是韦伯坚持认为城市首先是一个“政治实体”，从而把他与关于城市里的政治性机构、党派和协会在时间上更接近当代的分析直接联系起来。如勒·盖尔斯(Le Galès)所写的，“(韦伯)独自提出了一种分析模式，把城市视为社会结构，视为群体和利益不断累积并得到代表的场所”(Le Galès，1999：297)。

另一方面，齐美尔和本雅明更多地从哲学方面对待城市问题，他们的作品有助于对城市生活进行人类学、社会学和文化角度的分析，这一点我们将在第八章中看到。但是，在两位论者所作社会批评的核心方面，还细致地、批判性地阐明了货币经济对城市形态和城市行为的决定性影响。这样一来，如我们将在第六章和第七章看到的，在马克思主义传统和城市政治经济传统下写作的城市研究者，在试图理解 21 世纪城市的全球化时，也借用了两位论者的概念和洞见。

观念史上的任何继承和联姻都可以争论，本书当然不会主张将韦伯、本雅明、齐美尔和列斐伏尔确立为我们现在所理解的“城市理论”仅有的几位先驱。相反，本章的目标一直在于探讨这些思想家如何思考城市，他们的观念为何持续影响着一代又一代城市规划者，为何他们直到今天依然重要。然而在许多方面，我们对城市经验的理解受到的最为重大的定量影响，并非来自社会理论或批判哲学，而是来自城市调查者提供的直接记述。在下一章中，我们将探究这种经验传统是如何在 20 世纪英语世界的城市研究领域成为主流方法的。

延伸阅读

马克斯·韦伯

关于马克斯·韦伯的社会学，有一些不错的一般导论，比如弗兰克(Frank Parkin)的同名研究(1982)和安东尼·吉登斯的短篇研究

《马克斯·韦伯思想中的政治学与社会学》(*Politics and Sociology in the Thought of Max Weber*,1972)。特纳的《剑桥韦伯指南》(*The Cambridge Companion to Weber*,2000)是关于韦伯生平和思想各个方面的权威介绍。迪尔克·克斯勒的《马克斯·韦伯:生平与作品导论》(*Max Weber. An Introduction to His Life and Work*,1988)难度不大,第二章中对韦伯的"城市社会学"进行了有益的概括。雷因哈德·本迪克斯(Reinhard Bendix)的《马克斯·韦伯的思想肖像》(*Max Weber: An Intellectual Portrait*,[1960]1988)作为思想传记仍然未被超越,格特(Gerth)和C. 赖特·米尔斯(C. Wright Mills)所编的《来自马克斯·韦伯》(*From Max Weber*,1970)则是韦伯学术成果的经典汇编。收录在沃尔夫冈·英姆森(Wolfgang Mommsen)所编的《马克斯·韦伯和他的同时代人》(*Max Weber and His Contemporaries*,1987)中的由戴维·弗里斯比所写的文章《现代性的暧昧:格奥尔格·齐美尔与马克斯·韦伯》(The Ambiguity of Modernity: Georg Simmel and Max Weber),是格奥尔格·齐美尔研究的主要权威对这两位重要思想家所作的复杂的比较研究。专门考察马克斯·韦伯的城市社会学的文本不多,其中一份是布赖恩·埃利奥特(Brian Elliott)和戴维·麦克龙(David McCrone)合著的《城市:支配与冲突的形式》(*The City: Patterns of Domination and Conflict*,1982)。

格奥尔格·齐美尔

对学生来说比较好读的一种格奥尔格·齐美尔的导论,作者也是戴维·弗里斯比(1984),提供了关于齐美尔的带有注释的文献来源,以及齐美尔主要作品英译本的文献目录。关于齐美尔更为广泛的研究,戴维·弗里斯比的《齐美尔及其之后:格奥尔格·齐美尔的社会理论文集》(*Simmel and Since. Essays on Georg Simmel's Social*

Theory, 1992b)对于城市理论专业的学生来说有许多有趣的内容,而他早期所写的《现代性的碎片:齐美尔、克拉考尔和本雅明作品中的现代性理论》(*Fragments of Modernity. Theories of Modernity in the Work of Simmel, Kracauer, and Benjamin*, 1988),如副书名所述,把齐美尔的作品与本雅明等同时代人并列考察。弗里斯比的《社会学印象主义:重估格奥尔格·齐美尔的社会理论》(*Sociological Impressionism. A Reassessment of Georg Simmel's Social Theory*, 1992a)初版于1981年,为齐美尔对社会理论的贡献提供了更为一般性的概述,其中有一章特别有启发性,把齐美尔作为社会学中浪荡子的原型来论述。迪纳·魏因施泰因(Deena Weinstein)和迈克尔·A. 魏因施泰因(Michael A. Weinstein)在《后现代(化)的齐美尔》(*Postmodern[ized] Simmel*, 1993)中提供了与弗里斯比相反的解释,认为最好把齐美尔看作一个"用现成工具修修补补的人"(bricoleur),一个把城市经验的各种碎片拼凑起来的人,因而是一个原始的后现代主义者。贾沃斯基(Jaworski, 1997)批判性地评价了美国社会学界对齐美尔的接纳,包括齐美尔的思想对芝加哥学派的社会学家帕克和戈夫曼(Goffman)的影响。那些想要深入研究齐美尔文集的人,也会去参考戴维·弗里斯比所编的三卷本《格奥尔格·齐美尔:批判性的评价》(*Georg Simmel. Critical Assessments*, 1994)。

瓦尔特·本雅明

德语版的瓦尔特·本雅明文集,现在大部分都有了英译本,包括设计精美、编辑细致的罗尔夫·蒂德曼(Rolf Tiedemann)版的《拱廊街计划》(Benjamin, *The Arcades Project*, 1999b),由艾兰(Eiland)和麦克劳克林(McLaughlin)翻译。"城市素描"系列以专题形式出版,比如加里·史密斯(Gary Smith)编的《莫斯科日记》(*Moscow*

Diary,1986),以及收录于《单向街》(*One-Way Street*,[1979]1997)和《启迪》(*Illuminations*,1999a)中的。关于本雅明的间接文献过于庞杂,只能综合出一部分,而且综合时带有主观任意性。不过,完全初次接触瓦尔特·本雅明的生平和作品的新手,会发现霍华德·凯吉尔(Howard Caygill)等的《瓦尔特·本雅明入门》(*Walter Benjamin for Beginners*)既有教益又很有趣。此书由安杰伊·克利莫夫斯基(Andrzej Klimowski)加以很好地诠释,易读、全面,没有居高临下的姿态。读来更有挑战性的是霍华德·凯吉尔的《瓦尔特·本雅明:经验的色彩》(*Walter Benjamin. The Colour of Experience*,1998),从中可以了解康德、黑格尔以及本雅明的法兰克福学派同仁们的哲学。汉森(Hanssen,2006)编写了由全世界部分主要的本雅明研究学者就《拱廊街计划》所写的优秀文集。若想要寻找关于"第一"法兰克福学派的权威叙述,应该查阅杰伊(Jay,1973)的作品。本雅明与社会研究所其他重要人物之间的关系,史密斯(1991)用几章进行了考察。苏珊·巴克-莫尔斯(Susan Buck-Morss)的《观看的辩证法》(*Dialectics of Seeing*,1989)仍然是当代批评的重要参考和来源,而格雷厄姆·吉罗切(Graham Gilloch)出版时间更近的《神话与大都市》(*Myth and Metropolis*,1997)则表明,对这位谜一般的、多重面相的思想家永远不要下定论。

亨利·列斐伏尔

亨利·列斐伏尔的作品,被译成英文版的越来越多。合适的入门读物是科夫曼(Kofman)和勒巴(Lebas)编辑并翻译的《亨利·列斐伏尔城市作品集》(*Heri Lefebvre, Writings on Cities*,1996),对列斐伏尔的生平和作品进行了有用的介绍。列斐伏尔的主要作品中,《空间的生产》(*The Production of Space*,1991)由唐纳德·尼科尔森-史密斯(Donald Nicholson-Smith)提供了出色的英译本。《日常生活批判》(*Critique of Everyday Life*，1991—2005)全三卷现在都有了英译本(Lefebvre，1991—2005)。《节奏分析》(*Rhythmanalysis*，2004)也由杰拉尔德·摩尔(Gerald Moore)和斯图尔特·埃尔登(Stuart Elden)译成了英文(后者还写了很有帮助的导读)。罗伯·希尔兹(Rob Shields)的《列斐伏尔的爱与挣扎：空间辩证法》(*Lefbvre，Love and Struggle. Spatial Dialectics*，1999)一段时期内曾是英语世界唯一一部篇幅足以成书的列斐伏尔研究作品，其中有列斐伏尔作品相当全面的文献目录。时间更晚的两部作品，即斯图尔特·埃尔登的《理解亨利·列斐伏尔》(*Understanding Henri Lefebvre*，2004)和安迪·梅里菲尔德(Andy Merrifield)的《亨利·列斐伏尔：批判性导论》(*Heri Lefebvre：A Critical Introduction*，2006)考察的是城市研究、哲学和社会理论领域对列斐伏尔作品日益增加的兴趣和与之日益密切的关联。

要想寻找关于列斐伏尔思想历程的更短介绍，阿利斯泰尔(Alistair Davidson)的文章(1992)读来愉快且信息丰富。马克·戈特迪纳(Mark Gottdiener)的《城市空间的社会生产》(*The Social Production of Urban Space*，第2版，1994)初版于1985年，试图运用并拓展亨利·列斐伏尔的马克思主义空间分析，同时对城市社会研究(比如全球化理论、弹性积累、后现代主义、新的全球劳动分工以及增长机器的前景[见本书第六、七和八章])更为晚近的方法进行批判性的评估。德里克·格雷戈里(Derek Gregory)和约翰·厄里(John Urry)的《社会关系与空间结构》(*Social Relations and Spatial Structures*，1985)考察了地理学和社会学观念之间的融合，尤其关注了列斐伏尔的作品。海伦·利格特(Helen Liggett)和佩里(Perry)所编的《空间实践》(*Spatial Practices*)就城市空间的利用，提供了一系列富有启发性的文章。挑战城市研究中空间分析的优势地位、对列斐伏尔更为批判性的回应，则见于彼得·桑德斯

(Peter Saunders，1981，1995)和韦尔朗(Werlen[1993])的作品。

关于列斐伏尔对城市理论所作贡献的诸多论文和文章中，基普弗(Kipfer)的《论城市的可能性：重读亨利·列斐伏尔的开放与完整的马克思主义》(On the Possibilities of the Urban: Rereading Henri Lefebvre's Open and Integral Marxism，1998)就列斐伏尔对英美世界激进的地理学和批判性的城市社会学的影响进行了批判性的考察，同时提醒不要对列斐伏尔的城市马克思主义进行后现代的挪用。克劳福德(Crawford)和琴扎蒂(Cenzatti)(1998)颇为有趣地把列斐伏尔的《城市权利》一书作为出发点，批判了洛杉矶穷人在1992年骚乱中"重新侵占"公共空间(见此书第七章)。基普弗几乎确凿无疑指称的那种对列斐伏尔的后现代"滥用"，一个例子是爱德华·苏贾的"空间性的三元辩证法"("trialectics of spaciality")，1996年作为一篇文章发表(Soja，1996a)，也放在了他的《第三空间》(*Thirdspace*，1996b)一书的开篇。苏贾的作品在第八章会进行更细致的考察，如果想要追溯列斐伏尔的思想对"新地理学"的这位主要拥护者的影响，可以查阅苏贾的《后现代地理学：批判性社会理论中对空间的重新主张》(*Postmodern Geographies. The Reassertion of Space in Critical Social Theory*，1989)。德·塞尔托(De Certeau)的《日常生活实践》(*The Practice of Everyday Life*，1984)几乎被激进的城市规划者们奉为圣经，该书明确承认受惠于列斐伏尔的城市实践哲学。

第三章　被描述的城市：社会改革与古典城市研究中的经验传统

波斯纳普先生说："我想，你知道伦敦有多少人口。"

那个温顺的人以为自己知道，但又想，如果伦敦的各项法律运行良好，她的人口就与自己绝无任何关系。

波斯纳普先生又郑重地说："你知道吗？至少我希望你知道，普罗维登斯已经宣布，你们会一直和穷人在一起。"

那个温顺的人也希望自己知道。

波斯纳普先生装腔作势地说："很高兴听到你这么说。那会让你在公然违抗普罗维登斯时十分小心。"

——查尔斯·狄更斯《我们共同的朋友》

(Charles Dickens, *Our Mutual Friend*)

引言

我们在前一章遇到的那些社会理论家，为一种新的城市想象开辟了道路，这种想象能够与实证社会学、辩证唯物主义以及现象学等共存，但这也是一系列相当不同的关注焦点，驱使着城市研究的真正先驱去探究无序扩张的大都市的“底层社会”。本章遇到的论者们大体上都可以被称为“经验研究者”，但这并不意味着“理论的”和“经验的”城市规划者之间的二分法，要求其中一种方法的运用者避免使用另一种。如我们在上一章所看到的，在韦伯对欧洲古代和中世纪城市的审慎重建中，都是我们以为从专业的社会史学家和经济史学家那里才能获得的细节，正如本雅明对巴黎的风俗和消费习惯的论辩式研究，会使当代多数关于购物研究的社会学写作相形见绌。

然而，把韦伯、本雅明、齐美尔和列斐伏尔的研究工作与我所称的城市研究和写作的“经典经验传统”区分开的，是一种明确的信念，认为城市研究的方式应该从属于目标，即尽可能深入地解释作为整体的城市经验，哪怕是在某个特定城市或城市群的范围内。这些论者所怀有的野心，是找出城市的“本质”，把人性这种伟大的、混乱的集中归结成一种明白易懂的图示。另一方面，经验的或者说实践的城市研究则努力弄清这一看似混沌的、动荡的世界，所采用的方式是博物学家式的，对于遇到的动植物加以统计和分类，并分成不同的等级和类别。这种类比相当恰当，因为在社会科学中，“类型学”这个词本身就可以追溯到 19 世纪的自然科学中，在那里，“生态学”“有机体”“进化”等概念为一代又一代的社会研究者们提供了强有力的提示性的比喻，这些研究者一直试图弄清许多人在现代大都市中发现的“人类丛林”。

在本章中，我们将追溯城市经验研究的发展过程，从其关于社会改良主义的早期表现，到接纳社会研究为一门学科，在这门学科中现代城市为“社会病理学”提供了重复出现的例子。本章的大多数研究和论述对象，都来自 19 世纪以及 20 世纪早期的英国和北美，但此种选择并不是想暗示经验研究是这些国家所特有的，是这段时期英美城市研究中的一种特定力量。

罪恶的城市：作为社会改良的城市调查

艾拉·卡茨纳尔逊在纽约市开始了她对城市政治和城市冲突的研究(《城市战壕》[*City Trenches*])，参考了雷蒙·威廉斯(Raymond Williams)关于19世纪初期工业城镇和城市人口迅速扩张这类文学表现的作品(Williams, 1973)。在概述威廉斯时，卡茨纳尔逊写道："英语文学维持着对乡村开发的进程(溶解于对风景和绿地的田园牧歌式的描绘中)与城市的邪恶的严格区分。乡村天真而庄严，城市则是各式各样的邪恶汇聚之地。"(Katznelson, 1981:2)

想想关于19世纪欧洲和美国工业城市的那些最伟大的作品，我们会从查尔斯·狄更斯、埃德加·爱伦·坡(Edgar Allen Poe)、爱弥尔·左拉(Emile Zola)、费奥多尔·陀斯妥耶夫斯基(Fyodor Dostoevsky)、维克多·雨果(Victor Hugo)、乔治·吉辛(George Gissing)或赫尔曼·麦尔维尔(Herman Melville)等小说家那里找到灵感。所有这些作家的一个共同点是，愿意直面并探索文明所具有的黑暗和令人绝望的一面，这一面是人满为患、让人感觉具有冲击力的工业都市的明显特征。更早时代的作家们已经用手中的笔抨击不公，其中有许多人(如笛福、布莱克和华兹华斯)在对城市生活的描述中表达了人类与自然甚至是人性的疏远，但由于没有任何政治机构来动员，这些声音只不过被视为来自过去的预言式的回声。

19世纪中叶既提供了政治背景(如爱德蒙·伯克[Edmund Burke]所说的改革和革命之间的抉择)，又具备了有读写能力的公众，他们渴望内容更为丰富的精神食粮，而不是古典文学那矫揉造作的浪漫主义。"纪实式小说"往往成系列地刊载于大众订阅的杂志上，它们的出现引起了对贫民窟和跳蚤市场构成的"真正的城市"而不是上流社会和王室宫廷的新兴趣。狄更斯在小说中对维多利亚时期下层社会的描述，被认为在议会中激发了许多呼声，要求改革《济贫法》(the Poor Law)并采取国家行动来应对贫穷在英国大城市中造成的可怕后果。然而，议会的委任和调查基本上没有做出什么行动来改变数百万人的生活，这些贫困人口的数量还在不断增加，构成了城市中的穷人群体；他们的社会和经济特征则极少为人所知，直至伦敦的《纪事晨报》(*Morning Chronicle*)决定调查这一问题，所采取的形式是调查新闻的一种早期范例。

梅休的《伦敦劳工与伦敦穷人》

《纪事晨报》的调查意图覆盖全国，将英格兰和威尔士的许多地区都纳入其中。调查分成三种类型：乡村的、制造业的和大城市的(Razzell in Mayhew, 1980:3)。亨利·梅休曾是讽刺杂志《笨拙》(*Punch*)的创始编辑，现在临时上阵，当起了此次调查的城市记者，伦敦成为他个案研究的对象。在他的哥哥以及少数几位新闻搭档的帮助下，梅休于1849年开始撰写调查报告，萨克雷(Thackeray)后来称该报告是"一幅人类生活的图景，如此精彩，如此可怕，如此可怜又令人同情，如此令人兴奋又恐怖，那些习惯了浪漫小说的读者承认，他们从未读过任何类似的东西"(Humpherys,1977:ix)。梅休的第一份报告是关于泰晤士河边伯蒙德西地区的霍乱的，从中摘取一页(辅助资料3.1)便足以印证萨克雷的评价。

对于维多利亚时期伦敦城市生活中的肮脏污秽，梅休的生动描写格外扣人心弦，因为它们让那些实际生活在这些状况中的人讲述自己的故事(见表3.1)。从这个意义上来说，梅休是我们现在所称的口述史的先驱，其成果代表着他自己所说的"第一次努力由人们自己的唇舌来公开他们的历史"(Mayhew,1968:xv;引自the Introduction to Mayhew, 1980:2 by Peter Razzell)。

辅助资料3.1　亨利·梅休《伦敦劳工与伦敦穷人》

随后我们继续前往伦敦街，沟渠中的潮水便沿着这条街道流淌。17年前在这条街的1号，霍乱第一次出现，并以令人恐惧的毒性蔓延开来:今年,霍乱在街道的另一端出现了,沿街传播,同样严重。我们路过阴沟那臭气熏人的岸边时,阳光照在一条狭窄的水域上。在明亮的光线下,它呈现出浓烈的绿茶的颜色,看起来实在像阴影下的大理石那般结实,那般暗黑——事实上,它更像是含水的泥而不是有泥的水;而我们能确定的是,这是悲惨的居民们能够饮用的唯一水源。怀着恐惧凝视它的时候,我们看到下水道和阴沟把秽物尽数排入其中;我们看到在开放的路边一整排没有门的厕所建于其上,男人和女人共用,流浪男孩们的肢体浸泡其中,单纯通过对比的效果,看起来白得像是帕罗斯岛的大理石。就在伫立着怀疑这可怕的表现时,我们看到一个小孩从对面的长廊中用绳子放下一个锡杯,不断地舀水灌满放在身边的一只大桶……就在小家伙把锡杯极其轻柔地悬摆进水流中时,从相邻的长廊中倒下了一桶粪便。

(Mayhew, 1980:37)

图 3.1 亨利·梅休《伦敦劳工与伦敦穷人》(1851)中的人物

梅休的第一篇文章面世后约12年,完整的研究成果发表了,在随后的描述中他为自己的调查制订出粗略的计划,把主题划分成"能发挥作用的和无法发挥作用的,以及不会发挥作用的"。拉泽尔(Razzell)认为,虽然梅休的职业是记者,但是正是"对自然科学的执着,让他能够平实地呈现采访对象提供的证据"(Razzell in Mayhew,1980:4)。梅休一开始似乎想成为实验化学家,对科学方法的兴趣显然体现于他关于伦敦调查的思考中。如他在 1850 年给《纪事晨报》编辑的一封信中所写的：

> 我决心研究人性，就像自然哲学家或化学家研究任何物质对象；作为一个将相当多的时间花在自然科学和形而上学上的人，必须承认，我真正感到满心欢喜的是，应该由我来第一次（我相信是）将归纳哲学的法则应用于政治经济学的抽象问题。
>
> （Mayhew，1850：6，引自 Mayhew，1980：5）

梅休显然希望自己的成果能对社会研究方法论有所贡献，能够"让事实为自己说话"。但是正如加雷思·斯特德曼－琼斯（Gareth Stedman-Jones）指出的，虽然梅休的《伦敦劳工与伦敦穷人》于 19 世纪 70 年代出现在慈善组织协会的阅读书目中，"被引用的段落并不是那些分析贫困的原因和结构，而是那些描述乞丐和流浪汉精心设计的欺诈和蒙骗行为"（Stedman-Jones，1971：10）。因此便存在着一种危机，即过于关注城市贫困的现象学，却不去揭示形成和限制贫民窟居民日常生活的结构性因素。如我们将在第六章看到的，恩格斯对索尔福德的研究虽然缺少梅休叙述的力量和神韵，却至少提供了一种结构性的解释，说明了阶级壁垒森严的城市是如何出现的，它的后果为何如此有害。

亨利·梅休逝世于 1887 年，此时他已被世人遗忘；20 世纪 40 年代以前，他的成果基本上也被人忽视了。但是今天我们认识到，他的伦敦系列研究是"对 19 世纪世界上最大城市中劳动人民的经验最为充分、最为生动的刻画"（Neuburg in Mayhew，1985：xix）。如巴思（Barth）提醒我们的，梅休来自贫民窟的报道也表明"19 世纪最宏大的新闻报道就是大城市中的生活本身"（Barth，1980：59 in Lindner，1996：9）。

《伦敦被遗弃者的凄厉呐喊》

然而，最终撼动维多利亚时期中产阶级良心的并不是一位记者，而是两位分别名叫安德鲁·默恩斯和威廉·卡纳尔·普雷斯顿(William Carnal Preston)的公理会牧师。[①]《伦敦被遗弃者的凄厉呐喊》(*The Bitter Cry of Outcast London*)所采用的纪录风格类似于圣公会传道士托马斯·比默斯(Thomas Beames)，后者于 1850 年为圣吉尔斯的"贫民窟"(Rookery)绘制了生动的肖像(Beames，1970)；也类似于乔治·西姆斯(George Sims)对于伦敦一处济贫院生活更具当代意味的报道。这本书最初是作为一便士小册子，在伦敦公理会联盟的赞助下出版的。直到小册子被摘录于 W.T. 斯特德(W. T.Stead)的《帕尔摩报》(*Pall Mall Gazette*)以及《每日新闻》(*Daily News*)，其中对于城市贫困的轰动描述才"从英国的一端到另一端产生反响"(Briggs and Macartney，1984：2)。在数页详细描写穷人怀着忧虑和厌恶参加教会活动后，读者受邀跟随叙述者一起沉入伦敦那"充斥着瘟疫的贫民窟"，在那里

> 数万人挤在一起，惊恐不安，让人想起我们所听说的奴隶船的中间通道。要走到他们身边，需要穿过散发着有毒和恶臭气体的短街，这些气体来自随处散布的并往往就在你脚下流淌的污水和堆积的垃圾；那些短街永远照不到阳光，从来吹不进一丝新鲜空气，也极少享受过一滴洁净水的眷顾。
>
> (Mearns in Hill，1970：6)

---

① 这本小册子的作者经常被归为默恩斯一人，但人们现在已经承认《伦敦被遗弃者的凄厉呐喊》实际上是 W.C.普雷斯顿写的(他在迁往伦敦前曾经在兰开夏郡做过报纸编辑)，但默恩斯应该是和唐姆斯·芒罗(James Munro)牧师一起做过实地调查(Chaloner in Hill，1970：2)。

然而，正是对于贫民窟居民本身无力摆脱的生存环境的描述，即使在一个多世纪以后，仍然震撼人心：

> 在另一个[房间]，传教士发现了一个患有天花的人，他的妻子才从第八次分娩中恢复过来，孩子们半裸着身体跑来跑去，身上满是污秽。在这里，七个人住在一间地下厨房中，就在同一个房间中，躺着一个死去的孩子。在另一处，有一个穷寡妇、她的三个孩子，以及一个已经死了13天的孩子。她的丈夫生前是出租车司机，不久前自杀了。
>
> （同上：7）

无论这景象多么恐怖，贫穷并不会阻碍人进入天堂；在当代基督教改革者的意识中，罪的传染要危险得多，它会带来永世的诅咒。在《伦敦被遗弃者的凄厉呐喊》中，有许多内容会让救世主义者感到烦恼，比如那些母亲把年幼的孩子们打发到街上，直到清晨才让他们回来，以便把房子租给妓女卖淫。成年的兄弟姐妹通常不得不与父母同睡一床，因此

> 乱伦很常见；没有哪种罪恶和淫荡会引起惊讶或吸引注意……就连最粗鄙的做法，也不过是以最平淡的漠然眼光来看待……某条街上有35座房屋，其中32座是妓院。在另一地区有43座这样的房子，428个堕落的女人和女孩，其中许多人都不超过12岁。
>
> （同上：9—10）

《伦敦被遗弃者的凄厉呐喊》的两位作者忘了提及数以万计“尊敬的”客人们的道德堕落，他们正是以这种方式虐待儿童的。

不过，这本小册子无意揭示维多利亚社会的虚伪，而是想刺激它采取行动，虽然其动机也是出于自利的考虑，即减缓城市犯罪、传染病、酗酒以及失序等现象的急剧增加，这些现象有可能为“体面的”城市带来麻烦。《伦敦被遗弃者的凄厉呐喊》无疑引起了共鸣，默恩斯所坚称的观点，即“没有国家干预，无法完成任何大规模的事项”(Mearns in Hall，1988：18—9)，甚至被保守的《泰晤士报》勉强接受，该报编辑承认“自由放任主义实际上已经被放弃了，每一项细微的国家干预行动都会为另一次干预铺平道路”(Wohl，1977：234，引自 Hall，1988：19)。

对变革必要性的如此认可，为 1885 年贫困问题皇家委员会的设立创造了条件；该委员会由自由派议员查尔斯·迪尔克(Charles Dilke)担任主任，委员会成员中的杰出人物包括威尔士亲王、保守党领袖索尔兹伯里(Salisbury)勋爵以及枢机主教曼宁(Manning)。反奴隶制运动的倡导者沙夫茨伯里(Shaftesbury)勋爵，是该委员会最令人信服的专家证人之一。对于默恩斯的叙述，汇聚相当数量的进一步证据并不困难——虽然委员会放心地得知，性罪恶的发生率可能没有最初想象得那么高(Hall，1988：19)——而且“必须采取行动”的共识的确促成了一些临时措施，来鼓励和敦促地方当局推倒贫民窟，建造具有像样设施的劳动者住所。但是，只有为数不多的富裕的工人阶级家庭能够从这样的改革中受益，数量巨大的城市穷人的生活一如既往地处于绝望境地；因此，1909 年济贫法委员会说不出下层阶级的困境在 70 多年的“改革”中有什么实质性的改善。

另一半人在美国城市中如何生活：雅各布·里斯与纽约贫民窟

与此同时，在大西洋的另一边，摄影记者雅各布·里斯正在准备底稿，对曼哈顿的贫民窟进行带有图示的研究。《另一半人如何生活》(*How the Other Half Lives*)发表于1891年,它对美国社会形成的巨大冲击,一如《伦敦被遗弃者的凄厉呐喊》对英国受教育的公众造成的影响。和他的同时代人、诗人兼小说家斯蒂芬·克兰(Stephen Crane)一样,里斯也是社会改革的斗士,对语言和图像的力量深信不疑,认为它们能够在富裕阶层中产生新的道德和伦理敏感,说服他们履行针对不幸人群的社会责任。同时,里斯虽然很容易对不同的移民族裔产生成见,但与那些英国同仁不同,他无意对穷人进行教化或加以贬低。他从"粗暴者"和"匪帮"的街头作派中看到了价值;虽然为贫民窟哀叹,他却尊重平民建筑那运转如常的混乱,一如70年后的简·雅各布斯(见第五章)(Gandal,1997:9)。

图3.2 "五分钱一个铺位。"纽约一处移民区的借宿房屋
雅各布·里斯摄于1898年前后
版权所有,并承蒙Jacob A. Riis Collection, Museum of the City of New York供图

里斯的叙述风格往往相当煽情,但他通过对更为广泛的社会和经济条件的密切关注来加以节制,在这些条件下,"拐角处"(the Bend,纽约市马尔伯里街和巴克斯特街附近的区域,里斯就在这里展开调查)的人们发现了自己。例如,死亡率和婴儿夭折率两项数字被

用以显示卫生糟糕和人口过密所带来的赤裸裸的后果(见图 3.2)[①],与同时代的英国人不同,里斯已准备好将矛头指向那些富有的、体面的家庭,这些家庭依靠贫困移民为肮脏住所而不得不支付的房租过着舒适的生活;里斯也把矛头指向了城市当局,它们容忍了对建筑和卫生条例的滥用(Riis,1891:64)。

在现代人听来,里斯所谈论的吞噬一切的“有色人种浪潮”,包括“暗灰色的……犹太人”、阿拉伯部落的“污迹”以及贫困移民“毫不迟疑的虚伪”,看起来都像是最为恶劣的偏见与懒惰不堪的成见。[②] 但是,社会学家一直试图围绕阶级、种族和性别进行概括,其实,今天的大部分社会科学家都在努力依据事实来呈现这种差别。里斯关于民族分布以及“入侵”和“继承”的叙事地图,成为查尔斯·布思在伦敦,以及简·亚当斯、爱德华·伯吉斯和罗伯特·帕克在芝加哥所作城市调查的先声;而里斯对于任何移民区所作的描述,其令人信服程度都不亚于此后的早期社会学芝加哥学派所作的参与式观察研究(同上:21—7)。

衡量并描述城市中的不平等:查尔斯·布思的调查

布思是利物浦的一名富裕船主,在阅读了《伦敦被遗弃者的凄厉呐喊》等关于城市贫困的描述后深受触动而行动起来;他肯定知道英国社会民主联合会创立者 H.M. 海因德曼(H.M.Hyndman)自称完成的调查,据说该调查表明,每四个人中就有一个人生活于极度贫困中。

---

① 里斯强调,一栋四层或六层的出租公寓中,居住着七八十个孩子以及相同数量的大人,在克罗斯比街和马尔伯里街并不罕见。

② 不过,里斯的同情中往往带有偏见。在描写逃避欧洲迫害的波兰和俄罗斯犹太人移民时,里斯评论道:“偏执和无知的诅咒在全世界走到了半路,在纽约东部出租公寓的肥沃土壤中播下了苦涩的种子。如果说犹太人在那里激起的仇恨责任在他们自身,那么他们已经受到了足够的惩罚。犹太人正在采集此处收成的第一季果实。”(Riis, 1891: 123)

布思见过许多著名的社会主义者(其中包括海因德曼),但似乎并不相信社会主义理论所给出的补救办法(O'Day and Englander, 1993:30—1)。相反,他把自己的目标仅仅描述为"用数字表示贫困、不幸和堕落与固定收入和比较舒适之间的关系,并描述每个阶层所处的总体条件"(引自 H.L.Smith,1930:2)。

布思决定不从慈善角度去直面社会不平等问题,而是通过整理社会"事实"并加以分类来为改革提供理由。他的成果便是十七卷本的《伦敦人的生活与劳作》(*Life and Labour of the People in London*),第一卷出版于 1892 年,最后一卷出版于 1903 年,用图解和统计数据详细描述了一座在社会、经济和文化上都彼此隔离的城市。布思的社会类属虽以 1891 年人口普查所用的分类为基础,却被视为现代社会学分析方法的先驱;这些方法以当代的标准来判断还不完善,但在当时却代表着定量研究方法的一大进步(O'Day and Englander,1993:4—5)。

辅助资料 3.2　查尔斯·布思小传

查尔斯·布思(1840—1916)出生时,父亲是利物浦的一名玉米商人。22 岁时,他进了哥哥的汽船公司,后来成为布思汽船公司的董事长,直至 1912 年才卸任。虽未上过大学,布思对新创立的社会学学科却一直兴趣强烈,对于学科创立者奥古斯特·孔德和亨利·斯宾塞(Henry Spence)的观念尤其关注(后者娶了布思的一位表姐)。尽管对工会主义的早期表现怀有同情,但布思仍然对社会主义充满警惕,原因主要在于他认为盈亏是衡量企业是否成功的最佳标尺。

鉴于他的父母都涉身于一神论派教会,所以布思在年少时就关心工人的生活状况并不令人意外;但是,他没有采取梅休和默恩斯等社会改革家的道德讨伐式口吻,而是宁愿通过运用官方的统计数字和调查数据来揭示贫困的真正程度。1887 年，他在伦敦东区展开了针对贫困的初步调查，写成《塔村》(*The Tower Hamlets*)。在接下来的 16 年中，布思全力投身于不朽之作《伦敦人的生活与劳作》的出版工作。

布思通常不使用规范性的陈述，因此称他为社会调查家而不是社会改革家最为贴切。他倡议采用全国统一的养老金制度，其方案发表于他的《济贫法改革》(*Poor Law Reform*)中，以他在济贫法委员会(1905—1909)所发表的证词为基础。对于 1908 年《养老金法案》(Welfare State)的通过，布思功不可没，该法案预示着福利国家在英国的诞生。由于在社会统计领域的开创性工作，布思于 1892 年当选为皇家统计学会的会长，1899 年成为皇家学会会员，1904 年成为枢密院议员。

图 3.3　书房中的查尔斯·布思，1902 年
版权所有：Mrs Norman-Butler，承蒙 University of London Library，MS 797 Ⅱ/96/2 供图

这些卷册被分成三个系列，第一个系列主题为“贫穷”，第二个系列主题为“工业”，第三个系列主题为“宗教的影响”。最后一卷中含有从整体上对作品进行的总结和概括。每个系列都分析了作为考察对象的相关主题的地理分布，并同时提供了描述性的示意图和详细的实测图，以此引导读者穿越统计数字的迷宫。有的系列，比如以贫穷为主题的，还包含讲述儿童和犹太人社区等特殊话题的卷册。

与维多利亚时期的许多道德家一样，布思坚持认为，某些地区的历史和特征在一代又一代人身上重现了社会行为模式；如我们将要看到的，这种生态学的假定被城市研究中的芝加哥学派有意识地采纳了。布思以赞同的态度引用了1673年一段关于索思沃克的记述，其中把该自治市形容为“人类最粗鄙的垃圾人群的聚集地”，在这个地方“无知行为发生得极为频繁”，“暴力和谋杀也不是什么罕见的事”，“周围的地名，如‘劳而无获小巷’‘刽子手田地’‘肮脏小路’‘狂欢街’等，证实着由来已久的坏名声”。布思随后强调：“这种过往的某些阴影，现在仍然落在泰晤士河以南的伦敦内环区域。”（Booth [Series 3, Volume 4], 1902：4）

图 3.4　查尔斯·布思描述伦敦贫穷状况的地图局部(1897)

显示的是东北区（这里以位于伦敦金融城东部和北部的贝思纳尔格林和哈格斯顿的部分地区为特色）。颜色较深的区域代表“最底层（邪恶的准罪犯）”和“极度贫困者”，其他浅一些的阴影部分代表“穷人”（原图为浅蓝色）、“部分宽裕、其余贫穷的混合阶层”（原图为浅粉红色）、“宽裕的劳动阶层”（原图为粉红色）以及“中上阶层或富人”（原图为橙色）。通向金融城内部的主要大街往往面对着大型的联排住宅，它们的主人会雇用许多住家仆人（在本图中涂为深灰色）。小一些的街道和排屋街巷是首都中那些最贫穷家庭安家的地方。贝思纳尔格林和怀特查佩尔有一些地区，现在仍是全国最贫穷的。

布思通过调查绘制了数十幅用颜色工整编码的地图（见图3.4），成为伦敦以街道为单位的社会和经济结构的宝贵记录，当时伦敦不仅是国家的首都，更是全球最为富裕、最为广袤的一个帝国的中心。布思由此得以用铁的事实补充梅休和默恩斯的报道作品，即在伦敦东区穷人数量达到314 000，占全市总人口的35%；这意味着有接近100万伦敦人生活在救济线上，甚至还达不到这个标准。

鉴于穷人数量如此之多且内部分化，布思决定把他们分成四类：A 类是数量很少的一组（占贫困总人口的 1.25%），主要是年轻的无业游民、准罪犯、街头小贩、街头表演者等，布思认为他们在社会上极为边缘，容易做出各种恶行。他们作为一个阶层“无法提供任何有用的服务……而且……会贬低他们接触到的任何东西”。布思希望找到某种方式，来阻止这些“野蛮人”的命运在代际之间重演，这种希望呼应了接下来数十年在科学圈子里变得越来越流行的优生学观点。B 类的成员被称为“长期匮乏的人”，在东区约有 10 万人，在整个伦敦约有 30 万人。他们被描述为无所事事的寻欢逐乐之徒，钱一到手，再少也会立即花掉，因此“总是贫穷”。这个人数众多的阶层主要由女性构成（寡妇、未婚母亲、年轻人和孩子），布思认为最好的解决办法是让她们离开城市，前往乡村或国外的殖民地，因为在城市中，她们对国家来说是无穷的负担；在乡村或殖民地，她们可以从事一些工作，维持生计。C 类是临时工人，在东区人口中的数量为 7.4 万，在整个伦敦人口有 25 万，即 8%。他们很容易面临残酷的竞争，经常失业或者不得不从事仅够糊口的工作。最后一类，即 D 类，包括所有那些有正规工作但报酬微薄的人，在东区人口中为 12.9 万，在整个伦敦的人口中占14.5%。他们奋力想实现目标，却看不到家庭命运改善的希望，除非他们的孩子有可能找到比父母更好的工作（Hall，1988：30）。

然而，布思并不天真地赞同“事实说明一切”，而是认为从归纳研究中应该显现出一个框架，让调查者能够基于事实之间的关联来得出结论（O’Day and Englander，1993：35）。他还对比较方法的效用深信不疑，往往以此作为工具来突出每个地形区域的独特特征。因此，并非偶然的是，《关于伦敦生活和劳作的新调查》（*The New Survey of London Life and Labour*）的作者们，在着手详述此次调查结果发表后 40 年来伦敦的社会和经济变化时，从布思原始研究的最后一卷中引用了一段话放在卷首，布思在这段话中说：“要理解今天所存在的一切，与过去进行比较是绝对必要的；没有这些比较，就无法深入事物的核心。”（Booth [Final Volume] 1902：31 in Smith，1930：vi）。

在对伦敦东区的考察以及与当地居民的碰面中，布思还被描述成一个“参与式观察和报道艺术”的践行者（Simey and Simey，1960：65 in Pfautz，1967：17）；布思调查中的叙事体描写大多配合着统计和图表的阐述，让此后的“职业”社会学家们印象最为深刻的正是这种定性方法。[①] 同样具有重要意义的是，伦敦政治经济学院的共同创始人、费边社的主要社会主义者比特阿丽斯·波特（Beatrice Potter，后来随丈夫西德尼·韦布[Sidney Webb]改了姓），在以初学者的身份介入社会调查和社会改革时，就受到了布思的指导。

然而，在 19 世纪 80 年代伦敦社会研究中的新进展和社会改革中的新试验，与 19 世纪 90 年代于芝加哥成型的社会学学科之间确立起关键联系的，是另一位靠个人努力完成研究的社会科学家，此人名叫简·亚当斯，正是她对美国城市移民和城市穷人所进行的开创性研究，真正开启了对现代美国城市的系统性经验研究（Deegan，1988）。

简·亚当斯与睦邻运动的遗产：自下而上的公民赋权

简·亚当斯于 1860 年生于伊利诺利州锡达维尔，父亲是富裕的磨坊主，也是联邦参议员。还很年轻时，她就进入了颇有声望的罗克福德女子神学院，在那里她没有追求学校教学或护理的常规职业道路，而是对社会问题以及可能改善穷人状况的实际措施产生了强烈兴趣。毕业那年，父亲的离世让她决心反思自己的人生，与密友埃

① 事实上，后来发现的查尔斯·布思未发表的笔记，原来“比已发表的内容要吸引人得多”，“满是有趣的细节……显示出对劳动人民语言和情感的敏感”（Englander in Englander and O'Day，1995：132）。

伦·盖茨·斯塔尔(Ellen Gates Starr)一起前往欧洲拓宽眼界。在伦敦,她追随着对于社会工作的兴趣,参观了由卡农·塞缪尔·巴尼特(Canon Samuel Barnett)于1884年创立的汤恩比馆(Toynbee Hall)定居点。这是一家基督教机构,巴尼特坚决反对称之为“传教团”;该机构从牛津大学招募男性本科生和研究生,在与普通居民比邻的定居点房屋中生活和工作。

汤恩比馆实际介入了伦敦最为贫穷的居住区之一,并且强调在学术主题之外同时教授居家和实用技巧,这给亚当斯留下了深刻的印象。虽然并不认同志愿者身上的几分修道士意味,而且清一色都是男性,但她确实看到了这对于接受帮助的人和提供支持的人可能都有同等的好处,同时急于把这些关键因素复制进自己的定居点项目赫尔馆(Hull House)(见图3.5)(Addams,1967:89;Meacham,1987:ix;Deegan,1988:5;Dililberto,1999:131,Polikoff,1999:55)。

在对赫尔馆定居点附近的居住区所作的开创性调查的前言按语中,简·亚当斯写道:

> “定居点”一词正在快速地为美国公众所熟知,虽然位于伦敦东区的第一个定居点汤恩比馆迟至1885年才创立。汤恩比馆的创立者卡农·巴尼特极力想实现的首要理想是让一群大学生居住在伦敦的穷困地区,以便影响那里的人们去追求更好的地方治理以及更为广泛的社会生活和精神生活。
>
> 自1889年以来,美国已经创立了20多个定居点。其中的一部分与各种制度特征联系在一起,但是,要有一群“居民”这个最初想法必须自始至终成为核心因素。
>
> (Addams,1895:vii)

关于赫尔馆的创建目的，最初在1893年出版的一本小册子进行了规定，后来又经过修订作为附录收入1895年《赫尔馆地图及文件》卷中。从中我们读到：

> 该中心或者说“定居点”要想发挥效用，必须包含长久存在这一要素，由此全体居民才有可能感到定居者们的利益和命运与他们自己是一致的。定居点必须对于自己所处位置的各种可能性怀有热情，必须能够把有利于“高等生活”的思考和行为方式带入定居点并能得到发展。
>
> （同上：207）

除了开办大学进修课程和暑期学校（常来上课的学员主要是年轻女性），赫尔馆自创办开始，就与城市中的工人运动保持着密切联系；简·亚当斯轻松坦然地写道，“现在人们都知道，赫尔馆‘站在工会这一边’”（同上：214），尽管她的定居点还要依靠富裕的企业主夫人们的赞助，尽管在这些年中激烈甚至暴力的劳工争端震动了整个城市。这里与汤恩比馆定居点的不同之处，最为明显地表现在卡农·巴尼特的助手们对比鲜明的抱负上，即通过让工人阶级接触自由主义倾向的圣公会教义，从而让他们免受社会主义和无政府主义的劫掠（Briggs and Macartney，1984）。

查尔斯·布思在伦敦进行的社会调查，提供了第二个也是极为重要的先例。来自赫尔馆的那些做出贡献的人，用简·亚当斯的话来说，“首先并不是被引向社会学调查，而是接受了从事建设性工作的指导”（Addams，1895：vii—viii），但是，赫尔馆的调查从方法上来说野心更大，虽然地理范围没有它的伦敦同行那样广泛。赫尔馆的调查中包括大尺寸的有色地图，以便显示家庭收入水平，和以种族和/或地理渊源划分的人口分布情况，至少涉及15个类别，从“讲英语的(不含爱尔兰人)”到欧洲所有主要的民族,再加上俄罗斯人、法裔加拿大人、中国人以及“有色人种”。

在另一次社会调查中,工资地图显示每户周平均收入增长了五美元,地图中还标出了居住区妓院的位置。应该说,这一信息为思拉舍(Thrasher)及其同道的观察结论,即异常的社会行为往往发生在边缘或“缝隙”地区(见下文),提供了可信的经验支持。比如,在赫尔馆地图上,卖淫活动看起来主要集中在面对克拉克街和普利茅斯街沿线的铁路货运站的房屋中。亚当斯在评论中克制地指出,这些住所“几乎总是住着美国女孩……其中的绝大多数来自中东部州”。不过,“她们当中有许多是有色人种,部分房屋内黑人和白人混住”(Addams,1895:23)。这一叙述并没有像默恩斯那样在道德上追求轰动效应,而是留给读者自己去思考,在这些女性的种族和地理渊源背后,有着怎样的解释。

这一卷的10位作者,除了两位,其余都是女性,即使以今天的标准衡量,也出色地显示了赫尔馆项目能够激发的女性学术能力,更不用说在19世纪的最后那些年了。该卷调查研究的主体工作是由弗洛伦斯·凯利(Florence Kelley)完成的;凭借身为伊利诺伊州工厂和车间州检察官之便,她有进入芝加哥那些雇用血汗劳工行业的特权。凯利也是一个坚定的社会主义者,与恩格斯有过信件往来并翻译了他的作品;她与阿尔比恩·斯莫尔(Albion Small)的导师、后来成为《经济学与政治学文库》(*Library on Economics and Politics*)编辑的理查德·T. 埃利(Richard T. Ely)的联系,使得赫尔馆调查的成果有了出版的机会(Deegan,1988:56)。

在风格和写作方法上,凯利对芝加哥制衣行业的描述不仅如玛丽·乔·迪根(Mary Jo Deegan)所说与马克思和恩格斯的描述相似,在对制衣过程、“车间”布局以及该行业雇用的劳动力性质的详细描写上,也与亨利·梅休相似。亚当斯从汤恩比馆获得灵感的另一个源泉，在于卡农·巴尼特的一个信念，即没有地方议员和市政管理部门在制度上提供的支持，几乎什么也做不成。西德尼·韦布和比阿特丽斯·韦布夫妇对此也心有戚戚，他们参观1893年的哥伦比亚展览时住在赫尔馆，当时简·亚当斯以极为严肃的态度着手改善芝加哥劳动人民的生活状况，令他们印象深刻(同上:263—5)。

亚当斯与"选区政客"及市政厅机构的斗争，刻画了一个强大的政治宣传家的形象，同时也表明了社会剥夺的政治本质:故意对没有资源也没有选票让芝加哥那些手握权力的市议员坐下来倾听的居住区不提供或少提供市政资源(Addams，1898 reprinted in Elshtain，2002:118—24;Platt，2000)。

图3.5　简·亚当斯与赫尔馆定居点的孩子们在一起
版权所有，并承蒙Swarthmore College Peace Collection供图

在赫尔馆所展开的社会分析和政治分析，研究对象包括禁酒、移民、教育、青少年犯罪、妇女运动以及和平运动，所有这些都显示了世界闻名的亚当斯项目的范围之广和抱负之大(Addams，1930)。亚当斯关注儿童和青年的需求，也关注由城市街道间人的随意流动以及城市资本主义那缺乏人情味的物质主义所引起的新的道德风险，《青年的精神与城市街道》(*The Spirit of Youth and the City Streets*)等

作品中都写到了这一点。看起来与齐美尔相当接近的是，亚当斯提出要警惕“审美迟钝”状态；随着城市青年们那“刚被唤醒”的感官被街头音乐、戏剧海报、低俗小说以及“当铺橱窗展示的左轮手枪的廉价豪迈”所构成的“花哨而淫荡”的世界所败坏，他们就会落入这种状态中。城市街道里合法及违法商业活动的声色犬马中那些本雅明和波德莱尔所赞赏的东西，在亚当斯看来却是使劳动的男性和女性同样堕落的东西，这些人受到性想象的过度刺激，无法再唤醒“心的想象”了（Addams，1909：27—8 and in Elshtain，2002：126）。不过，亚当斯所给出的解决之道是同情和理解，而非抑制和约束。她从赫尔馆女性定居者的经验中得知，城市的魅力以及伴生的危险是无法抵制的，但可以通过更安全的方式来管控；通过理解年轻人如何与城市环境互动，亚当斯确信青少年保护机构或许更有希望阻止城市青年及其所处社区的生活进一步败坏。正是对城市环境与人的行为之间这种相互影响的关系的敏感，使亚当斯成为芝加哥城市社会学的先驱。在下面一节中，我们将看到城市调查的这种“草根”传统，如何与芝加哥那所新创立的大学中社会研究方面正在取得的学术进步联系起来。

城市研究与社会学芝加哥学派

如果不得不选出一座城市来作为现代城市社会学的摇篮，那么提名 20 世纪之初伊利诺利州的芝加哥极少会有什么异议。[①] 这座位

① 这并不意味着一般性观点没有受到挑战。比如，L.H. 洛夫兰（L. H. Lofland）研究了芝加哥大学社会学和人类学系 1915—1935 年间博士和硕士论文的题目，总结称“芝加哥的遗产是……一种特定的城市社会学事实上缺席了”（Lofland，1983：105 in Harvey，1987：115）。但是，如哈维指出的，这一假设依据的是对城市社会学的狭义解释，并且未对研究的内容作细致调查。不过，即使她的论点真能经得起细究，确切无疑的是，真正检验“芝加哥学派”对这一次级学科的贡献的，是后来亲自从事研究的城市社会学家对芝加哥社会学家的尊重和频繁引用。

于密歇根湖畔的中西部城市，人口从 1840 年的仅 4 470 人，增长到 1890 年的 110 万人，再到 1930 年的 350 万人，为观察大都市生活提供了极好的实验室（Wax，2000：65）。芝加哥所取得的经济成功，既依靠地理位置上的天然优势，也仰赖铁路公司、船主、期货交易商以及地产开发商在商业上的深思熟虑；正是出于这个原因，研究人员和小说家都发现这座城市是调查人类状况的肥沃土壤。芝加哥大学于 1892 年首次敞开大门招生后，其新设立的社会科学与人类学系①迅速成为全球社会科学研究的重镇，芝加哥本身也成为研究对象，从这些研究中诞生了大量专著和论文，改变了社会学，尤其是城市研究的总体进程。

对于从芝加哥大学社会学学科创立直至 20 世纪 30 年代在此从事研究的那群学者来说，用“芝加哥学派”这个术语来指称不过是一个方便的简称，而不是个人对一个“知识社群”或者一群在人类社会研究方面认识和态度大致相同的界定。事实上，芝加哥社会学家们之间那些广为人知的合作——比如帕克和伯吉斯于 1925 年选编的合集——都是较为罕见的（Park *et al.*，1925），那些更为杰出的学者则在总体方法和研究焦点上对所研究的主题持有不同的态度（Carey，1975）。如李·哈维（Lee Harvey）指出的，“‘社会学芝加哥学派’这一概念在 1911 年还没有成型”，在该系 20 世纪 20 年代鼎盛时期于此工作的那些人，则想不起来有人用过这个名称。事实上，霍华德·贝克（Howard Becker）还能回想起来，路易斯·沃思对于自己被别人归入芝加哥学派深感惊讶，因为他想象不出自己与同事们有什么共同之处（Harvey，1987：6）。

芝加哥的研究者们也为城市社会研究带来了新的视野。该系的创立者阿尔比恩·斯莫尔和他的搭档 C.R.亨德森（C. R. Henderson）

---

① 独立的社会学系于 1929 年创立。见 Wax(2000:70)。

都被任命为浸礼会牧师。除了担任芝加哥大学校方牧师，亨德森还是该校第一个在神学院创立社会学学科的人，在斯莫尔的系里担任社会学全职教授之前，亨德森就曾任教于神学院。亨德森与简·亚当斯的赫尔馆保持着密切的联系，也与芝加哥社会工作运动的另一位主要人物格雷厄姆·泰勒(Graham Taylor)关系密切。值得注意的是，正是从亨德森那里，芝加哥大学的社会学研究在早期就发展出对一般犯罪和青少年犯罪的兴趣，并获得了专业知识(Deegan，1988：18—9)。然而，对于"改良"之益处的信念并非基督教改革者所独有的，这种道德观点也并不妨碍另一种信念，即有必要对社会问题进行严格的经验研究(Harvey，1987：25)。另一方面，斯莫尔无疑足够敏锐，强调了同事们正在从事的工作对洛克菲勒家族这样的富裕赞助人具有"改善的"潜力(Smith，1988：1)。

所有这一切并不是想表明芝加哥大学的社会学在思想上是狭隘的，毕竟该系的多位教员曾在德国大学学习和深造(包括帕克、斯莫尔、亨德森、W.I.托马斯[W. I. Thomas]和佐卜琳[Zeublin])，或者曾在其他美国大学接触过欧陆的哲学或社会学。芝加哥市这一共同论题也没有使其研究工作趋向方法上的一致。不过，在20世纪的最初一二十年，该系所完成的各项研究的共同之处在于都致力于"行为研究"，或者说直接收集经验证据和经验数据，再加上都相信人文学科的实用价值，在这些学科中知识生产与其实际应用是紧密联系的(Venkatesh，2001：277)。[①]

① 然而，这并非卡尔·马克思所推崇的"作为实践的哲学"，而是芝加哥哲学家乔治·赫伯特·米德(George Herbert Mead)与同时代人威廉·詹姆斯(William James)和约翰·杜威(John Dewey)等提出的"实用主义哲学"。

报道文体、人类生态学与城市人种论：帕克、伯吉斯和沃思的研究成果

> 美国，或者还有世界上的其他国家，可以被划分为两大阶段：那些已经到达城市的人和那些尚未到达的人。
>
> (Robert Park in Matthews, 1977: 121)

罗伯特·帕克是被 W.I.托马斯带到芝加哥大学的，帕克曾以著名非裔美国教育家兼民权领袖布克·T. 华盛顿(Booker T. Washington)秘书的身份邀请托马斯在一次"黑人问题国际研讨会"上发言(Wax, 2000: 69)。与托马斯一样，帕克曾在德国求学，在那里接触到了社会学这门新学科，不过对于帕克在研究城市时形成的方法最为重要的，却是他早年所接受的新闻专业的训练(Lindner, 1996)。内尔斯·安德森(Nels Anderson)是他最为出色的学生之一，还能回想起帕克如何鼓励自己"只写下你所见到的、听到的和获知的，就像报纸的记者那样"(Anderson, 1967: xii)。这就解释了为何对于查尔斯·布思关于伦敦穷人的研究，帕克的欣羡之处并不在于

> 布思的统计数字，而在于他对于各个职业阶层真实生活的现实主义描述，包括他们生活和劳作的条件，他们的情感、消遣、家庭悲剧，以及每个阶层面对各自危机时的生活哲学；这些描述使得这些研究对于我们认识人类的本性和社会来说，成为值得铭记的永久贡献……
>
> (Park, 1929: 46 in Pfautz, 1967: 5)

照此思路，我们就能发现瓦尔特·本雅明的"卷宗"中包含的城市类型，与帕克 1915 年在《论城市》一文中详述的"主人公"之间的另

一种关联；在《论城市》中，他提到了“商店女孩、警察、出租车司机、夜间警卫、拥有千里眼的人、杂耍表演者、江湖郎中、酒吧男招待、选区政客”，帕克声称“所有这些人都是城市生活的典型产物”（Park，1915：586 in Lindner，1996：77）。

但是，如果说这些来自欧洲的影响是存在的，它们在帕克的研究中却很少明确显现出来。比如，我们知道帕克无疑读过马克思，但在自己发表的全部作品中，他只有 4 次提到了科学社会主义的创立者。齐美尔表现略好，有过 7 次致谢，涂尔干提到 12 次马克思，而只提到一次韦伯。意味深长的是，19 世纪那些服膺于斯宾塞、孔德和达尔文等生物学或进化论社会理论的著名社会学家，被提及的次数比马克思、齐美尔和韦伯加在一起的总次数还要多。然而，这些来自欧洲社会学万神庙的经典人物，没有任何一人获得的位置能与 W.I.托马斯和 W.G. 萨姆纳（W.G.Sumner）相媲美；后两位对芝加哥学派有创立和掌舵之功，但在大西洋的另一边却没有太大的影响力（Smith，1988：120）。如此一来我们就可以说，帕克的城市社会学在很大程度上是“本土生长的”，尽管在涵盖范围和学术雄心上与其欧洲同行们同样具有世界性的视野。

在对城市生活的人文和人类学细节进行观察时，帕克一直意识到城市结构（规划出来的环境、建筑和房屋的布局等）的重要性，每一项社会事务正是在此结构下展开的。结构和行动在《论城市》（Park，1915）研究的各部分中显而易见，《论城市》先后处理的主题是：“(1) 城市规划与地方组织，(2) 行业组织与道德秩序，(3) 次级关系与社会控制，(4) 气质与城市环境。”在这里，每一种结构特征都与人类性格或人类关系的某个方面并置在一起，用于支持帕克的观点，即城市并不仅仅是物理结构，它还是人类共同体，社会的复杂等级和部门都在其中得到了详细的规划（Lindner，1996：68）。帕克在内尔斯・安德森《无业游民》（*The Hobo*）一书的序言中写道：“如果说人塑造了城市是正确的，那么说城市现在也塑造着人也同样正确。当我们说到与‘乡村’思维相对的‘城市’思维时差不多就是这个意思。”(Park in Anderson，1967：xxiii)这句话为一项研究定下了明确的齐美尔式的调子，该研究矛盾地聚焦于一类人物，即流动的劳动者或流浪汉，他们看起来能够成功地跨越乡村和城市之间的分隔。

和齐美尔一样，帕克充分重视由大城市中货币经济的集中所形成的劳动分工，但是(与涂尔干相反)他认为劳动分工并非城市生活的决定因素，而更愿意强调社会控制是人类社会的主导力量(Wax，2000：70)。帕克对次级关系(即那些处于近亲属以外的关系)的强调，是对一种社会环境的回应，在此环境下，传统的家庭单位由于劳动力迁移和贫困而变得无力或遭到削弱，生存策略经常仰赖于第三方(选区政客、黑帮老大、劳工官员等)的调解。社会控制是城市当局在面对这种不稳定的、断裂的社会和经济环境时不断出现的问题，此时群体忠诚和社会整合远没有在传统社会或“礼俗”社会中那么显著，因此对反社会行为(或者说反权威行为)的制裁无法通过群体排斥来轻易实现，而是要运用监管和强制来实施。

富人中同样可能受到这个大众消费和大众生产的美丽新世界的不确定性的影响，如斯特德曼-琼斯所指出的，帕克并不惮于把股票市场大规模的无政府状态与乌合之众或者维多利亚精英们所说的危险阶层联系起来：

> 对于交易所来说，正如对于人群来说，情况的确是它们所代表的情形总是严重的，也就是说，已经到了如此紧急关头，一点轻微的肇因都有可能引起巨大的后果。
>
> (Park，1925：20 in Stedman-Jones，1971：13)

现代都市的功能之一，是为这个容易断裂的现代性世界设立并

维持秩序;帕克认为,它实现这个目标的方式,与物种在自然界实现平衡分布所用的生态方式是相同的。帕克写道,在城市生态中:

> 有各种力量在城市社区的范围内——实际上就是在人类居所的任何天然区域的范围内——发挥作用,这些力量倾向于使人口和机构以有序和典型的方式分组归类。
>
> (Park,1967:1 in Dickens,1990:34)

"天然区域"这一观念与欧内斯特·伯吉斯(Ernest Burgess)的同心圆理论相关联,因为它是大体类似的一系列活动和职业展开的场所(Guest,1997:8)。如此一来,天然区域就给出了一个进入路易斯·沃思眼中那法理社会大都市风急雨骤的大海的港口,并提供了一种社区身份,在此身份中相近的信仰、族裔和身份群体能获得相互认同和接受。因此,帕克的"天然区域"的典型是"传统的村庄社区",但是由于这样的区域同样受制于生态演替的力量("弱"物种的领地被强对手入侵),自给自足的城市社区的道德秩序,尤其是在不断扩张的商业区的边缘,总是处于威胁之下(同上:9)。

如此一来,就很容易看到一种相当粗糙的社会达尔文主义在发挥作用,它表明"最能适应环境的"经济主体获取了最好的地方(大企业和食利者位于城市中心区,富裕的中产阶级位于上风位置和河流上游树木茂盛的郊区),社会处境最为不利的人则迁移到城市中最为嘈杂、污染最重的没落区域(Dickens,1990:34)。随着空间竞争的加剧,此前毗邻高地价地区的贫民窟,就可以因被开发成企业或商业用途而大捞一笔,同时大量贫困户的存在本身就往往就会导致中产阶级"逃往"相对安全的郊区。

关于"入侵"和"演替"这种生态学概念,如我们将看到的,伯吉斯无疑能够主张自己在概念提出方面有一份功劳;它们受到了许多批评，被认为对城市现实提供了一种单向度的描述，而世界上的许多城市都与这种进化式典型并不相符。不过指出如下事实很有趣：尽管用了不同的术语，当代那些中产阶级化了的理论家，比如尼尔·史密斯(Neil Smith)，仍在广泛使用入侵和演替概念(Smith，1996，也见第五章)。同时，还存在一些类比，一边是马克思主义对资本主义城市化的描述，旨在表明权力差别和阶级差别如何在土地使用、所有制和资源获取等方面在城市中得到体现(Harvey，1973，1975，也见第六章)，一边是经济地理学领域被称为中心地理论的位置-空间分析(见第四章)。

如果说帕克是"城市区域"生态学模型的叙述者，伯吉斯则是真正将理论应用于地图上的学者。伯吉斯虽然有着种种"不现实"之处(Rex，1973)，他关于城市发展的同心圆模型却是对城市社会学和城市地理学的不朽贡献。该模型像是一个稻草人，或许更为强大的理论可以借助它得到检验。研究城市发展的历史学家，比如阿德纳·韦伯(Adna Weber，[1899]1963)和刘易斯·芒福德(1924)，已经对城市化和建筑形式进行了详尽考察，但是直到目前为止，还没有人试图解释现代城市中土地使用的多样性。伯吉斯开始着手弥补这一不足，用位于高架铁路以内、被称为"卢普区"(the Loop)的独具特色的中央商务区来作为芝加哥土地使用方式的模型；卢普区以一系列同心圆向外扩展，包括北边富裕的居住区，再向外往南边和西边是工业区和制造业区，散布着低收入住户，簇拥着以族裔和语言聚集的社区，比如希腊城、小意大利、德国城等(见图 3.6)。

文卡特什(Venkatesh)把伯吉斯及其同道们揭示芝加哥人类生态学的努力视为"有关这座城市的深思熟虑的社会建构"(Venkatesh，2001：277)，而伯吉斯所宣扬的"天然区域"(落实为芝加哥的 75 个社区区域)这一概念，早已嵌入芝加哥市的社区政治和居住区政治中(同上：276)。伯吉斯的理论要想发挥作用，他就需要表

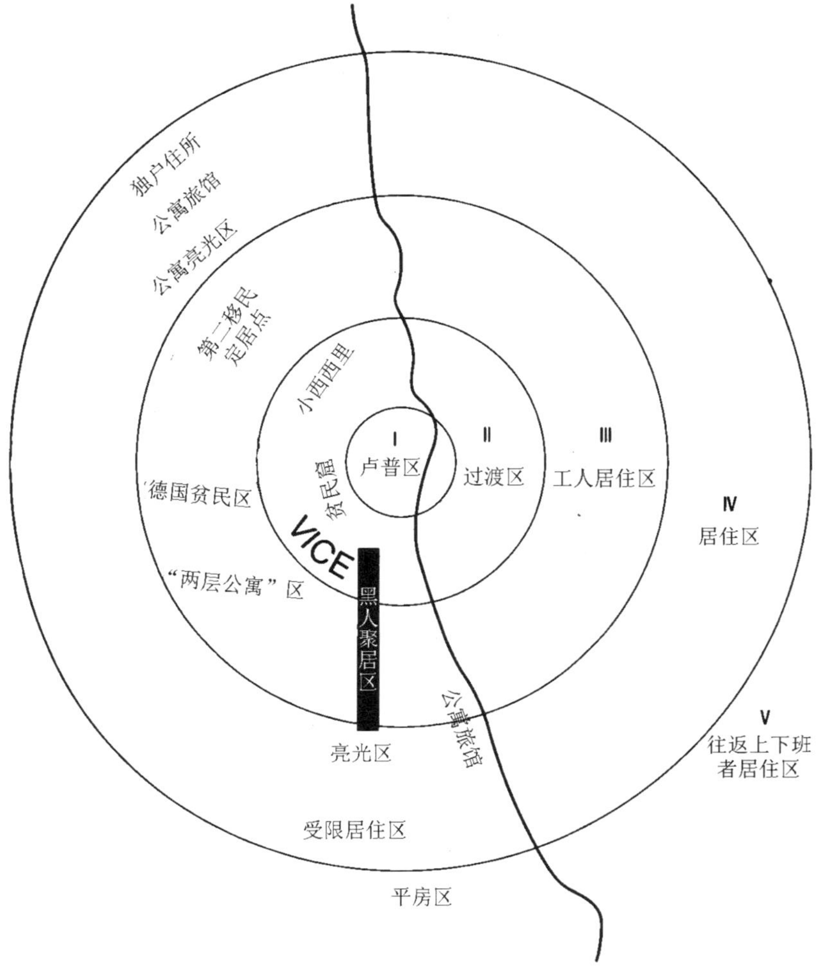

图 3.6 "城市区域",显示了伯吉斯关于 20 世纪 20 年代芝加哥同心圆区域的视图
来源:Burgess in Park *et al*.(1925)。版权所有,并承蒙 University of Chicago Press 供图

明每个"天然区域"都是一个同质的、自觉的社区,自认为与邻居们明显不同。借助于得到外部支持的研究团体,比如伯吉斯和帕克于 1923 年共同创建的地方社区研究委员会,再加上来自经济与政治学系同事们的援手,伯吉斯得以在全市内对芝加哥的社区展开详细研究。不过,这样的研究工作目标不仅仅在于学术上,因为地方社区研

究委员会的工作表明芝加哥大学诸社会科学致力于实用目标，试图促进良好的社区关系并显示各自学科的实用价值(同上:281)。

伯吉斯关于城市生长的描述不断唤起生物学的意象和象征，与刘易斯·芒福德在更为宽阔的背景下所做的大体相同(Mumford，1938)(见第八章)。比如，伯吉斯把城市中组织和缺乏组织的状况说成是“类似于身体新陈代谢中合成代谢和分解代谢的过程”(Burgess in Park *et al.*，1925:53)。他把人口的“过剩”，即来自美国南方的黑人工人移民的过剩，或者人口性别的失衡，视为“社会新陈代谢异常的症状”(同上:54)。如此一来就必然得出结论，即伯吉斯知道正常的、运转良好的城市“有机体”是怎样的，即使他承认“缺乏组织”并不是病态，而是城市生长的典型形式，至少在其早期阶段是如此。与雅各布·里斯一样，伯吉斯从贫民窟的堕落中发现了活力和创造力，但又同样陷入了对国民性格带有成见的评判中，他声称“种族气质和境遇”造就了“爱尔兰警察、希腊冰激凌店、中国洗衣坊、黑人搬运工、比利时看门人，等等”(同上:57)。

伯吉斯承认，从马克斯·韦伯那里，他认识到城市所提供的大量行业和服务，并强调城市首先是一个具有经济机会和交易活动的场所。伯吉斯采纳了韦伯对城市中各种职业和身份元素进行区别和分类的观念，并从地理学的角度表达了这一观念。不过，伯吉斯也敏锐地意识到这种分布具有动态和流动的特征，强调了城市人口的**流动性**——既流入又流出城市，同时也处于它的“天然区域”之内。他同意齐美尔的看法，即这种频繁的流动对个人造成的心理冲击“不可避免地会使人们感到困惑和消沉”；还会出现与初级群体(家庭和亲属关系网络)中其他成员失去联络或不再亲近，转而更多地依赖没有人情味的次级群体(同事、房东、执法人员)关系。高度的流动性带来了道德约束的减少，伯吉斯认为不足为奇的是，“流动性大的区域也是出现青少年犯罪、少年帮派、一般犯罪、贫穷、抛妻、离婚、弃婴、罪恶的区域”(同上:59)。

这一论点表面上很吸引人,但其实并未真正尝试去考察相反的变量。难道事实仅仅是贫穷迫使个人频繁地迁移、与家人和朋友失去联络、卷入犯罪和罪恶?那些流动的富人,从一个城市迁移到另一个城市,寻找更有利可图的工作或投资机会,又怎么说?为何他们看起来并不像长期的流浪汉那样意志消沉?还有那些流动的穷人,他们历尽艰辛,设法把全家团聚在一起,又怎么说?伯吉斯并非没有意识到减缓城市无序的因素,毕竟在研究犹太人的“隔都”和朗代尔居住区时,他发现“蕴含在社会和个人无序中的高度流动性,在很大程度上被犹太人社区中有效的公共组织抵消了”(同上:62)。不过,他并没有得出一个明显的结论,即文化规范和价值会压倒独特环境中的决定因素。缺乏对社会行动和行为中非空间决定因素这种敏感性,现在被称为“生态学的谬误”;尽管伯吉斯关于天然区域的描述存在缺陷,把空间类型引入社会科学的概念词汇中却一直是深入而持久的。

对于沃思来说,城市可以从社会学上被定义为“由成分混杂的个人构成的,相对庞大、密集又长期的定居点”(Wirth,1938:1)。正是城市环境的尺度、密度和异质特征,把城市生活的经验与任何其他经验区别开来。沃思把城市景观的巨大规模看作这种环境的决定性方面,主张“城市越大,个人多样性的光谱就越宽,城市的社会分化也越大”(Wirth,同上)。他认为,这种分化会引起社区纽带松动,进而被形式控制和社会控制机制系统地取代。对城市社会结构的这种表述,与涂尔干对工业资本主义的批判十分相符,后者把不断增强的社会控制以及“社会反常”的增加看作快速城市化不可避免的必然结果(Durkheim,1947)。在此之外,沃思补充了城市人格的其他心理特征,包括城市社会关系的匿名性、表面性和短暂性,以及参与的缺乏。

在这种理论化的背后,显然存在着一份道德大纲,它拒绝承认城市文化除了制造分裂、支离破碎并侵蚀“有机同一性”以外,还会是别的什么。类似地，城市被视为与历史无关的实体，缺少传统或者说特异性，在国家内部和国家之间并无分化；甚至在城市内部，变化也仅仅存在于职业之间或种族之间，而分化的模式在不同的领域之间是一致的。沃思再次拾起涂尔干的主题，主张这种形式的分化紧随着以大众运动为基础的市场经济和政治生活的多元化。不过，与涂尔干、滕尼斯等欧洲社会学家不同，沃思确实相信文化异质性能够导向城市内部的文化整合，但这种整合要求"对全社会共同利益的日益自觉"(Smith，1988：5)，以及公共机构在引导和鼓励公民生活方面充当干预性更强的角色。

对城市社会学的这种系统阐述突出了城市生活的"病态"症状(这种沉迷状态引发了 W. F. 怀特[W. F. Whyte，1955]等人类社会学家著名的变异性研究)，为对社会历史的一系列"进化主义"解释提供了理论资源，这些解释试图把城市文化从乡村文化中隔离出来，引出雷德菲尔德(Redfield)所称的"礼俗-城市连续体"(Redfield，1947)。雷德菲尔德的研究首次试图系统地设想一种城市"亚文化"概念，即便那个连续体城市的"一极"仅仅是作为乡村的相反类型来界定的(Miner，1952)。

人种论对于芝加哥社会学之所以重要，因为它既关乎一种想法，即现代城市与任何"未被发现的"部落社会一样令人迷惑，又因为人类学家们所用的方法或许能够有效地应用于更接近家庭的人类社会的研究。多亏有了帕克和雷德菲尔德给出的先例，对于 20 世纪 20 年代和 30 年代从芝加哥涌现出来的那一代社会学家们来说，实地访谈和参与式观察才成为最为重要的研究工具。

芝加哥的实地研究与城市人种论

芝加哥社会学的欧洲影响，来自对齐美尔、涂尔干、韦伯等人成果的接触，强调了城市生活的非人格、反常的一面。但是，随着芝加哥大学社会学系规模不断扩大，开始对周围的都市展开实地研究，便出现了一幅相当不同的画面。芝加哥的社会学家们于 20 世纪 20 年代和 30 年代使用了参与式观察的人种论方法，使彼此分离的城市场所，即城市类型（采用帕克的定义）或“有界限的社区”的研究，成为该机构的标记。对于这种类型的城市调查来说，芝加哥是完美的试验场，如爱尔兰裔美国作家詹姆斯·T. 法雷尔（James T. Farrell）所写的：

> 我在芝加哥的居住区长大，那里有一种类似于小镇的特征。它们是自成一体的小小世界。住在那里的人，许多都相互熟识。那里也少不了有一些街谈巷议，就像小镇上会有的。这些居住区中人数最多的族裔是爱尔兰裔美国人，人数最多的宗教群体是天主教徒。我上的是一所教区学校。通过学校和周日弥撒，这些居住区中的生活联结得更为紧密。我的奶奶一直在邻里间算个人物，无人不知。我就像一般的小镇男孩一样，后来也叫大家都认识了。
>
> （Farrell，1993：xi）

芝加哥实地研究的“黄金时代”见证了安德森（[1923]1967）、思拉舍（1927）、沃思（1928）、佐尔博（Zorbaugh，1929）、克雷西（Cressey，1932）、扬（Young，1932）、雷克利斯（Reckless，1933）以及法里斯和邓纳姆（Faris and Dunham，1939）等人所著作品的出版。他们当中的每一个人都以全部或部分使用参与式观察为特征，按照卡万（1983 in Harvey，1987：55）的说法，这是“帕克的兴趣和影响的结果”，尤其是源自他对学生们那广为人知的训导，即“让手沾上泥，去做真研究”（Lofland，1971：2）。

研究者让自己在一段长时间内投身于实地研究，这种方法后来得名“参与式观察”，对于 20 世纪 20 年代的社会学家来说是一种试验性很强的技术(虽然对于人类学家来说,在多年以前就已经成为标准的研究方法)。对于流动的工人阶级劳动者,内尔斯·安德森与其说在采纳一个主题,不如说是在试图逃避它;由于缺乏更好的选择,他决定研究芝加哥游民区中那些游荡者的没落世界(Anderson,1967:xiii)。他的教授们很快意识到安德森在正式的社会学训练方面可能欠缺的东西已经借由从街道直接获得的大量经验知识来弥补了。

由此完成的描述,读起来更像是乔治·奥威尔(George Orweu)的纪实杂文或者杰克·伦敦(Jack London)的小说,而不像是布思那些"不动感情的"调查或者本雅明那超然的漫谈。《无业游民》一书无疑帮助确立了报道文体,后来的各种研究都可以由此得到确认。安德森的那些发现是为了提供给芝加哥社会机构委员会的,这些发现聚焦于无家可归现象和人员流动现象的类型学,重点关注芝加哥市;书中给出了许多建议,为援助机构在全国和地方范围内缓解疾苦找到了途径。同时,安德森还用伯吉斯关于自然演替模式的设想,来强调为何"游民区"如此集中于麦迪逊大街"干道"附近"一片孤立的文化区域"内,它靠近运输贸易中心——因而对打零工和当乞丐来说很理想——但是处于低租金、高地价区域,即位于中间的"灰色地带",该地带使居住区后移,又促进着商业和商务的发展(Anderson,1967:14)。

思拉舍对1 300多个芝加哥街头帮派进行了研究,这在社会科学文献中少有先例;除了尼古拉斯·斯派克曼(Nicholas Spykman)的《格奥尔格·齐美尔的社会理论》(The Social Theory of Georg Simmel)外,文献中也没有参考其他来自欧洲的社会学成果。然而,除了查尔斯·布思的《伦敦人的生活与劳作》(用的是 Macmillan,1902年版),思拉舍还多次参考了简·亚当斯的成果,证实了"非学术性"社会研究者对于芝加哥学派社会学发展的重要性。正如安德森能够在图表上详细标出游民区的边缘位置,思拉舍为芝加哥的匪帮地区也呈现了同样的“空间修复”，该地区“代表着城市中地理角度和社会角度的间隙地区”(Thrasher,1927:22)。

伯吉斯提出的生态学方法的另一个例子，是约翰·兰德斯科(John Landesco)对1929年《伊利诺利州犯罪调查》(*Illinois Crime Survey*)的贡献，该调查后来于1968年由芝加哥大学出版社以《芝加哥的有组织犯罪》(*Organized Crime in Chicago*)为名单独出版。如马克·哈勒(Mark Haller)在前言中所写的，“伯吉斯……充当着兰德斯科的朋友兼导师”，借用伯吉斯“天然区域”的概念，异常行为就可以被视为“并非主流模式的异常衍生物，而是来自城市特定区域的社会生活的常规模式”(Haller in Landesco,1968:x)。或者更直接地说，如兰德斯科所写的，“匪徒是周围事物的产物，正如好公民也是环境的产物”(同上:xi)。更为详细的案例研究，则在青少年研究院和行为研究基金会的支持下得以进行，研究内容主要依靠自述的生活史，如克利福德·肖(Clifford Shaw)的《千斤顶辊:一个犯罪少年亲历的故事》(*The Jack-Roller: A Delinquent Boy's Own Story*, 1930)和肖等人的《共犯兄弟》(*Brothers in Crime*, 1938)。

对于肖等人1938年的研究，伯吉斯也贡献了一章，他在其中试图解开个人成长过程中将养育和环境与个性系在一起的戈尔迪之结。他的结论直截了当又不加限定:“每个兄弟走上少年犯罪生涯并不知悔改，其直接原因基本在于，赤贫的移民家庭居住于有着少年帮派和犯罪传统的社区之间。”(Burgess in Shaw *et al*, 1938:326)作者也愿意承认“这并不意味着在所有犯罪情形中，社会影响都具有主导作用……但是在美国城市中，绝大多数的少年犯罪和一般犯罪，都是社会影响造成的”(同上)。

尽管伯吉斯信心十足地倡导在人类行为研究中采用生态学-互动主义方法，路易斯·沃思还是觉得有必要断言:

在关于城市的丰富文献中，我们想寻找一种关于城市生活方式的理论，它能以系统方式呈现与作为社会实体的城市相关的有用知识；但这种努力是徒劳的。

（Wirth，1964：67 in Smith，1988：137）

在研究城市生活的特定方面时，齐美尔和韦伯等更为抽象的理论家试图表达的城市经验的普遍性质，芝加哥社会学家们有没有忽视？不一定。从伯吉斯为克雷西《出租车舞厅》（*The Taxi-Dance Hall*）一书所写的导言中我们读到，此项研究“提出了在现代城市生活条件下与娱乐消遣相关的所有主要问题，即人类持续不断的对刺激的需求、商业化娱乐的增长、在两性关系上日趋增长的乱交的倾向，以及常规的社会控制手段在一个混杂和匿名文化的社会中的失效”（Burgess in Cressey，1932：xiii，强调为原文所加）。伯吉斯所提到的城市生活的刺激以及寻欢作乐的商业化，有一种明确的齐美尔式的回响。如此一来，出租车舞厅本身就是现代都市的绝佳表达，既产生了与“正常的”情感关系疏远的问题，又以“跳一曲吧”舞厅的形式提供了补救，在那里能获得即刻的亲密，只不过要付出代价。

在芝加哥社会学“黄金年代”出现的所有案例研究中，威廉·托马斯（William Thomas）和弗洛里安·兹纳涅茨基（Florian Znaniecki）的五卷本研究成果《波兰农民在欧洲和美国》（*The Polish Peasant in Europe and America*，Thomas and Znaniecki，［1927］1984）脱颖而出，具有里程碑意义。威廉·托马斯受到一位当地赞助人的慷慨支持，因而能够把对芝加哥的波兰人社区的研究拓展到其欧洲的发源地；在他的搭档、波兰哲学家弗洛里安·兹纳涅茨基（Florian Znaniecki）的帮助下，两位作者得以对这个社区的性质和习惯获得认知，其中所采用的比较方法，以及将生活史、个人信件和新闻报道作为文献来源加以运用，都是创新做法。

根据这项重要研究，托马斯和兹纳涅茨基认为“社会理论的主题必须是行动着的个人或群体，而不是阶级决定因素、准则和结构、统计量，或者其他抽象的‘客观因素’”（Zaretsky in Thomas and Znaniecki，1984：3）。他们转而提出用一种观察社会过程的方法来处理外部因素（或者说“价值”），比如为个体在任何特定的环境中如何行事提供指导的群体规则，再加上这个个体所特有的“态度”、素质或倾向。其本意是要提出一种与塔尔科特·帕森斯及其追随者所提出的结构和代理理论相竞争的理论（Parsons，[1937]1949），但是，至少作为一种社会理论来说，托马斯和兹纳涅茨基的观念在更广泛的研究领域基本上是不受待见的——至少要等到法国社会理论家皮埃尔·布尔迪厄的到来，后者的象征资本、场域和惯习等概念与托马斯和兹纳涅茨基的早期作品有着惊人的相似之处（见第八章）。

虽然芝加哥学派的历史仍在引起关于其协同一致性和思想一致性的误解（Harvey，1987：115—7），但芝加哥社会学的遗产无疑继续吸引着当代城市分析家们的兴趣，这些人当中有相当一部分在用英语之外的语言写作（Abbott，1999：4，22）。比如，在最近一项对波兰罗兹战后发展的研究中（Obraniak，1997），关于城市发展的同心圆模型重新浮现出来；另一方面，越来越多的社会学家（Wax，2000；Lal，1990）正在重新发现芝加哥学派对于种族文化和移民文化研究的重要性，而此前它在早期结构主义马克思主义那里受到了相当程度的轻视（Castells，1968，1977，见第六章）。

芝加哥与伦敦

英国的城市研究缺少大陆社会理论的抽象传统，但它深深扎根于公共服务和社会改革的土壤；它沿着费边社的社会调查轨道继续前行，越来越多地借鉴20世纪20年代和30年代早期的芝加哥学派所开拓的方法。正如芝加哥学派在美国成为城市研究的同义词，马丁·布尔默(Martin Bulmer)写道:"伦敦政治经济学院是欧洲集中的社会科学研究中心中,极少数能够在所有方面与芝加哥大学或哥伦比亚大学比肩的之一。"然而:

> 社会研究并没有像在芝加哥那样从制度上确立下来。贝弗里奇(Beveridge)发起的各种行动,如兰斯洛特·霍格本(Lancelot Hogben)关于社会生物学的研究成果以及《关于伦敦的生活和劳作的新调查》(*New Survey of Life and Labour in London*)(布思的回声),都是打算促进对社会的经验研究,但是由于未能像帕克能够做到的那样把经验数据与相当数量的理论观念结合起来,所以有缺陷。只有马利诺夫斯基(Malinowski)的发展人类学学派能够在各个方面媲美芝加哥的成就。
>
> (Bulmer,1984:210—1)

对英国城市研究传统的这一判断,虽然准确,却要放在它的历史背景下来看待。伦敦政治经济学院从最初创立时,就力图让政策制定界或者说"公共服务"界与学者进行对话。为了吸引爱德华时代的博学者,如帕特里克·格迪斯(Patrick Geddes)的支持,该学院打出了"应用社会学"的名号,集中研究如何改善市民生活和城市生活来让所有人受益(Dahrendorf,1995: 101)。早期的伦敦政治经济学院的费边社创建者和芝加哥大学社会学系也有相当多的交流碰撞。韦布夫妇于1898年访问了芝加哥大学(仍然住在大学非正式的附属机构赫尔馆中),与佐卜琳(比阿特丽斯·韦布对他印象平平)以及系里的其他多位教员见了面。如玛丽·乔·迪根所说,这些会见似乎强化了比阿特丽斯·韦布的一个看法,即芝加哥大学是"一个不需要形式的学习场所"(Deegan,1988:265)。

另一方面,赫尔馆看起来更为接近伦敦政治经济学院的费边式使命。简·亚当斯于1919年访问了费边社的主要社会学家格雷厄姆·沃拉斯(Graham Wallas),这为赫尔馆社会学家伊迪丝·阿博特(Edith Abbott)在伦敦政治经济学院学习一年并直接与韦布夫妇及其同僚一起工作做好了安排(同上:266)。芝加哥社会学后来成为英国城市研究者的范式,但不要忘了,亚当斯、佐卜琳,甚至安德森都受到了费边社把公民学与严格的经验性社会研究密切结合起来的做法的影响(同上)。持这一态度的代表是伦敦政治经济学院教授T.H.马歇尔(T.H.Marshall),他是整个社会政策领域的开拓者,他认为社会科学提供了解决和理解当时重大社会问题的方法论工具。如我们将在第五章看到的,美国和英国城市规划者之间的紧密关联,在第二次世界大战后发表的一系列里程碑式研究成果中显现出来了。

结语

在这一跨越大西洋的宽广的经验性城市研究领域,我们已经从中找到了两条根本的主线。第一条主线是社会改革派的议题,其研究城市是为了让城市变得更好。第二条主线表现为对"社会事实"的人文主义关怀,不过这些事实是城市这一独特的社会环境的产物。

许多写作者和活动家之所以承担起他们的"城市使命",是由于遭遇了城市的黑暗面:有宗教倾向的人认为这是与邪恶和罪恶的战争,其他人,比如自由主义者和进步主义者,则着意强调完全自由放任的危险、富人的贪婪以及政府对那些"挤在一起的大众"的漠视。不论是传教士还是马克思主义者,他们都认为,把关于城市穷人状况的情况公布出来并加以传播,是任何为改善这种状况所作努力的主要武器。19世纪80年代和90年代,报纸文件、小册子以及书籍数量开始激增,到了新世纪来临之时,所有受过教育的人,哪怕他只看狄更斯、左拉或德莱塞(Dreiser)的小说,也无法声称对于城市穷人的困境一无所知。

如我们已经看到的，在这两大立场之间有许多交会的点。布思或许并不是社会主义者，但他知道，正如其在费边社的搭档比阿特丽斯·韦布也知道，那些改革者会大大利用他和他的团队收集的海量数据。简·亚当斯首先是一位社会改革家，但是，若非投身于社会调查以及大力改善赫尔馆定居点所服务对象的生活，她会成为芝加哥的又一位慈善赞助人。

这就把我们带回到来自学院的社会学和芝加哥的叙述中。几乎没有争议的是，早年的芝加哥社会学家们相信，他们正在得出的研究成果，不仅具有科学上的正确性，而且能为社会带来潜在的好处。这可能只是学院派研究人员不抱希望的奔忙，他们急切地想要敲打芝加哥富人慈善家的社会良知，但是亨德森、斯莫尔、伯吉斯、帕克及其同道们似乎确实相信，对于城市的状况认识更深会带来更好的社会政策和城市政策。如安德鲁·阿博特（Andrew Abbott）简洁总结的，“芝加哥学派过去认为——现在还是认为——若不理解特定的社会行动者在特定的社会时间和地点所作的安排，就无法理解社会生活”（Abbott，1999：196）。这是在恳请对背景、社会复杂性和历史保持敏感，社会科学界仍然能够从它们当中学到很多；套用马歇尔·麦克卢汉（Marshall McLuhan）的话，对社会科学界的许多人来说，调查的媒介已经变成了信息本身。

在第五章我们会看到，在每一所主要大学都设有社会学系的学术环境中，芝加哥已经不可能恢复早年的卓越地位。但是，战后一代的芝加哥社会学家们，比如威廉·朱利叶斯·威尔逊（William Julius Wilson），仍在继续弘扬着“黄金时代”的传统，与一般意义上英国和美国经验传统中的城市研究者们并肩前进。不过，芝加哥方法经常受到批评，被斥为自由主义的伪善，其任务是要“在城市环境中发明社会控制的方法”，而不是“追求正义”（Ellison，[1944]1972：303—17 in Lal，1990：4）。众所周知，阿尔文·古尔德纳（Alvin Gouldner）就谴责芝加哥社会学之所以没有解决阶级和结构性不平等的问题，是因为怯于惹恼那些有权有势的金主。处于竞争位置的美国社会学家们嘲笑芝加哥学派的“尘暴区经验主义”（Wax，2000：73），而新兴的政治经济方法以及战后城市规划者中表面上的马克思主义同道，两派都指责芝加哥学派没有抓住主线，在这条主线中，移民社区的模式、恶习和犯罪的层级、“天然区域”以及入侵和演替的生态学，都不过是资本主义现代性这一巨大世界历史旋风所造成的效应。

读者可能会指责，本章把社会调查从传统意义上的“理论”中排除出去，从而做出了带有同样偏见的判断。但就此并不能得出，充分意识到时间和空间塑造城市公民生活世界的方式的归纳研究，就比塔尔科特·帕森斯的“社会体系”概念（Parsons，[1937]1949），或者比人类社会的定量分析家所青睐的统计学抽象要更为低级这一结论。我们真正争论的，是对城市复合体运用不同解释透镜所带来的好处——比如，微观层面的案例研究或者参与式观察方法，为我们带来了城市生活生动而细致的描绘。宏观层面的那些方法，比如涂尔干的“有机”团结和“机械”团结概念、齐美尔的“腻烦态度”概念，或者韦伯关于地位群体的作品（阿博特称之为“变量社会学”），则从更为普遍的视角来看待现代（城市）社会。

我希望本章已经表明，对城市现象严密又细致的描述本身，就是对关于城市和城市生活本质的知识体系的重要贡献。我们在坚持认为城市出于其自身的原因就值得研究时，不一定非要为自由资本主义辩护。无论城市生活可能与一般意义上的社会具有哪些相同的特征，大都市都有一套独特的社会、经济、文化以及地形特征，这些特征在规模更小、人口密度更低的社区是找不到的。关于城市的研究也有属于它自己的技巧、道德上的先入之见以及偏见，所获得的成果在质量和价值上也可能有极大的不同。但是，没有这种知识考古学，城市会比现在我们眼中看起来的样子更像是一座难以理解的迷宫。

延伸阅读

维多利亚时期城市考察

关于19世纪社会调查和城市研究的一部优秀文集，见于戴维·昂格朗代(David Englander)和罗斯玛丽·奥戴(Rosemary O'Day)所编的《寻回的财富：1840—1914年英国的社会调查》(*Retrieved Riches: Social Investigation in Britain* 1840—1914,1995)。书中有几章专门论述梅休、布思和比阿特丽斯·波特(韦布)。

加雷斯·斯特德曼-琼斯就维多利亚时期的伦敦所写的出色的社会史，都重点讲述了亨利·梅休和安德鲁·默恩斯(1971,1976)。安妮·汉弗莱斯(Anne Humpherys,1977)对梅休进行了全面研究，这样的研究为数极少。沃尔(Wohl,1970)和奥克塔维娅·希尔(Octavia Hill,1970)为《伦敦被遗弃者的凄厉呐喊》撰写了有用的导读，W.H.查洛纳(W. H. Chaloner)关于奥克塔维娅·希尔和安德鲁·默恩斯的注释是其中的特色。

查尔斯·布思：对布思《伦敦人的生活与劳作》的出色选编，见于H.W.普福茨(H.W. Pfautz)的《查尔斯·布思论城市：物理形式与社会结构》(*Charles Booth on the City: Physical Pattern and Social Structure*,1967)。弗里德(Fried)和埃尔曼(Elman)的《查尔斯·布思的伦敦》(*Charles Booth's London*,1969)也是关于这个主题的出色导论。由罗斯玛丽·奥戴和戴维·昂格朗代所作的时间更近的研究，即《查尔斯·布思先生的调查：〈伦敦人的生活与劳作〉再思考》(*Mr Charles Booth's Inquiry: Life and Labour of the People in London Reconsidered*,1993)是权威之作，不仅考察了这项研究本身，还考察了布思的生平和影响。以布思的城市地理学为对象的更为专业的文本，包括里德(Reeder,1984)和谢泼德(Shepherd,

1999)以及托帕洛夫(Topalov,1993)。

基恩·甘达尔(Keith Gandal,1997)很好地记录了雅各布·里斯的生平和作品,并且考察了里斯的同时代人斯蒂芬·克兰的生平和作品。里斯的照片有许多选集存世,包括多尔蒂(Doherty,1981)的,它对里斯作品进行了完整复制,以及奥兰德(Alland,1975)的,由安塞尔·亚当斯(Ansel Adams)撰写了前言。

简·亚当斯:一般认为,艾伦·F. 戴维斯(Allen F. Davis)的《美国女英雄:简·亚当斯的生平与传奇》(*American Heroine: The Life and Legend of Jane Addams*,1973)是对亚当斯生平的最佳描述,亚当斯的外甥詹姆斯·韦伯·林(James Weber Linn)所写的官方传记《简·亚当斯》(*Jane Addams*,1935),在她去世后不久即出版。玛丽·林恩·麦克里·布赖恩(Mary Lynn McCree Bryan)和艾伦·F. 戴维斯(1990)汇编了关于赫尔馆历史的文集。其他关于赫尔馆的出版物,包括凯瑟琳·基什·斯克拉(Kathryn Kish Sklar)的《19 世纪 90 年代的赫尔馆:女性改革者的社区》(Hull-House in the 1890s: A Community of Women Reformers,1985),以及里夫卡·什帕克·利沙克(Rivka Shpak Lissak)的《多元主义与进步分子:赫尔馆与新移民,1980—1919》(*Pluralism and Progressives: Hull House and the New Immigrants*,1890—1919,1989)。对简·亚当斯的批判性研究:关于美国的定居点运动,一个重要的资料来源是米纳·卡尔森(Mina Carson)的《定居点的成员们:社会思想与美国定居点运动,1885—1930》(*Settlement Folk. Social Thought and the American Settlement Movement*, 1885—1930,1990),以及艾伦·F. 戴维斯的早期研究《改革先锋:社会定居点与进步主义运动》(*The Social Settlements and the Progressive Movement*,1967)。

一部出色的简·亚当斯的作品合集,从她的学生时代直到身为诺贝尔奖得主和著名的和平运动积极分子的晚年,见琼·贝思克·

埃尔什泰因(Jean Bethke Elshtain)所编的《简·亚当斯读本》(*The Jane Addams Reader*,2002)。此书中还包括一份有用的简·亚当斯生平年表、亚当斯作品的完整书目以及对她政治和文学生涯各个阶段的简短介绍。

芝加哥与城市研究

关于社会学芝加哥学派,现有的文献数量庞大。关于芝加哥学派批评的最为全面的文集,包含在肯·普卢默(Ken Plummer)的四卷本合集《芝加哥学派:批判性评价》(*Chicago School. Critical Assessments*,1997)中,其中的文章几乎涵盖了芝加哥大学社会学系的起源和发展、成果和遗产的所有方面。下面我将只提一提完全或部分地阐明"第一芝加哥学派"的城市研究方面的那些。

关于芝加哥社会学的一般历史,极为有用的入门是安德鲁·阿博特的《系与学科:芝加哥社会学一百年》(*Department and Discipline. Chicago Sociology at One Hundred*,1999),同时讨论了该系同样重要的社会心理学、实用主义以及象征性的互动主义传统。马丁·布尔默(1984)对社会学芝加哥学派进行了评价颇高的考察,与丹尼斯·史密斯(Dennis Smith,1988)对同一传统的叙述同时阅读更为有益。关于芝加哥社会学的战后历史,加里·法恩(Gary Fine)所编的文集《第二芝加哥学派?战后美国社会学的发展》(*A Second Chicago School? The Development of a Postwar American Sociology*,1995)进行了出色的叙述。关于芝加哥社会学在欧洲的影响的讨论,尤其是从政治经济批判的角度所作的讨论,见于勒巴(1982)。

玛丽·乔·迪根(1988)令人信服地重新确认了在简·亚当斯和赫尔馆的社会改革运动中,芝加哥社会调查方法的起源。

第四章　乌托邦愿景：从花园城市到新城市主义

可是我情愿承认，乌托邦国家有非常多的特征，我虽愿意我们的这些国家也具有，但毕竟难以希望看到这种特征能够实现。[①]

——托马斯·莫尔爵士《乌托邦》(Thomas More, *Utopia*)

引言

在前面各章中，我们看到了在(不妨宽泛地称为)城市研究的古典时期(约1880—1940年)，以城市为对象的理论写作者和经验写作者都对大都市所代表的东西及其未来的变化方向持有强烈的道德观点。与社会改革任务以及社会科学中对城市状况正表现出的关注联系在一起的，是另一种思想和批评趋势，它关心的是人类社区的形式和功能。在过去，历史学家们不得不特别关注重要的建筑以及城市设计的审美方面，但是到19世纪中叶的时候，欧洲和北美大城市的成长已经带来了市政工程和城市规划这类新职业，这些职业不可避

① More, 1995.

免地对城市发展采取一种整体态度。如社会学家帕特里克·格迪斯等有影响力的人物相信，自然科学的进步能够有效地应用于研究城市发展以及对城市中各种功能的安排。刘易斯·芒福德后来发展了格迪斯的洞见，表明城市可被视为一系列有机形式，与周围区域形成动态关联，在这些形式中每一项内部功能都相互关联；而格迪斯所致力研究的，在最初阶段规划新的发展方向时以及城市复兴过程中要把社区纳入考虑，这已成为英国地方政府政策的普遍特征，并通过直接使用者"研讨会"这一方法找到了共鸣，这些使用者参与了社区设计，这些设计被传统的邻里社区建筑设计师所推崇（见下文）。

在过去，有许多人尝试过创造完美城市，现实中却极少能实现目标。然而，冯·豪斯曼（von Hausmann）对巴黎中心区全面的重新设计，再加上对柏林和维也纳进行类似的重建工程，为乌托邦式城市设计中两种相互竞争的趋势注入了新的动力，这两种趋势一致认为，无论作为贸易和帝国通道的工业化大都市有多么成功，人类文明在道德、精神、审美和环境等方面付出的代价已经无法再持续下去。

在第一个阵营中，我们纳入了受教育人群的一致意见，这种意见从古典时期和文艺复兴时期看到了以现代城市的形式和规模表现出来的人类成就的巅峰。这些与英国工艺美术运动有所关联的艺术家、写作者和知识分子们，对于工业革命对建成环境的影响，尤其是它对传统的职业和地方社区所造成的威胁，持批评态度。大都市几乎总是给人留下负面印象：卫生糟糕，过于拥挤，阴暗，嘈杂，危险，犯罪，不讲道德，缺乏秩序，压倒一切，没有边界。对于工业城市，自由主义和保守主义的评论者都能找出一些令人不快的东西，但是把这些传统主义（或者说新传统主义）愿景统一起来的，是对布鲁诺·泽维（Bruno Zevi）所谓的"人的尺度"上的城市的追寻（Zevi，1950）。这并不是说，我们在本章所遇到的反现代主义的声音之所以是"反城市的"，是因为它们基本上都承认即使是人口密集的城市社区，也可以成为实用而愉快的生活场所。但是，如果工业大都市以及战后郊区的无休止扩张，是自由放任式城市生活方式的守卫者刻耳柏洛斯[①]的两个头，“反现代”就会同样强烈地反对战后规划师和建筑师的城市更新和重建计划。

另一个阵营置身于控制城市景观的争夺战中，它在我们的叙述中出现得略晚，与审美和艺术方面的现代主义革命相关；到第一次世界大战结束时，这场革命已经开始侵袭文化生活，虽然它的第一座营地可能早在19世纪70年代就已经创立。如T. J. 克拉克（T. J. Clark）巧妙评论的，“现代主义”是某种你一看见就会明白的东西，而马克斯·韦伯从席勒那里借来的说法是“为世界祛魅”，捕捉到的则是现代主义的实质而非实践——这一点保罗·瓦莱里（Paul Valéry）的话表达得最为充分，即“现代对自己几无满意之处”（Clark，1999：7）。密斯·范·德·罗厄（Mies van der Rohe）用一句著名的警句进行了重新表述：“少即是多。”极简主义热爱干净的线条和抽象的空间，此后将成为新一代城市规划者共同拥有的鲜明特征，对这些规划者来说，城市看起来就是试验无尽可能性的场所。

关于理想的栖居之地，支持现代主义的欧洲大陆观点和反对现代主义的盎格鲁-萨克逊观点之间的分歧，不可避免地会被夸大；比如，现代主义建筑的某些最为庞大的案例和集群出现在美国，而著名的“新传统主义”建筑师，比如卢森堡（Luxemburger）和利昂·克里尔（Leon Krier），则在欧洲大陆完成了大多数重要作品。但是，我的确想要提醒的是，现代主义城市主义的一个对立阵营已经有了历时久远而影响广泛的传统，尤其是（虽然并非完全是）在英国和美国，以及加拿大、澳大利亚和新西兰等前英国领土上。“反现代主义”（实际上是反都市主义）过去一直经历的复兴不仅是在城市规划领域，近年

① 守卫冥府入口的有三个头的猛犬。

来也出现在最高层级的政府决策中，因此，对城市主义这一常被忽视的方面给予恰当的考察就很重要。如我在第八章将要主张的，为了理解我们如何实现了现代主义城市主义的风格和思想的综合，有必要对现代主义城市主义及其新传统主义的对立面有所了解。

规划乌托邦：拉斯金、霍华德和昂温的城市复古主义

约翰·拉斯金(1819—1900)曾任牛津大学艺术史教授，在卡莱尔(Carlyle)、麦考利(Macaulay)、科贝特(Cobbett)、达尔文和布鲁内尔(Brunel)群星闪耀的年代，拉斯金大约是最有影响力的公共知识分子之一。拉斯金不仅对自己从事研究的艺术和建筑学科产生了深刻影响，而且为强烈反对工业城市的知识分子、写作者和规划师提供了审美和哲学上的关键论据。然而，如他的追随者威廉·莫里斯(William Morris)所写的，拉斯金的影响力超出了受教育的精英圈子，抵达了工人阶级受众，后者"与那些更为高级的受众一样，从他身上看到了先知的影子，而不是狂热的修辞家"(Cole，1934：633 in Lang，1999：xi)。M. H. 朗(M. H. Lang)认为，拉斯金关于建筑、城市设计和城市规划的先知式观念，影响了城市美化运动、新城镇运动，以及中心地理论等现代城市地理学观念(Lang，1999：45)。不过，正是拉斯金对花园城市运动，以及这项运动的共同发起者埃比尼泽·霍华德和雷蒙德·昂温(Raymond Unwin)的影响，才真正将拉斯金的社会思想确立为一种明智的但实质上是返祖的反都市主义的思想源头。

花园城市运动

拉斯金的愿景与后来人们所称的"花园城市运动"之间的关联，在他对优秀的现代城市规划应该包含哪些内容的描述中显而易见：

安置人们并为他们提供住所意味着许多强有力的立法，并且要贬抑碍事的既得利益者；在此之后，如果能够做到的话也可以在此之前，在我们拥有的房子里进行清洁和补救行动；这样一来，房屋就更为坚固，更为美观，也在一定程度上与周围的河流和围墙更为相称，到处都不再有衰败、破烂的郊区，而是内有干净、繁忙的街道，外有空旷的原野；沿着围墙是一片美丽的花园和果园，从城市的任何地方，只要步行几分钟就有新鲜的空气和草地，能看得很远。这才是最终的目标。

(Ruskin，1868 in Lang，1999：41)

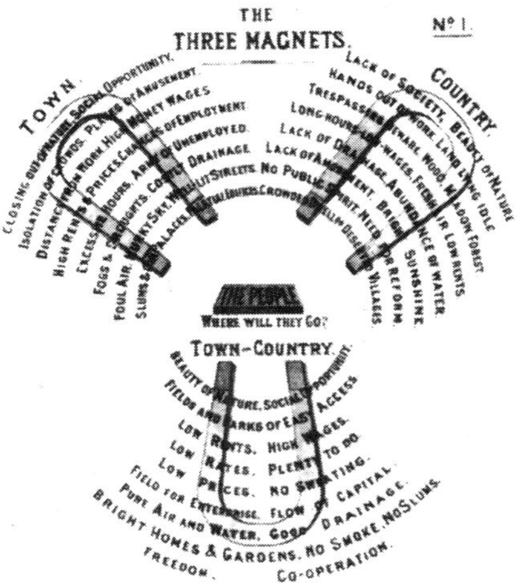

图 4.1 埃比尼泽·霍华德《未来的花园城市》一书中的“三块磁铁”

这段话是埃比尼泽·霍华德30年后出版的小册子《未来：通向真正改革的和平道路》(*To-morrow*：*A Peaceful Path to Real Reform*，1898)的先声。4年后，此书更名为《未来的花园城市》(*Garden Cities of To-Morrow*，Howard，1985[1902])再版，成为一项新的城镇规划运动，即花园城市协会的宣言；该协会由霍华德协助创建，后来对堪培拉以及美国马里兰州的哥伦比亚等当代城市规划产生了关键影响(Rykwert，2000：168—9，185)。

霍华德的论题非常简单，他驳斥了人们只能在城市和乡村居住间择其一这一观点。他认为还有第三种选择，

> 在这种选择中，最有活力、最为活跃的城市生活的所有优势，以及乡村的所有美景和愉悦，能完美地同时获得；能够过上这种生活的确定性，会像磁铁一般产生一种所有人都在为之奋斗的效果，即人们自发地从拥挤的城市迁往亲切的大地母亲的怀抱，这位母亲同时是生命、幸福、财富和力量的源泉。
>
> (Howard,[1898]1985:9)

霍华德并不赞同返回人口分散的村庄类型的社区，为了他的新“花园城市”，他甚至连伦敦内环的人口密度都能忍受；但是，他并不赞同自己的追随者雷蒙德·昂温在汉普斯特德创建的那些“花园郊区”。霍华德也不是独裁者，想要“把人们像棋盘上的卒子那样移来移去”，而是认为“花园城市不过是一种载体，把资本主义社会以进步的方式重建为类似合作式联邦的地方”(Hall,1988:87)。霍华德用磁铁比喻强调了他的观点，即“花园城市”必须自证；要想获得成功，它必须是一种可选择的而非强制的社区。

1902年，为了检验自己的想法，霍华德在伦敦以北35英里的小村庄莱奇沃思买下了土地。巴里·帕克(Barry Parker)和雷蒙德·昂温受雇担任此项目的建筑师，项目经费乃是从利弗(Lever)和卡德伯里(Cadbury)等维多利亚时期的慈善家那里筹集来的，此二人都曾建造“模范”工人村庄，为在他们附近工厂上班的雇员们提供住处。莱奇沃思的计划由中产阶级居民的独栋别墅，和围在带有草坪的四方院子周围的多座工人村舍组合而成(见图4.2)。设计思路直接出自威廉·莫里斯的修道院复古主义，甚至还有两个试验项目，其中的社区共用食堂和洗衣房，似乎是在效仿莫里斯(Morris and Morton, 1968)在《乌有乡消息》(*News from Nowhere*)中写到的乌托邦社区。

项目中后来还建了酒吧，不过与霍华德的温和观点相一致，酒吧只提供柠檬水和姜汁啤酒。霍华德的许多同时代人，包括查尔斯·

图 4.2　雷蒙德·昂温设计的位于莱奇沃思的花园城市
版权所有，并承蒙 British Architectural Library, RIBA, London 供图

布思，都赞同设立失业收容所来收容"士气低落的残渣"，汤恩比馆委员会 1892 年对赤贫英国人就是这么称呼的。不过，霍华德虽然受到爱德华·史拉米（Edward Bellamy）的社会主义乌托邦《回顾》（*Looking Backward*，1996[1888]）的启发，却并不喜欢将个人需求纳入群体需求这一想法，而是更为指望克鲁泡特金（Kropotkin）的无政府主义观念，以及勒杜（Ledoux）、欧文（Owen）、彭伯顿（Pemberton）、白金汉（Buckingham）等人的合作式社会主义（Hall，1988：90—1）。霍华德还从亨利·乔治（Henry George）的《进步与贫困》（*Progress and Poverty*，1976[1880]）中受到启发，他不赞同乔治所主张的人类的一切不幸都根源于土地私有，但的确认为，个人应该通过成为开发公司股东的方式使自己与社区利益攸关，这一点很重要。我们后面将会看到这一观念被美国的新城市运动的各个部分积极采纳，虽然霍华德并不赞同其商业上的必要性（Rykwert，2000：241）。

霍华德乌托邦城市的核心，是自给自足的封建村庄式社区，再加上工业的适度开发，同时用现代通信方式将城市中心彼此联结起来。霍华德的花园城市只雇用人口中的一小部分在市政当局工作，大部分人则以传统方式谋生，即为霍华德希望引入的制造商、合作社和慈善社工作，从而既能提供现成的劳动力，又能为当地工业和农业提供消费者市场（Howard，1985：80）。但是，作为对花园城市计划的传统描述的重要限定，霍华德设想这些“卫星”通过铁路连接至一座中心城市，城市人口约为 5 800 人，能够提供现代工业社会所需要的一切物品和服务。中心城市和花园城市加在一起，就是霍华德对“社会城市”一词所作的理解（图 4.3）。为了防止各城市彼此融合，在各个社区之间会存在一条共有的绿色地带，由“田地、绿篱和林地”组成，以便居民们“仅仅步行或驾车几分钟，就能享受到乡村那清新的喜悦”（Howard，1985：105）。正如南澳大利亚的阿德莱德市（“绿色地带城镇扩展模式”的原型），任何新开发的项目都会用类似的边缘（最好是未开垦的土地）分隔开来，通过快速铁路运输，与一条连接着社区与中心城市的主要支线关联起来（Hall，1985：89）。

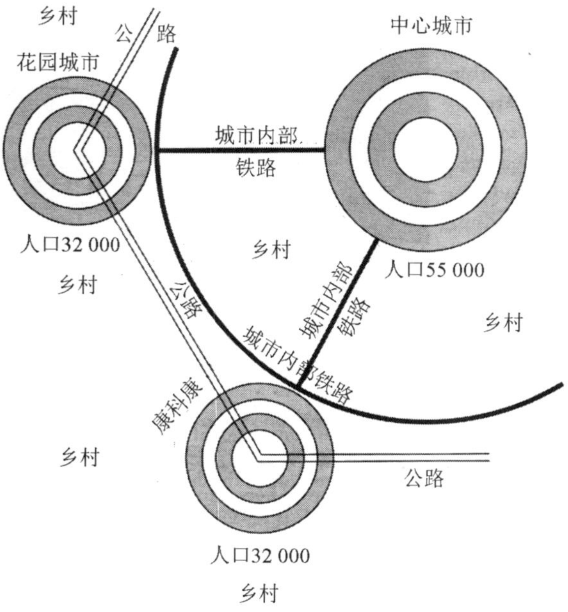

图 4.3　埃比尼泽·霍华德的“社会城市”包括一座大型中心城市，与卫星花园城市相连接
来源：*Garden Cities of To-morrow*

“绿色地带”这一观念由维多利亚时代的多位杰出人士提出，有几分自相矛盾的是，其中包括新古典经济学之父阿尔弗雷德·马歇

尔(Alfred Marshall)。作为一种规划概念,它由雷蒙德·昂温首先提出;在第二次世界大战后在英国成为城市规划的正统之前,昂温的愿景由 J. H. 福肖(J. H. Forshaw)和帕特里克·阿伯克龙比(Patrick Abercrombie)爵士在两人于 1943 完成的《伦敦规划》(Plan for London)中给予了强烈支持。霍华德的第二个项目,即韦林花园城市,很快就显示出"社会城市"概念的局限。由于没有经费来购买场地,新更名的花园城市与城镇规划委员会不得不介入并接管该项目,而霍华德甚至连项目所必需的规划许可都没有拿到(Hall,1988:107)。韦林那漂亮的新乔治王朝时期风格的别墅由路易·德·苏瓦松(Louis de Soissons)设计,随后大受远距离往返上下班的中产阶级欢迎,由于附近有火车站,他们能够在一个小时之内就抵达伦敦。这些铁路并没有在自给自足、自我管理的社区之间提供支线,而是从伦敦像蛛网一般向外扩散,从而在令人着迷的首都四周创造出均质的中产阶级卫星地带。霍华德的想法,即地方劳动力主要投入当地的工业、商业和农业,不大可能实现;原因在于,许多相当于家庭规模的产业的价格所要求的专业人员和管理人员的工资,只有在大都市才能挣到。

作为霍华德莱奇沃思项目的建筑师,雷蒙德·昂温是个更为务实的梦想家,而且不惮于自称为社会主义者。他认为,对穷人生活状况的改善,是社会主义面临的最大挑战和想要实现的最大目标之一;他自己在城镇规划上的观点和成就,将会对社区发展产生持久的影响,不仅是在英国,而且是在全世界。如果这意味着对霍华德"田园城市"理想的放弃,那就随它去吧。昂温虽与拉斯金和莫里斯有许多相近之处,都相信使人走出贫民窟并进入体面的家中,比村舍门前的玫瑰花要更为紧要。

按照默文·米勒(Mervyn Miller)的说法,"昂温的关注点在于,把工业城市视为发展管理中最主要的罪恶加以驳斥,并痛斥一个事实，即曾经有功于国家财富积累的城市化过程遗留下了一系列环境和社会问题”(Miller，1992：3)。在英国，1909年首部《城镇规划法》(Town Planning Act)的通过很大程度上要归功于格迪斯和昂温所拥护的社区规划理想，不过其结果与花园城市这一理想并不一致。包括艾塞克斯的贝肯特里开发区在内的大众住房计划，后来成为为福特汽车达格纳姆工厂的重要劳动力来源，却由于其区域庞大、缺乏社区中心以及糟糕的交通联系而受到严厉批评，这些状况正好与埃比尼泽·霍华德的愿望背道而驰。

辅助资料 4.1　埃比尼泽·霍华德小传

埃比尼泽·霍华德(1850—1928)，生于伦敦，父亲是做糖果生意的，埃比尼泽是他的第三个孩子。霍华德幼时在私人寄宿学校求学，15岁时离开学校，成为金融城的股票经纪人、商人和律师的办事员。他还曾短期为公理会牧师约瑟夫·帕克(Joseph Parker)做过事，帕克的人格魅力对年轻的霍华德产生了强烈影响。

1872年，霍华德前往美国求取前程，先是在内布拉斯加州的一个农场上打工，后来又到了芝加哥，在那里当上了法庭速记员，他自学的速记法在那里大有用武之地。很可能正是从芝加哥那里，他借用了“花园城市”一词；无疑，他从弗雷德里克·劳·奥姆斯特德设计的里弗赛德市的花园式新郊区获得了启发。在美期间，霍华德被爱默生(Emerson)、洛厄尔(Lowell)、惠特曼(Whitman)的崇高作品深深地打动了。霍华德所受的另一重影响来自爱德华·贝拉米(Edward Bellamy)，后者的乌托邦小说《回顾》(*Looking Backward*)描述了未来的波士顿，在那里社会是按照集体所有制的原则组织起来的。贝拉米的这本书启发了《未来：通向真正改革的和平道路》中的许多想法，后者于

1902 年以《未来的城市花园》为名出版。

与社会主义者、诗人兼设计师威廉·莫里斯一样，霍华德也认为只有当人与自然和谐相处时，真正的人类幸福才能实现。这就意味着，城市的人满为患与乡村的人口减少应该颠倒过来，必要时可以由政府加以干预，以便通过在大型城市中心周围创设“乡村地带”或绿色地带，来遏制城市的无序扩张。埃比尼泽·霍华德不愧为现代城镇规划的奠基人之一，第一次世界大战后通过的许多调节城市发展问题的法规，都带有他的印迹。霍华德忠于他所秉持的平等主义原则，从未借助他新开创的城镇事业而变得富有；为满足为数不多的家用之需，他继续做着速记员的工作，直到去世。由于为公众做出的贡献，他于 1927 年被封为爵士。

原因很简单，就是经济上的。中央政府向伦敦郡委员会拨付的住房补贴，不足以建造多样化、间距开阔，且有着像样地方服务和便利设施的住房。当获得多数席位的首届工党政府于 1945 年执政时，住房大臣安奈林·比万(Aneurin Bevan)决心将公共住房事宜列为优先事项，而这正是在两次世界大战之间所缺乏的。新的城镇规划章程得到了确立，允许出于公共目标强制购买土地和资产，并且给出了一个规划框架，意在通过在

图 4.4 埃比尼泽·霍华德
版权所有，并承蒙 British Architectural Library, RIBA, London 供图

主要的镇和市的周围创设许多绿色地带来遏制城市的发展(Lang,1999:158)。实际的规划进程留给了专业的规划事务官员,他们可以先在一定限度内改变地区结构,再将决定提交给地方选举出的议员作最后的批准。

然而,朗的判断,即"这项规划制度在维持中心城市人口规模、阻止郊区无序扩张、保护古镇和自然环境不受破坏等方面极为有效"(同上),经不起细细推敲。二战结束后,伦敦内环的人口根据《伦敦郡规划》(County of London Plan)刻意进行了削减,同时新建了许多城镇,如艾塞克斯的哈洛和巴西尔登,用于容纳从伦敦"贫民窟"外迁的工人阶级家庭。这一混乱的过程,一方面促进了传统的工人阶级社区的解体,另一方面却并未能建立起霍华德所设想的"人的尺度"的花园城市。说到郊区的放逐,伦敦外环各自治市的人口在第二次世界大战后翻了一番(Glass *et al.*,1964),而伦敦内环的人口在1961—1994年间减少了近四分之一(Urban Task Force,1999)。现在已经能够实现的是,从伦敦市中心往任何方向驱车30英里都不会离开建成区,H.G. 韦尔斯(H.G.Wells)关于"100英里城市"的愿景正逐渐成为现实(Sudjic,1995)。

霍华德的愿景在美国同样能找到肥沃的土壤,花园城市的大部分启示正是在美国获得的。新泽西州的拉德本,后来成为按花园城市原则于1929年建成的第一座美国新城镇。其他由联邦补贴的开发区也相继建成,名称中全都带有作为识别标志的前缀词"格林"(green),如俄亥俄州的格林希尔斯、威斯康星州的格林戴尔以及马里兰州的格林贝尔特(见图4.5和图4.6)。位于伊利诺伊州、听起来拥有更多森林的帕克福里斯特①,在第二次世界大战后被加入这一序列(见第五章)。这些毫无疑问都是与大都市无关的乌托邦,它们建

---

① 原文Park Forest,意即公园森林。

造之时，办公大厦刚刚开始支配着美国大城市的天际线，以至于永远改变了我们关于城市的形式和功能的看法。为了更好地理解美国城市建筑师们的空间想象，在此有必要简短地讨论一下美国规划的历史。

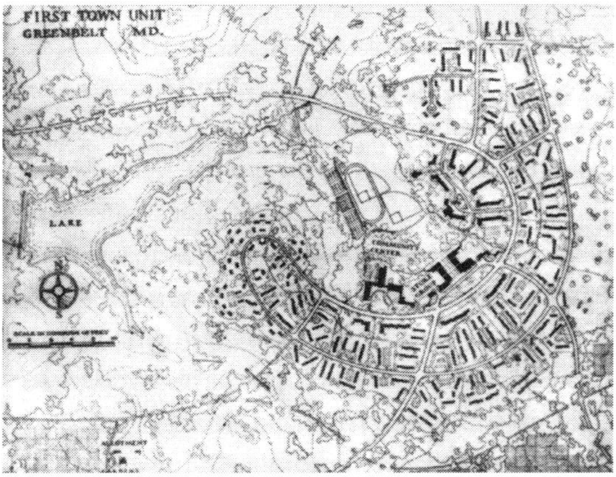

图 4.5　马里兰州格林贝尔特的规划(城镇规划原稿)
版权所有，并承蒙 British Architectural Library, RIBA, London 供图

图 4.6　马里兰州格林贝尔特。电影院和公寓住宅景观
版权所有，并承蒙 British Architectural Library, RIBA, London 供图

不情不愿的现代主义:规划美国梦

约翰·多恩(John Donne)《沉思第十七篇》(Meditation XVII)的著名段落以以下措辞收尾:"没有人是孤岛,自己就是全部……任何人的离世都是我的损失,因为我与人类息息相关;因此,永远不要派人探寻丧钟为谁而鸣,它就为你而鸣。"在这首诗中多恩提醒,我们无法抛开共同的人性,所有人的个体命运都彼此关联。但是,美国的那些新移民,是从欧洲的宗教迫害和国家默许的饥馑中逃离出来的,对于他们来说,正如让-保罗·萨特(Jean-Paul Sartre)在戏剧《禁闭》(*Huis-Clos*)中所惊呼的,"他人即是地狱"。

这样看来,天堂不过是亚当和夏娃曾经赤身裸体地孤独站立于上帝面前的地方。美国的伊甸园到头来不过是一片不适合居住的沼泽,新世界也辜负了它的第一批欧洲居民的乌托邦梦想。土著部落的存在,气候条件的严酷,再加上地形带来的困难,让人频繁地在新世界内部迁徙和移居。在一个地方失败了,还有许多其他的路径可以尝试,其他的利益可以主张。边疆变动不居,人们频繁地匆匆建造板条式定居点,随后又抛在身后,L. 朗方(L'Enfant)1791 年设计国家首都之前,联邦 13 个州中没有任何一座城市被刻意规划过。对于美国国家政治精英们对大城市无甚兴趣的指责由来已久。托马斯·杰斐逊堪称美国式反城市生活方式的先驱之一(Tafuri,1999:26),他相信"农场和小镇才真正代表了美国"(Fishman,2000:65)。实际上,19 世纪末 20 世纪初,对城市理想的追寻才在弗雷德里克·劳·奥姆斯特德、丹尼尔·伯纳姆(Daniel Burnham)和托马斯·亚当斯(Thomas Adams)的城市规划中具有了可见的形式。

奥姆斯特德本身就是一名农场主,终身痴迷于农艺学。他成功地将美国田园景色的各种元素结合起来(在全美国的许多城市中,经过用心美化的公园仍然带有他的名字),同时提供了由街道和分支构成的灵活多变、能够展开的网络，虑及了建筑形式的多变和趣味。如曼弗雷多·塔富里（Manfredo Tafuri）强调的，“或许可以作个比喻：自由贸易准则在这里遇上了开拓精神”（Tafuri，1999：40）。

在这方面堪为典型的是伯纳姆经“城市美化”的启示而于1909年完成的《芝加哥规划》（*Plan of Chicago*，Burnham *et al.*，1909），以及多卷本的《纽约及其周边的区域规划》（*Regional Plan of New York and Its Environs*，Adams，1929），后者由托马斯·亚当斯主导完成，从罗素·塞奇基金会那里获得了大量经费。刘易斯·芒福德对亚当斯的都市愿景态度相当刻薄，称其“甚至在最初成型的时候便已过时”，“是一本关于如何远离未来的简明手册”（Mumford，1938：390）。不过，在这里，芒福德的直觉是正确的，罗素·塞奇报告规划的是一个单中心的都市区域，而美国战后城市发展的默认范式是洛杉矶而不是纽约或芝加哥。

我们在下一章将会看到，美国边疆的空间思想体系自殖民结束以来基本上没有变化，那时托马斯·杰斐逊提出的棋盘式或烤架式方形区块模式，在几乎不考虑地势、自然特征和视觉趣味的情况下强加于景观，以便实现“对土地的快速切割分配，以及农场及其建筑向房地产的快速转化和快速销售”（Mumford，1961：422 in Hommann，1993：29）。尽管杰斐逊理想的遗产对美国式家园的集体想象产生了影响，但到20世纪20年代，美国在城镇规划方面朝着普遍的现代主义这条道路继续前行，比其他任何国家都要走得更远。

在许多论者看来，1893年的芝加哥世界博览会是现代城镇规划在美国的肇始（Benevolo，1977；Goodman，1971 in Mattrisch，2001：4）；尽管“城市美化”的主题随处可见——从开阔的林荫大道到景观公园以及壮观的市政建筑——但是罗伯特·菲什曼（Fishman）认为，让城市的形式表达出“现代城市生活的希望”的，是第二次工业革命的技术（Fishman，2000：11）。新的建筑工艺，比如钢架结构与混凝土的结合，再加上内燃机的广泛使用，使得伯吉斯及其同道们于 20 世纪 20 年代和 30 年代谈论的功能分区制得以实现。这样的空间分工与其说仅仅是城市自然选择的结果，不如说是工业巨头、房地产开发商、投机者以及城市老板们联合起来实现的有组织的偏好；这些人热衷于扩大利润空间，开拓商业帝国，他们是我们将在第七章遇到的“增长联盟”运动的先驱。分区制在 20 世纪余下的时期将成为主导芝加哥市的乌托邦愿景，但是，功能性或欧几里得式分区城市其实深深植根于财富的土壤中。①

功能性城市

> 要建造住房并设计城镇，就需要人，聪明的、冷静的、镇定的人。
>
> ——勒·柯布西耶，《走向新建筑》
>
> (*Towards a New Architecture*，1986：127)

“作为一台庞大的、平稳运行的机器”，城市的功能性概念早已在弗雷德里克·温斯洛·泰勒（Frederick Winslow Taylor）所作的工业效率或“时间和动作”研究的影响下扎下了根，而简·雅各布斯极力反对的欧几里得式分区原则（见第五章）“既是郊区蔓延，也是 20 世纪 50 年代城市重建计划强有力的意识形态推动力”（Wickersham，2001：555）。在大西洋的另一面，阿姆斯特丹公共工程部城市发展局首席建筑师科内利斯·范·伊斯特伦（Cornelis van Eesteren）提出了一系列原则，这些原则后来成为国际现代建筑协会关于“功能性城市”规

① “欧几里得”一词所指的并不是那位著名的希腊几何学家，而是指美国最高法院在“俄亥俄州欧几里得村诉琥珀不动产公司案”中的判决，案件编号 272US365（1926）。该判决准许在美国宪法之下，依照活动区间和建筑类型对开发加以限制。见 Mitchell-Weaver *et al.*，2000：853。

划原则的基础，“功能性城市”后来成为该组织 1931 年于柏林召开的“特别大会”的主题。现在，范·伊斯特伦麾下的小组所作的研究，已经在很大程度上把重点放在从社会和经济方面更为广泛地考察区域性城市如何运转上面。《阿姆斯特丹扩建计划》(the Amsterdam Expansion Plan)借鉴了《纽约及其周边的区域规划》(the Regional Plan of New York and its Environs)的思路(该思路的基本构成要素出现于 20 世纪 20 年代中期)，保留了坚实的花园城市基础(配有铁路支线和绿色地带)，但是过度采用了“理性发展方法”，该方法意在分析大都市的功能区，包括摩天大楼、车库、运动场、车站及教堂，彼此互动的方式。范·伊斯特伦相信，只要数据正确并且有指定的规划区域，就能在五分钟至一小时内给出正确的城市形式。1928 年，基于同样的原则，他甚至写下了一篇名为《五分钟建筑》(The Five Minute Building)的文章(Mumford，2000：60—1)。

然而，这不过是国际现代建筑协会宣言的一个特征，对于大多数观察家来说，现代主义建筑的最主要特征在于从横向尺度转向了纵向尺度；这一点尤其体现在“居住单元”，即勒·柯布西耶为巴黎中心区最初设计的以几何方式布局的塔式大楼，这种塔式大楼后来成为大众住房项目的象征，在 1950 年以后定义着全世界范围内的城镇(见图 4.7)。

勒·柯布西耶(原名查理-爱德华·让雷纳[Charles-Edouard Jeanneret])是城市设计领域革命的缩影，这场革命从 20 世纪 20 年代开始，先是主导着欧洲，随后则主导着全世界的建筑实践。他在 1923 年出版的畅销书《走向新建筑》中给出了一个著名(或者说声名狼藉)的陈述，说正如飞机是用于飞行的机器，“房屋也不过是用于居住的机器”。这本书还把万神庙和汽车的形象放在一起比较，以表明在实现形式上的完美时，标准是必不可少的。勒·柯布西耶认为，工程师是真正的建筑师，建筑师的任务就在于弄懂在建造和设计过程

图 4.7　勒·柯布西耶的“居住单元”公寓楼，位于法国马赛市
版权所有：H. T. Cadbury-Brown，承蒙 Architectural Association Photo Library 供图

中，如何以最为经济的方式实现建筑物的功能。如果说内燃机要以某些方式对活塞、化油器、风扇皮带和传动轴进行排列，建筑物以及人造景观的分布和排列也同样如此。

1925 年出版的《城市主义》(*L'Urbanisme*)一书是一个分水岭，此书主张理性主义重于装饰功能，井然有序重于自由放任，功能重于实用。同一年，勒·柯布西耶发表了他为巴黎制订的“瓦赞计划”，设想塞纳河几乎整个北岸都被拆毁，18 幢呈十字形高耸的居民楼组合成垂直的集群，由宽阔的城市公路分隔开；其余的大部分区块则做成开放空间。这就是勒·柯布西耶对“300 万人口城市”原型的应用，该原型由他首先在 1922 年的《当代城市》(*Ville Contemporaine*)一书中详细提出，在这里，商业、居住和工业区域严格分开，并由高速公路在网格系统中直接连接起来。与豪斯曼不同，勒·柯布西耶那野心勃勃的计划并未取得成功，但纽约市的罗伯特·摩西(Robert Moses)等开发商却能够遵循勒·柯布西耶的总体规划，为了实现“理性规划”，致使高速公路穿越建立已久的城市社区的中心，给当地的居住区造成了灾难性的后果(Berman，1982)。

讽刺的是，由于花园城市的狂热者们会谴责一切与勒·柯布西耶相关的事，勒·柯布西耶不仅“主动熟悉埃比尼泽·霍华德的社会主张，还去了解巴里·帕克和雷蒙德·昂温对这些主张的实际落实情况。他甚至为瑞士的拉绍德封设计了一座花园城市，布局是别具一格的曲线形”(Jencks，1987：27)。勒·柯布西耶很快就抛弃涂沥青房顶的乡村气息以及汉普斯特德花园郊区风格的弧形街道，转而支持垂直形状和方格，不过他仍坚持着公园城市的想法；这一点我们可以从《未来的城市》(*City of To-morrow*，1988)中推断出来，他在书中提到了 200 万人口的大都市。而至于都市中心，他坚称有必要集中人口密度，从而释放空间用作公园和开放空间(Le Corbusier in Le Gates and Stout，1996：368—75)。20 世纪下半叶，这项原则将成为全世界城市规划领域的普遍接受的观念。

国际现代建筑协会——现代主义城市生活方式的先锋

勒·柯布西耶的观念能得到有效传播，要大大归功于与建筑理论现代主义转向联系最为密切的国际现代建筑协会。协会于 1928 年成立于瑞士，由西格弗里德·吉尔迪翁(Sigfried Giedion)创立，蕴育了现代主义国家的另一位重要建筑师。如里克沃特(Rykwert)所写，国际现代建筑协会的“目标不仅是要改革建筑物的设计，还要改变当代城市的整体结构”(2000:174)。大会在法兰克福、布鲁塞尔和巴塞罗那进一步开展了多次会议(证实了这项运动对欧洲大陆的偏爱)。但是,这项运动的111项议题,却是在一条由马赛开往雅典的船上召开的临时会议上(在斯大林怀着挑衅之意取消了莫斯科会议后,于仓促间组织)草拟的。这些原则被称为《雅典宪章》(The Athens Charter),为此后几十年的现代主义建筑和城市规划设立了标准。这些议题宣称,任何城市都应该根据四项基本的功能来进行分析:

> 1. 居住:即栖息地,大间距的高层公寓比其他形式更为可取。
> 2. 工作:既有办公大楼,又有工厂。
> 3. 娱乐和休闲:特别重视体育,因而突出公园和体育场。
> 4. 社交活动:这一项应辟出独立区域,在规划上给予同等的优先性。
>
> (Rykwert,2000:175)

花园城市、古典建筑风格以及任何类别的明确的“形式主义”都过时了。“所有形式的传统城市生活方式,现在都要透过秩序化的棱镜来打量,并显得昏暗不明,不讲卫生,嘈杂混乱,不适合‘现代需求’。”(Mumford,2000:58)因此,国际现代建筑协会公开承认的一个事实是它想要取代“现有的城市模式,支持建于草木中的间距宽阔的高楼大厦;所遵循的思路由瓦尔特·格罗皮乌斯(Walter Gropius)和勒·柯布西耶提出,诺伊特拉(Neutra)、布儒瓦(Bourgeois)以及协会的其他成员也赞同”(同上)。

勒·柯布西耶(图4.8)通常是反现代主义者嘲讽的对象,但是,在建筑领域真正发起“国际风格”的建筑学派却与包豪斯建筑与设计学校有关,该学校由瓦尔特·格罗皮乌斯于第一次世界大战后在德国魏玛创立。由于纳粹的逼迫，格罗皮乌斯后来不得不逃离德国，到哈佛大学担任建筑学教授，路德维希·希尔伯赛默（Ludwig Hilberseimer）、密斯·范·德·里厄等杰出建筑师也同样成批前往美国（Rykwert，2000：98）。到第一次世界大战时，一种美国本土的现代主义已经完全成型，创立者是欧文·吉尔（Irving Gill）、路易斯·H. 沙利文（Louis H. Sullivan）、丹尼尔·伯纳姆以及 H.H. 理查森（H.H.Richardson），后三位还创立了后来的芝加哥建筑学派。沙利文的代表作是建造于 1899 年的卡尔逊·皮利·斯科特百货大楼，采用了革命性的钢架建筑技术，从而使立面和楼面面积相对于传统的建筑方法得到增加。这些设计原则在全美的高层建筑商业开发新项目中被迅速接受并得到采用，但是与欧洲不同，在垂直城市快速到来的同时，现代主义城市主义并没有宣告胜利。相反，伍尔沃思财团、箭牌公司、克莱斯勒公司大楼等财富殿堂，都采用了新古典主义、哥特式以及古典建筑风格，用于恢复（哪怕只是象征性地恢复）杰斐逊式美国乡村理想，而福特

图 4.8　查理-爱德华·让雷纳（勒·柯布西耶）
版权所有，并承蒙 British Architectural Library，RIBA，London 供图

时期的城市曾极力违背这种理想。

弗兰克·劳埃德·赖特与“广亩城市”

还在与丹克马尔·阿德勒(Dankmar Adler)合作时,沙利文最知名的学生是弗兰克·劳埃德·赖特(Frank Lloyd Wright,图4.9)。正是从老师那里,赖特孕育并提出了“有机建筑”观念,它抛弃了传统的建筑风格和技术,追求功能、环境与技术的和谐。1930年,劳埃德·赖特写道,建筑

图4.9 弗兰克·劳埃德·赖特
版权所有,并承蒙 British Architectural Library, RIBA, London 供图

> 是人类想象对材料、方法和人本身的胜利,是把人置于属于他自己的大地的怀抱中。最低层面上,建筑是属于事物,属于生活,属于人类以及社会的几何图案。理想状况下,它则是关于现实的神奇框架,在使用“秩序”一词时,我们有时会涉及。
>
> (Lloyd Wright,1930,1937 in Library of Congress,1997)

赖特在建筑方面的愿景与杰斐逊对自然主义的执着有许多共同之处(Tafuri,1999:27),虽然他受托设计的最为著名的作品纽约古根海姆博物馆,往往被视为对先锋派现代主义的颂扬。在“广亩计划”(Broadacres Plan)中,赖特试图把爱默生和杰斐逊的民主个人主

义与实现整体和谐与对称的需求调和起来：

> 在广亩城市中，一切都是对称的，但这种对称很少显而易见，并且从来不会带有学究气。
>
> 不论是哪种形式，主题都能获得常规的增长，同时不会破坏其可能会有的形式。在新城市中，也不会有过多的重复。如果有助于设计上的总体和谐，片区和街路就会一齐出现，通常情况下都不出现，除非种植和栽培在那里是一个自然而然的过程，或者有墙壁提供了所需要的隔离。在所有地方，都以节律替代了这种重复。无论何处，只要有重复（标准化）入场，就会根据需要，通过艺术或自然，以内部节律来加以调节，以期实现一些持久的人文价值。
>
> 在广亩城市的建造中，已经有三项主要发明在发挥作用，无论对老式城市过度建设的那些力量是否喜欢：
>
> 1. 汽车：人的总体流动。
> 2. 广播、电话和电报：以电为媒介的双向通信变得完善。
> 3. 标准化的机械车间生产：机器发明加上科学发现。
>
> （Wright in Le Gates and Stout[eds]，1996：377—81）

但是，无论赖特如何强调"统一中的多样性"，批评者们还是认为他的愿景已经退化成战后时期排屋无序扩张的工具。汽车的普及以及由预制技术实现的规模经济意味着弗兰克·劳埃德·赖特关于分区却又一体化的城市乌托邦愿景在现实中并未实现。与英国以及北欧的大部分地区不同，在美国，绿地成本较低，并且对建筑方面的开发通常没有什么控制，因而将低密度的郊区特征扩展至美国边境的无限疆域就不会遇到什么阻碍。对于 20 世纪 50 年代和 60 年代美国的大规模宅地化行动，有一两个突出的声音，比如简·雅各布斯和威廉·霍林沃思·“霍利”·怀特(William Hollingsworth ‘Holly’ Whyte)就提出了反对意见,他们将其视为对传统城市活力的威胁和对社区生活的攻击(见下一章)。但是,直至近些年,建筑师和规划师才努力针对无处不在的无序扩张现象提出了切实可行的备选方案。在下一节中我们将会考察“新城市主义”在推动另一种城镇生活愿景方面取得了怎样的成功,它在为人们广泛感受到的现代都市的反乌托邦提供解决方案时又描绘了怎样的前景。

新城市主义

新城市主义被称为“一项越来越普及的规划运动”(Talen,1999),曾由《时代》《新闻周刊》《纽约时报》《大西洋月刊》做过封面报道,捕捉着美国公众的想象力,“为数十年来的城市规划运动所不曾有过”(Fulton,1996:1,同上:1375)。在大西洋的另一边,新城市主义同样获得了影响广泛的公众人物,包括威尔士亲王的支持,亲王将其视为现代主义和无序扩张歪风所亟需的矫正方法。新城市主义也被称为“传统居住区设计”(TND)或“新传统式发展”,它远不止是一项规划运动,而且努力通过在建筑设计、街道布局以及社区设施和资源中嵌入“社会资本”(见第五章)来重新创造出社会纽带;在新城市主义的倡导者看来,这种纽带在不受约束的城市化大锤敲击下已经丢失了。

新城市主义的审美和哲学原则源自拉斯金和维多利亚时期的古典复古主义,但是新传统主义改头换面成为一项政治宣言,则可以追溯到1991年在约塞米蒂的阿赫瓦尼洛奇举行的一次更为晚近的集会。所谓“阿赫瓦尼原则”(Ahwahnee Principles)被分成简短的十五条列出,除了对尊重自然环境的格外强调,它们重复了安德列斯·杜阿尼(Andres Duany)和伊丽莎白·普莱特-泽伯格(Elizabeth Plater-Zyberg)(或者如他们事务所的名字那样,简称为DPZ)在《传统居住区开发十三点》[1](*Thirteen Points of Traditional Neighbourhood Development*)中所提出的主张,此二人的名字与作为建筑实践的"新城市主义"联系最为紧密(MacCannell,1999:108)。

阿赫瓦尼原则着手挑战的,是自20世纪50年代起作为美国居住开发区典型特征的郊区无序扩张。两位作者转而给出的方案是,回归混合用地的传统街道,这种街道包含了从单室公寓到家庭独立别墅的零售和居住单元。小学和日间托儿所应该步行即可抵达,儿童的玩耍区域也应该与任何住所相距较近,而街道本身应该是狭窄的,以降低车辆速度,鼓励步行和骑自行车。门廊和阳台是受到青睐的建筑风格,两位作者希望借此促进良好的邻里关系,并让人向周围环境敞开。如果可能,天然的地貌特征和排水系统应该得到保留,以便对环境的影响最小化,基础设施和服务设计也要尽量减少浪费,增加能源效用。每个社区都应该自我管理(同上:108),如果可能,甚至从规划阶段就应该如此。比如,DPZ开创性地采用了被称为"问题研讨会"[2]的五天制头脑风暴和意见分享,直接邀来主要规划过程各个方面的潜在用户。这种做法可能受到批评,被视为等同于雇用了一个"外部设计"顾问(你得选择自家屋外树木的品种,以及街道景物的色调),但是,在涉及市中心低收入群体的居住区重建计划中,同样的技术已经得到了成功的应用。

新一代城市主义者不喜欢无序扩张,但是他们并不建议回归人口密集的城市。相反,他们想要改善郊区,方法是向住宅区引入更大的多样性,允许混合用地,并且使城镇更适于步行而不是开车。新城市主义的提倡者们明白,他们在优秀的城市设计方面的典范,来自花

---

① "十三点"查阅网址:http://www.newurbanist.com/newurban.htm(2002年7月访问)。

② 名称取自在学徒期的画家中间四处收集材料、为在巴黎美术学院的最后一年画展做准备的手推车。不在手推车中的作品,就没有机会展出,因而在手推车到来之前的那一周,学生们都会疯狂、高效地努力。

园城市的创始者们，比如英国的雷蒙德·昂温和美国的弗雷德里克·劳·奥姆斯特德(Dutton，2000：71—2)。彼得·卡尔索普在《下一代美国大都市》(*The Next American Metropolis*，1993)中以赞同的态度引述了埃比尼泽·霍华德的观点，提到将"城市生长边界"作为"卫星"城和市中心之间的空隙，并由通勤铁路加以连接的可取之处(见图 4.10，与图 4.3 对照)。除非填充区块已经完成开发，并且在现有的规划范围内划出了专门的新增长区域，否则不得建造新的城镇——这一原则与"精明增长"的准则是一致的。但是，这些约束条件在什么时候会变得过于严格，什么时候又必须加以放松以免房价高企、工人家庭外迁(Calthorpe，1993：71)？遗憾的是，没有令人满意的答案。新的城镇善于吸纳无序扩张，不过，如果城市的劳动力迁移至"无序扩张"的郊区或者风景更美的新城，是否真的要紧？毕竟这对城市经济造成的负面影响完全相同。事实上，我们在下一章将会看到，若埃尔·加罗(Joel Garreau，1991)等论者给出的证据是，新的市郊，或者说"远郊繁华地区"(Davis *et al.*，1994)在经济上越来越自给自足，不再像此前那样在就业和服务上依赖传统城市。我们不会看到卫星环绕着都市太阳，同样也不会看到(就类似底特律这样的城市来说)自足而富裕的居民/商业建筑群，如星云般环绕着都市红矮星。

虽然提出了这些"新城市主义"主张，传统居住区设计运动在实践中(即使并非出于本意)其实是反都市的；原因在于，其大多数包含新城市主义规划和设计原则的计划，都是针对新的小城镇开发，而不是针对规模较大的城市中现有存量住宅或填充性建筑的转换。因此，其结果是阻碍了高收入的中产阶级家庭向核心城市的回归，而不是像荷兰的情形那样，通过大大提升城市基础设施和社会便利设施的质量，使得相比于守在传统的、人口密集的城市，往郊区"撤退"似乎是不那么有利的选择(Russell，2001)。

在新城市主义城镇规划中激起诸多兴趣的另一个佛罗里达新建住宅区是欢庆城(Celebration)。该住宅区最初由迪士尼公司设计，作为代表着传统设计和社区生活最佳品质的旗舰社区，现在则成为一个自治市，人口正在向着设定的12 000人的目标不断增加。“欢庆城”这个名字很贴切，因为它是要赞颂而不是淡化传统居住区设计这块牌子。我们通过阅读了解到，“在第一批居民于1996年入住社区后不久，欢庆城很快成为‘传统居住区设计’的海报代言人，因为它通过社区公园、屋前走廊和适于步行的设计，复活了社区精神”。海报奏效了，根据TND家庭杂志《新城市新闻》(*New Urban News*)的报道，在2001年，“有380个这样的社区正在规划或建造之中”，为人们提供家园，而这些人寻找的是“有强烈的社区感、孩子们的公园、邻里学校和步行可达的目的地的居住场所”(Celebration Company，2001)。假定每个社区平均居住8 000个居民，这就意味着在未来10年中将有约300万美国人生活在TND社区中。这个数字听起来足够可观了，但它不过是预计中美国到2010年时总人口的1%(US Bureau of Census，2002)。因此，新城市生活不过是极少数人可以获得的选择机会，但是其观念形态的计划书却将私人商业的利基市场扩展至建筑师的大众公共住房墓地。比如，美国的住房和城市发展部已经“制订了一项规模达数十亿美元的住房计划，为受到新城市主义原则强烈影响的公共住房项目提供资金”(Talen，1999：1375)。其中的一些例子包括匹兹堡的克劳福德广场、巴尔的摩的悦目花园、路易斯维尔的杜瓦雷公园以及南卡罗来纳的罗亚尔港。[①]

安德鲁·罗斯(Andrew Ross)认为，欢庆城以及附近的DPZ滨海旗舰社区等新建住宅区虽然遵循着花园城市原则，但开发商仍然控制着的，是尚未出售的区块以及进一步的开发机会，而不是如埃比

① Robert Steuteville，新城市新闻，在线版(未注明日期)，http://www.newurbannews.com/AboutNewUrbanism.html.

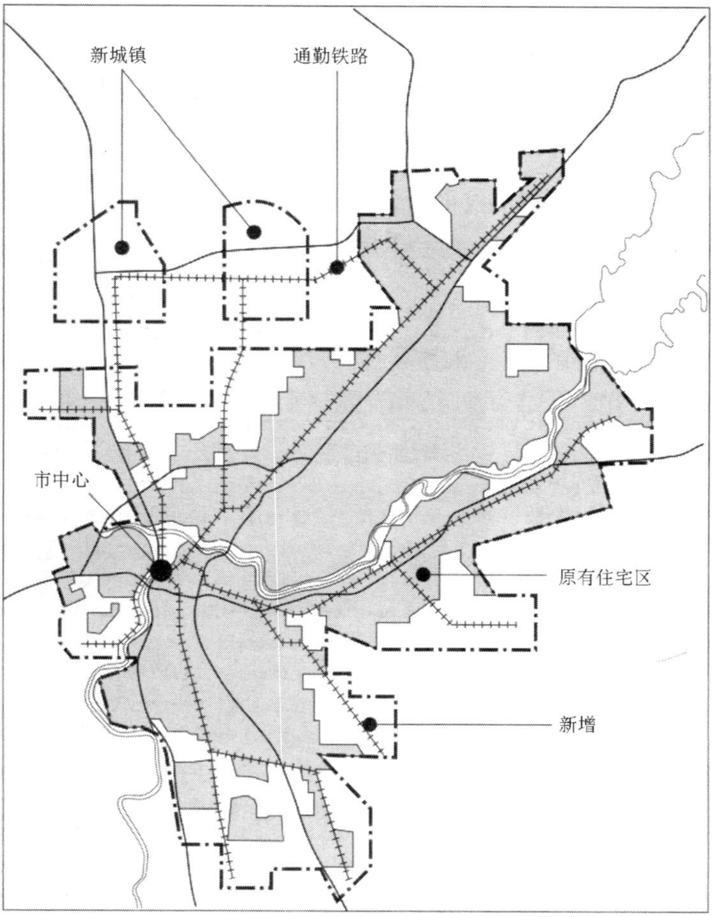

图 4.10　彼得·卡尔索普的新城镇标准

来源：Peter Calthorpe（1993）*The Next American Metropolis*，Princeton Architectural Press，p.71.

版权所有，并承蒙 Princeton Architectural Press 供图

尼泽·霍华德的设想控制着整个社区。限定性协议保护着房产价值，并确保维护和外观方面的标准得到遵守，同时严格禁止单方面改变用途。涉及整个社区的决定，通常通过业主委员会做出，委员会可以选出自己的代表或者一位城市管理者，来处理社区治理方面的日常事务（Ross，200：227—8）。

这种类型的“私人乌托邦”(Mackenzie，1994)或者说共同利益住宅区(CID)，与第一次世界大战后英格兰和威尔士地方政府改革前存在的对公众不完全开放的不动产纳税人选择权是一致的。其结果是，社区决策过程仅有的利益相关者是业主和开发商。租户以及那些住在雇主家房子里的家务女工或保姆被排除在外。投票限定于一个产权单位一票，开发商往往保留着对社区管理的控制，直至三分之二份额售出；甚至即便到这个时候，开发商通过保留着对小幅区块的所有权，仍然能够一人投出多票。20 万个社区中的超过 4 000 万美国人选择居住在这种形式的社区中，这一事实证实了詹姆斯·M. 布坎南(James M. Buchanan，1965)的一个判断，即只要收益与成本平衡，甚至更理想地超过成本，“消费式所有权-成员资格约定”(比如CID)，就会允许更多的成员加入进来。[①] 以这种方式，通过建造高价住宅而实际上存在着经济排外的 CID 和新郊区飞地，就能使自己免受不那么富裕人群的重新分配的需求的打扰；其严重后果是将造成建成已久的城市和郊区在学校、交通以及公共治安等集体公共服务方面资金不足。这种形式的居住分离，在经济和安全上为富裕的中产和上层阶级带来的明显好处，引起了 CID 在英国等发达国家的其他地方以及大多数城市的富裕飞地(其定义见第九章)持续增加(Caldeira，1996；Landman，2000；Hook and Vrdoljak，2002)。[②]

有几分自相矛盾的是，由于新城市主义者把社会多样性作为他们“十二大原则”的一部分加以宣扬，再加上他们对无序扩张的强烈反对，在保守派眼中，他们就是改头换面的“罗斯福新政”拥护者，试

① 关于功利主义理论对居住区隔和城市断裂的影响，更充分的讨论见第七章“公共选择与城市政治”。

② 根据皇家特许测量师学会的说法，英国 18—24 岁的年轻人中有近三分之二向往居住在村庄式的社区中，处于安全边界以内(Martin Wainwright，*Guardian*，28 November 2002，http://www.theguardian.com/society/2002/nov/28/urbandesign.architecture)。

图借助严苛的规划立法，再加上取消对新的“绿色地带”住宅区的抵押贷款以及公路和公用事业补贴，把大政府重新强加到私人住宅区头上(Shaw and Utt,2001)。不过，虽然TND的拥护者为价格合理的新传统主义风格住所进行了辩护，但这种住所实际建造的数量却少得可怜。毫无疑问，没有哪个低收入家庭能在滨海和欢庆城这样经过专门设计的社区买得起房子，自第一批区块售出以来，两者的价格已经上涨了几倍。事实上，新城市主义村庄与全美随处可见的富裕中产阶级飞地没有多大不同，只不过建筑总体上质量更好，在每个住宅区的物理布局上更为强调花园城市的理想。

非英国独有的愿景：新城市主义的皇家认可

毫无疑问，TND最为著名的倡导者、拥有最多听众的现代建筑和现代主义城市主义批评者，是威尔士亲王查尔斯殿下。威尔士亲王多次参与关于城市和人类栖居地的公共讨论，最著名的是1989年出版的《英国的愿景》(*A Vision of Britain*)一书，书中有大量插图。查尔斯还帮助创建了一所建筑方面的新传统主义学院，即建筑学院，该学院明确驳斥国际现代建筑协会的价值与设计，支持古典的复古主义，并称赞英国本土的建筑风格和材料。

查尔斯并不是高耸的摩天大楼的坚定支持者，正如他对一众的伦敦地产开发商所说，因为“这些庞大的建筑霸占着公共视野，却只满足着私人的、实际上是私有化的目的”(HRH the Prince of Wales, 2001)。除了少数几处宫殿，皇室用警戒线将自己隔离于公众视野之外，这位王位继承人显然忘了上述评论在此背景下的讽刺之处。查尔斯继续说道：“此类例子，以及无数的其他例子，证明了一个观念，即这些建筑格格不入，并且就其体量和实用主义的审美来说，它们也不‘适于’建在城市中，长远来看注定要失败。”(同上)查尔斯所偏好的是“由城市街道、广场、公园、购物中心构成的网络，所有这些都要求由井然有序、连接良好的建筑来构成和建造”。

> 在有纪录的历史上，在直到20世纪的所有文化中，这无疑都是城市主义的基本构件。到了20世纪，这一传统（或者说永久）城市的样板受到了城市主义新观念的挑战，其中现代主义愿景的挑战最为有力，它把城市视为一片新的公用场地景观中的高楼大厦——一座立于柱桩上的城市。
>
> （同上）

完全可以预见的是，与这段话立场相反的人是

> 勒·柯布西耶，他期待着有一天，整个巴黎市被夷为平地，重新建造；那时——用他的话来说——“蹩脚的涂了沥青的屋顶被清除一空，还有那些临时的咖啡馆和娱乐场所……那些蚕食巴黎人行道的真菌”！如大部分人现在认识到的，如果让这番景象变为现实，后果将是灾难性的，它会让城市里的闲置土地支离破碎，这些土地让整个社区变得荒凉，并会掏空我们一部分最大的城市。
>
> （同上）

在1998年8月为《旁观者》（*The Spectator*）周刊所写的一篇文章中，查尔斯亲王给出了他自己的传统居住区的例子，即多塞特郡庞德伯里村，它由欧洲新城市主义领军人物利昂·克里尔设计，克里尔也是滨海住宅区项目的顾问。和它的美国远亲一样，庞德伯里是一个“十足的商业项目”，受到康沃尔公爵领地（亲王的土地控股公司）本身的支持。他说，亲王决心

> 提供高质量的住房，用于出租和销售；为住在当地的人们提供工作和培训机会……[同时]尊重当地和地区建筑、房屋建造以及城镇规划的优良传统……以便提高古镇的品质，[并且]把它与多塞特郡的景观融为一体。
>
> (HRH the Prince of Wales, 1998)

然而，查尔斯树为典范的多塞特村庄(见图 4.11)只达到了每公顷 30 人的人口密度，相比之下，伦敦内环的人口密度是每公顷 400 人，甚至 500 人。英国是个人口稠密的岛国，绝大多数绿色地带无论多么吸引人，都已经被排除在住宅用途之外；有鉴于此，亲王的英国愿景将只有一小部分英国人能够体验到。

图 4.11　英格兰多塞特郡庞德伯里村的米德尔马什街。由利昂·克里尔总体设计
版权所有：Mike Jones，承蒙 Architectural Association Photo Library 供图

因此，庞德伯里是否成功，不能从数量方面来衡量；它的成功在于一个事实，即“在人们所能想象到的范围内，尽可能地摆脱许多住宅区和商业‘公园’的枯燥乏味感。简而言之，它变成了一个有着自己的精神和身份的场所，变成了多尔切斯特市固有的一部分，而不仅仅是个住宅区”(同上)。

但是，对于不得不继续待在人口稠密、拥挤不堪的大都市的人们来说，传统居住区设计会带来怎样的影响？在《新城市主义宪章》看来，从中心城市撤回投资、没有固定位置的无序扩张、由种族和收入造成的日益加剧的隔离、环境的恶化、农业用地和荒地的减少，以及对城市建筑文物的侵蚀，这些因素彼此联系在一起，对社区建造提出了挑战”（Congress of the New Urbanism，[1993] 2003）。然而，正如社会资本理论家们所提出的质疑（见第五章），有没有证据表明，回归传统的建筑和设计实践，就有助于在曾经充斥着犯罪、衰败和“枯燥乏味”的地方建造出和谐的、成功的社区？

凡是那些受到传统住宅区设计的启发、对“正在衰败的”中心城区进行翻新的地方，都吸引着年轻的中产阶级迁移而来（见第五章关于中产阶级向破败市区移居的讨论）。于是，一个新的、政治上更为活跃的选民群体便能够在纽约、密尔沃基、圣迭戈、新泽西等城市选出共和党的市长，而此前在这些城市只有民主党执政。结果，打击犯罪措施、税收、对街头流浪者的控制以及保守派选民心中牵挂的其他政策问题，都提上了政治议程，对美国城市的运行方式产生了重要的影响（Smith in Beauregard and Body-Gendrot，1999）。换句话说，与传统居住区设计运动的拥护者相比，这项设计的用户对社会多样性和社区一体化等目标极少表现出同样的热情。

结语

在本章，我们看到了关于城市的两种相互对立的乌托邦形象。一种实质上是前工业化的，当然也是前现代的，奠基于一整套想象上：村庄的公共草地，叫得出名字、面对着共同问题的邻居，近在咫尺的社交聚会场所——社区中心、教堂、运动场、咖啡馆或是小酒馆。另一种关于城市的画面是大都市风格的，当然也是现代的，但是瓦尔特·本雅明会说，这种现代性是从古代的大理石中劈出来的。查尔斯·詹克斯(Charles Jencks)准确地意识到勒·柯布西耶留下来的是对建筑的悲观看法,因为它想要实现让-皮埃尔·韦尔南(Jean-Pierre Vernant)所观察到的关于雅典城的东西,在那里:"[这座城]的悲剧不仅把自己搬上了舞台……而且展示了自身的一大堆问题。它把自己的内部冲突置于疑问之中,显示出……悲剧的真正主题是社会思想……就在详尽阐述这个过程本身当中。"(Vernant in Copjec,1999:233)

这种意义上的城市,即身为发生事件、展开叙述、终结命运的悲剧场所,我认为是现代主义城市主义的本质。把它与返祖性的乌托邦,如花园城市和传统居住区设计对照,我们就从动态的舞台转向了舞台造型的静态形象,在这里所有的冲突都被消除了,获胜的是永久的秩序。同时,把城市作为大型动画片的排练室,市民应该在其中扮演严格界定的角色,这种观念存在一种危险的边缘。不难看出,为什么极权主义政权如此狂热地信奉现代主义建筑和城市规划,为什么作为反乌托邦的电影戏剧,从弗里茨·朗(Fritz Lang)的《大都市》(*Metropolis*,1927),到让-吕克·戈达尔(Jean-Luc Godard)的《阿尔法城》(*Alphaville*,1965)和里德利·斯科特(Ridley Scott)的《银翼杀手》(*Blade Runner*,1982),都把场景设定在现代都市那没有顶点的高楼上(见第八章)。那么,借用大卫·林奇(David Lynch)的电影《蓝丝绒》(*Blue Velvet*,1986)开场的一个形象,反现代主义者所宣扬的鼓吹共产主义的那些人所怀有的幻象,真的能把自己隔绝于大都市那更为广泛的冲突和不满之外么?大卫·林奇令人恐惧的郊区惊悚片中的"草丛中的耳朵"①,是对恐惧都市的人那些自鸣得意的设想所作的警告,正如阿瑟·米勒(Arthur Miller)的《坩埚》(*The*

---

① 影片开场即发现了一只离开身体的人耳,上面满是蚂蚁。这一骇人的象征把典型美国小镇的主人公们的命运与附近城市可怕的犯罪联系在一起。

Crucible)①对那些被指摆弄巫术的人在圣人联邦中会过着怎样的生活所作的提醒。在下一章我们将考察由芝加哥学派首先提出的社区和城市病主题在第二次世界大战后的几十年中在英国和美国的拓展和研究情况。

延伸阅读

霍华德、昂温与花园城市运动

同时对霍华德更为广泛的社会目标进行批判性分析的一部霍华德传记,见于罗伯特·比弗斯(Robert Beevers)的研究《花园城市乌托邦》(*The Garden City Utopia*,1988)。彼得·霍尔的权威研究,即《未来的城市》,满是对拉斯金、霍华德和花园城市运动富有洞见、信息丰富的叙述。如果对霍华德对城市设计的影响感兴趣,或者想对霍华德关于可持续城市的观念进行振奋人心的当代阐释,彼得·霍尔与科林·沃德(Colin Warde)合著的《适于交际的城市:埃比尼泽·霍华德的遗产》(*Sociable Cities. The Legacy of Ebenezer Howard*,1998)值得参考。M. H. 朗的《设计乌托邦》(*Designing Utopia*,1999)付出了许多努力,来确认拉斯金在北美的重要遗产,同时提醒我们花园城市这个概念的源头在美国。如果有兴趣就花园城市的设计原则进行更多的发现,默文·米勒的《雷蒙德·昂温:花园城市与城镇规划》(*Raymond Unwin: Garden Cities and Town Planning*,1992)是不错的入门。弗兰克·杰克逊(Frank Jackson)的《雷蒙德·昂温爵士:建筑师、规划师与空想家》(*Sir Raymond Unwin. Architect, Planner and Visionary*,1985)中有几章论述了昂温在英国和美国对城镇规划的贡献,并包含大量他所参与的住房

---

① 中译本书名译为《萨勒姆的女巫》。

计划的照片和图表。雷蒙德·昂温的《城镇规划实践》(*Town Planning in Practice*,1971)已不再重印,却仍是城镇和乡村规划师的重要参考,并得到新城市主义设计师和提倡者的广泛引用。

美国和英国的规划活动

关于弗雷德里克·劳·奥姆斯特德在美国对规划领域的贡献,I. D. 费希尔(I.D.Fisher)的《弗雷德里克·劳·奥姆斯特德与美国的城市规划运动》(*Frederick Law Olmsted and the City Planning Movement in the United States*,1986)是有用的原始资料。罗伯特·菲什曼所编的《美国的规划传统》(*The American Planning Tradition*,2000)是一部可读性强、信息量大的文集,既有对美国城镇规划运动的总体历史考察,又有对单个城市的研究。曼弗雷多·塔富里的《建筑与乌托邦》(*Architecture and Utopia*,1999)虽初版于20 世纪 70 年代,却是一部当代经典,除了城市社会和城市史专业的学生感兴趣,还应要求建筑和城镇规划专业的每一个学生阅读。克里斯蒂斯·博耶(Christine Boyer)的《梦见理性城市》(*Dreaming the Rational City*,1983)是对美国规划史发人深省的研究,其中有一章尤其具有洞见,讲的是芒福德倡议的区域城市的乌托邦模型,来源于英国花园城市建造者们的作品。多洛雷斯·海登(Dolores Hayden,2000)把美国郊区 1820 年以后的历史从建筑和功能上进行了一系列的分解,比如分解成"有轨电车增建""邮购时期的郊区"以及"电子空间边缘"。要想寻找关于美国城市规划的公认为优秀的作品,艾伦·斯科特(Allen Scott)的《美国城市规划》(*American City Planning*,1971)和丘奇(Ciucci)等人的《美国城市》(*The American City*,1979)都值得推荐。要对美国城市规划快速入门,可读赫伯特·甘斯(Herbert Gans)的《人、规划与政策》(*Peoples*,*Plans and Policies*,1991)第三部分,这本书同时还考察了美国城市规划的目标。彼得·

霍尔的《城市与区域规划》(*Urban and Regional Planning*,1985)是对英国规划领域最为出色的历史叙述之一。其他相关的文本包括加塞德(Garside)和赫伯特(Hebbert)的《英国的地方分权:1900—2000》(*British Regionalism* 1900—2000,1989),以及戈登·谢里(Gordon Cherry)的《1900年以来英国的城镇规划》(*Town Planning in Britain since* 1900,1996)。勒·盖茨(Le Gates)和斯托特(Stout)(编)的《城市读本》(*The City Reader*,2003)第三版,也就规划理论、历史和实践进行了丰富的关键性阐释。

勒·柯布西耶、国际现代建筑协会与现代主义城市主义

勒·柯布西耶的《走向新建筑》(1986),即便离最初出版已有数十年,现在读来依然令人着迷。这本书的大胆的视野以及对机器和建筑的离奇并置令人震惊,这是对现代主义审美的真正表达。查尔斯·詹克斯的《勒·柯布西耶与对建筑的悲观看法》(*Le Corbusier and the Tragic View of Architecture*,1987),在我看来至今仍是"柯布"最好的思想传记之一。埃里克·芒福德(Eric Mumford)的《国际现代建筑协会城市主义演讲集:1928—1960》(*The CIAM Discourse on Urbanism, 1928—1960*,2000)满是精彩的细节,描述着这场极富影响力的建筑以及规划运动的人物和思想。菲什曼的《20世纪的城市乌托邦》(*Urban Utopias in the Twentieth Century*,1977)把勒·柯布西耶、劳埃德·赖特和霍华德作为20世纪最伟大的乌托邦空想家来考察——这个论断让人很难反对。勒·盖茨和斯托特(1996—2003)所编作品的各种版本中都有摘录。

新传统设计/新城市主义/封闭式社区/反无序扩张

在托德·布雷西(Tod Bressi)的《滨海项目讨论》(*The Seaside Debates*,2002)中,通过与杜阿尼、普莱特-泽伯特、波尔佐德斯

(Polyzoides)、所罗门(Solomon)等建筑师,以及科林·罗(Colin Rowe)等学界批评人士的谈话,罗伯特·戴维斯(Robert Davis)讲述了自己打造滨海住宅区项目的故事。在这些讨论中,美国和加拿大的八个城市是重点。在《建筑:选择或命运》(*Architecture: Choice or Fate*,1998)中,利昂·克里尔给出了他支持传统建筑的实例。在《上帝保佑亲王》(God Save the Prince,Krier,1988)一文中,克里尔还为查尔斯王子在建筑领域的重要性进行了辩护,此文同时在查尔斯·詹克斯(1988)的作品中再版。克里尔对当代建筑之重要性的批评,尤其指向建筑领域的后现代主义者,比如彼得·艾森曼(Peter Eisenman)。若对相反事例感兴趣,彼得·艾森曼、曼弗雷多·塔富里、罗莎琳德·克劳斯(Rosalind Krauss)著有《纸板住宅》(*House of Cards*,1987),虽然基本上是一本解说性的书,却包括三位作者所有的批评文章。

记者道格拉斯·弗兰茨(Douglas Frantz)和凯瑟琳·柯林斯(Catherine Collins,2000)带着家人到欢庆城住了一年,想弄清在迪士尼的这座崭新小镇生活的真实感受。相比于罗斯(2000),他们的报道批评意味不那么强烈,但是小镇的吸引力还没有大到让他们续租。杜阿尼等(2001)的《郊区之国》(*Suburban Nation*)从新的城市主义视角对无序扩张提出了批评,并给出了设计和规划方面的其他建议方案以及TND社区的例子。在《乌有之乡地理学》(*Geography of Nowhere*,1993)中,孔斯特勒(Kunstler)提出主张,赞同以新城市主义方案代替无序扩张,对其观点的总结见刊于1996年9月《大西洋月刊》的《来自乌有之乡的家园》(Home from Nowhere),网址:http://www.theatlantic.com/issues/96sep/kunstler/kunstler.htm.

亚历克斯·马歇尔(Alex Marshall)的《城市如何运行:郊区、无序扩张以及未选择的路》(*How Cities Work: Suburbs, Sprawl, and the Roads not Taken*,2000),虽然强调了无序扩张的负面效应,

却并未将新城市主义作为解决之道，尤其是变身为佛罗里达的迪士尼欢庆城形式的新城市主义。杜阿尼等的《精明增长手册》(*Smart Growth Manual*,2003)为精明型增长规划提供了实际的说明。迈克尔·莱切塞(Michael Leccese)和卡特勒恩·麦考密克(Kathleen McCormick)合编的《新城市主义宪章》(*The Charter of the New Urbanism*,1999)进一步阐述了新城市主义的各项原则，书中满是作为备选方案的增长策略的实例，其中有许多用地图和示意图来加以说明。威廉·富尔顿(William Fulton)的《新城市主义：美国社区的希望还是骗局?》(*The New Urbanism: Hope or Hype for American Communities?*,1996)探讨了TND对美国城市未来的意义。F.凯德·本菲尔德(F. Kaid Benfield)等的《解决无序扩张：全美社区精明增长的模式》(*Solving Sprawl: Models of Smart Growth in Communities Across America*,2001)，讲述了在作者们看来堪为全美精明增长策略成功范例的故事。

关于封闭式社区和公益性住房项目，两部最有影响的作品分别是布莱克利(Blakely)和辛德(Snyder)合著的《堡垒美国》(*Fortress America*,1999)以及麦肯齐(Mackenzie)的《私托邦》(*Privatopia*,1994)。T.科拉乔桑·博伊尔(T. Coraghessan Boyle)的小说《玉米饼窗帘》(*The Tortilla Curtain*,1996)，故事背景是南加州一座山顶上的封闭式社区，通过富裕的自由主义者德莱尼(Delaney)和基拉·莫斯巴赫(Kyra Mossbacher)，以及墨西哥非法移民坎迪多(Candido)生活世界的鲜明对比，对加州明显的社会-空间分隔进行了发人深省的描述。奥克塔维娅·巴特勒(Octavia Butler)的《播种机的寓言》(*Parable of the Sower*,1993)描述的不久以后的景象甚至更为惨淡：洛杉矶那些带有防卫的居住区之间彼此争战，以争夺日益稀缺的资源。迈克·戴维斯(Mike Davis)关于当代洛杉矶富有争议的描述，即《恐惧生态学》(*Ecology of Fear*,2000b)，对于加州梦的可怕前景同样如同一部启示录。

第五章　在郊区与贫民区之间：第二次世界大战后英美的城市研究及对社区的探寻

一项局限于“城市”的理论，就范围来说过于狭窄了，它无法解释城市本身那变动不居的景观。

——斯科特·格里尔《浮现的城市》

（Scott Greer, *The Emerging City*）

引言

关于美国城市的学术研究，从20世纪20和30年代专注于人口较为稠密、地理位置独特的研究中心集群（纽约、芝加哥、剑桥/波士顿、纽黑文、费城），至第二次世界大战后则在地理和知识方面迅速拓展。欧洲的城市规划者们借用马克思主义——尤其是它的结构变异——作为分析城市中社会和空间分化的关键解释模型；而在美国，芝加哥传统继续吸引着新的研究人员，尤其是甘斯（其研究成果我们将在下面讨论）、格里尔（1962）和萨特尔斯（Suttles, 1968）。然而，美国城市研究中的主流趋势却离开了社会学芝加哥学派所支持的生态学和互动论方法，朝向“一种批判性的政治经济，它更强调政治权力的结构，而不是生产方式”。这一传统中的学者们通常倾向于激进的自由主义社会目标，但他们从 C. 赖特·米尔斯和弗洛伊德·亨特(Floyd Hunter)而不是卡尔·马克思的研究成果中受到了更多的影响(Walton，2000：300—1)。

同时，在英国，布思和韦伯的城市社会研究传统于第二次世界大战后在城市研究中心得到延续，该中心于 1958 年在鲁思·格拉斯(Ruth Glass，她本人就是伦敦政治经济学院的研究生，也是伦敦政治经济学院社会学教授 D.V.格拉斯[D. V. Glass]的妻子)的主导下创建于伦敦大学学院，中心宣称的目标是

> 为系统认识城镇，尤其是英国城镇，贡献力量；研究城市的发展、结构和社会；并将学术研究与社会政策关联起来……中心[还]努力将社会科学与相关领域如公共健康和城镇规划等的兴趣结合起来。
>
> (Glass，1960)

然而，由于缺乏法国和德国社会学深厚的方法论传统，英国的城市研究者往往转而依靠维多利亚时期道德主义者的调查式“舞台布景”风格；于是，社区研究就有可能如鲁思·格拉斯所说的那样，被视为“蹩脚社会学家的小说替代品”(Glass，1966：148 in Bell and Newby，1971：13)。格拉斯又进一步“严厉批评社区研究不懂数学和自然科学，缺乏数据，在某些情况下甚至缺乏人口统计这样的基本数据”，“与之相伴的是对描述式叙述风格的偏好”，那就“意味着社区研究成果读起来往往像小说一样，有些实际上还进入了畅销书排行榜”(同上，强调为原作者所加)。在本章中，我们将浅析我认为在“繁荣

时期”的英国和美国最具代表性也最有影响的两个城市研究系列来展开研究——迈克尔·扬(Michael Young)和彼得·威尔莫特(Peter Willmott)的《伦敦东区的家庭与亲属关系》(*Family and Kinship in East London*)、《伦敦某郊区的家庭与阶级》(*Family and Class in a London Suburb*),以及赫伯特·甘斯的《城市中的乡村居民》(*The Urban Villagers*)与《莱维镇人》(*The Levittowners*)。

寻找传统社区

《伦敦东区的家庭与亲属关系》

《伦敦东区的家庭与亲属关系》([1953]1992)是英国社区研究学派最为著名也最有影响的“畅销书”,由位于伦敦东区的社区研究学会(Institute for Community Studies)创办人迈克尔·扬和彼得·威尔莫特撰写,该书无疑是格拉斯所质疑的社会学的典型。然而,如迈克尔·扬的传记作者阿萨·布里格斯(Asa Briggs)所揭示的,扬自己认为这种小说风格是社会研究中的长处而不是弱点。扬写道:“我想我们都希望像小说家那样去写作,如果能够像他们那样取得进展的话。”(Briggs,2001:110—1)《伦敦东区的家庭与亲属关系》明确宣扬迈克尔·扬在伦敦政治经济学院所接触到的“原始人类学”,那时他在伦敦政治经济学院从事博士研究,后来完成的作品就以此为基础,并得到理查德·蒂特马斯(Richard Titmuss,他是 T.H. 马歇尔的继承人,并从 1950 年开始担任伦敦政治经济学院的首任社会管理主席)的指导(同上:120)。

与当时伦敦政治经济学院许多年轻的社会学家一样,两位作者强烈认同民主社会主义;迈克尔·扬还协助起草了 1945 年工党宣言《让我们面对未来》(Let Us Face the Future),该宣言在英国政治中第一次让一个多数派社会主义政府得以掌权(同上:73)。因此可以理解的是，这本书对东部的工人阶级社区所面临的困境充满同情，随着此前雇用男性人口的工作机会消失或迁往下游，社区正在经历着深刻的结构性变化。两位作者还感到战后经济变化造成的深刻影响，正在工党政府及其传统的工人阶级支持者之间制造越来越大的隔阂(Young and Willmott，1992：xiv)。

《伦敦东区的家庭与亲属关系》基于近 1 000 个对象的取样(占贝思纳尔格林选民名册人数的 1/36)，研究人员访谈了其中的所有人(以今天的标准衡量，是一项相当大的成就)(同上：13)。如果说这本书明确宣称的目标是要衡量全面的重新安置给传统的工人阶级内城社区造成的影响，那么它未曾预料的结果，则是显示了让伦敦东区不同代际的女人们把扩大的家庭网络团结在一起的非凡的因应机制。自相矛盾的是，两位作者表明，团结一致最突出地表现在人口稠密的城市核心，而社会失范在新建的城外住宅区表现最为严重；两位作者没有提到齐美尔的《大都市与精神生活》，以上现象却有可能与一种观点相矛盾，即城市引发了社会退缩的厌倦态度；或者至少并不能说东区工人阶级的经验对其他城市中心的人口有参考性。

在伦敦郊区，这些人口稠密、彼此联合的网络不存在，或呈现极为不同的面貌——两位作者相信，这一事实可以由偏远地区极为不同的阶级性格来解释。如威尔莫特和扬在随后对伦敦东区的郊区研究中所写到的，“社会阶级是理解郊区许多不同之处的关键”(Willmott and Young，1971：98)(见辅助资料 5.1)，但是对于作为整体的城市，我们也可以提出相同的看法。工人阶级家庭仰赖国家提供经济上负担得起的住处，这一事实意味着，作为一个阶级，他们比中产阶级的郊区居民更受制于政府部长和技术专家的反复无常。

其方法论可能一直有所争议，但贝尔(Bell)和纽比(Newby)还是为社区研究辩护，因为它让学者们逐渐理解“原汁原味的社会事实和心理学事实”(Arensberg and Kimball，1967：30 in Bell and Newby，

1971:13)——这句话的意思大概是,没有过多的容易掩盖真实世界的理论包袱。阅读贝尔和纽比,会让人感到美国城市研究与英国社区研究之间存在密切关联;两种研究中,都无法在城镇社会生活的虚构陈述与"科学呈现"之间轻易画出界线,同时个人的、熟悉的戏剧性事件都映衬在由资本主义现代性引起的社会生活和经济生活变迁的背景下。然而,社会变化的这些结构特征,往往不过是一叶障目的人种论,很多时候都是把参与式观察当作唯一的、合情合理的方法。

辅助资料 5.1　彼得·威尔莫特与迈克尔·扬《伦敦某郊区的家庭与阶级》,1960 年,第 91、105 页

部分提供信息的人强调保持社会距离的重要性——"我们与邻居不会变得熟悉或者过于友好。"Brady 太太说。来自伦敦东区的部分人则感到,对于陌生人来说,伍德福德不像他们离开的自治市那么热情,也不那么友好随和。Clarkson 太太说:"与贝思纳尔格林相比,伍德福德较为冷淡,那里的人也不是令人不快,但他们并不是亲密的邻居或朋友。"我们从两个地方的访谈中也得出印象,伦敦东区的人虽然在家庭之外更少招待私人朋友,但那里的社会关系更为密切,忠诚度也更好。(第 91 页)

…… ……

比如伍德福德南部的部分地方,紧邻旺斯特德商业街北边的路网,或者市政厅的住宅区大抵属于工人阶级的"飞地"。如一个住在伍德福德格林附近的人所说,"不那么幸运的人并不住在伍德福德的这个区域。他们往往集中在特定区域,我得说,他们似乎彼此相处得很融洽"。

对于不同地区的阶级性格,人们心里都很清楚。Burgess 先生说:"工人阶级住在韦尔路的那一边,而不是这一边。"Long 先生告诉我们:"克雷森特和阿尔比昂公园是无法与富兰克林路和阿克赖特路合并到一起的。"位于地铁两边的这两个地区,反差尤其

> 明显。Day 先生解释称："铁路线就是分界线——那些住在下方的人们，不会被视为与住在上方的人们同属上层阶级。"Scott 先生说："你不会认为，住在这里的人会与铁路线另一边市政厅住宅区的人把酒言欢。"另一个人声称："不是我势利，在我看来似乎只有在铁路线的南边，在伍德福德，你才会碰到工人阶级。"（第 105 页）

实际上，如贝尔和纽比指出的，社区研究方法从马利诺夫斯基开创的经典人类学研究方法中借用了很多内容。就这一点来说，美国和英国有着相同的情形，劳埃德·沃纳（Lloyd Warner）骄傲地承认，已经"研究过美国社区，所用的技术之前自己在研究澳大利亚部落时曾经用过，其他人类学家在非洲、波利尼西亚和新几内亚岛也用过"（Warner，1963 in Bell and Newby，1971：62）。就那些为研究没有文化的民族所设计出来的人类学方法，贝尔和纽比提出了观点，目的在于突出城市人种论学者对已记录数据的漫不经心，这些数据早已被历史学家和社会统计学家应用于对文明社会的研究中。然而，如迈克尔·扬和彼得·威尔莫特所声称的，在社区文化以口头为主的地方，比如在伦敦东区的贝思纳尔格林地区，现场访谈的广泛应用，可能是发现亲属网络在地理流动性逐渐加大的压力下如何发挥作用并存续下去（或失去作用）的唯一途径。

从 20 世纪 80 年代的有利位置回望，扬和威尔莫特把社区的消失怪罪到受勒·柯布西耶影响的多层地产身上了（虽然许多曾经居住在贝思纳尔格林的居民，实际上搬到了达格纳姆这样的由雷蒙德·昂温设计、受花园城市启发的新城镇）。他们还责备当时的地方政府和中央政府规划者把清理贫民窟作为降低城市人口密度的一种方式，没有意识到这些"重新开发区域"代表着无法轻易重建的复杂的代际网络——在这一点上他们与简·雅各布斯和赫伯特·甘斯心意相通（见下文）（Young and Willmott，1986：xxi—xxiii）。

作为社区研究学派的代表性作品,《伦敦东区的家庭与亲属关系》仍然与具有移情作用和改革思维的调查风格产生着共鸣,这种风格是19世纪城市研究的典型特征。在采用以家人和家庭为中心的人种论方法时,它们不知不觉地预示着许多女性主义社会学家、人类学家和口述历史学家的研究议程(Stacey in Yound and Willmott, 1992:ix)。另外,虽然扬和威尔莫特(1992)没有直接提到美国的城市研究,但选择一个实际上是"贫民区"的社区(虽然当时并不是按肤色来划分界线的)并且勾勒出它在地理上向郊区的散布,却是大西洋另一边城市社会学一个更强有力的特征,现在我们就转而来考察这种传统在战后美国的发展。

《城市中的乡村居民》

赫伯特·甘斯的研究成果,《城市中的乡村居民》([1962]1982),聚焦于20世纪50年代属于贫穷的波士顿西区的意大利裔美国人口;此书堪与扬和威尔莫特的研究成果相提并论。甘斯显然将自己的作品看成是对工人阶级(而不是某个"种族的")居住区的调查——正如在伦敦东区的情形——其关注对象主要是白人工人阶级居住的飞地,那里的社区总的来说被视为"一系列服务以及保护家人和同伴的人和机构"(Gans,[1962]1982:xi)。和贝思纳尔格林的情形一样,甘斯发现了一种引人注目的"阶级防御性",带有这种防御性的家庭不认可某些居住地点或职业,认为它们不适合"像我们这样的人"(见下文的辅助资料5.2)。

贝思纳尔格林研究与波士顿研究看起来都强调城市生活所具有的礼俗社会或近于乡村的特征,两者都被指责对工人阶级的经验进行了过于浪漫的叙述,这种经验看起来正在走向终结。与扬和威尔莫特一样,甘斯认为这是一种遗憾,因为社区生活所具有的一些珍贵的方面,将随着清理贫民窟的计划消失;他希望社会学调查能够说服政策制定者和政府采取不同的行动，并且在行动时更为敏感。但是同时，与更为保守的社会分析家如查尔斯·默里(Charles Murray)以及政治人类学家爱德华·班菲尔德(Edward Banfield)，甚至自由主义城市社会学家威廉·朱利叶斯·威尔逊一起，甘斯相信，他眼中——与戴维·里斯曼(David Riesman, 1950)一致——的属于某些移民社区的"内部导向"文化的东西，对这些社区的福祉以及经济和文化繁荣，以及总体上的城市社会是有害的(见辅助资料 5.2)。

甘斯声称"如果人们能自由选择自己的亚文化，我相信职业的中上层阶级亚文化是最值得选择的"(Gans, 1962: 264)，在当代人听起来，他说这句话时的那种轻松似乎有种令人不快的傲慢自大和精英情怀。然而，在推荐中产阶级的教育、公共服务和社区联系方面"客体导向"价值观时，甘斯不过是在表达一种道德共识，这种共识从芝加哥的定居点社会学流向了罗伯特·帕特南(Robert Putnam)及其同事们的当代"社会资本"构想，这一点我们在本章的后面将会看到。然而，与伯吉斯和帕克等早期社会学家截然不同的是，对城市生态学(地点决定特征)的强调被明确的文化决定论(特征决定地点)取代了。

在甘斯后来的研究中，这些基于阶级、种族和意识形态的社会身份，在他所认为的新城镇社区"环境中立"的背景下得到了分析，这些社区在 20 世纪 50 年代和 60 年代迅速扩张。不过，在详细考察甘斯的郊区肖像画之前，我们先去探究在城市生活领域大概最有影响力的一本著作，即简·雅各布斯的《美国大城市的死与生》(*The Death and Life of Great American Cities*)。

辅助资料 5.2　赫伯特·甘斯《城市中的乡村居民》，1962，第 220—1 页

对中产阶级生活方式的拒绝……其基础是伦敦西区人对中产阶级社会的恐惧，以及他对自己缺乏参与这个社会的那些技巧的认识。他无力理解官僚主义行为或者说客体导向的群体，与中产阶级互动所需要的那种同理心也付诸阙如，所有这些都引起了不适或恐惧。他那贫乏的教育状况也是如此，在他看来是与他们进行交流的障碍……极少数的几次，我想让伦敦西区的人与中产阶级的熟人和朋友们接触，他们或者拒绝了邀请，或者最低限度地参与……之所以怯于与中产阶级的人们接触，是基于自卑情绪，以及部分真实、部分想象的缺陷意识。但是……这样的情感不应被误读为嫉妒。

服务于人的城市：简·雅各布斯与支持人口稠密的大都市的理由

简·雅各布斯的《美国大城市的死与生》于 1961 年首次出版时，就被证明是城市分析方面的里程碑，对专业人士、政治人物以及一般公众看待城市的方式产生了深刻而持久的影响。罗伯特·菲什曼称这本书引发的效应“是对美国规划传统的复兴最为有力的精神激励”，并且“可能是对有史以来人们提出的规划观念最为有力的抨击”(Fishman，2000：19)。她的这本书是为了强硬地抗议低密度、依赖汽车的郊区住宅区风尚，这种风尚掏空了“大城市”的人口、繁荣和前景。她尤其反对联邦政府强加的“欧几里得式分区”标准，因为在这种标准下，市被划分成多个标准的区，以便使人口密度尽可能地低，同时把土地利用功能尽可能地隔离开来(Wickersham，2001)。[①]

雅各布斯认为人们所感知的都市环境的缺点，既被冷嘲热讽的媒体和政治阶层夸大，又因为糟糕的规划和社区设计而雪上加霜。她相信，在欧洲许多地方仍然能够找到的传统的单中心城市，以及数

---

① 见第四章，P111 注释①。

量越来越少的一些美国城市之所以能够运转，是因为它们稠密而不是稀疏的人口提供了社会和建筑方面的多样性。

简·雅各布斯这样描述她的“方法”：“我首先寻找行为上的例子。最后，当开始在它们中看出模式时，我就着手归纳。”（Gee in Allen，1997：159）。这种城市分析的归纳法的提出，源于她在《建筑论坛》（*Architectural Forum*）担任记者和撰稿人时所受的训练，但是她与罗伯特·帕克的“脏手”研究在风格上的相近之处，似乎是雅各布斯的批评者而不是作者本人觉得更为明显。

雅各布斯在《美国大城市的死与生》中经常提到芝加哥市，却从未提及城市社会学的芝加哥学派。这一点令人惊讶，毕竟她的作品在许多方面都含蓄地提倡研究城市的土地利用时应采取生态学视角。比如，她的《边界真空带的诅咒》（The curse of border vacuums）一章（Jacobs，1992：257—69）强调了“间隙地区”所具有的易于衰退的本质，比如铁道沿线和滨海、滨江地区，在思拉舍和其他人看来都易于发生一般犯罪和青少年犯罪。此外，雅各布斯对民间社区概念的捍卫，不只是呼应着雷德菲尔德和沃思所坚持的看法，即认为城市首先是人类社区的容器。

简·雅各布斯为良好城市开出的配方，可以归结为四条基本的规则：“不长的街区，混合的用途，新旧建筑的交融，以及至少每英亩 100 个单元的居住密度。”（Zotti in Allen，1997：61）

辅助资料 5.3　简·雅各布斯《美国大城市的死与生》，1992 年版，第 50—2 页

我所居住的哈得孙街一片每天都上演着复杂的人行道芭蕾舞。第一次走进那里是在 8 岁多一点，往外面放垃圾桶的时候。这项差事当然很乏味，但我享受这个角色与倒垃圾时发出的小小叮当声，此时一群群初中生正走过舞台中心，扔下糖纸。（他

> 们怎么会在上午那么早的时候吃那么多糖果?)
>
> 清扫糖纸的时候,我注视着早晨的其他仪式:Halpert 先生打开了洗衣店手推车系在地窖门上的锁,Joe Cornacchia 的女婿拿出了他的人行道折叠椅,Goldstein 先生摆好了表示五金店开门的线圈,物业主管的妻子用一个曼陀林玩具让她那 3 岁大的孩子在门廊上安静下来,这是他学英语的好地方,而他的妈妈说不来英语……
>
> 我下班回家后,芭蕾舞剧正接近高潮。这个时段属于溜旱冰的、踩高跷的和骑三轮车的,也属于在门廊的避风处用瓶盖和塑料牛仔玩游戏的;这个时段属于大包小捆,从杂货店拐来拐去地延伸到水果摊,再折回到肉店;这个时段属于十几岁的少年们,他们全部身着盛装,停下来问自己的疏漏能不能看出来、衣领看起来对不对头;这个时段,漂亮的女孩们走出女子学校;这个时段,你在哈得孙街熟识的任何人都会从这里路过。

这种类型的理想的城市居住区,要到格林尼治村哈得孙街那"复杂的人行道芭蕾舞剧"中才能找到;她在那条街上住了许多年,《美国大城市的死与生》就是在那里写出来的(Atkinson in Allen,1997:52)(见辅助资料 5.3)。

对雅各布斯来说,充满生气的城市生活面临着双重威胁:一方面是来自现代主义建筑师和规划师的抽象逻辑,他们相信自己能够在"光荣孤立"于人类其余部分的状态下建造乌托邦;另一方面则来自撤退到郊区的花园城市(Jacobs,1958:142)。这里存在着某种讽刺,因为简·雅各布斯已经变成了"新城市主义"拥趸的领头人物(Kunstler,2001),如我们在上一章看到的,这种新城市主义虽然称颂"街道建筑"并谴责郊区习俗,却保留了拉斯金反都市主义和花园城市模型的许多特征。

对雅各布斯来说，城市社区由两项基本要素构成，即密度和多样性。不过，与花园城市的倡导者们相反的是，高人口密度不一定与过度拥挤和贫民窟联系在一起(纽约的派克大街和伦敦的贝尔格拉维亚[①]人口密度都很高，却很难称得上过度拥挤的贫民窟)。按雅各布斯的说法，居住状况糟糕、处于社会压力之下的家庭不会形成独立的社区(虽然20世纪50年代的贝思纳尔格林无论以何种标准衡量都不会被视为拥挤不堪的贫民窟)，相反，“在足够多的人口有足够多的住处的情形下，多样性及其吸引力与能够忍受的生活状况结合在一起，更多的做出选择的人倾向于留在原处”(Jacobs，[1961]1992：208)。雅各布斯怀疑花园城市类型的密度无法形成足够的自发互动，从而产生她在哈得孙街赞赏不已的街边芭蕾，她还认为刘易斯·芒福德给出的方案，即每英亩100—125人的“中间”密度，无法发挥作用。[②] 她的直觉是，市中心的社区不必处于公园和花园的环抱之中；格林尼治村就是混合类型的较高建筑密度的楷模，它为多种多样的人口提供了住处，并且提供了各种工作机会和商业服务。其原型显而易见就来自欧洲，可以追溯到全盛时期的中世纪特许城市，韦伯把这些城市与现代资本主义的诞生联系在一起，伟大的奥地利规划师卡米洛·冯·西特(Camillo von Sitte)伯爵认为它们是人类城市文明的最高成就(Sitte，1965)。

为了弄清为何不仅美国，而且发达国家的大部分地区在城市规划上都放弃了人口密集、功能混合的方案，代之以功能上的分散，我们有必要把目光投向郊区、新城镇和边缘城市的黄昏世界。

---

① 伦敦的上流住宅区，位于海德公园附近。

② 芒福德呼吁对人口进行重新组合并形成核心，同时使工业去中心化，如此一来他为区域发展开出的药方便使这一点显而易见。

无序扩张社会学：郊区、新城镇与边缘城市

《莱维镇人》

在第二次世界大战后，美国市郊住宅区的原型是“莱维镇”，这个名称略带几分炫耀地取自威廉·莱维（William Levitt，或者说是为莱维而取的），莱维身为建筑商，先是在宾夕法尼亚，随后在新泽西购买、设计并开发了一条大型住宅线路。关于新泽西定居点的研究成果，即《莱维镇人》（*The Levittowners*），于 20 世纪 60 年代晚期由赫伯特·甘斯发表，后来成为城市（或许更确切地说是郊区）社会学的经典，与我们之前考察的威尔莫特和扬关于伦敦郊区的研究（Willmott and Young，1960）形成了有效的对比。甘斯以这座新城镇的居民的身份进行了一年多的“参与式观察”，其发现的结果虽然相当个人化，却与芝加哥学派社会学学者所熟悉的城市报道文体的风格相一致（虽然甘斯本人是宾夕法尼亚大学社会科学教授）。如果我们将美国郊区居民所关心的事与威尔莫特和扬所研究的英国郊区居民关心的进行对比，就能明显看出莱维镇的多数人口对种族问题的感受要尖锐得多。出现这种情况，有许多人口学上的原因：有色人种向伦敦东区的大规模移居直到 20 世纪 60 年代后期才真正发生，而美国北方有卫星城的大型都市有越来越多的非裔美国人，自 20 世纪 40 年代起就很明显了。同时，反种族隔离的联邦立法，也协助模糊（虽然还没有消除）了把那么多黑人家庭局限于市中心贫民区的肤色界线。

对于当时被称为“黑鬼”的居民向以白人为主的住宅区分散持何种态度，往往是白人的政治倾向和意识形态倾向的象征；甘斯倾向于把那些支持社区融合的中产阶级白人称为“世界主义者”。那时，和现在一样，他们并非多数人中的重要组成部分；如甘斯指出的，一般

莱维镇人的典型反应是被对房屋价值下跌的恐惧以及公开表达的对族群内部人际关系的道德恐慌激发出来的。然而,在伦敦郊区的例子中,同样清晰的是,即使是在伍德福德那些更为富裕、绿树成行的大街上,阶级和地位上的区别也很重要;在那里,在已经确立的郊区中产阶级与变成暴发户的前伦敦东区人之间,“他们和我们”之分也随处可见(Willmott and Young,1960)(见前文的辅助资料 5.1)。不论是甘斯还是威尔莫特和扬,都在发现一种或可称为“郊区心态”(suburban mentality)的东西,这种心态将成为战后美国真正的民间认同,怀特关于“广亩风格”的新城镇,即伊利诺利州的帕克福里斯特的研究是最好的例子。

伊利诺伊州帕克福里斯特

威廉·霍林沃思·“霍利”·怀特曾在海军陆战队中担任上尉,后来转做杂志编辑。怀特并未接受过正规的社会学训练,却成为战后美国城市生活最为敏锐的观察者,写出了一系列畅销图书,包括 1956 年完成的《组织人》(*The Organization Man*);这本书与 C. 赖特·米尔斯的《权力精英》(*The Power Elite*,1956)和戴维·里斯曼的《孤独的人群》(*The Lonely Crowd*,1950)一起,解释了战后繁荣时期美国社会不断变化的面孔。

在《新郊区习俗的社会化过程》(How the New Suburbia Socialises)中,怀特研究了受花园城市启发的新城镇,即伊利诺伊州的帕克福里斯特,但他就性格与环境之间的关系得出的结论与甘斯并不相同,似乎更赞同芝加哥学派和人类生态学的论点,即“地点决定特征”。怀特如此评论道:

> 一度,人们讨厌承认自己的行为是由任何因素决定的,除了他们的自由意志。新的郊区居民却不是这样,他们充分意识到

> 环境对于自己具有无处不在的影响力。事实上，极少有哪个主题能让他们如此乐于探讨；随着对心理学、精神病学和社会学的业余好奇心越来越强，他们以令人惊讶的临床术语谈论着自己的社会生活。但他们没有“困境”意识，似乎认为事情原本就是如此，应对的技巧不是与之抗争，而是加以理解。
>
> (Whyte in LaFarge，2000：34)

与威尔莫特和扬一样，怀特密切关注房屋和街道的布局，尤其是孩子们的日常玩耍，并用它来解释社会互动的模式。帕克福里斯特给人的印象是一片本质上属于白人中产阶级的飞地，目标居民是 30 多岁的人，女人(看起来她们中很少有人工作)在其中发展并维持着社交圈子，她们的丈夫“只不过跟在后面”(同上：34)。怀特称之为宗教熔炉，犹太人、天主教徒和没有宗教信仰的人互相加入对方的讨论群体，在育儿方面互相帮助；但是，和莱维镇一样，当遇到“接纳黑鬼进入社区这个未决的争议”时，种族上的宽容就必然不复存在。在这里，怀特不够坦率，他认为“这种情感很大程度上与其说源自种族厌恶，不如说源于经济和社会方面的恐惧”；与鲁思·格拉斯对 20 世纪 50 年代伦敦种族态度那目光锐利的分析相比，此说令人不快。怀特引用了一对夫妻的例子，他们从芝加哥一个“环境正在恶化的病房”(读者理解起来即黑人越来越多)逃离，并把帕克福里斯特全部由白人构成这个特征的任何变化都视为“对他们为之奋斗的一切的威胁”(同上：38—9)。

然而，随后的事实远不像怀特满怀信心预测的那样，时间的潮汐荡涤了他们的偏见；证据指向了其他的方向，原因恰恰在于(新城市主义乌托邦的源头也在于)一个本质上属于白人、本质上属于中产阶级，居民既不太富又不太穷的社区，已经在数代人中变成了“典型”美国社区的民间原型。齐美尔认为，正是为了逃避这些地方的因循守旧和单调乏味，年轻的乡村居民突然加入了大都市里令人兴奋的人群。他很难想到，对于数百万美国人、欧洲人和澳大利亚人来说，因循守旧和单调乏味所带来的舒适和安全，似乎比大都市中的疯狂人群要有吸引力得多。

无序扩张的兴起

如果说城市社会学关注的一直是伯吉斯所描述的古典的、单极的城市，由密集的街道、拥挤的住户、繁忙的市场以及第一代移民激进的世界主义构成，那么到了 20 世纪 40 和 50 年代，研究者们以及主要由白人构成的人群，他们的关注点已经转向了美国快速增长的郊区边缘地带。肯尼斯・T. 杰克逊(Kenneth T. Jackson)写道：

> 郊区已经成为美国典型的物质成就，或者比大型汽车、高楼大厦和职业橄榄球更能代表美国的文化。郊区是对当代文化最为充分、最为纯粹的体现，代表着美国城市一些最为根本的特征：引人注目的消费习惯，依赖于私人汽车，向上进阶的流动性，大家庭分化为核心单位，工作与休闲之间越来越分隔开来，以及按种族和经济水平划界的趋势。
>
> (Jackson，1985：4)

自最为古老的奠基时代起，城市总是会产生卫星定居点，但是到了 18 世纪，城镇的边缘，或者说“城郊”(suburbe)，与较低的社会等级、破旧的住所以及一般犯罪和青少年犯罪联系在了一起(Fishman in Fainstein and Campbell，1996：26)。然而，到工业革命时期，随着更好也更为可靠的交通形式的出现，新的职业和商业阶层也有能力享受到城市中心的设施、物品和就业机会的便利，同时又能避开人群、噪音以及成本高昂又不够卫生的住房。受惠于内河轮渡、郊区铁路以及通往纽约、芝加哥、波士顿、费城和华盛顿等城市的公共汽车的出现，从19世纪40年代开始，美国经历了郊区的大规模发展，其结果是把这些区域性城市的边界远远地扩展到乡村腹地。如此一来，到20世纪的黎明之时，郊区已经变成了“资产阶级的乌托邦”，那里人口密度低，定居点绿树成行，没有或几乎没有商业或工业，阶层之间高度排外（劳动阶级居民大多数局限于家庭佣工、花匠、保姆等服务性角色）（同上：27—9）。到20世纪下半叶，随着新的中产阶级开始数以千万计地在莱维镇和帕克福里斯特居住下来，郊区已经变得大众化了。20世纪50年代后期，《财富》杂志辑录了W.H.怀特的文章，怀特在其中提醒道：

> 在未来3到4年中，美国人将有一次机会决定这个国家在未来——对此后的数代人来说——会成为怎样体面的安身之处。大片大片曾经的绿色郊野，现成已经变成了烟雾缭绕的巨大荒原，既不是城市、郊区，也不是乡村；每天都有更多的郊野被铲平，速度大约是每天3 000英亩……坐飞机从洛杉矶前往圣贝纳迪诺——这将是令人不安的一课，说明人类具有无限破坏环境的能力——旅行者能够看到大量的推土机侵蚀着两个城市之间仅存的最后一片绿色地带，而圣贝纳迪诺那边又有一众推土机在向西侵蚀。
>
> （Whyte，1958：115—6）[①]

这些“烟雾缭绕的荒原”的出现并非偶然。1956年《联邦公路

① 威廉·H.“霍利”·怀特是简·雅各布斯在《建筑论坛》时的同事，在为《美国大城市的死与生》（见第四章）确定出版商时发挥了作用，此书是从雅各布斯收录于《爆炸的大都市》（*The Exploding Metropolis*）中富于独创性的稿件，即《市中心为人民而存在》（Downtown is for People）延伸出来的。

法》(Federal Highways Act)明确宣称要"使我们的工厂、商店和人民分散,总之,要发动一场生活习惯的革命"(同上);怀特阐明了这一政策的影响所发挥的作用,它使无序扩张成为美国城市化的模式——这项政策如果说后来有什么变化的话,那就是一直被历届联邦政府不断强化。正如德雷耶(Dreier)、莫伦科夫(Mollenkopf)和斯万斯特伦(Swanstrom)注意到的,有一项向 149 位重要的城市研究学者发出了问卷的调查,旨在发现 1950 年以来联邦政府对美国大都市地区最为重要的影响,调查结果显示了"联邦政府对美国大都市产生着巨大的影响,尤其是通过那些有意无意促进城市化和无序扩张的政策"(Dreier *et al.*, 2001:93)。这些政策不仅"支持向郊区投资以及从市中心撤资",如我们在本章下文将要发现的,"政府政策还支持把穷人集中到中心城市"(同上)。

关于无序扩张的环境成本和社会成本的警钟已经在美国响了数十年,但其扩张的步伐从未停止。据《哈泼斯杂志》(*Harper's Magazine*)报道,美国农业部的一项研究表明,自 1970 年以来,平均每年有 100 万英亩的乡村土地消失于城市的无序扩张。政府发起了自由放任的城市扩张,其结果是社会、经济和政治生活的分散化和碎片化,这又引起了某种道德危机,这与芝加哥社会学家们于 20 世纪 20 年代和 30 年代所指出的并无不同。许多美国人感觉自己在莱维镇重新找到了共产主义的价值观,现在这些价值观在多个方面受到了攻击。其中之一是,由于闹市区的零售和办公区域让位于工厂和商业园区,社区失去了中心(见辅助资料 5.4)。另一个方面是,由于家庭和工作场所之间的路程变远,对汽车越来越依赖,从而引起了严重的拥堵问题以及对环境的影响(怀特提到的烟尘只是其中之一,参见第九章)。然而,这些代价没有任何一项对单个的家庭和企业构成足够沉重的负担,阻止他们不断地向着现代美国的新边疆,即"城市远郊"(exurb)和边缘城市那非空间的城市领域(Webber,1964)迁移。

边缘城市的兴起

想想美国那些小型社区在二战之前大多是什么样子，心中就有了弗吉尼亚州泰森斯科纳的形象，它不过是乡村道路的一个接合点，有被奶牛场环绕的啤酒店和饲料库。今天，它是泰森斯科纳中心的所在地，有六家提供服饰定制的主体商店和不下于16家餐饮店，能满足各种品味和各种价位的需求。它是“华盛顿和亚特兰大之间最大的聚居地”(Garreau，1991：350)，提供着10万份工作和2 500万平方英尺以上的办公场所，但是没有市政机构。边缘城市有各种各样的称谓，包括商业中心、郊区商务区、郊区核心、郊区次中心、腊肠比萨城市、超级城郊、技术郊区、集结区域、非城市、外围中心、城市村庄、中间景观、多核都市区以及无中心城市。它们的一项共同特征是比现有的其他任何一种城市形式增长得更快，吸引着越来越多的企业、居民和消费者；最重要的是，它们属于庞大的私人领域，在那里看不到“公共空间”，无论是公园、公用厕所还是儿童游乐区。在这些完全私人化的后城市王国里的人，要么是顾客，要么是雇员，要么就是“不受欢迎的人”。

与新市郊的许多批评者不一样，若埃尔·加罗对他的美国同胞们的能力很乐观，他相信他们能在这些没有边界的地区重建社区；这些社区包含住宅区、商业园和购物城，却没有政府、没有集体声音(比如地方的报纸或电台)，也极少有集体身份方面的标记——没有国庆游行、没有城镇地图，甚至没有写着“欢迎来到边缘城市。这里人越来越多!”的路标。[①] 罗伯特·帕特南主张存在着以“桥梁式社会资

① 一个地区要称得上真正的边缘城市，加罗提出了五项条件：(1) 必须有500万平方英尺以上的可出租的办公空间；(2) 必须有60万平方英尺以上的可出租的零售空间；(3) 那里的工作岗位要多于卧室，即必须是工作目的地；(4) 在当地人口看来必须是一个地点；(5) 必须与30年前的城市不一样，即不能是在无序扩张的基础上附加的结果(Garreau，1991：6—7)。

本”(见下文)为基础的网络作为这种主张的先声，加罗发现了许多自助团体组织，甚至存在于加利福尼亚州奥兰治县那些分散的技术管理人员之间。在那里，

> 共事的人们开始一起进行体育锻炼。一些为了商务合作而走到一起的人，一起加入了奥兰治县交响乐团、太平洋歌剧团和童子军。这些团体的成员还会受邀参加彼此的婚礼。
>
> (Garreau，1991：289)

加罗在此提出的观点是，社区的形成不一定非要出自血统上的亲近(或者物理位置的接近)，它关乎的是共同纽带和共同网络。在这种新的美国边疆中，邻居们有可能一直是陌生人，富裕的中产阶级则会累计飞行数千英里和老同事以及工作伙伴保持联系。对他们来说，美国那些大型枢纽机场的中转休息室，就像是爷爷那一辈人的地方杂货店，那是“当哈利遇到莎莉”[①]时的巧遇之地，或者是与高中同学聚会功能类似的现代商务会议地点，在一个设备完善的机场旅馆或会议场所。[②] 此类中转与聚会节点，或者说“非场所”(Augé，1995)的大量增加，突出了马克斯·韦伯的观点，即城市最为主要的特征是必要的交流和贸易密度。在过去，天然港口和能够通航的河流为早期定居点的扩大提供了最为合适的场所，现在，空中枢纽和州际公路交叉点发挥着同样的功能。

---

① 著名美国影片，男女主角曾在机场不期而遇。

② 作为边缘城市居民和“世界统治阶级”交流的关键媒介，互联网也在激发对这些设施的需求，毕竟某些虚拟关系最终会导向在真实地点(比如会议中心和机场酒店)的面对面相遇(Mitchell，2000：91)。

辅助资料 5.4　若埃尔·加罗《边缘城市：新边疆的生活》(*Edge City. Life on the New Frontier*)，1991 年，第 4—5 页

今天，我们把创造财富的手段，也是城市生活方式的本质，即我们的工作，向外迁移到大多数人已经生活和购物有两代人之久的地方。边缘城市由此兴起。

一个多世纪以前，我们占据了本杰明·富兰克林那美丽的贸易城市费城，让它迅速扩张成一头 19 世纪的工业巨兽；自那时以来，我们还从未在生活、工作和娱乐方式上有过如此深刻的变化。

在我们的 200 多个边缘城市中，出色的例子有：

128 号公路以及波士顿地区马萨诸塞收费公路附近区域，那里是应用型高科技的摇篮；

奥黑尔机场以西绍姆堡区域，西尔斯公司把它原本位于芝加哥市中心 110 层高的西尔斯大厦的总部迁移到离此不远的地方；

边界中心区域，位于亚特兰大绕城公路的北端，比亚特兰大的市中心还要大；

尔湾市，位于洛杉矶以南的奥兰治县。

从城市的任何功能性标准——包括高层建筑、明亮的灯光、代表着白领工作的办公场所、购物娱乐、著名酒店、公司总部、有 CT 扫描的医院——甚至是人口方面来衡量，每座边缘城市的规模都要比俄勒冈州的波特兰市、缅因州的波特兰市，或者坦帕市、图森市的市中心还要大。目前，美国的办公场所已经有三分之二位于边缘城市，其中百分之八十仅仅是在过去 20 年中才突然出现的。到了 20 世纪 80 年代中期，美国第一大都市纽约周围的边缘城市中的办公场所，已经远比纽约市的核心，即曼哈顿中城区的办公场所要多。

在一个幅员差不多是整块大陆的国家，在一个比大多数国家更为富裕、人口更多的州，不难看出为何大都市洛杉矶能提供充足的客流，维持着全世界最为著名的边缘城市群的五座商业机场的运转。

在下一节中我们将考察这些区位方面的趋势的社会意义如何经由"社会资本"这一观念实现了概念化；随后再接着探究相比于其他富裕社会，居住区的隔离如何在美国更大程度地反映着社会和经济上的不平等。

新社区研究：社会资本与公民赋权

在战后当代美国社区生活和时代的所有研究中，帕特南的《独自打保龄球：美国社区的衰落与复兴》(*Bowling Alone: The Collapse and Revival of American Community*, 2000)是一座里程碑。这本书通常作为社会学著作被广泛阅读，帕特南的观点甚至引起了多位总统和首相的个人兴趣。帕特南早年曾与人合著过一本研究意大利公民文化的作品《使民主运转起来》(*Making Democracy Work*, 1993a)，由此被认为提出并普及了"社会资本"这一概念，尽管他指出20世纪中至少有六个独立的新词，包括简·雅各布斯的新词（她用这个词指称邻里和睦）和皮埃尔·布尔迪厄的新词（见第八章，布尔迪厄把这个词视为此后将在社交网络——比如"老校友纽带"——中找到的资源值）(Putnam, 2000: 19)。社会资本界定容易，衡量困难。帕特南将物理资本、人力资本与社会资本进行对比：物理资本指的是物理对象，人力资本指的是个人财产，而社会资本则指个人之间的关系，即"社交网络，以及由此而来的互惠和互信准则"。帕特南认为，社会资本与"公民美德"概念相联系，但又补充说"当它嵌入密集的互惠性社会关系网络时最为有力。一个社会，若其中的许多个体虽有美德却互相隔绝，其社会资本则不一定丰富"（同上）。

随后，帕特南对他所称的"桥梁式社会资本"和"联结式社会资本”进行了区分。桥梁式社会资本存在于遥远或微弱的网络的成员之间，以包容性为基础；联结式社会网络，比如乡村俱乐部、同族兄弟会组织等，往往以某种形式的排外性为基础（同上：23）。帕特南经常被认为是怀念着一个已经消失的美国，那里有涂成白色的教堂，有游行乐队，有为了募集资金而义卖自制糕饼的人。幸运的是，他是位极为出色的社会科学家和历史学家，不会落入这样的陷阱（他的作品是对社区衰落的叙述，这种民间力量的丧失此前也发生过，并在随后得到了复兴）；他抛弃了“薄纱般的自我欺骗”，倚重的是社会科学家的基本工具，即统计数据。帕特南得出并分析了与社会资本相关的大量数据，以此探究自20世纪50年代以来美国公民的参与面貌发生了怎样的变化。不过，就本书目前的主题来说，最为有趣的是与“流动性和无序扩张”相关的那一章。在这里，帕特南提出了一些令人着迷又违反直觉的证据，用于表明美国人现在并没有比20世纪50年代流动性更高，并且“如果有什么变化的话，那就是比一代人之前在居住方面要略为安于本土一些”（同上：205）。

典型的观点是将郊区居民“巴比特”（Babbitt）[1]视为对社区事务和关切的障碍，他不够文明，只关注家庭和自我。帕特南驳斥这种观点，认为

> 小镇和乡村地区的居民，比其他美国人更为利他，诚实，相信他人。事实上，即使在郊区之间，从社会资本的观点来看，也是小地方更好。当日常生活尺度更小且更为亲密时，参与社区事务就更为诱人，或者说回避社区事务就不那么吸引人了。
>
> （同上）

---

① 美国作家克莱辛·刘易斯（Sinclair Lewis）同名小说中的人物，自满、庸俗、短视、守旧的中产阶级实业家的代名词。

如我们在上一章指出的，这种认为城市使人类潜力和礼仪退化的观点，大概是美国行为科学中最为有力也最为持久的主题；不过，我们在第八章将会看到，并非所有的当代美国城市规划者都赞同这种看法。比如，理查德·森尼特认为，城市生活帮助我们与陌生人共处，让我们更为宽容并接受多样性——“千篇一律让人的精神变得呆滞；多样性则能激发并拓展思维”（Sennett，2000：1）；森尼特相信，当人的经验并不局限于在阶级、种族或生活方式与之类似的人们身上时，社会便与个人同样受益——即便是居住在乡村的威尔士亲王也支持这个观点（HRH，the Prince of Wales，2001）（见第四章）。按森尼特的说法，城市生活的另一项主要优点，也是我们在第八章更详细探究的主题，即“城市生活经验能教会人们如何在自己人中间更为多样地生活”（Sennett，2001：15）。如此一来，他与齐美尔的观点是一致的，认为小镇会缩小人的眼界，侵蚀自我实现的潜能，城市则拓展并提升这种眼界和潜能（Sennett，2000：3）。

另一方面，帕特南的确承认郊区化已经导致了种族隔离；不过，与可以追溯至芝加哥学派的一大批服膺“邻里效应”的社会学家一样，帕特南相信贫穷的市中心住宅区有必要更像小镇那样去感受和行事。“城市村庄”的观念受到亲王基金会（一家教育慈善机构，由威尔士亲王赞助，致力于社区的再生工作）的大力支持，其目标在于促成某种“社会融合”，在倡导者看来这种融合一般发生于更为传统或更有历史的定居点（虽然这方面的历史证据很难令人信服）。

位于苏格兰格拉斯哥曾经众所周知的戈尔巴尔斯区的皇冠街，被广泛宣扬为一个成功的社区再生新方案，它将混合用途（按简·雅各布斯的方式）与更为多样的居民结合起来，力图应对同质阶层和种族飞地能让人觉察到的不利之处。[①] 然而，美国虽有类似的计划将传

① Anna Minton，‘Utopia Street’，*Guardian*，27 March 2002.

统的住宅区设计观念与有利于社会资本生成的机制特征结合起来(见第四章),但无情的事实是,美国的核心城市仍然处于隔离状态,非裔和拉丁美洲裔美国人按种族聚居。如波特斯(Portes)和兰多尔(Landolt)提醒我们的,“贫穷的城市群体所面临的困境,其根本不在于缺少社会资本,而在于缺少客观的经济资源——首先是缺少体面的工作”(Portes and Landolt, 1996)。

如果说郊区已经成为美国白人中产阶级优先选择的社区,那么这个国家的黑人就不得不回到贫民区。在下一章中,我们将考察贫民区化的原因和结果,以及被称为“中产阶级化”的富人侵入现象,以便阐明一场仍在持续的迫切讨论。

两极分化的城市:中产阶级化与贫民区化

如我们在下一章将会看到的,“二元城市”(dual city)的论点由来已久,从恩格斯关于维多利亚时代中期萨尔福德的描述,直到莫伦科夫和卡斯特尔(1911)以及苏珊·S.法因斯坦(Susan S. Fainstein, 1992)所提供的当代纽约和伦敦的描绘。这些叙述中的每一项,都在强调城市中通过空间隔离表现出来的社会分裂的长期存在。在本节中,我们将分析城市研究者们如何通过考察财富的集中(中产阶级化)和贫穷的集中(贫民区化)来研究这一过程。

资产阶级城市景观与争取生存空间的斗争

“中产阶级化”这个词由社会学家鲁思·格拉斯首先使用,用来描述中产阶级进入特定的伦敦市中心区,这些地区此前居住的是低收入群体(Glass in Glass *et al.*, 1964: xiii—xlii)。但是,这种现象的源头要久远得多,可以追溯到豪斯曼主导的巴黎“贫民窟清理”计划,以及 19 世纪中期英国的“提升”运动,当时大众化的工人阶级住宅区被夷为平地,取而代之的是为城市上流阶层兴建的优雅广场和市内住宅。到20世纪70年代,城市社会学家和城市地理学家已经开始使用这个词形容世界上许多其他地区中产阶级对穷人和少数族裔城市住宅区的“入侵”。中产阶级化会呈现为不同的形式,涉及不同的人群,并且会发生在不同的城市场所(Lees *et al.*,2008)。它并不必然涉及对城市穷人的暴力驱逐,如史密斯在驱逐汤普金斯广场公园无家可归者的语境下所指的那种情形(同上:4—12)。实际上,据舒姆卡(Sumka,1979 in Atkinson,2000:310)估计,在20世纪70年代,美国每年被迁移的200万主要由白人工人阶级构成的居民中,86%是由“市场”决定的中产阶级化的结果——哈特曼认为这一数字还是被低估了(1979,同上)。在所有情况下,这一基本上渐进而无形的过程是与侵入者数量的增加联系在一起的,这些人更有可能拥有住宅,或者更有能力负担昂贵的私人产业租金。这些新来者通常也是管理人员和职业人士,受过大学教育,他们的消费需求“有可能改变一个地区的社会特征和服务,从而使居民的社会网络扩大,同时随着所提供的服务迎合高收入群体,生活成本也可能会有所提高”(Atkinson,2000:307)。

如下文辅助资料5.5所示,向市区移居的中产阶级之所以希望居住在城市核心位置,可能有不同的动机;对有些人来说,是希望能快速抵达工作场所,再加上想要拥有比在切尔西、骑士桥和汉普斯特德等优质地区面积更大、更为牢靠的房产。巴特勒(Butler)和罗伯逊(Robson)在伦敦的巴特西发现的中产阶级化就是其中的典型,主要由经济资本驱动。在伦敦东南部特雷格拉夫山那些不那么富裕的中产阶级家庭中,居民的社会资本网络有利于形成一种以相互关系为基础的强有力的地方认同,以及一种决心,即让地方政府在中产阶级希望的实现方面(尤其是在教育的提供方面)发挥作用。在社会剥夺强烈的地区,比如伦敦东南部,这些飞地变成了其他中产阶级房主的灯塔,这些房主无力或者无意让子女接受私立教育,同时也不想成为住在郊区、往返上下班的人。一俟对某项公共物品(比如一所地方小学)的集体消费以这种方式实现了资产阶级化,被动员起来改善此类供应的社会资本网络,就会携起手来要求改善其他方面的公共物品供应或公众关心的问题,比如公园和绿地、交通拥堵以及犯罪(Butler and Robson,2001)。

资产阶级化的城市领域现象还被用来讨论全球化以及城市景观通过资本的流动得到重建后,导致的不均衡发展。按照尼尔·史密斯的说法,中产阶级化是哈维和列斐伏尔所提到的"资本的次级循环",即投资于土地和房产上的资本的特征;它与资本的一种趋势相关联,即在价格波动时期利用土地价值(地租)的变动。随着资本从城市核心扩散出去并实现"郊区化",便在老的城市核心形成了"地租缺口",由于资本的外逃,老的城市核心也贬值了。如尼尔·史密斯所写,"市中心区资本的贬值提供了对城市空间'欠发达'区域重新估值的机会"(Smith in Smith and Williams,1986：24)。这样一来,一旦大量的重建和"升级"计划安排妥当,破败的工业区或贫穷的住宅区就会摇身一变成为金矿,对公司投机者和投资者以及个人投资者来说都是如此。

不过,地租缺口理论受到了哈姆内特(Hamnett,1991,1992)、戴维·利(David Ley,1987)、博勒加德(Beauregard,1985)以及佐金等论者的质疑,他们认为中产阶级化更是一项社会-文化过程;在此过程中,迁移进来的中产阶级的特征和消费需求,与贬值区域的出现同样重要。[①] 这种呼吁,即对中产阶级化采取一种更为权宜和复杂的观点(Beauregard,1986),得到了相关描述的支持,这些描述的对象是一个富裕的、高度网络化的、国际化的专业阶层和管理阶层的出

① 不过,史密斯尤其驳斥了哈姆内特对他和截维·利关于中产阶级化的态度的区分,特别是两人最近的作品(Smith,1992：111)。关于这一辩论更为充分的描述,见Lees,Slater and Wyly(2008,2010)。

现，米克尔思韦特（Micklethwait）和伍尔德里奇（Wooldridge）称之为“世界统治阶级”（cosmocrats）（Micklethwait and Wooldridge，2000）。他们在富裕的城市中产阶级居民中所占的比例并不高，但是由于手握的资源以及特定的消费需求，他们能够左右城市环境，不仅是“隔绝的郊区”的环境，还包括（或许可以称为）“边疆环境”（往往处于金融区与贫穷住宅区之间），比如伦敦霍克斯顿区和曼哈顿苏豪区的顶楼土地（见第八章）。

> “世界统治阶级”与社会上的其他人群日益隔绝：其成员在国外大学学习，花上一段时间在国外工作，并且效力于具有全球影响力的组织。他们组成了一个世界内部的世界，相互之间以无数种全球网络彼此关联，同时隔绝于自己社会中那些更为守旧的成员……他们更有可能花费时间通过电话或电子邮件与全世界范围内的伙伴们聊天，而不是就街角的项目与邻居们交谈。曼纽尔·卡斯特尔……对这个问题进行了简洁的归纳：“精英四海为家，平民固守本土。”
>
> （Micklethwait and Wooldridge，2000：241—2）

那些高档不动产的卖家正是想按照这种人口统计规律卖出位于伦敦的港口住宅区和纽约巴特里公园的房屋，它们标价七位数，由仓库改装而成。不过，“世界统治阶级”需要的那一类服务不是托儿所、地方食品商店、公共交通以及老年人日常护理，而是宽带多媒体电缆设备、24 小时上门快递、高档酒吧和餐饮以及就地可用的健身房。极少有证据表明这样的飞地会鼓励社会融合（见第四章），而劳动阶级住宅区对此类“雅皮士”的入侵往往是充满敌意的。相应地，这又强化了翻新或新建的豪华住宿中“防御”及“牢固”的建筑特征，并且在许多中心城市进一步突显了有产者与无产者之间可见的割裂。

罗伯特·赖克(Robert Reich)所称的“成功人士的隔离”,指的是那些拥有权力和资源在大都市中改善生活质量的人,他们能够如巴特勒和罗伯逊(2001)所说的“构造式地”(tectonically)与那些在社会和经济方面被排除在外的人共同生活,换句话说即共存,但是两个阶层之间绝无互动(见辅助资料 5.5)。在下一节中我们将考察贝里(Berry,1985)所称的围绕着中产阶级化“重生之岛”(我们刚刚探究的)的“衰败之海”——对数百万下层美国人来说已经变成强制性社区的城市贫民区。

辅助资料 5.5　巴特勒和罗伯逊,布里克斯顿的中产阶级化

在这里……我们的研究涉及两个居住区。每一个都毗邻布罗克韦尔公园,西边是图尔斯山,东边是赫恩山。不过,后者并非“严格意义上的”赫恩山的一部分,而是靠近布里克斯顿中心的一个区域,被地产经纪人重新命名为“诗人之角”。这个小型街区网络(弥尔顿路、斯宾塞路、莎士比亚路等)现在被指定为保护区,里面包括极为让人向往、建筑风格有趣的地产。这个区域整体上与雷顿路平行伸展,雷顿路是布里克斯顿 20 世纪 70 年代和 80 年代臭名昭著的“前线”,并处于 1981 年“骚乱”的中心。鉴于这种情况,在我们的所有区域中,这里的中产阶级化过程可能是最为引人注目的。与英国最为著名的象征之一——城市里的破败区相邻的那些街道,在过去的 10 年中已经由高收入的职业人士定居下来并进行了大幅度地改造,这些人士想要开拓此破败区中日益受到追捧的“建筑珍宝”。布里克斯顿山作为其相对的部分位于布罗克韦尔公园的另一面,面积更大,其中多是沿斜坡而建的居民街,不那么壮观,但是牢固、称心,从布里克斯顿的中心区出发地更容易到达。与诗人之角相比,它的社会融合度要高得多,但是内部同样平静而有序。因此,两个区域都为居民提供了人口密集却相对安静的环境，邻近英国最有生气且最为轻快的内城区域之一。

意味深长的是，当被问及该区域的吸引力时，布里克斯顿的大多数中产阶级房主都强调社会和文化多样性的重要意义和引人之处。

(Margaret，38 岁)住在这里最好的一点是，这是个开放的社区……没有条条框框。这一点让我非常安心。

(Sara，32 岁)我们的街上很安静，在附近就能完成许多事，用不着汽车。人们需要的一切，布里克斯顿几乎都有，电影院、餐饮、酒吧，以及其他美妙的东西。这里的人群极为多样，我们两个女人住在一起在这里并不显得惹眼……其他地方我哪儿也不想住了。

[……]

不过，布里克斯顿崇尚个人主义以及免于强力规范的自由，看起来也有不好的一面，对人类本性来说也有影响——或者说缺乏住在该区域中的人曾经体验过的社会凝聚力。修辞上对多元文化体验的普遍偏好，与人们事实上的社会网络和人脉关联之间似乎存着一种类似鸿沟的东西。在布里克斯顿，与非常多样化的社会景观的物理互动是日常生活中一个不可避免的特征；这里的社会凝聚力的典型，或者可以描述为“构造式的”(Butler and Robson，2001)。也就是说，在此区域中，不同的社会和种族群体之间的关系往往是平等的，而不是融合的；总的来说，人们不喜交游。因此，对其大多数中产阶级居民来说，布里克斯顿的城市景观看起来就是在充当一种带有强烈意识形态色彩的令人满意的背景，在此背景下，生活从其多元文化机制中解脱出来。

来源：Tim Butler and Garry Robson，‘Social Capital,

Gentrification and Neighbourhood Change in London: A Comparison of Three South London Neighbourhoods', *Urban Studies*, Vol. 38, No.12, 2145—62,2001.

生活于贫民区:美国的种族化城市

筑堡设防是今日美国贫民区的一个典型代表,正如背面的陋巷、拥挤的出租房以及数量不足的户外游乐场地是19世纪贫民窟的标志一样。建筑物长出了爪子和尖钉,入口处装上了金属板,房顶围上了栅栏,多余的开口全部封了起来,采光和通风都受到了影响。一楼窗户鲜有装玻璃的,取而代之的是将窗户的开口砌起来或装上玻璃砖。在学校里和公交车上,树脂玻璃已经被涂成灰白,模糊了外面的景观。

(Camilo José Vergara,1995: 102)

历史悠久的少数民族聚居区

少数民族聚居区(ghetto[①])于20世纪后半叶在美国城市的出现,标志着一种转变,即从第二次世界大战前的种族居住区(如芝加哥的社会学家们记录的那些)转向由同质人群构成的彼此隔离的大都市(Jackson,1965;Wacquant,1994)。我们在第三章提到其研究成果的罗伯特·E.帕克,是系统研究种族隔离问题的首批社会学家之一,他在种族居住区形成方面提出的“选择与约束”双重概念,对后来的种族特点和城市空间研究影响很大。此外,伯吉斯借助“入侵与演替”和“分布模式”等概念对空间竞争的关注,把城市视为一个生态单元,不同的阶层和种族群体在其中为资源和生存空间而彼此竞争,就

① ghetto既可指“少数民族聚居区”,又可泛指“贫民区”,特指犹太人时通常又译为“隔都”。本书译文并未强行统一,而是依语境采取不同译法。

像动物物种在自然界中所做的那样(Brown,1981：185,187)。事实上,要到第二次世界大战后,这种生态学范式才开始在城市隔离研究中被一种潜在的政治经济学方法取代,在这种方法中,人口和土地利用空间分布的关键推动力量,被认为存在于资本和国家之间(见第六章和第七章)。

不过,生态学范式虽然有种种缺陷,居住地点的"选择与约束"双重决定因素作为解释城市中种族隔离变量的框架,仍然有一种直觉上和经验上的吸引力。约翰·洛根(John Logan)表明了生态学范式的连续性,他说(指的是当代纽约市):"人们获得安全的方式,是通过对劳动力市场和居民社区内特定职位的集体占有。各群体争相占有空间、就业和职位,在这种竞争中,种族渊源是一种重要的集体工具。我们只能指望他们慢慢放弃这种工具,如果还有可能放弃的话。"(Logan,2000:168)

少数民族聚居区一直被称为"一种完全由某个种族或文化群体独占的居民区"(Ward,1982:258 in Peach,1996：216)。不过,身为这本书的作者,皮奇(Peach)明确地认为这种观点不能令人满意,因为它没有把"唐人街"和"小意大利"这样的种族飞地与"少数民族聚居区"区分开,后者的居民并不像种族飞地的居民那样能自主选择地点。这样一来,举个例子,把布鲁克林的皇冠高地或伦敦斯坦福德山的西班牙裔居住区视为犹太人的"隔都"就是错误的,毕竟市政机构没有颁布法令要求持有这种信仰的人居住在指定的区域。相反,如此密集地聚居在一起的具有共同身份的国民,之所以情愿集中在某个单独区域形成一种"选择性社区",是因为认为这样的亲缘关系能够带来宗教、文化、经济以及社会方面的好处。

另一方面,二战期间纳粹占领当局在华沙和罗兹创建的犹太人隔都,代表着一种强加或者说强制的社区,其居民被命令居住于特定的区域,正如在 17 世纪的威尼斯,犹太人被要求居住于某个特定岛屿内，该岛的现代名称仍然源于那时的用途。换句话说，真正的少数民族聚居区包含着构成更广阔的民族领土一部分的种族群体的全部，或者几乎全部成员（无论是否被界定为“公民”），而种族飞地和其他这样的选择性社区则允许向外迁移至其他居住区，也允许其他种族或“非种族”人群前来定居。

菲尔波特(Philpott)关于20世纪30年代芝加哥的研究表明，虽然人们通常会说爱尔兰人、德国人或波兰人聚居区，但在现实中除了非裔美国人，只有波兰人占主导地位地居住在波兰人居住区；而对于芝加哥的黑人来说，其人口的90%居住在黑人区域，占那里人口总数的80%以上(Philpott，1978 in Peach，1996：217)。然而，与其他在空间上显著集中的种族群体不同，非裔美国人并没有经历过成员在总体人口中的分散，无论是分散于城市的其他部分还是分散于繁荣发展的郊区。事实上，“随后对1960、1970和1980年美国人口普查的分析表明，非裔美国人所处位置仍然是高度隔离的”(Peach，1996：217)。事实上到1990年，就纽约而言，自上一次普查统计以来，在同一片人口普查区域白人与黑人的隔离程度实际上加剧了(Logan，2000:178)。[①]

与中世纪的极权主义先驱不同，现代的少数民族聚居区并非行政命令的产物，而是经济强制的结果。总的来说，贫穷是一种力场(force field)，它遏制着所谓“城市社会底层”或“城市新穷人”，让他们不会冒险越过公共住房计划或破败的低租金公寓的边界，在这些

① 种族隔离以“相异指数”(Index of Dissimilarity)来衡量，数值范围在0—1分之间。0分意指各群体正好按各自总人口的比例分布在特定区域。1分意指全体人口位于一个地区，在其他地区则完全没有。分数在0.2及以下被视为相对较低，意指人口分布较广，分数在0.6及以上则较高，意指人口集中度或隔离度较高(见Logan，2000：185，note 1，也见Peach，1996：218)。1990年对纽约都市区非裔美国人和加勒比海地区黑人所作的人口普查中，除了“白人”之间，其他所有种族人群(英国人、德国人、爱尔兰人、意大利人和俄罗斯人)的种族隔离分数都偏高，“黑人/白人”隔离程度最高，相异度分别为0.83和0.84(同上：178)。

计划中，数百万人不得不居住在美国各地的城市中，还有数量更少的人则居住于整个欧洲和发达国家的许多城市中心。如果说在某种意义上贫穷是成为少数民族聚居区居民的先决条件，那么也有观点主张，建立在种族和经济排外基础上的隔离社区，本身就是造成贫穷、犯罪、教育匮乏和卫生欠佳的原因（Massey and Denton，1993：viii）。值得提出的是，多琳·马西（Doreen Massey）和登顿（Denton）的研究也付出了许多努力来重振20世纪20年代由帕克和伯吉斯开创的城市问题研究的生态学方法。肯尼斯·T.杰克逊于20世纪60年代主张："黑暗的少数民族聚居区，是社会的，政治的，教育的，并且首先是经济的殖民地。"（Jackson，同上：3）在杰克逊研究成果的基础上，《美国的种族隔离》（*American Apartheid*）一书的作者们声称：

> 一个人在哪里生活，尤其是在哪里长大，会对他的人生机会产生深刻的影响。具有类似家庭背景和性格特征的相同个体，根据居住地点的不同会过着截然不同的生活，在社会和经济方面取得成功的机会也大为不同。种族隔离把黑人限定于城市空间秩序中受限的不利位置，因而对个人和家庭的幸福造成了深远的影响。
>
> （Massey and Denton，1993：149）

不过，与早期芝加哥学派对城市隔离的研究不同，当代的城市社会学承认且强调结构和政治因素在决定居住和工作地点方面发挥的作用。在20世纪60年代晚期，席卷美国的城市骚乱发生之后，由政府发起的研究，比如《克尔纳报告》（Kerner Report，US National Advisory Commission on Civil Disorders，1988），坦率地向大多数人口发出警告："白人社会与少数民族聚居区有着深深的牵连。白人机构创造并维持着聚居区，白人社会则纵容着它的存在。"（Kerner in

Massey and Denton，1993：4）直到1965年关于黑人家庭的《莫伊尼汉报告》（Moynihan Report）发布，关于城市黑人贫穷问题的程度和持续时间的长期趋势才变得明确（Moynihan，1965）。不过，到了20世纪60年代晚期和70年代，为了避免由于专注于少数族裔群体社会生活的“病理学”方面而污辱他们，许多自由主义倾向的学者把研究努力集中到了其他领域（Wilson，1987：20—1）。如此一来，这个领域就向有保守倾向的社会科学家和政策制定者敞开了，这些人并不羞于宣告是非裔美国社区的文化特征甚至是生物学特征而不是居住地点，造成了其代际贫困和社会流动性不高（同上：4—5）。

作为美国顶尖的黑人社会学家，威廉·朱利叶斯·威尔逊做出了很多努力来复兴芝加哥的人种论研究传统，力图揭示城市中心特有的社会问题。与许多（主要是白人）自由主义社会学家不同，他并不排斥把犯罪、少女怀孕和福利依赖问题作为社会病理学来谈论。与保守倾向的批评者不同，他认为这些问题与其说是道德缺失的例证，不如说是起着决定作用的环境和政策的结果，这些环境和政策协力创造并维持着庞大的黑人下层阶级。尤其是，威尔逊注意到了低技术含量和制造行业工作的消失，而数百万黑人男性工人自20世纪60年代起就依赖于这些岗位维生；也注意到了由于教育机会缺乏（成因是20世纪70年代和80年代对城市公立中小学投资的缩减）和居住流动性，他们寻找其他工作机会面临着障碍。对于许多黑人家庭来说，城市贫困过去和现在都是一个“第二十二条军规”式的困境：为了搬到郊区的商业和轻工业区工作地点，他们得有能力租下或买下负担得起的房子（Wilson，1996）。由于没有经济途径来提供固定收入的存款和证明，非裔和西班牙裔美国人更有可能在申请抵押贷款时遭到拒绝（Carr and Megbolugbe，1993）。

白人郊区市政部门也利用区块开发方面的限制性规则，力图把居住密度维持在一定的水平，从而只允许建造规模更大也更为昂贵的家庭式住宅。迈克·戴维斯关于当代洛杉矶的研究《石英之城》(*City of Quartz*,1992),这种做法的效果体现得尤其明显,但它也盛行于美国的许多其他富裕郊区,凸显了(多数情况下是)白人郊区居民与地方政治领导人合谋,以各种方式把“他们的”社区封闭在社会和种族多样性之外;在“封闭社区”情形中,则既在政治和经济意义上,又在事实上向“外人”关上了大门(Blakely and Synder, 1997; Boudreau and Keil, 2001,参见该书第四章)。[①] 如此一来,经济结构的调整、城市中的投资缩减、用地规划的控制、“报复性的”福利政策(Smith,1996)以及对廉价的移民劳动力的持续需求,共同确立了一种经过特殊压缩的社会平等和种族平等的空间,华康德(Loic Wacquant)称之为“超级贫民区”(the Hyperghetto)。

超级贫民区

“超级贫民区”指的是这样一些居住区,其中百分之四十或更多的人口生活在贫困线以下(Vergara, 1995: xiii, 参见 Wacquant, 1994)。然而,正是贫困的高度集中把传统的贫民区,比如 20 世纪 20 年代和 30 年代的哈莱姆,与 20 世纪 70 年代、80 年代、90 年代和 21 世纪 00 年代的超级贫民区区分开来(见图 5.1)。自相矛盾的是,民权运动为数量可观的有能力又受过教育的非裔美国人少数群体打开了大门,让他们能够进入大学读书,转入中产阶级的职业生涯,从而加剧了贫穷的城市黑人的困境。与 20 世纪 60 年代和 70 年代的白人中产阶级一样,中产阶级非裔美国人情愿加入从人口稠密的大都市向广阔郊区迁移的运动,把剩余的下层阶级留在身后;此时已没有了传统上由工人阶级黑人男性占据的体力工作和非技术工作,这个下层阶级只能奋力求生(Wilson, 1987,1996)。

---

① 布莱克利和辛德对有门禁的社区的定义是:“某些公民脱离与人的公开接触”的地方(1997:3)。按两位作者的说法,20 世纪 90 年代早期,多达 50 万加利福尼亚人生活在设有围墙的飞地上。

对于更为贫穷的非裔美国人社区来说，黑人中产阶级和白人资本的外逃是双重灾难，因为它使拥有社会地位和资源的社区潜在支持者离开了，而这些潜在支持者本可以联络城市当局，组织协会团体、体育运动和文化活动，并在总体上为下一代提供角色示范。此外，威尔逊还声称，由工业制造岗位的减少造成的市中心劳动力市场疲软，对出现同居父亲的概率产生了负面影响(Wilson，1987)，查尔斯·默里(Charles Murray)则将之直接归咎于福利资格规则：与已婚母亲相比，未婚母亲得到的支持更多(Murray，1984)。威尔逊对默里的研究结果持怀疑态度，但这两种主张并不一定互不相容。特斯塔(Testa)等人已经表明，有工作的黑人男性父亲与其孩子母亲结婚的可能性是失业父亲的2.5倍(Testa *et al.*，1993)；原因主要在于，经济上的安全能带来义务的承担。如果婚姻会减少福利方面的收入，那么只有男女双方都强烈认可婚姻至关重要(例如在某些西班牙裔和墨西哥裔社区)，才有可能使婚姻的重要性超越经济最大化的考量。

图5.1　纽约市哈莱姆的被烧毁的建筑。贫民区变成了超级贫民区
版权所有：V. Bennett，承蒙 Architectural Association Photo Library 供图

如此一来，不得不回答的问题便是：在美国的贫民区中是否存在一种自我维持和自我复制的“贫困文化”？为何其他的(新近到来的)

少数族裔群体看起来比非裔美国人更善于逃离贫困陷阱？当然，《莫伊尼汉报告》的观点是，非裔美国人家庭有一些固有的特征，其中许多是由家庭成员在奴隶制下的残忍分离导致的，这种分离往往不利于欧洲式核心家庭的产生。甚至连类似曼纽尔·卡斯特尔这样的激进社会学家也承认，如果我们将他的“反抗型社区”概念接受为贫困文化的一个方面(Castells，1997)，那么“贫民区文化”的说法无疑就是有意义的；这种文化通过嘻哈风格和说唱音乐等体裁来称颂城市里年轻黑人不受约束的暴力和性的世界。这样的文化表征以震惊和夸张的愉悦为基础，不过城市人种学者发现，其价值体系植根于现实之中(Anderson，1993)。

然而，一个黑人中产阶级的存在，再加上它与多数群体，即白人中产阶级表现出极为相似的婚姻和关系模式，这个事实本身就表明，文化因素并非解释城市黑人贫困问题长期存在的关键因素(Landry，1987)。换句话说，如威廉·朱利叶斯·威尔逊在早期的一项研究中指出的，是阶级而不是种族本身，决定着城市穷人的生活机遇(Wilson，1978)。按照威尔逊的说法，地点也是决定因素，以至于贫困越是极端，越是同质，所有居民的生活机遇就越糟糕。如果这种说法是对的，它就多多少少颠覆了“自足的穷人”这一概念。“自足的穷人”类似于20世纪40年代伦敦东区的居民，这些穷人几乎身无分文，却有着丰富的帕特南式“社会资本”(见前文)。华康德和威尔逊的研究则表明，一个人实际资本越贫乏，他可资运转的社会资本也就越少(Wacquant and Wilson，1993：41—2，Wacquant 2008)。

在某种意义上，研究美国底层社会的持自由和保守倾向的两类分析家都同意，公共政策对贫民区的持续存在及其以超级贫民区形式表现出来的集聚负有很大的责任。查尔斯·默里等保守派认为，自林登·约翰逊(Lyndon Johnson)“伟大社会”改革的年代以来，社会政策一直有助于并鼓励着底层社会的形成；威尔逊、马西和登顿等论者则指出，隔离主义的住房政策以及对制造业工作岗位的投资不足，是造成黑人贫困空间集聚的罪魁祸首。

华康德在辅助资料 5.6 中描述的暴力、犯罪和社会处境不利的程度不成比例地集中于大型城市中心，美国那些主要由黑人和拉丁美洲族裔构成的人群大都生活在那里。根据美国司法统计局的数字，1976—2000 年间，美国一半以上的自杀发生于人口 10 万以上的城市，将近四分之一的自杀则发生于人口 100 万以上的城市。在同一时期，58.9％的枪支自杀、68.3％的与毒品相关的谋杀，以及 69.2％的与帮派相关的谋杀，都发生于人口 10 万以上的大城市。[①] 非裔美国人成为此类谋杀受害者的概率是其他美国同胞的 2.5 倍以上，这些受害者中，男性的概率又是女性的近 5 倍。[②]

辅助资料 5.6　华康德《区域之内》(Inside the Zone)，收于布尔迪厄等《世界之重》(*The Weight of the World*)，第 146 页

1990 年，芝加哥市共发生 849 起自杀事件(自杀率为居民人数的 0.028 3‰，与纽约和洛杉矶相当，但是远低于华盛顿特区和底特律)。在所有自杀身亡者中，有 253 人年龄在 21 岁以下(27 人小于 10 岁)，每 10 人中就有 9 人是死于枪支。身亡的青年中，一半以上居住在与芝加哥市历史悠久的"黑人地带"相对应的六个警区，186 人(73.5％)为非裔美国人。

…………

很难不去设想这些惊人的犯罪率和死亡率之间紧密的因果

① 不过，说最高的谋杀率总是出现在最大的那些城市中也具有误导性。比如，2001 年，纽约都市调查区总人口为 800 万，每 10 万人记录的自杀人数为 7.2 人，而田纳西州孟斐斯市总人口不到 70 万，记录在册的自杀率为 0.153‰。来源：Federal Bureau of Investigations Uniform Crime Reports，2001.

② US Census Bureau，Mapping Census 2000：The Geography of US Diversity Data Tables，Washington，DC，7 December 2001.

关系，它们像是一场无声的内战——最近的流行病学研究表明，来自哈莱姆的年轻黑人……死于暴力的概率，比越南战争最激烈之时送到前线的士兵还要高；遍布于这一城市飞地的极端贫困剪断了经济活动，政府实际上已经抽身撤退了，只留下一些镇压武装。

20世纪90年代，美国城市中心地区的自杀数字无疑有所改善，但与欧洲的大城市相比情况仍不容乐观(见表5.1)。如我们已经指出的，致命枪支的容易获取是造成美国自杀率走高的主要因素，与超级贫民窟里几乎绝迹的实体经济以及虽然危险但利润丰厚的非法经济相关联的暴力犯罪生态学，使美国成为先进的工业化民主国家中的一个全球性异类。

表5.1　部分城市自杀率对比，1998—2000年

城市	1998—2000年平均每年每10万人自杀人数
华盛顿特区	45.79
比勒陀利亚[1]	41.12
莫斯科[2]	18.2
纽约	8.7
阿姆斯特丹	4.09
巴黎	2.85
柏林	2.52
伦敦	2.38
悉尼	1.49

来源：UK Home Office/Barclay and Tavares, July 2002

注：1. 1995—1997；2. 1997—1999

全球化的贫民区？英国及欧洲的经验

与美国不同，英国的少数族裔居住于大都市中心区的经验，完全不是自由放任的政治导向以及政府的漠不关心决定的。自第二次世界大战以来，国家提供居所的比例越来越高，其中多数都有补贴；到20世纪70年代，这项补贴几乎完全倾向于低收入的个人和家庭，实际上就是由他们主导。城市劳动力市场的性质，虽然同样易于受到制造业衰退的寒风影响，却在一定程度上通过社会民主干预主义策略得到了改善，这项策略的目标是尽可能服务于最贫困区域(其中许多都是城市中心地区)的培训和资源(Rex，1988：63)。在实行社会福利政策，尤其是社会住房政策用于减轻社会两极分化为目标的地方，特别是在瑞典和荷兰，有证据显示阶层和种族之间存在着融合，这表明了政府政策在防止或促进以种族划界的居住区的发展方面发挥着主要作用(Dieleman，1994；and van Kempen and Priemus，1999 in Marcuse and van Kempen，2000：10)。

同样重要的是要记住，大量的少数族裔人口在英国城市中只是近年才出现的现象。在1958年发表的关于英国加勒比海地区移民的第一份社会学调查中，鲁思·格拉斯指出，“有色人种少数族裔”总人口只有21万(包括西印度群岛人、非洲人、印度人和巴基斯坦人)，占全英国总人口的不到0.5%(Glass，1960：1)。他们的首选定居区域不可避免地往往是城市中那些能以便宜价格租到房屋的区域，尽管歧视以及对私人房东的依赖意味着与白人租客相比，新移民往往要为低劣的住宿条件付出更多租金。高昂的住宿成本，再加上很难找到固定和有保障的工作，使得寻找容身之地充满难度。如格拉斯所写：

> 西印度群岛的移民关于居住地点的选择空间……极为有限。事实上，他们基本上没有选择。他们不得不留在离伦敦的核心劳动力市场很近的地方。对于大多数人来说，伦敦地区的边远地带——独户住宅、业主自住以及新建市政地产——是难以企及的。无论是工人阶级、中产阶级还是上层阶级，他们都无

法前往伦敦的那些核心区，这些阶级的职业模式已经稳定下来；也无法前往那些处于物理重建、规划中的功能调整或者社会升级的地方。因此，移民们只能前往伦敦市中心那些被忽视的区域，这些区域处于衰落和下坡状态已有一段时间了。

（同上：48）

如伯吉斯等人在美国城市的情形中所表明的，对于贫穷的新移民来说，占据城市中最为边缘的空间是注定的。有趣的是，除了伦敦西部的北肯辛顿和伦敦南部的布里克斯顿，格拉斯和同事们几乎没找到什么族群聚集的证据。事实上，她根据情形评论，在第一批加勒比人乘着"温德拉什帝国号"集体移民至英国 12 年后，"伦敦仍然没有出现美国城市中的那种'有色地区'"（同上：42）。这些新伦敦人所能获得的住所总是大型市内住宅，这类住宅曾经由能干却并不富裕的资产阶级占有，后来他们却不得不放弃。原因在于，维护成本和家庭仆人成本使得留在越来越嘈杂、越来越受污染的市中心，不如在树木葱郁的郊区专门建造别墅那么有吸引力。留下的房产被房东们低价购得，被分隔成多个房间，往往一栋房子居住三四个家庭，共用一个浴室、一个厨房、一个厕所（同上：49）。

这些地方就是格拉斯所称的"过渡区域"，但是此时显然正处于一个逆中产阶级化（或者说过滤）过程，在此过程中越来越衰败的原有住宅被各种社会阶层和种族群体占据，他们的存在本身就有可能使余下的任何自由保有的房地产进一步贬值。在这个意义上，"贫民区的形成"与美国城市在 20 世纪 50 年代和 60 年代的经历有着类似的模式，只不过程度要温和得多，并且远不像美国那么严格而激烈地排外。

例如，皮奇表明，在 20 世纪 90 年代初期，鲁思・格拉斯根据美国经验所担心的"贫民区化"并没有变成现实，至少在英国没有达到同等的程度。她的研究结果显示，加勒比海地区移民的种族隔离平均程度，只有非裔美国人的大约一半。事实上,“黑色伦敦”背景下的历史是种族隔离的日益消解(与纽约恰成对比,在那里种族隔离自 20 世纪 60 年代以来加剧了)。1961 年,加勒比海地区出生的伦敦居民在选区层面的数据显示其身份集中度为 56,到 1991 年,这个数字下降到了 41。如我们预期的,在人数统计更少的(人口普查区)层面身份集中度数字更高(1971 年为 65,1991 年为 50),而在自治市,数字却分别为 38 和 34。因此,虽然空间规模为分隔程度带来了相当的变化,整体趋势却是明显的,即加勒比海人社区越来越被吸纳入一般的伦敦人口中(Peach, 1996:227)。换句话说,如人类地理学家丹尼·多林(Danny Dorling)所写,与美国恰成对照,“在英国……没有哪个贫民区、哪个住宅区中只有单独一个少数族裔群体占据着人口多数”[①]。

美国模式的独特性同样明显体现在当代一项对法国“郊区地带”(banlieue,工人阶级或低收入群体公共住房项目,大多数位于主要城市的郊外)的研究中,在那里,虽然少数族裔(主要是来自北非、中非和西非的移民或者其后代)的存在意义重大,但“形成他们的隔离和聚集机制”与美国的黑人贫民区截然不同(Wacquant, 1999a:131)。对于华康德来说,

> 当国家放弃其核心使命,不再为任何复杂的城市社会的运转所必不可少的基础设施提供支持时,美国的贫民区为我们提供了一个务实的视角去看待容易出现的一些社会关系……
>
> (同上:132)

按照华康德的说法,我们上面讨论的每一项因素,都与美国贫民区的持续存在相关(种族主义、贫穷文化、“下层阶级”的“致病”行为、

---

① Danny Dorling, ‘Why Trevor is wrong about race ghettos’, Observer, 25 September 2005, http://www.theguardian.com/uk/2005/sep/25/communities.politics.

逆工业化以及黑人中产阶级的逃离），但在他的分析中，关键性的决定因素是，“在 20 世纪 60 年代的骚乱之后，美国政府对这些居住区所奉行的**蓄意的城市废弃政策**”（同上，强调为原文所加）。换句话说，对于为何总体上属于福利资本主义的欧洲，在城市贫穷、失业、健康状况恶劣、吸毒和暴力犯罪等问题上与美国城市迥然不同，其解释是由政治体制的特殊性和唯一性造成的，这种体制只会响应基本上由白人构成、多数是有钱人且主要是非城市居民的多数群体在税收和支出上的优先事项。

结语

> 社区中的族裔、经济阶层和种族渊源就像公路的干线，完全不同的群体聚集在匝道附近，就像 19 世纪的社区聚集在港口附近或者沿着河流分布。21 世纪面临的挑战在于使各个派别实现和谐，即创造出不同的族裔、阶级、年龄和经济群体混居的社区。
>
> （Partners for Livable Communities，2000：41）

关于第二次世界大战前后的英美城市研究，首先要指出的一点是其中并没有突然的转向，20 世纪 20 年代至 70 年代也没有任何重大的理论创新；其主要原因是，许多社会科学家认为，继续进行特定的“城市”社会学研究已经不再有任何价值，毕竟“城市”已经失去了地理上的特殊性。社会学家鲁思·格拉斯主张，既然美国已经和英国一样，有了范围如此广泛的已然实现城市化的人口，就没有必要为社会学辟出单独的城市分支，尤其是这个分支还如此专注于“我们自己家客厅的小摆设”（Glass，1955 in Pahl，1970：210）。彼得·桑德斯在那本影响广泛的重估城市社会学著作《社会理论与城市问题》（*Social Theory and the Urban Question*）第二版序言中同样详细阐述了这个观点；他在这本书中评论道：“像英国这样的社会，城里能见到的事情，城外大多也能见到。这使得我们几乎不可能区分出任何与城市生活不同的社会生活。”(Saunders, 1995:7)

与此同时在美国，里斯曼呼吁放弃芝加哥学派那过于简单化的生态学模式，由此鼓励了城市规划者们将注意力转向城市化的历史，去研究发展中国家正在出现的城市。结果，将城市本身作为对象的研究，在20世纪60年代后期几乎从大多数社会科学学科的教学大纲中完全消失了(Pahl, 1970)。那些研究者，比如英国的帕尔(Pahl)、雷克斯(Rex)、穆尔(Moore)、丹尼斯(Dennis)，以及坚守着自己的城市体系研究的韦伯、格里尔和怀特，无疑对城市社会的研究做出了持久的贡献。但是，正如曼纽尔·卡斯特尔所追问的，这是否足以证明存在着一种城市社会学，能够越过自身的区域，去考察漫不经心的观察者往往无法看见的结构和过程(Castells,1968)？这个问题由20世纪70年代初期城市研究中的一次转向给出了答案，转向的方向是或许可以称为主要属于马克思主义的“抽象理论”，它关注的是城市的“政治经济”(见第六章和第七章)。而这时的美国，存在着一种对社区生活的持续关注，它淡化城市和乡村之间的分野，转而将其他识别性范畴，比如“社会融合”或“碎片化”的程度，作为为衡量社会变化提供历史的、地理的比较参数的途径。

20世纪70年代以前，人种论、报道文体和人类生态学在新老城市社区的研究中继续发挥着重要作用，这种研究媒介在大西洋两岸人数越来越多的受教育公众中的普及，使得迈克尔·扬、彼得·威尔莫特、简·雅各布斯以及霍利·怀特的名字家喻户晓。这段时期，相比于欧洲大陆，美国“城市问题”在更大程度上成为公共知识分子的关注领域；如芝加哥大学和伦敦政治经济学院的城市研究历史所证实的，其之所以如此，相当重要的原因是一般以经验为导向的研究所具有的政策含义一直是关注的焦点。相比之下，如我们在下一章将要看到的，欧洲大陆的理论家们倾向于把城市作为“城市问题”来研究和看待。因此，作为一种需要进行批判性理解（而不是描绘或解释）的现象，与通常从建筑杂志的社论专页或大众社会学作品的正文中读到的词汇相比，我们需要范围更广的概念词汇。

第二项连续性是对“社区”的持续关注，即社区是什么，尤其是它应该是什么。这种关注可以回溯到我们在第三章讲到的最早期的城市调查，它是从我们上一章遇到的关于理想城市的建议中显现出来的。从布思对城市平民的计数和分类，到贝思纳尔格林的亲属关系网络，以及罗伯特·帕特南的“联结式”和“桥梁式”社会资本——它们使得对人们如何在城市中——尤其是在阿尔温·韦伯（Alvin Webber，1964）所称的“非场所城市领域”或加罗（1991）所称的边缘城市中——生活和行动的衡量，与我们如何才能生活得更好的各种问题联系在一起。尤其是城市环境应该如何加以改变或重塑，才能更好地促进在英美城市主义世界大多数城市观察者看来值得拥有的礼俗社会关系。

在下一章中，我们将考察资本主义城市（市场的普遍性与地域的特殊性相结合的完美例证）分析如何使经验方法和“宏大理论”方法得以交会，并通过城市理论与城市经验的对话，产生了对过去和当前城市的一些意义最为重大、影响最为深远的研究。

延伸阅读

英国的社区研究

阿萨·布里吉斯（Asa Briggs，2001）为达廷顿已故的扬勋爵，即迈克尔·扬撰写了一部引人入胜的传记，广泛涉及他在战后伦敦对内城和郊区社区所作的开创性研究，以及他创办社区研究所的经历。英国社区研究学派的关键文本包括格拉斯等人（1964）、贝尔和纽比（1971），威尔莫特和扬（1960/1971）以及扬和威尔莫特（1986/1992）的著作。

简·雅各布斯

马克斯·艾伦(Max Allen)编有由简·雅各布斯所写或者与简·雅各布斯相关的文章、通信、评论和专访的合集《重要的观念》(*Ideas That Matter*)。《简·雅各布斯的世界》(*The Worlds of Jane Jacobs*)是对其生平和研究生涯的精彩再现(Allen,1997)。其中有一章讲的是《美国大城市的死与生》的写作过程,以及这本书问世以来引起的争议,读来引人入胜。其他各章还叙述了雅各布斯在纽约的生活、她对欧洲城市的观点以及她后来在第二故乡多伦多对"城市主权"运动的积极支持。在《城市与国家财富》(*Cities and the Wealth of Nations*,1986)中,简·雅各布斯从世界贸易和经济发展的角度,提出了一项支持城市的论点。此书对城市发展和衰落的历史进行了典型的明晰易读的巡礼,同时并没有给出任何确定的理论结论。赫伯特·甘斯关于《美国大城市的死与生》的一篇评论被重新收录于艾伦所编的那部文集中。

社会资本与公民赋权

罗伯特·帕特南史诗般的研究作品《独自打保龄球》,其主要的假设能够在《美国前景》(*The American Prospect*,Putnam,1993b,1996)的两大主题中找到。关于社会资本和城市事务的其他文章,有布里格斯和德·索萨(de Souza,1997)以及贝里等(1993)的作品。关于社会资本更具批判性的观点,见波特斯和兰多尔(1996)的著作。公民复兴运动网站(www.cpn.org)上有大量主题与社会资本和社会复兴相关的材料和读物。

郊区、新城镇和边缘城市

肯尼斯·T. 杰克逊的《杂草的边缘》(*Crabgrass Frontier*,1985)

是对现代美国郊区化的经典研究，可以与 F.M.L. 汤普森（F.M.L. Thompson，1982）关于英国郊区历史发展的作品对照阅读。为数极少的对英国新城镇的当代研究之一，见于奥伦斯（Orlans，1971）的著作。对于二战后的进展情况，以及英国新城镇和郊区的描述，包括对这些新社区社会生活的研究，见于马克·克拉普森（Mark Clapson，1998）。若想快速了解加罗的边缘城市调查，对其著作的摘录见于贾德（Judd）和坎特（Kantor）的读本《城市美国的政治》（*The Politics of Urban America*，2001）。对边缘城市的学术分析见于罗伯特·巴瑞德（Robert Beauregard，1995）。对"郊区的抨击者"的驳斥由鲍伯·克林（Rob Kling）和马克·波斯特（Mark Poster）在《边缘之外：后城市地区的活力》（*Beyond the Edge*：*The Dynamism of Posturban Regions*，1995）一书中提出，两位作者在书中声称，对郊区（或者用他们更喜欢的词，即"后郊区"）的负面批评，许多都有误导性或者用错了地方；被他们作为例子指出的事实是，相比于许多主要的城市中心，加州奥兰治县人口密度更高，经济更为繁荣，文化和娱乐生活也更为活跃。

此书还挑战了加罗关于边缘城市的许多标准，赞同居民腹地与零售、商业和转运中心之间保持更为流动的关系。从城镇规划和建筑的视角对城市以外进展情况所持的批判性观点，见于该书第四章的延伸阅读。罗杰·凯尔（2013）所编的《郊区集群：21 世纪的治理、土地与基础设施》（*Suburban Constellations*：*Governance*，*Land and Infrastructure in the 21st Century*），提供了配有大量插图的文章集合，主题是近几十年来在全球兴起的郊区、居间城市以及非正式边缘定居点的多样性和复杂性。

贫民区与中产阶级化

华康德（1999a，2008）、维加达（Vergara，1995）、格雷戈里（1999）

和卡特勒(Cutler)等(1997),对美国贫民区提供了当代描述。邦尼(Bonney,1996)探究了美国主流社会认知黑人贫民区的方式。威廉·朱利叶斯·威尔逊的《真正的弱势群体》(*The Truly Disadvantaged*, 1987)被收录进勒·盖茨和斯托特的作品(各个版本)中。布鲁金斯学会的安东尼·唐斯(Anthony Downs)在《美国贫民区的多面未来》(Alternative Futures for the American Ghetto, Downs,1968)中对美国贫民区进行了更为积极的展望,此文同样可见于勒·盖茨和斯托特的作品(各个版本)中。戈尔德史密斯(Goldsmith)和布莱克利(1992)虽然并不否认美国少数族裔的贫困程度,但对于公共政策能帮助城市穷人增加机会更为乐观。雷克斯(1988)描述了英国各种族之间在住房上的隔离,虽然书名让人以为其与美国经验相当类似,事实上却并非如此。

鲁思·格拉斯独创的"中产阶级化"一词,来自《伦敦:变化的各个方面》(*London: Aspects of Change*,Glass *et al.*,1964)一书中"变化的各个方面"一章。此后对这个概念的详尽阐述包括博勒加德(1985),史密斯和威廉斯(编)(1986),邦迪(Bondi,1991),沃德(1991),阿布-卢格霍德(Abu-Lughod,1994),史密斯(1996),以及利兹(Lees)、斯莱特(Slater) 和威利(Wyly)(2008)。范·魏斯普(Van Weesep)和玛斯德(Musterd)(1991)讨论了欧洲的中产阶级化,泰勒(1992)考察了正在显现的美国黑人的中产阶级化现象。"地租缺口"理论由史密斯在史密斯和威廉斯(1986)合著的著作和史密斯(1996)的著作中提出,在哈姆内特(1991,1992)的著作中受到批评,并在史密斯(1992)的著作中得到回应。对地租缺口/文化消费争论的关键介入,也见于利兹、斯莱特和威利(2010)的《中产阶级化读本》(*The Gentrification Reader*),再加上格拉斯、怀特和利的经典研究,以及关于性、人种、种族和迁移及其所受阻力的当代研究。

第六章　城市时运:理解资本主义城市

我在每一条特许的街道上徘徊,
航运特许的泰晤士河就在那附近流淌。
所遇见的每一张面孔,
都遗留着虚弱和悲伤。

——威廉·布莱克《伦敦》(*London*)

引言

近200年来,对于西方大都市的居民来说,资本主义一直是生活中存在的事实。随着冷战的结束,几乎没有哪种类型的城市没有身处全球市场那严酷的信风吹拂之下。我们该如何理解这些普遍现象的共存?它们如何以及通过哪些方式彼此关联?如何解释在某些资本主义社会中城市主义的不同方面,以及某些城市社会中资本主义的多样性?在本章,我们将探讨从第二章关于城市社会经典方法的讨论中浮现出的多项主题。我们将特别关注19世纪中叶在许多欧洲城市以及北美自我建立起来的资本主义大都市。这个时代西方城市快速城市化的关键因素是工业以及由蒸汽机车和汽船促成的远程交流方面的巨大进步。到19世纪末，电报、电影和内燃机的发明，开创了大众消费的新时代，这种消费之所以能够实现，是由机械化生产以之前无法想象的规模促成的。

工业革命时期，城市人口平均每50年就增加一倍或两倍，造成的结果是，那些受诱惑或被迫离开乡村追求更好生活的城市劳动人口，生活在极度拥挤，往往是骇人听闻的状况下（Stedman-Jones，[1971]1976；Briggs，1982）。工业资本主义的矛盾在英国表现得再明显不过，到1850年，英国已经荣膺"世界工厂"的称谓。大约在此时期前后，马克思和他的搭档恩格斯开始研究财富积累过程（后来他们称之为"资本主义"），以便更好地理解剥削制度；他们相信，这种制度应该而且必定会被"绝大多数人"——即整个剥削制度依赖其劳动而存在的新的无产阶级——所推翻。

本章开篇将考察恩格斯和马克思关于工业城市的早期著作，接下来研究大卫·哈维、多琳·马西、曼纽尔·卡斯特尔的作品中关于城市问题的马克思主义分析。对于当代资本主义城市，人们越来越多地从全球化的视角来察看，在此我们将考察关于城市结构和过程的性质的既有见解和新近见解如何反映在不断涌现的全球城市研究的文献中。在结语部分，我提供了自工业时代发轫以来关于理论和实践中的资本主义城市的一些思考，并将之前和之后几章中的城市分析关联起来。

恩格斯和马克思作品中的资本主义城市

> 资产阶级社会的基本前提是：劳动直接生产交换价值，从而生产货币；而货币也直接购买劳动，从而购买工人，只要后者在交换中让渡自己的活动。因此，一方的雇佣劳动和另一方的资本，都只不过是发达的交换价值和作为交换价值化身的货币的

> 另一些形式。所以，货币直接是**现实的共同体**，因为它是一切人赖以生存的一般实体；同时又是一切人的共同产物……在货币上共同体知识抽象，对于个人只是外在的、偶然的东西；同时又只是单个的个人满足需要的手段。古代共同体以一种完全不同的个人关系为前提。因此，货币在其第三种规定上的发展，破坏了古代共同体。任何生产都是个人的物化。但是，在货币（交换价值）上，个人的物化不是个人在其自然规定性上的物化，而是个人在一种社会规定（关系）上的物化，同时这种规定对个人来说又是外在的。
>
> （Marx，1973：225—6，强调为原文所加）

与亲密搭档弗里德里希·恩格斯不同，马克思对于资本主义所实际运行的环境并无论述。个中原因在于，马克思更愿意把自己的知识资源集中在资本主义生产方式的过程或机制的分析，而不是用来研究资本主义生产关系在日常生活中造成的结果。这并不是说马克思不关心我们今天如何命名人类经验的社会学维度。马克思头脑中的"共同体"概念相当成熟，在许多方面能与马克斯·韦伯和埃米尔·涂尔干的社会分析相提并论，但他拒绝将社会生活从其生产和再生产的条件中抽象（或物化）出来。

因此，在上面的引文中，马克思是在设想一种类型的共同体，作为一种生产资料，这种共同体由其与资本主义之间的关系得到区分。在资产阶级（也即资本主义）社会中，正是经由货币的交换价值对劳动所作的抽象，成就了**真正的共同体**——马克思这个词的意思并不是"真实的"，而是指占主导地位或能发挥作用的社会制度。在古代社会——或许可以等同于滕尼斯的"礼俗社会"（或者说传统共同体）概念——货币经济相当有限，更多地依赖于实物交易这样的直接交换系统。商品是存在的，但无法实现普遍化，成为货币。因此，在马克思的表述中，货币就是“普遍的商品”。正是这种抽象的商品形式，通过允许劳动价值被转化成交换价值，从而能够从制造它的地点和人那里抽取出来，“打碎”了“自然的”或者说前资本主义的共同体。然而，只有在资本主义条件下，价值的商品化才会通过资产阶级对全部生产资料的垄断，以及此前所有劳动形式向雇佣劳动的系统转换，从而实现其绝对条件。

如此一来，“共同体”就从一种以法律、习俗和义务为基础的社会互动系统，转化成了一个由“物质”(things)的力量主导的世界。作为其《资本论》后期研究成果的先声，马克思似乎在暗示，在资本主义货币经济中，男性和女性都经历着双重异化：首先，是作为个体，通过强迫的自我商品化而异化为劳动；其次，体现于他们的社会关系(生产关系)中，通过这种关系，货币作为抽象的商品形式调节着所有的人类交易。

说卡尔·马克思很少直接关注城市，并不是否认城市社会在他对资本主义的研究中无足轻重。当马克思提及工业资本主义社会时，他所描述的主要是城市社会而不是乡村社会。封建主义本质上是一种农业生产方式，不可避免地会把社会权力集中于乡村，即便经由封建剥削积累的剩余往往能够找到途径，走向城市中的市场、商店和银行。另一方面，只有在剩余价值能够通过交易获得利润的环境中，资本主义才能繁荣，这就要求存在着雇佣劳动。如马克思所写的，

> 每一项发展到一定程度，并且是由商品交换引起的劳动分工，其基础都是城镇与乡村的分离。我们不妨说，社会的全部经济史都在这种对立运动中得到了总结。
>
> (Marx，1976：462 in Saunders，1995：22)

以工资形式表现出来的劳动的商品化，对城镇的发展具有许多重要影响。它为劳动创造了市场，随着农奴制的废除，农民可以更为

自由地在各农场之间迁移，或者在某些情况下，比如在18世纪晚期和19世纪不断扩张的欧洲城镇中，则从农业活动转移到了家政服务和制造行业。这样一来，对马克思来说，“现代历史就是乡村的城市化，而不是像在古代人中那样，是城市的乡村化”（Marx，1964：77—8 in Saunders，1995：23）。对于这段时期城市人口增长最为重要的一个解释，就是商业和工业的发展；因此，对于马克思和恩格斯来说，工业城市的内部包含着阶级社会的全部矛盾，这种矛盾诞生的基础是少数人对生产的所有权及其通过雇佣劳动制对没有财产的多数人的残酷剥削。

作为一名年轻的激进分子，看到自己移居的兰开夏郡工人的状况，恩格斯深感震惊。1842年，他在科隆与卡尔·马克思相识，在马克思的鼓励下开始了一项研究，随后在1845年以德语出版，名为《英国工人阶级状况》（*The Condition of the Working Class in England in* 1844）[①]。在马克思看来，这项研究无疑是对社会主义事业的重大贡献。该书大大受益于关于英国工业发展的同时代的（也是相当怀旧的）描述，这种描述对工业革命之前穷人的状况给出了一幅过于美好的画面，不过恩格斯的调查在文献方面仍然有很大的权威性。[②] 戴维·麦克莱伦（David McLellan）对这本书的评价是：“关于早期社会地理的经典之作，对于早期不受控制的工业化造成的结果所作的开创性研究。”[③]恩格斯对英国维多利亚时代早期拥挤的贫民窟社会生活的描述，虽有不足之处，却是后来那些更为系统的研究，包括布思对19世纪晚期伦敦社会阶级的分类式研究所未能超越的。

---

① 英文版直到1892年才面世（Short，1996：25）。

② W. O. Henderson and W. H. Chaloner (eds) ‘Introduction’ to Friedrich Engels, TheCondition of the Working Class in England, Oxford, Basil Blackwell, 1971, xiv-xv.

③ David McLellan, ‘Introduction’ to Friedrich Engels, The Condition of the WorkingClass in England, Oxford University Press, Oxford, 1993, xix.

对于类似伦敦这样的大型港口城市,恩格斯对它的庞大规模和密集活动既感到厌恶又深受吸引,不过远不是只有他才如此。恩格斯如此评价旅行者从泰晤士河抵达伦敦时所见的景象:“一切都是如此庞大,如此壮观,让人无法镇定下来;人在踏足英国的土地之前,就已迷失于英国那令人惊叹的伟大之中。”然而,新来的造访者可能很快就会感到幻灭:“在走街串巷一两天之后……看过这座无边无际的大都市的贫民窟,他就会第一次意识到,这些伦敦人为了实现自己的城市中随处可见的文明奇迹,不得不牺牲了人性中最好的品质。”(Engels,[1845]1993:36)①

资本主义城市造成了个人劳动者及其家庭的人性缺失,而这些人却占城市人口的大多数;有趣的是,恩格斯从社会学方面对这种影响加以关注,聚焦于马克思后来所称的“社会生产关系”,而不是资本主义生产方式本身的机制。在此方面,恩格斯的评价完全是负面的,情况似乎是剥削这个背景甚至比发明剥削手段影响更为重大。

> 每个人在自己的私利中,残酷地冷漠,无情地隔离,并变得排斥他人,冒失无礼。越是如此,他们越是挤在一起,处在狭窄的空间中。无论人们多么充分地意识到这种个体的隔离、这种狭隘的追逐私利是我们社会无处不在的根本原则,但没有哪个地方像在这拥挤的大城市中那样无耻,那样自觉。人消解成了单一体,每个人都有各自的原则和目标,世界变成了原子式的——此番景象在这里登峰造极。
>
> (同上:37)

① 有趣的是,瓦尔特·本雅明在《拱廊街计划》的卷宗M中引用了恩格斯作品的同一页,恩格斯在这一页中痛惜大城市的人满为患引起“狭隘的追逐私利的”个人主义(W. Benjamin,1999b:427—8)。在这里,与齐美尔的“厌烦享乐的态度”和涂尔干的“社会反常”概念的相似之处极为明显。

在资本主义城市中,空间上的分化也是由阶级地位决定的:“每一个大城市都有至少一个贫民窟,在那里工人阶级挤在一起。的确,贫困往往就存在于隐蔽的小巷,与富人的宅邸近在咫尺;但是,总体上来说,穷人往往被指定了单独的区域,远离生活更幸福的那些阶级的视线,尽其所能地艰难生活。”(同上:39)如卡茨内尔森(1992)所写的,

> 恩格斯……表明了马克思主义如何把城市纳入其社会理论,从而创造出关于不同种类工人阶级主体性的出现的叙述。为了追寻这个目标,他还把城市空间引入了马克思的宏观历史唯物主义,以及马克思关于资本积累逻辑的叙述中,虽然是以极为凝练的方式。

然而,“在随后对这些方案的详尽阐述中,包括恩格斯在内的马克思主义者们在自己的作品中漏掉了城市的重点以及空间元素。如此一来,他们便无谓地让自己失去了有助于社会理论发展的重要资源”(Katznelson,1992: 153)。

不过,如桑德斯所声称的,在马克思和恩格斯的作品中,“并没有把无产阶级的贫困和悲惨归因于城市,而是归因于资本主义的生产方式”(Saunders,1995: 25)。城市不过是一个场所,这些阶级矛盾在其中上演。列斐伏尔在写作时详细说明了一点:

> 对于马克思本人来说,工业化包含着它自身的结局和意义,并在后来导致马克思主义思想分离成经济主义和哲学主义。马克思并未表明(在他的时代也无法表明)城市化和城市包含着工业化的意义。
>
> (Lefebvre, 'Around the Critical Point' in Kofman and Lebas, 1996: 130)

因此，对于马克思和恩格斯来说，并不是城市产生了资本主义，而是资本主义带来了现代工业城市，资本主义发展的逻辑则把数量极为庞大的雇佣劳动者，以及一支失业和未充分就业的“后备军”带入了大都市，他们是资产阶级富足必不可少的条件。对于列斐伏尔这样的论者来说，把城市仅仅视为一张羊皮纸或者一块魔法石，阶级斗争的大戏可以在上面日日重新刻写，这种观念看起来是一种极为单向度和非辩证的描述，因为它假定空间在阶级战争的历史剧中不过是背景幕布(Lefebvre，1972：106 in Saunders，1995：25)。另一方面，在马克思对阶级形成的理解中，时间则被赋予极为独特的地位，因为历史的手中握着此前的阶级冲突之谜的钥匙，未来则通过共产主义社会不可避免地出现，为今日资本主义的冲突提供解决之道。在以下各节中，我们将分析对资本主义城市更接近当代的批评中，商品化概念以及城市社会在时间和空间中的组织是如何得到考察的。

黄金做的人行道：城市空间的商品化

> 而对资产阶级社会说来，劳动产品的商品形式，或者商品的价值形式，就是经济的细胞形式。在浅薄的人看来，分析这种形式好像斤斤于一些琐事。这的确是琐事，但这是显微解剖学所要做的那种琐事。
>
> (Karl Marx，1976，Vol. 1：90)[①]

如我们在第二章讨论本雅明的城市写作时所看到的，对于交易对象的兴趣，无论多么琐碎和离奇，都为资本主义提供了一种解剖，那是更为抽象、更为一般的分析所无法相比的。如马克思所写，商品乍看之下似乎是“极为明显的、琐碎的东西”，若仔细察看则会发现它

① 引自 Frisby，1988：23。

是“一件极为奇怪的事物，充满着形而上学的精妙和神学的慎密”（Marx，1976：163 in Frisby，1988）。商品不一定非得是能够堆放在仓库中的有形轻便的物品，因为在马克思的意义上，商品指的是任何已经由劳动价值转化为可以交易的物品、服务或资产的东西。因此，“土地”是“商品化空间”的简略表达，在此空间中，特定地面或领域的所有者能够出租、出售，或者根据所持的所有权证获取其他利益。城市并非完全是商品化空间的产物，公共道路、广场和市场与宏伟的宫殿或朴素的联排住宅共同存在，但即便是“公共空间”也能购买、销售或者出租，并由此在国民经济核算中作为国家资产受到重视。①

因此，城市系统必然以生产关系为基础，这些生产关系把劳动与资本结合了起来。劳动的形式表现为居民和往返通勤的雇佣工人，资本则被用来生产人造物品和服务，并通过交换获取利润。每一种元素，包括劳动、土地或空间，以及固定资本和流动资本，都存在于自身的时间域中。对于从事办公室工作的往返通勤者来说，其工作时间还要算入上下班和吃饭的时间；她的工作时间是与她工作的建筑有所不同的周期的一部分，后者也许在设计时只考虑了二三十年的使用期限，此后或许便会出于完全不同的目的出新或拆毁。这位雇员所交易的货币将是全球金融网络的一部分，在此网络中，每天有数万亿美元在轻敲键盘之间便从一个账户转移到另一个。因此，这些循环虽然彼此密切关联，但每一条都存在于自己的逻辑范围内，其常规和节奏往往与其他元素的长期利益有所冲突。

换句话说，资本主义城市要求将空间的使用价值转化成土地的

① 不过，对这类空间更准确的描述并不是“开放空间”，而是“商品化的公共空间”，因为在几乎每一种情形下，所有权都属于地方或全国政府。在我看来，如让・洛伊金（Jean Lojkine，1976：122）这样的马克思主义城市主义者声称集体提供的服务并非商品是错误的。这一错误是由把集体提供的服务视为以某种方式“与市场无涉”造成的，随便看看过去 20 年中几乎任何一个西方政府的私有化政策，就能发现集体提供的“公共物品”，比如铁路、闲暇服务和监狱，经过商品化后多么有利可图。

交换价值,同时提供途径生产和交换其他形式的商品。回头想想伦敦金融城,曾经它是早期撒克逊农夫们的牧场;今天它已经变成了"金融之城",其交易和投资公司每天的成交量是一些富裕国家年度生产总值的许多倍。想到这一点,我们就能理解资本主义在将总体上的物质世界,尤其是城市,转化成充满活力的生产系统方面的重要性(见辅助资料 6.1)。

城市化与资本

对于信仰马克思主义的城市规划者们来说,正是现代大都市中资本统治与空间布局之间关键性的相互依赖,蕴藏着理解城市逻辑的关键。资本主义生产方式与城市发展之间的这种关系,具有以下核心特征:(1) 越来越专业化的劳动分工;(2) 在房产和建筑以及控制并分配着流动资本的金融机构(银行、投资公司、股票交易所等)中,存在着资本的"次级循环";(3) 集体消费方式的集中(学校、医院、剧院等);(4) 中央和地方政府实施干预,既控制着对资本支配地位日益加剧的阶级反抗,又确保尽可能通过对劳动市场和消费行为的掌控来应对生产过剩和/或利润下降的危机。

与关于资本主义社会的所有结构性分析一样,一再出现的问题必定是:在何种程度上,这些特征是资本主义的一般方面,而不是城市特有的问题?回应的人通常辩称,城市或者说城市化的资本,与"非城市的"资本主义社会之间的区别并不在于质,而在于度。简而言之,在生产和服务方面,城市比乡村地区或者说外围地区的专业水平要高得多;城市不仅有集体供应的公共物品,还有更高的集中度与更高的商业资本和金融资本产出。同样顺理成章的是,城市中维持治安的力量也可能密集得多,强大得多。如我们所见,其他的社会理论家,尤其是马克斯·韦伯和格奥尔格·齐美尔,把人们的注意力引向了城市相对于乡村世界的独特特征;不过,二人虽然都认为贸易和商业是城市形态存在和持续的关键，却并没有赋予资本主义生产方式独特地位，认为它是现代城市的组织原则。如此一来，马克思主义城市主义的任务就是要解释，在列斐伏尔之后，资本主义的空间生产如何以及为何是当代城市环境的一个如此具有决定意义的特征。

身为马克思主义地理学家，大卫·哈维在漫长而出色的职业生涯中，就致力于为现代资本主义城市提供这样一种评价。哈维观点的最初框架在他的《社会正义与城市》(*Social Justice and the City*)一书中就勾勒了出来，该书出版于1973年，他在书中把城市称为“一个中枢，特定的生产方式围绕着它组织起来”(Harvey, 1973: 202 in Halpern, 1997: 225)。在《意识与城市经验》(*Consciousness and the Urban Experience*, Harvey, 1985: 165)一书中，哈维调整关注重点，探究了货币、时间与空间之间的关系，按他的说法，因为这样我们就能“清除细节方面的部分混乱，揭示出城市化展开的参考框架”。无疑，如齐美尔所表明的，货币是难以捉摸的，既是价值存储的手段，又是“‘除了所有权’外别无内容的”(Harvey, 1985: 2)象征。货币的使用同样比资本主义经济的全面到来早了几千年，因此如哈维提醒我们的很重要的一点是，要将货币经济与资本主义经济区别开来。

货币经济在“大城市”产生之前就已存在，但是到20世纪30年代工业资本主义到来之际，欧洲以及许多北美和拉美城市的人口规模已经超过了100万。如此一来，人作为劳动商品的流通，与资本作为劳动剩余的抽象的流通，就空前紧密地结合在一起。按哈维的说法，这就是“城市生活方式必定反映着这种状况”的原因，也是“对货币的占有所暗示的个人主义和平等，与获取这样的货币所经历的阶级关系之间存在着深刻的紧张关系”的原因(Harvey, 1985: 5)。

> 货币与空间之间的关联在资本主义社会尤其得到了加强，因为货币创造了把社会权力集中于空间的庞大力量；与其他使

用价值不同，货币可以不受限制地在特定的地点累积。可以利用社会权力的巨量集中，来实现对自然大规模而又地方化的改造、建成环境的建设，以及诸如此类的事。

(Harvey, 1985: 12)

精确的比例图和地籍测量的引入使得空间在时间中的商品化成为可能，这种地籍测量“可以对土地产权进行清楚明了的界定”(同上)。但它让“作为商品交易的空间”“强化了空间在大多数社会实践中所具有的普遍、同质、客观和抽象的特征”(同上:13)。换句话说，随着产权变得越来越分散化和私人化(即不再由君主、领主或主教独家垄断)，民法与新兴的测量职业相结合，使得精确、可分割、可交易的区块得以产生。城市土地投资者们从城市空间不断增长的价值中获取租金(或者说不劳而获的利润)的能力大大促进了城市的发展。与行政中心、市场以及交通网络的邻近带来了高昂的租金，因此，无论是在那时还是现在，使多产的可耕土地增值的最为可靠的方式，便是在土地上修建或者把土地转换成道路、运河、铁路或跑道。

在《意识与城市经验》的第二部分，哈维拾起了空间商品化的概念；我们在前面曾指出，这种观念不过就是把土地或领地转换成可供买卖的资产(虽然其他的自然资源，比如航道、底土、海洋和领空也能投入同样的流程中)，并应用于由冯·豪斯曼男爵在法兰西第二帝国拿破仑三世时期实施的巴黎城拆除和重建的伟大计划中。

宏大场所和壮观的精英剧院，比如从蒙巴纳斯和列阿莱等贫民窟的废墟上建立的巴黎歌剧院，实现了双重目的：一方面迁走了人数达 35 万的“危险阶层”，他们在 1848 年革命期间曾一度控制着这座城市；另一方面为城市里不断壮大的资产阶级精英提供了新的文化消费场所，并让他们能从富裕的居住区方便地进入新近重建的市中心区(Donald, 1992: 438)。

这样做带来的意料之中的结果是,大量的工人被迁移到新的城外定居点,在那里大规模制造业能够以更低成本、更为容易地建立起来。因此,在第二帝国时期的巴黎,我们能看到前文勾勒的资本主义城市各项特征的完美体现:国家对阶级冲突的调节,新的公用便利设施的供应(不过目标人群并不是城市穷人),劳动按照新的制造业的专业需求所形成的地理分布,回报丰厚的市场在土地和房产投机领域的创立,再加上国际银行和金融区域的成长。哈维特别提到资本主义城市在代表资本来组织劳动市场方面所扮演的角色,他写道:"资本城市化的历史,至少部分是其演进过程中劳动市场地理学的历史。"(Harvey, 1985: 19)

劳动的空间分工

经济地理学家多琳·马西也赞同这一观点,她写道:"就业的空间分布……可以被解释为生产在空间中的组织方式带来的结果。"(Massey, 1995: 65)马西特别提到城市中心的非工业化问题,强调了区位理论以及地理学中的区域组织理论开始更多地注意生产因素,同时承认"生产确实是一个社会过程",因此有必要"把这个问题嵌入社会总体运行情况这一更为广阔的背景中"(同上:15)。

马西的《劳动的空间分工》(*Spatial Divisions of Labour*)一书在经济地理学方面所实现的,正是卡斯特尔和哈维在批判性城市社会学领域所做到的;她解释了马克思主义分析在具体的经济背景中的应用,表明了工业、就业和失业的空间分布在发达的工业社会是如何发挥作用的。马西的洞见可以理想地总结如下——对劳动分工进行组织实质上有三种类型的空间结构:(1) 区位集中的空间结构;(2) 克隆的分支工厂空间结构;(3) 部分过程的空间结构。在第一种类型中,企业的全部机构集中于一个单独的地理空间(总部/行政和生产/服务流程）。在第二种类型中，总部和行政部门构成一个核心的、单独的、独特的中心，控制着许多同样的分支，这些分支位于不同的地点，都具有地方层面的行政控制和完全的生产/服务流程。在第三种类型中，生产流程被拆分成数个单独的阶段，其各个方面可能与行政性的控制总部物理地连接在一起，而其他流程则与分支管理和控制部门结合在一起。

思考生产的这三种空间组织在城市层面可能会如何组织起来，我们就能想象，最初的底特律福特汽车工厂如何成为第一种类型中区位集中的空间结构典型；该工厂的全球总部与其制造和分销中心只有咫尺之遥，生产区的工人、监管人员和高级经理构成了一个单独的、基本上属于地方层面的劳动力市场。第二种类型的例子可见于石油巨头，例如荷兰皇家壳牌石油公司的运作方式；壳牌石油的国际总部位于荷兰，但其分布于全球的不同的生产、提炼和分销中心则要求就地拥有现场管理和控制人员。就第三种类型来说，我们可以选取现代先进的技术行业——如航空航天——并以法国的图卢兹市为例。图卢兹市是欧洲宇航防务集团的企业总部所在地，该公司是制造“空中客车”喷气式客机的空中客车财团的主要股东；同时，图卢兹市（和汉堡市一起）又是总装基地。在英吉利海峡两边，布里斯托尔附近的布劳顿和菲尔顿，每架飞机的机翼和底盘都在那里生产，每个组装流程都要求有专属的技术和管理支持。空中客车财团在西班牙、法国和德国的其他供应链也复制了这一模式。

这些类型（第二和第三种类型）的延伸的生产空间典型地体现了国际劳动分工日益融合的进程（Froebel *et al*.，1980；Cohen，1981）。然而，如史密斯和乔·费金（Joe Feagin）所指出的，这一进程很难说是新现象，毕竟马克思早在19世纪中期就发现了类似的趋势（Smith and Feagin，1987：4）。城市经济体从中获得的启示是，特定的城市区域将会寄望于专攻某项服务或产品、销售、营销类型等，来发挥自己在区位和劳动市场方面的优势。但是,如果需求发生了变化,或者特定行业的基础成本随着日益激烈的全球竞争变得难以承受,“单一产品”城市就尤其会受到经济灾难的影响。对于20世纪70年代之后美国东北部和中西部的“锈带城市”,以及欧洲许多严重依赖制造业的城市来说,这一点过去和现在都是事实。资本马不停蹄地继续向前,寻找着新的投资良机,后工业城市的劳动力则往往被抛在身后,计算着缺乏多样化的经济造成的代价。

在调节经济重组的过程方面,国家能发挥重要作用,在这一调整结构的全球过程中,国家也能扮演促成生产和做出反应的角色。但是,如斯蒂芬·格雷厄姆(Steve Graham)和西蒙·马尔文(Simon Marvin)(2001)所声称的,是大公司,尤其是跨国企业,而不是政府在创造需求,要求增加劳动流动性,强化交通和运输基础设施,放宽税收和信贷出口制度并解除对土地区划和使用的控制。如此一来,新的空间上的劳动分工就影响着家庭和社区的内部构成和空间分布,影响着非正式经济和移民的增长,影响着不同类型的政治、商业和文化网络的形成。

然而,如马西评论的,企业并不能完全按自身的方式行事,在吸引非地方劳动力方面,地方劳动市场和“技能集群”与港口、矿业、林业、渔业和旅游业一样,都是特定企业所在地的重要拉动因素(Massey, 1995)。类似微软这样实力雄厚的公司,需要把自己的软件业务外包到印度南部或者英国剑桥,这一事实显示了分离的劳动力市场,以及不同规模的公司行为与复杂但空间有限的劳动力市场之间不断深化的融合所具有的拉动特征。

于是,劳动力的任何特定的空间分布,却取决于其技能基础适应快速变化的全球本土化经济的程度。出于这个原因,政治经济学的“管制学派”或者说“巴黎学派”主张,资本主义的管制国家不可避免地会使劳动力的供应贴合全球资本主义市场的需求,这个市场已经不再仰赖第一世界的技能和专业知识。[1] 对于全国性的中央政府[2]来说属实的情形，对"企业式城市"而言更是如此（Jessop，2000），城市的管理者和推广者们积极地提升市民的"关键统计数据"，以激励外来的投资者；同时，关键的基础设施特色和研究支持（尤其是高等教育设施）又作为极度复杂的全球销售话术的一部分受到吹嘘（缩写，1999b，见本书第七章）。在考察了从空间生产资料的角度分析城市的各种途径之后，现在是时候探究将城市作为资本主义生产关系的表达这一分析途径了。换句话说，资本主义的社会关系和经济关系如何塑造并决定着城市生活的轮廓？

资本主义与"城市问题"

如我们在第三章所见，对于城市生产方式的性质，美国和英国的城市研究传统往往在很大程度上视之为理所当然。在这类研究中，阶级被视为社会身份的标志，为往往艰难而无法预测的生活世界赋予了意义，而不是被视为结构性不平等的属性，这一属性塑造着资本主义生产关系，并反过来受其塑造。

其影响是，直到 20 世纪 60 年代，受工人和学生运动的激发，欧洲大陆的社会科学才开始重新审视马克思那些更偏向社会学的著作，尤其是《政治经济学批判大纲》（*Grundrisse*），认为它们与后来被

---

① 政治经济学的管制观与法国经济学家，如米歇尔·阿格列塔（Michel Aglietta，1976）、阿兰·利比兹（Alain Lipietz）和罗贝尔·布瓦耶（Robert Boyer），联系最为密切，这些人都曾在某个时刻供职于巴黎大学。他们对政府机构在经济管理方面角色的解释，很大程度上要归因于路易·阿尔都塞和尼科斯·普兰查斯（Nicos Poulantzas）的结构主义马克思主义，以及一种信念，即所有层级的政府最为重要的职责就是拯救资本主义经济免于周期性的生产危机，尤其是在福特式生产体系衰落之后。管制主义者中现在包括大量欧洲和美国的学者，他们分属于广泛的学科，对于不同的制度、时间和区域背景如何联合起来产生不同类型的资本主义制度怀有兴趣。关于管制观的出色考察见杰索普（Jessop，1997）。

② 原文 national state，通常情况下译为"民族国家"，在本书中依据语境，当指全国性的中央政府。

称为“凯恩斯式福利国家”的“管制资本主义”下出现的新的权力格局相关。在重新深入研究马克思关于生产关系(与生产过程相对)的批判性思考之后,出现了两种理论倾向。一种倾向以后期的法兰克福学派,尤其是尤尔根·哈贝马斯的作品为基础,在发达的资本主义社会身上看到通过一种与快速城市化同样广泛的进程,即“沟通方式”,生产方式的转变带来了阶级冲突的调和。①

许多法国马克思主义者,尤其是那些赞同哲学家路易·阿尔都塞(Louis Althusser)的结构主义马克思主义的,往往把城市的“意识形态结构”(必然是资产阶级国家的神经中心)视为资本主义生产方式的产物。② 芝加哥学派那一类对“城市演化”的经验解释,被驳斥为同一种意识形态攻击的一部分,这种攻击把“差别”呈现为变化(Castells,1977)。既然马克思主张,真正的变化只有在资本主义作为生产、消费和交换的方式到来后才会实现,资产阶级意识形态就会如马克思所写的,“在事物极为浅显的外表上”继续存在(Marx,1974)。

在欧洲和拉丁美洲,曼纽尔·卡斯特尔和让·洛伊金的早期作品特别强调把资本主义城市的商品化空间视为城市实践的关键决定因素(Castells,1972;Lojkine,1977)。从《垄断城市》(*Monopolville*, Castells,1974)这样的经验研究,到更为理论化的思考《城市、阶级与权力》(*City, Class and Power*,Castells,1978),卡斯特尔把结构主义马克思主义的批判框架应用于一种主要是欧洲的,并且仍然能够辨认的福特制城市环境。然而,与阿尔都塞不同,卡斯特尔并不认为资本主义意识形态形式已经无处不在,以致工人主体失去了反抗的任何可能。实际上,卡斯特尔在此阶段的贡献(在后来的作品中他还对此贡献进行了深化),是强调了城市领域作为斗争和论争场所的重

① 尤其见 Habermas,1976。

② 阿尔都塞作为对社会进行系统的马克思主义分析的参照点或许更重要,不过,像塞莱尼(Szelenyi)那样认为马克思主义城市主义者都不加鉴别地支持他的哲学,则是错误的(Hill,1984: 125)。

要性(见本书第七章)。

“城市问题”与城市理论

20世纪60年代末期和70年代早期法国城市研究的一个独特特征,是相信理论为某些研究概念所受的意识形态沾染提供了唯一“科学的”解决之道,这些研究概念是战后时期美国经验研究的典型特征。这就要求在评估案例研究之前,先建立起详尽的解释模型。然而,如卡斯特尔后来所承认的,这种以相当粗糙的马克思主义城市权力模式为基础的演绎方法,带来的结果极为令人不满。他坦白承认:“我们制造了自认为在经验研究中所遭遇的唯一一次惨败。”(Castells,1983:298)

本质上,《城市问题》(*The Urban Question*)主张,即使就社会方面来说,城市也像是一个庞大的资本主义工厂,工作场所所固有的等级被复制到城市中污染最重、最为拥挤的那些地方的工人住所,复制到中产阶级对公共空间和社会设施的抢占,复制到对无产阶级所施加的双重剥削,即要求他们把微薄工资中的一部分以房租的形式回吐出来,这是一种连奴隶也不会遭受的异化形式。如卡斯特尔后来承认的,《城市问题》的不足之处是由于未能充分理解经典马克思主义理论的局限性,把它们过于僵化地应用于变动不居的社会结构——贫民窟正在被明亮的现代公寓取代,白领服务阶层的数量正在超过“穿蓝色外套的人”,女性正在大量加入劳动大军并要求获取报酬和就业的同等权利。然而,即使在这部早期作品中,区域和空间也被视为资本积累过程不可或缺的一部分,并由此成为阶级反抗的关键场所。[①] 在此意义上,卡斯特尔坚持认为城市中冲突不可避免,

---

① Castells,*City*,*Class* 和 *Power*(1978)。尤其见第一章,“城市危机、政治过程与城市理论”,在这一章中他提出,“城市危机是与生产力和生产关系之间的矛盾相关联的一般性危机的特定形式,这些生产力和生产关系作为一种基础与生态利益攸关”(Castells,1978:5)。

这种冲突影响着真正的社会转变的前景。不过，卡斯特尔承认，他的方法仍然有理论上的局限性：

> 原因在于，马克思主义理论作为这一组成部分的主要框架，并没有解决城市问题的传统。出于对理论的迫切要求，它在应用时过于机械；一般的马克思主义概念适用于观察到的过程，并没有找出由城市问题引起的新方面，而这些问题使得根据历史内容来得出新的概念和解释成为必要。
>
> (Castells，1983：11)

这一慎重的自我批评与鲁思·格拉斯等贬低者恰成对照。作为英国社区研究学派的老前辈，格拉斯强烈批评“这种可怕的言语污染的传播方式：它消耗了意义和能量（按卡斯特尔的准则，这被称为意识形态的纯洁）。在那种语言的产物中，劣质被注入了”[①]。与列斐伏尔的《空间的生产》颇为相似的是，《城市问题》与其说是关于城市实际运行方式的操作手册，不如说是关于城市为谁劳作又与谁为敌的哲学评判。这种理论或许一直倾向于路易·阿尔都塞的结构决定论最为糟糕的一面，但它至少为城市研究领域提供了部分理论指导；除了列斐伏尔本人这一重要例外，该领域已经在相当程度上被技术官僚的规划文献，或者社区研究传统中自由派的改革主义微观社会学所取代。

到 20 世纪 80 年代，卡斯特尔的研究已经不再密切关注作为生产和消费手段的城市，而是集中于作为论争场所的城市环境，不仅是在阶级冲突层面，而且包括更一般性质的社会、经济和文化冲突(Castells，1983：327)。20 世纪 80 年代早期，在放弃了对城市进程

① Ruth Glass, 'Verbal Pollution', New Society, 29 September 1977, 667 – 8, cited inKatznelson, 1992: 103.

静态的、结构主义-马克思主义叙述后，卡斯特尔和他的搭档们开始接受一种“行动研究”；这种研究以多个不同的发展成熟的和发展中的都市区域为基础，追溯了他的团队眼中非制度化抗议运动的蓬勃发展，此类运动遍布于全球，挑战着城市社会迄今为止所确立的前提本身。在下一章我们会更为充分地考察城市社会运动这个主题，这里我们仅简要探究卡斯特尔的社会运动分析如何与他不断提出的对资本主义和城市生活的批判连接起来。

在《城市与草根》(*The City and The Grassroots*)一书中，经由对历史上城市社会运动（比如1915年格拉斯哥拒付房租行动）的一些出色的案例研究，再加上对行动研究（比如智利圣地亚哥的擅自占地而建的社区）的重要评估，卡斯特尔的“后城市问题”方法得到了充分体现。贯穿始终的目标，是要为鲜活的政治冲突给出理论上的表达，以便对这类斗争的发展进行积极的干预。在三卷本巨著《信息时代》(*The Information Age*，Castells，1996—2000a)中，卡斯特尔的近期研究继续探究现代资本主义对人类（尤其是城市）社会的冲击，但研究范围已经比他的前期作品要广泛得多，这不仅体现在空间上（卡斯特尔的眼界现在已经扩大到全球社会），而且体现在研究的议题方面（包括对性别和身份，以及新的信息技术对资本和劳工组织影响的分析）。

与此同时，卡斯特尔对于社会运动（无论是城镇的还是乡村的）把穷人和不被社会接纳的人从艰难命运中解放出来的可能性很不乐观。在《城市与草根》中，卡斯特尔谈到了全世界正在蓬勃兴起的社会运动，尤其是城市社会运动，而在《网络社会的兴起》(*The Rise of the Network Society*)一书中，社会运动已经不再被视为新的激进政治的预兆，而是“碎片化的、地方化的，指向单一问题，骤来骤去；或者在它们的内部世界重掘战壕，或者围绕着一个媒体符号突然爆发又瞬间熄灭”(Castells，2000a：3)。

在卡斯特尔的近期作品中，资本主义仍然是重要主题，但他已不再认为资本主义作为一种生产方式具有决定性的意义；主要原因是，资本主义种类繁多，其区域影响远不是统一的。尽管世界经济发生了许多转变，卡斯特尔仍得出结论，认为“资本主义虽然有社会矛盾，但仍然充满活力，状况良好”。不过，在资本主义的组织逻辑中，他发现了一种新的发展方式，并称之为“信息主义”（Castells，2000a：211）。为向马克斯·韦伯致敬，卡斯特尔把“信息主义精神”描述为相互分离但彼此关联的诸多进程的混合物。第一种进程发现于商业网络（来自以家庭为基础的企业，比如在意大利北部和亚洲部分地区发现的那些），包括集中于硅谷的企业网络、构成一系列分包过程和功能的后福特制“分类交易”企业，以及类似日本的那种层级式公共网络。第二种进程包括一些技术工具，比如新的电信网络、个人计算机和无线通信设备、自我演化的软件，还有一个由专业经理和雇员构成的新的等级，他们能借助最新的数据媒体协议和进展实现轻松沟通。第三个方面是全球竞争，这种竞争继续推动着创新、连通，以及能够将消费者需求与产品和服务密切匹配的智能系统的发展。第四个因素是国家因经济和政治文化的性质不同发挥着不同的作用。在不那么发达的国家，政府很可能奉行干预主义，控制和管理着关键的经济部门；在欧洲，政府致力于调节；在美国，政府在跨国公司至上的背景下，往往在很大程度上是经济自由主义的倡导者。通过把这些不同的因素联系在一起，一种被卡斯特尔称为“网络企业”的资本主义超级演化形式，就能够通过“零库存”订单、生产外包，以及许多国家对就业权利的削弱，避免困扰着资本主义早期表现形式的许多问题，从生产瓶颈到库存过剩，再到“僵化劳动”（同上：213—4）。

简要勾勒信息主义经济的构成因素后，我们现在有必要考察一下卡斯特尔如何认为这些因素在他所说的“流动空间”中彼此联系在一起，这种空间与传统经济的“地点空间”形成一种对照。卡斯特尔指出了在全球主要都市中心出现的高端服务集中和高就业增长率，“这类活动的上层”集中于“几个国家的几个节点中心”（Castells, 2000a: 410）。尤其是全球商业中心构成了“生产和管理网络，它们充满弹性，不需要把工人和供货商纳入内部，而是需要能够在合适的时候，按每种特定情形所要求的时间和人数，找到他们”（同上：415）。

如我们之前强调的，这些技术进步带来的国际劳动分工正在世界范围内确立企业地点，以便最大限度地利用劳动力特征、有利的交易机会以及市场准入机会的优势。卡斯特尔以美国微电子行业为例，这里的研发、创新和原型开发往往聚焦于公司业务的核心领域。需要技能的制造流程在公司的分厂完成，通常是位于美国西部的中型城镇，而大规模、高容量的制造业务，由于需要在激烈竞争的市场上减少劳动力成本，一般选址在东亚（以及东南亚）的新兴工业化经济体（新加坡、马来西亚、中国台湾、印度尼西亚）。销售中心、维护和售后业务集中于北美和西欧的主要区域中心，而快速增长的消费者市场则位于亚洲（同上：418）。

这些最为成功的以技术为基础的新型全球企业，其独特之处在于它们位于彼得·霍尔和曼纽尔·卡斯特尔所称的“创新环境”中（Castells and Hall, 1994）。创新环境的特征被描述为“一套特定的生产和管理关系，基于一种社会组织，该组织总体上具有共同的工作文化和工具性目标，力图创造新知识、新流程和新产品”。这样的环境可以作为一个以距离为基础的网络而存在，不过卡斯特尔辩称，“空间上的邻近是这种环境得以存在的必要物质条件，原因在于创新过程中互动的性质”（Castells, 2000a: 419）。他随后又补充说，“创新环境的独特性在于它能够产生协同”。如我们在下一章将要看到的，这一空间协同观念类似于萨森、迈克尔·施托普尔（Michael Storper）和阿什·阿明(Ash Amin)以及奈杰尔·斯里夫特(Nigel Thrift)在描述全球城市的独特特征时所提出的“集聚经济”或者说“非交易型依存关系”,以及“新马歇尔式节点”。

资本主义城市与全球化

在过去的十几年中,“探讨全球化的出版物数量出现了指数级的增长”,虽然相比于发展和贸易问题,全球化对人类定居点造成的影响受到的关注没有那么多(Habitat/United Nations Center for Human Settlements, 2001: xxx—xxxi),在作为整体的城市研究领域,对全球化的研究仍然继续成为重要的增长内容(Yeoh, 1999; Marcuse and van Kempen, 2000: 2)。身为联合国秘书长的科菲·安南(Kofi Annan)在为联合国人居署的那本书所作的前言中写道:“虽然全球化无疑会影响乡村地区,全球经济变化所带来的冲击却主要集中于城市……同时,城市及其周围地区本身也通过提供全球化所依赖的基础设施和劳动力,以及从密集的城市生活中不断涌现的观念和创新,来塑造和推动着全球化。”(Annan in Habitat, 2001: v)

对于全球化这个“混乱概念”的实际意义目前还缺少共识,但人们一般认为,全球化是一个过程,在此过程中,从资本、劳动、物品,到交流、文化和病菌,所有事物都能从世界的任何地方被快速地交易或传输,并不受国界的阻碍。[①] 因此,与全球化联系在一起的关键词包括:连接性、相互依存、“时空压缩”、融合、竞争、分裂、复杂和混乱。无疑,技术进步有助于驱动全球化进程,但我们不应忘记,技术也能用来限制、阻碍和审查人的交流;因此,全球市场中的全国性经济融合,以及投资、移民、贸易和文化表达等领域所受限制的撤销和强加,

---

① 斯里夫特(1996)对15世纪以来时空范围的收缩,及其对全球化产生的影响进行了引人入胜的描述。

都是人类行动者要做的工作，虽然他们往往是经济、政治和军事力量的指挥者，力量强大又握有特权。

大多数全球化论者都认为，全球范围内的大型跨国公司(multinational companies，MNCs)象征着全球资本主义的新阶段。但是，自16世纪始，由政府创办的企业对全球性市场、商品和贸易路线的控制，就与重商主义的扩张联系在一起，并且自18世纪中叶开始与资本主义的增长联系起来(Wolf，1997：232—66)。大多数经济史学家还认为，尤其是在美洲和非洲，西方资本主义为欧洲和北美投资者创造的利润，是以损害地方人群为代价的，而后者并未分享到他们的自然资源和劳动所产生的价值的合理份额。因此，"不均衡发展"——即富裕且日益贪婪的核心发达经济体与领土广阔得多、人口远为庞大的边缘地区之间维持着剥削关系——是由地理原因直接造成的，最初由帝国主义和殖民主义强加，现在则由全球市场那只看不见的手，尤其是实力最为雄厚的全球公司维持着。

大型跨国公司与发展中国家之间实力的悬殊，其部分迹象可以从以下事实中推断出来：2001年，作为全球最大的公司，沃尔玛获得收入2 200亿美元，比1997年整个非洲大陆的收入还要多308亿美元。① 城市，尤其是发达资本主义经济体中的大型城市，已经在这个由公司和金融企业构成的不断扩张的全球网络中成为节点；为了继续保持成功，这些"世界城市"或者说"全球城市"必须为实力最为雄厚的银行、投资公司和跨国公司提供最为有利的便利设备、基础设施、劳动力供应以及税收制度。同时，这些面向全球的资本主义企业的集中所造成的影响，一直在已经建成的城市中心加速着非工业化进程，并且使相当数量的经济活动非地方化，这些经济活动过去是在按传统方式界定的城市范围内部(Paquin，2001：337)发生的。

---

① 1997年非洲人口为6亿，人均国内生产总值为315美元。来源：Habitat，2001：17。

与此同时，在发展中国家，尤其是在撒哈拉以南非洲，本以为能使发展中国家在全球市场上更有竞争力的结构调整计划，仍然没能制止农业就业人数的减少以及数百万穷人向第三世界早已拥挤不堪的城市迁移，在这些城市，基本的便利设施和公共服务或者供应不足，或者完全没有(Stein and Nafzier，1990；Castells，1998：116)。然而，发展中国家的城市穷人虽已处于令人绝望的困境，但由跨国公司带来的西方式消费的“文化拉动”力量，以及在此前由自给自足和地方消费模式主导的地方创造出了对产品和服务的需求，加剧了收支平衡危机，致使正在撕裂非洲社会结构的“高昂的人力成本和牺牲”变本加厉(Adepoju，1993：3—4，同上：115)。

无人否认那些处于发展过程中的城市面临着相当程度的问题，但是联合国发布的《1999 年人类发展报告》中，暗示了为何乡村人口会持续抛弃土地，力图在城镇找到更好的未来，虽然迁移天生就有种种风险。在联合国人类发展指数中，博茨瓦纳位列 174 个国家中的第 122 名，其人类贫困指数由 1991 年的 32.2%降至 1996 年的 22%。然而，这一以国家为整体单位的总和数字，掩盖了城乡之间赤裸裸的分化：城市地区的人类贫困指数为 11.7%，相比之下，农村为 27%。虽然是个小国家，博茨瓦纳的城市人口由 1975 年的 12%猛升至 1997 年的 66%，并预计会在 2015 年之前升至 88.7%(United Nations，1999：131)。对于博茨瓦纳的赤贫人口，以及全球数百万类似的人们来说，这一趋势值得欢迎，因为即使是城市中最为边际的利益，也好过极度困扰着南方国家乡村穷人的干旱、疾病和饥荒。

如我们已经指出的，城市化与资本主义的兴起和资本主义市场的扩张联系在一起。随着东欧共产主义模式的失利以及非西方世界对“进口替代型”内生式经济发展方式的有效摒弃，说发展和资本主义发展是同义词已经不再是一种夸张。因此，我们猜想，城市化率与人类发展指数之间存在着某种直接的、正向的关联(见表 6.1)。

表6.1证实了这一假设。虽然排名最前和最后的两组国家之间存在着一些变量(“城市”程度最高的社会并不是人类发展指数最高的,“乡村”程度最高的社会也不是发展最落后的),我们能够看出在1997年,十个发展程度最高的国家城市化率都在70%以上,而十个发展程度最低的国家,没有哪个城市化率超过40%(参见第九章关于城市化与发展程度之间关系的讨论)。

表6.1 人类发展指数排名最高和最低的十个国家的城市化率,1975—2015(预期)

人类发展指数排名	城市人口占全国总人口的百分比			
	国家	1975	1997b	2015
1	加拿大	75.6	76.8	79.8
2	挪威	68.2	73.6	78
3	美国	73.7	76.6	81
4	日本	75.7	78.4	82
5	比利时	94.9	97.1	98
6	瑞典	82.7	83.2	85.2
7	澳大利亚	85.9	84.6	86
8	荷兰	88.4	89.1	90.9
9	冰岛	86.6	91.9	93.8
10	英国	88.7	89.3	90.8
164	卢旺达	4	5.8	8.9
165	中非共和国	33.7	39.9	49.7
166	马里	16.2	28.1	40.1
167	厄立特里亚	12.2	17.7	26.2
168	几内亚比绍	16	22.5	31.7
169	莫桑比克	8.6	36.5	51.5
170	布隆迪	3.2	8.1	14.5
171	布基纳法索	6.3	16.9	27.4

续 表

人类发展指数排名	城市人口占全国总人口的百分比			
	国家	1975	1997b	2015
172	埃塞俄比亚	9.5	16.3	25.8
173	尼日尔	10.6	19.1	29.1
174	塞拉利昂	21.4	34.6	46.7

来源:United Nations

二元城市

全球化中的国际劳动分工,一方面在世界范围内引起了地区极化,南方国家的某些城市(比如马尼拉大都会、孟买和达卡)实质上为全球以及当地的制造业承担着血汗工厂的角色;另一方面,又在发达国家催生了一种两个等级的城市,即莫伦科夫和卡斯特尔所称的"二元城市"(Mollenkopf and Castells, 1991),在那里高薪的管理人员、专业人士和技术专家,与低报酬、低技能并且通常由多种族裔构成的服务阶层携手工作(但分开居住)(Friedmann, 1986)。基本上在这一新的城市"流动空间"(Castells, 2000a)中缺席的,是大多数处于传统职业中的中间阶层,他们生活于以户为基础的核心家庭,构成了发达国家中以白人为主的郊区和小镇。如我们在上一章看到的,就大都市对生存空间需求的激发来说,全球化也有着深刻的社会影响,这种影响既有正面的也有负面的:在某些区域,引发了中产阶级化(富裕的迁入者获取了居住和商业空间),在其他区域则导致了贫民区化(在那里低收入者在居民中占有很高的比例)。

世界城市与全球城市

如彼得·霍尔(1966)提醒我们的,一些最早的城市是沿着广阔的跨大陆贸易通道成长起来的港口和定居点,就这个意义来说"世界城市”一直存在着。然而,萨斯基娅·萨森想要通过一种不同类型的大都市,即她所称的“全球城市”(Sassen, 1991, 2000, 2001a)来确认全球化的过程。萨森把全球城市定义为“管理全球经济、提供最为先进的服务和金融业务的战略场所。对于全球经济活动的实现和管理所必需的先进服务和电信设施来说,它们是关键场所”,并且“往往集中着企业(尤其是在全球范围内运营的企业)总部”(Sassen,2000:21)。有观念认为,全球城市的特点在于它们身为全球资本主义企业和国际管理场所所具有的“发号施令功能”,这一观念深深植根于城市全球化领域的著作中(Hymer,1972; Cohen, 1981; Friedmann and Wolff,1982; Friedmann, 1986, 1995; Feagin and Smith, 1987; Brotchie*et al.*, 1995; Knox and Taylor, 1995)。还有另一种观点,在并不否认全球城市在发令和控制方面的重要性的同时,强调国际连通性是“全球性”的又一个重要检验标准(Smith and Timberlake, 1995)。在上面提及的标准以外,在世界城市从商的人还提出了更多的指标,包括政府集中度、高等教育、文化和旅游业等(Mayor of London, 2002: 300)。

在《全球城市》(*The Global City*)一书修订版中,萨森(1991, 2001a)列出了一个范围更广的清单,由七项核心特征组成。第一项特征是,企业的活动在地理上分布广泛,跨越不同的国家。随着这些活动变得越来越多样和独立,不同交易的协调和管理工作在规模和复杂性上都有所增加。于是,许多公司决定把行政和财务业务外包给专业的服务提供商(信息技术、法律、财务和管理咨询公司)。这种做法也日益出现于核心业务,比如工资支出和远程通信中,它们之前一直是在机构内部完成的。伴随这一趋势而来的,还有全球企业对“集聚经济”的日益依赖;在集聚经济中,专业服务和技术人员的特定结合产生了一种“信息中心”,它对应于某种类型的城市环境,与机构内部相比,该环境能够实现对市场需求更为快速、灵活的反应。萨森提出的第四项特征是，全球企业能更为自由地迁移总部，因为先进的公司已经将专业职能外包至集聚经济，从而不再需要位于服务提供商和供货商附近(同上：xix—xxi)。

基于她所著的姊妹篇《世界经济中的城市》(*Cities in a World Economy*, Sassen, 2000)一书，萨森(2001a: xxi)还断言，专业的企业对企业服务需求的增长，还促成了跨国城市体系的诞生，在此体系下，"这些城市的经济时运变得越来越与它们的广阔腹地，甚至与全国经济失去关联"。此外，

> 重要的增长部门，尤其是生产性服务业的存在，以直接和间接的方式产生了低工资岗位：直接方式是借助工作过程的结构，间接方式则是通过那些受雇者的高收入生活方式的结构，以及低工资劳动力的消费需求。
>
> (Sassen, 2001a: 286)

辅助资料 6.1　伦敦金融城

伦敦金融城是世界上主要的金融中心之一，2011 年平均每日外汇交易总额达到约 7 300 亿英镑，占全球市场的 36.5%。伦敦还在利率衍生市场产生了 8 800 亿英镑，占每日全球收入的 46%。2011 年，伦敦证券交易所的市场资本化规模为约 2.5 万亿英镑，为欧洲最大、世界第四大证券交易所。以下事实进一步确认了伦敦作为世界城市的地位：251 家国外银行在伦敦设有办事处，60 个国家的 2 600 家公司在伦敦证券交易所上市，同时《财富》世界 500 强公司中 75%在英国首都设有办事处。

正是萨森所持观点的后两个方面，使得这种观点不只关乎全球化本身的经济模式；正如她在其他地方所说，因为经济全球化文献通

常只狭隘地关注资本的上行通道,往往"从全球化的叙事中排除了一整个系列的活动和工人,他们与国际金融和全球通信一样,以自己的方式发挥着关键作用"(Sassen,2000:7)。为了有效运转,就像需要高层管理人员一般,大型跨国公司也需要清洁工和邮递员,因此选址经理心里就要考虑到,必须在能够获得廉价而充足的非技术性劳动力的地方。这就解释了为何大都会城市继续吸引着国际公司,因为全球城市更有可能充分提供便宜劳动力(往往是移民),使用这些劳动力并不像使用本地劳动力(更有可能组织了工会)那样,需要付出那么多成本,接受那么多管制(Friedmann, 1986b: 77)。因此,萨森正确地强调了一点,即城市日益增长的世界主义在很大程度上是结构性收入差距的结果,大型国际公司的股东和经理们则有力地维护着这种收入差距。

这一争论所暗示的是,全球化不仅是一个经济过程,它首先是一个政治过程;在此过程中,市场准入、建筑许可、税收减免、劳动法律、交通基础设施等,都有赖于地方政府、全国政府,偶尔还有超国家政府的决定。然而,在其成形和协商过程中,全球化的这种机会结构绝大多数都是地方性的(Clarke and Gaile,1998: 2)。如阿明和斯里夫特所声称的(2002),在竞争日益激烈的全球市场中,关于地方市场和基础设施对城市生存能力之重要性的这种强调,也见于保罗·克鲁格曼(Paul Krugman)等经济学家的作品中(Krugman, 1991; Fujita *et al.*,1999);克鲁格曼与萨森一起,突出了地方的经济主体集群如何为经济提供了规模和国际贸易优势。艾伦·斯科特(1981)、萨贝尔(Sabel)和皮奥里(Piore)(1984)以及萨贝尔(1994)让人们注意后福特制通过从垂直融合转向水平融合的方式对作为供应商和客户来源的城市经济和地方经济设置了更多的额外费用。如此一来,自相矛盾的是,这些间接的或者说非交易型的相互依存关系(Storper, 1997: 222)、"新马歇尔式节点"(Amin and Thrift, 1992)或"服务集群”(Taylor *et al.*, 2003),在全球金融和贸易系统继续加速融合之际,强调了对空间邻近性的需求。于是,城市-区域经济网络的出现,就应该被视为地方经济聚集的互补过程,它镶嵌在全球融合的更为广泛的地区和全国体系之中。

与萨森相反,在施托普尔看来,那些提供价值高、专业性强的服务的专业集群,与传统的全球城市三分天下(伦敦、东京和纽约)相比,其发展趋势要分散得多。如果把“全球性”界定为依赖于在城市经济基础中进进出出的国际交易,我们同样可以表明,全球性并非三巨头所独有(Llewelyn-Davies Planning, 1996)。事实上,全球性是一个真正遍布世界的现象(Storper, 1997: 224—5; Taylor and Walker, 2001)。与此同时,同样真切无疑的是,主要的世界城市联盟控制着电信业务中比例过高的份额(与它们的居民人口相比)。格雷厄姆和马尔文引用的一项研究显示,所有接入英国的国际私人长途通信电路,55%以上终端为伦敦,而在法国生成的所有高级数据业务,有四分之三来自巴黎地区(Graham and Marvin, 2001: 316)。

正如城镇的增长形成了城市土地投机市场,新的全球化大都市在机场、道路网络、地下铁路、地面轨道以及其他高速跨中心链接的传统交通形式以外,还正以电信港、光纤有线网络的形式吸引着绝大多数新的基础设施投资。第二次世界大战结束后,各国政府把发展运输和交通网络作为全国经济发展战略的一部分,在此战略中,优先考虑的是要减少中心和边缘地带之间的财富差距(Brenner, 1998b: 445 in Graham and Marvin, 2001: 309)。但在19世纪末和20世纪初,趋势转向了对国家基础设施进行“分类定价”,以便把资源集中于最为成功的城市区域,因为这些城市区域被视为国家繁荣的关键(Graham and Marvin,同上)。

与此同时,传统上美国资本对大政府(除非是作为报酬丰厚的订单的提供者)的敌视态度,迅速传遍英语世界的地区(尤其是英国和澳大利亚)的保守政府的政策制定过程，以至于“凡公即坏、凡私则好”的咒语变成美国式城市经济毫无疑问的正统观念(见下一章)。国家的关键角色仍然保留在更具干预主义色彩的区域发展战略中，比如在法国(在国家掌控的国土规划局 DATAR 的支持下)，国家投资继续为城市集群中新的基础设施项目提供着资本支出中的多数份额(Savitch, 1988)。

在远东，尤其是在日本，同样重要的是要注意，与美国企业相比，日本的私人资本对城市发展计划没有那么大的影响力。不过，即便在这些更多地由国家主导的经济体中，私人资本也变得相当关键，比如它们在东京都市圈的房地产投机领域创造了世界上财富最多的市场；鉴于日本的银行作为国际经济中投资资本主要来源的卓越表现，上述成就不仅对地区和国家经济，而且对全世界的投资环境都产生了重大影响(Waley, 2000: 136—8)。

因此，虽然我们能指出与日益开放的世界经济相联系的明显过程和趋势，但是，把全球化视为决心主导世界的主要跨国公司的成功阴谋以及发展中国家的进一步贫困化，这一观念已经受到各方面人士的批评。不足为奇的是，作为各种结构调整计划的主要执行者，世界银行把借由资本主义市场实现的全球融合视为“一件好事”，认为它是世界贫困的解药而非肇因。在 2000 年的一项报告中，世界银行声称，“令人信服的证据表明，全球化在发展中国家加快发展速度和减少贫困的过程中发挥了重要的推动作用”(World Bank, 2000: 1)。

哈维、卡斯特尔、萨森等激进派城市规划者们一致认为，全球化正在制造大量的痛苦和剥削，日益集中于全世界许多城市的边缘空间。但是，如果我们把长期趋势纳入考虑，按官方贫困标准来衡量，印度的贫困比例由 1973 年的 57%下降到 1998 年的 35%，而在全世界范围内，婴儿死亡率从 1970 年至 1997 年下降了一半，人均预期寿命由 55 岁增加到 67 岁(World Bank, 2000: 3)。然而，如世界银行所承认的，“虽然许多发展中大国经济增长有出色表现，但世界范围内绝对贫困仍然在加剧”(同上)。城市化速度最快的国家，其经济增长率也更高(见前文的表 6.1)；在某些情形下，这会导致贫富差距拉大，在其他情形下则不会。然而，在贫困人口日益城市化这一背景之下意义重大的是，金融市场的融合以及私人资本流动越来越反复无常、规模越来越庞大，意味着政府和机构不是无力就是无意保护穷人免受经济危机的影响。此外，某些行业(现在已经极少有行业享受着有力的就业保护)的工人们日益缺乏安全感，包括每隔一段时间就需要更换工作甚至移居其他城市(同上：7；Sennett，1999)。

这些判断无法在经验证据的层面得到解析，因为对许多自由主义的倡导者来说，全球资本主义的胜利关乎的是为人们提升自己创造机会。从这个观点来看，并没有“失败者”，只有尚未胜利的人。更为悲观的观点则断言，全球化使得每座城市(不只是发展中国家的那些城市)成为血汗工厂制造商和低工资服务行业的避难所，因为突然之间“后备劳动大军”的规模达到了数以百万计而不是数以千计。这类企业往往集中于城市中的破败区域，其原因与高科技企业集中于加利福尼亚州的圣克拉拉县相同：在那里能找到合适的劳动力——就纺织业和制造业来说，是不受保护的低工资移民；就硅谷来说，则是来自当地和国外的高素质年轻大学毕业生。有一项经过细致考察的分析，它并没有证明或推翻全球化的神话，却表明全球化对城市的影响并非突然出现，轮廓鲜明，而是隐约迟疑，并且在塑造新的全球经济的程度和性质时——如戈尔德史密斯和布莱克利所声称的——与一种常被忽略的批判性城市空间本身的角色难以区分(Goldsmith and Blakely，1992)。

结语

自 19 世纪以来，城市社会已经发生了重大变化，但我们在本章所探究的主题都以某种方式往后关联着恩格斯和马克思对资本主义城市所作的解释。我们能确定的共同主题包括：(1) 商品和商品化对城市发展和城市资本市场的重要性；(2) 资本主义制度下劳动分工的强化；(3) 城市中雇佣劳动的集中所带来的管理和控制阶级冲突的必要性；(4) 城市作为全球化资本经济的指挥和控制中心的地位日益加强。

地理学家大卫·哈维对城市作为资本再生产的关键场所的强调，可被视为马克思所作相同分析的一部分，这一分析使曼纽尔·卡斯特尔得出结论，认为创设城市的本意也是为了劳动力的再生产和集中。不过后来卡斯特尔扩大了关注范围，着力去探究城市中的集体行动者，并表明他们的政治行为与其对公共物品和服务的依赖紧密相关(Castells, [1972] 1977, 1983)。这种“消费场所”的视角(见第七章)具有明显的韦伯式弦外之音，因为它对市场地位和消费状况的强调，更甚于对城市行动者和生产资料之间关系的强调。另一方面，甚至在《后现代性的条件》(*The Condition of Postmodernity*)这样的后期作品中，哈维也坚守了一种相当正统的马克思主义立场，把论争性的政治和文化理解为是在表达特定的时刻存在于特定城市地点的生产关系(或阶级力量)。

这就导致哈维城市理论的批评者，如迈克尔·彼得·史密斯，把哈维斥为功能主义者，并说他忽视了全世界反对霸权的群体与行动者塑造和发展城市社会的途径(Smith, 2001: 24)。同时，史密斯声称，卡斯特尔、哈维、萨森、佐金和其他主要的城市理论家们一致表达的全球-地方二分法，促成了对“跨国城市主义”复杂性的简单化处理，遗漏了极具功能性的全球主义的真实叙事；这种全球主义在发展中国家的“边缘空间”内，以及西方大都市的移民社区中，(吊诡地)处于其发展的鼎盛时期(同上：3—5)。但是，没有现代的资本主义技术、交流网络，没有南方国家贫困的推动因素和西方繁荣的拉动，史密斯所称的边缘空间就会一直无法关联到一起。[①]

鲍勃·杰索普(Bob Jessop)也承认全球化并非“一种前后连贯的因果机制”,但这并不意味着它不重要或者关于它的各种主张必定是过度渲染的。“企业式城市”的出现,不仅在它的天然故乡美国,而且在世界上的许多国家,都表明了结成网络的大都市重新获得的重要性;这些大都市是信息经济的关键场所,也是越来越不受国界约束的跨国资本主义最具适应性的空间范围(Jessop, 2000: 97)。这一趋势隶属于一个过程,此过程从苏联和东欧共产主义的衰退中获得动力,走向了格雷厄姆和马尔文所称的跨国公司资本对碎片化基础设施及城市空间的私有化(Graham and Marvin, 2001)。对于经济、政治和文化的这一断裂破碎和重新配置过程,全球城市是关键场所,部分论者由此得出结论,认为许多在我们看来与后现代主义相关联的特征,要到当代全球化的大都市中去发现(Magnusson, 1996: 281—2)(更充分的讨论见第八章)。

如我们在第五章所见,这一过程不过是一种世界趋势的元素之一,该趋势朝向私有化的城市王国,已经见证了公共街道向私人散步场所的转变(Gottdiener *et al.*, 1999),仅供居住、装有门禁的社区的出现(Blakely and Snyder, 1999),以及私人公司日益被用于在商业和居住区域提供安保和监控服务(Davis, 1992)。

然而,历史告诉我们,富裕的城市居民与城市穷人之间的冲突,一直是市政管理机构“提升”策略的一个特征。要明白这一点,只需要想想豪斯曼在巴黎中心城区进行的“阶级清理”,以及伦敦的贝尔

---

① 无疑的事实是,共产主义社会经历过一定程度的世界主义,比如苏联的大学中对来自马克思主义的非洲和亚洲国家的学生进行的教育,或者是俄罗斯以外的少数民族向莫斯科的内部移民。不过,这些运动都受到国家的严密控制,对于典型的共产主义社会的文化和政治上的一元化几无改变。关于当今俄罗斯少数民族在经济上的从属地位的讨论,见第九章和第十章。

格拉维亚和切尔西[1]，那里只允许街区中的富裕居民进入。所有这些都表明，列斐伏尔关于"城市权利"的重要论述仍然具有现实意义；如我们在下一章将要看到的，把城市作为社会和经济排外之地的批评也在有益地提醒我们，城墙、宵禁以及中世纪的贫民窟远不是历史遗迹。

延伸阅读

马克思主义/马克思主义理念

关于马克思和恩格斯对城市理论的贡献，艾拉·卡茨尼尔森的《马克思主义与城市》(*Marxism and the City*，1992)是最为出色的叙述之一，同时专业人士以外的读者也能看懂。另一方面，大卫·哈维1982年的经典之作《资本的限度》(*The Limits to Capital*)，对资本主义城市所作的严谨的马克思主义分析至今无人能够比肩，不过阅读之前先了解一下马克思主义经济学会有好处。对于外行来说，大卫·哈维(2012)《叛逆的城市》(*Rebel Cities*)第二章"资本主义危机的城市根源"是更容易上手的入门材料。这一传统中的其他相关文集包括费金和史密斯(1987)、塔布(Tabb)和萨韦尔(Sawers)(1984)。

伊达·苏瑟(Ida Susser)的《卡斯特尔读本》(*The Castells Reader*，2002)中收入了卡斯特尔学术生涯早期的一些文章和摘录，它们具有更为明显的马克思主义风格(另外还收入了他范围更广的近期作品)。卡斯特尔写于20世纪70年代和80年代早期的两本书，即《城市问题》(1977)和《城市与草根》(*The City and the Grassroots*，1983)，任何人如果想了解城市理论在数十年认识论上的

---

[1] 自治市，伦敦的文艺界人士聚居地。

停滞后的重新确立，都绕不开。

信息城市

关于信息经济和城市的文献，卡斯特尔也作了重要贡献。其中特别重要的包括《信息城市》(*The Informational City*，1989)和《世界技术城市》(*Technopoles of the World*，1994)，以及《网络社会的兴起》(*The Rise of the Network Society*，2000a)。卡斯特尔关于"流动空间"的文章，同样见于勒·盖茨和斯托特所编的《城市读本》(各种版本)以及《网络城市读本》(*The Cybercities Reader*，Graham，2004)。格雷厄姆和马尔文的《长途通信与城市》(*Telecommunications and the City*，1996)写到了与全球化、城市重建以及新的通信技术相关的许多主题，尤其是关于它们的社会影响。

全球化与资本主义城市

关于全球化的政治经济，有太多相关作品可以在此列出，但是从城市理论的角度来看，关键的参考书目应该包括：费里德曼(Friedmann)和沃尔夫(Wolff)(1982)，费里德曼(1986)，萨森(1994)，诺克斯(Knox，1995)，诺克斯和泰勒(1999a)。萨森的《全球城市》(*The Global City*)删减版出现于法因斯坦和坎贝尔(Campbell)(1996)，其中还有法因斯坦本人所写的一章精彩内容，讲的是变化中的世界经济和城市重建。萨森全球城市理论的简明版见萨森(2005)。来自南方国家视角的对立分析，见罗宾逊(Robinson，2006)。

空间劳动分工/后福特制

除了马西的署名文本(1995)，阿什·阿明所编的文集《后福特制读本》(*Post-Fordism：A Reader*，1994)虽然并非专门致力于对后福特制的空间考察，却遴选了优秀的文章，探究了新的生产过程的起因和结果，及其对工作和定居形式的影响。约翰·伦尼·肖特(John Rennie Short)的《城市秩序》(*The Urban Order*，1996)第一部分所包含的各章叙述清晰，是对本章所讨论的许多主题和理论家的权威介绍。

第七章　受质疑的城市：政治、人与权力

所有政治都是地方性的。

——托马斯·P.“蒂普”·类尼尔(Thomas P. ‘Tip’ O’Neill)

“所有政治都是地方性的”这种说辞是愚蠢的，在全球新自由主义面前不攻自破。

——尼尔·史密斯

引言

所有关于城市的结构、城市空间的组织以及城市居民的行为和愿望的讨论，可以说都在某种程度上依赖于权力关系。在前面各章，我努力表明论者和研究者们在解释这类现象时，如何时而运用演绎法(即事先形成看法)，时而又运用归纳法(或者说“开放结局式”)。在本章中，我将关注的内容包括：以政治形式，尤其是以它与城市空间的管理和组织以及空间中包含的所有人之间的关系体现出来的权力；城市政府有义务管制或审查的社会、经济、文化和政治活动；对于

各种形式的当局，或者对于当局在不同的城市环境下努力执行的措施，社会行动者试图质疑和抵制时所采取的途径。

当然，首先要承认的一点是，没有哪两座城市在政治-行政概况方面完全相同，即使是在同一个国家之内；这就使得进行比较式概括这一任务尤其难以完成。另一个同样麻烦的问题是，不同地方的城市政府在自主性和权力方面差别很大；因此可以说，某些城市政府不过是全国性行政部门的附属机构，而另一些城市政府与国家政权相比，则在财政、立法和司法等方面享有相当的独立性。此外，不同层级政府之间的关系，由国家政权向上延伸，包含着欧盟这样的超国家机构，向下则往往触及选区和居住区层面。

这种等级式和垂直式政府模式，必须嫁接上日益复杂和广泛的治理世界，这个世界所描述的是一个整体，其中包括一般所称的“职权范围”“管辖范围”或者就是“网络”，它们全都与决策过程相关。如果说政府是单中心、等级式、规定式的，治理则通常与之形成对照，是多中心、无等级、非指令式的。政府的典型特征是指挥结构，治理则与合作和达成共识相关(见表 7.1)。

最后，如我们在上一章所见，我们无法想象都市世界处于它的物质生产和再生产所必需的种种条件之外。过去，城市的变化一直是由人和财富的集中和迁移驱动的，现在则时兴把这些观察归集于“全球化”这个包罗万象的标题下。城市，尤其是大城市，处于城市化过程的第一线，这些过程正在以深入而新奇的方式改变着城市的政治秩序。因此，我们努力在当代大都市中明确并理解这些过程，同时试图把这些发展情况与来自关于现代化和现代性的其他叙述中的见解联系起来。

在本章的开篇，我们先是探讨关于城市权力的精英式描述，转而考察罗伯特·A.达尔(Robert A.Dahl)等政治学家经典的多元主义方法，再探究关于城市政治行为的理性选择理论，随后审视城市政治经济学方法，最后则考察关于城市政治的一些最新理论，包括城市体制理论、增长机器模型以及制度主义。

在第二节，接着上一章关于全球化对城市经济造成的冲击的讨论，我们着眼于全球化对城市和区域治理的形式和规模的冲击来考察这个过程。在认识到全球化并非以全球市场运行为起点和终点的一个过程，更重要的是弄清在为这些新兴的城市结构要求更好的政治-空间“配套”的背景下地方和区域政府的新结构在以哪些清晰的方式演变之后，我们需要越过城市治理这个舞台，去考察城市权力那些更为广阔的社会维度。在第三节，我们关注“来自底层的运动”，尤其关注贫困和边缘群体如何能够维护他们对城市的权利。我们将考察城市里的人们及其拥护者在人生机会和发展前途方面的不同结果，是如何通过呼吁变革的运动以及在城市资源的管理和分配中获取更大发言权的要求体现出来的。最后，在结语部分，我们试图比较城市理论与城市政治理论，以便突出那些在传统上将城市分析的两大学派区别开来的问题和关注对象。随后，我们探究了两大立场之间的分歧是否正在弥合，评估了在城市理论中重新出现的对权力过程的关注方面，城市政治学做出了哪些贡献。

城市政治和城市治理研究的各种方法

在历史上，人们谈到城市社区时，可能会视之为边界清晰的栖居之地，人口密集，政治和经济上融为一体，与乡村和海洋等周边环境截然不同；在世界的某些地方，目前仍存在这样的看法。在现代西方社会，已经很难见到对城市和乡村进行如此泾渭分明的划分了。城市化已经使英国九成以上的人口定居在小镇或城市，这个比率在北美、日本和西欧虽然略低，但同样很高（Fainsten and Fainsten，1982：145）。

如此一来，把“城市政治”说得与一般政治明显有别，对于西方的政治分析家来说似乎有些站不住脚。但是在现实中，如果说乡村—城市这个统一体中的区域差别变得模糊了，对城市调查有兴趣的政治学家们，则把与中央或国家相区别且独立的“地方”或“次国家”作为分析层面，由此努力避开了这个问题。不过在这里，我们立即遇到一个困难：城市这个概念并不受“中央-地方”二分法的限制。因为，中央-地方或者说中央-边缘的区别是一种政治的而非区域的分界，它本身就与现代国家的种种表述密切相关。另一方面，城市是一种空间的文化范畴，包含并压缩着国家权力的每一种表现形式。

苏珊·法因斯坦提出，作为一个研究领域，城市政治学在英国比在美国出现得更为缓慢。英国地方政府的地位要弱势得多（与美国相比），并且那里的城市社会运动要更为平淡，这些因素与上述边界模糊的状况大有关联（Fainstein，1993：257）。同样，英国的城市政治研究植根于公共管理研究中，从历史上看缺乏强有力的理论传统，因此“地方政府研究”往往带有严格的经验主义特征，只是偶尔涉足比较研究。于是，城市便被视为开展地方行政事务的场所，城市政治不只是市政委员会的弄权这一观念还要等上一段时间才会进入学术文献。但是在美国，市政当局享有的宪法自治权引发了对这些作为政体的微型共和国本身的兴趣。自 19 世纪早期托克维尔（Tocqueville）的著作开始，美国的城市政府就被视为核心，不论对城市社会的发展，还是对作为整体的国家特征来说。在以下各节，我们将探究关于城市治理的各种不同的政治观点，如何试图解释以往城市中各种社会-制度关系的组织与结果；关于城市政治的各种当代态度，又如何以新的重要方式重新定义着城市政体。

城市政治的精英理论

自亚里士多德时代起，城市治理就是政治对话的核心。古代的雅典人认为城市的治理不需要征得所有居民的同意，因为公民只代表着非奴隶的少数男性，而女性、奴隶和外邦人（即非雅典人）是被排除在决策过程以外的。亚里士多德和他的弟子们认为，统治者需要具备普通人所不具备的某些品质，只有那些受过一定程度的教育，并且由理性而不是激情或取悦大众的愿望支配的人才适合进行管理。

这一传统看法由一些政治理论家的作品进一步详细阐发，如16世纪的尼科洛·马基维里（Niccolò Machiavelli），他的名字成了政治狡诈和阴谋的代名词；还有19世纪和20世纪初的尼科洛·马基雅维里（Vilfredo Pareto）和加埃塔诺·莫斯卡（Gaetano Mosca）。这些后期的论者认为，决策的所有民主表现都是虚假的；他们立论的基础是罗伯特·米歇尔斯（Robert Michels）提出的"寡头统治的铁律"概念，此概念辩称，所有的组织和官僚机构（尤其是政党）都把权威集中于决策树的顶端，选民以及组织中的普通成员扮演的只是实质上的支持性角色。

这些关于精英政体模式普适性的主张，在多大程度上适用于城市管理？尤其是世界上自称最为民主的美国体制，在决策过程中是否也有可能受到这些寡头倾向之害？20世纪20年代，罗伯特·林德（Robert Lynd）和海伦·林德（Helen Lynd）在著名的"米德尔顿"研究中着手寻找答案，米德尔顿是他们为印第安纳州典型的中西部社区曼西虚构的名称（Lynd and Lynd，1929）。林德夫妇得出的结论是，事实上有一个社会和经济上的精英群体运行着米德尔顿的事务，在8年后发表的一份跟踪研究中，他们证实了这一发现（Lynd and Lynd，1937）。弗洛伊德·亨特于20世纪40年代和50年代关于亚特兰大的研究认为精英统治被嵌入了城市社会生活和经济生活的结构本身当中，在这些生活中，经济财富和政治权威代表着沉默无力的大多数人去决定应该采取什么样的政策和决策。多姆霍夫（Domhoff，1970，1978）主张，通过自愿性社团和政策群体的成员资格，精英群体具有共同的身份，怀有共同的集体目标（Logan and Molotchin

Fainstein and Campbell,1996：291)；这一观念与公民治理的主导模式彼此矛盾，后者则与罗伯特·达尔于 20 世纪 60 年代提出的多元主义模式相关联。

古典多元主义与“谁在治理?”之谜

美国政治学家罗伯特·达尔著有 40 多部专著及 200 多篇论文，无疑是二战以来关于治理问题最有影响的论者之一。达尔在民主理论方面写下了大量著述，1961 年他对康涅狄格州纽黑文市的研究，现在依然被援引为后来学界所称的关于城市政府“古典多元主义”论述权威文本(Dahl,1961)。

达尔的直觉是，那种认为市政厅里和企业界的精英群体支配着其他人群，只有争夺权力的内部派系斗争才扰动城市政府的平稳结构的传统观点，是相当离谱的。他着手去检验精英主义观点的局限性，方式是通过考察在职的正式和非正式资源以及社区中关键的领导角色，通过详细的问卷调查和深度访谈，来研究纽黑文政治领导层的历史演变。

事实上，达尔的确在 18 世纪和 19 世纪的纽黑文发现了寡头式和精英式政体，但他声称，到了 20 世纪该市的领导层就变得越来越多元主义和多样化。对于“谁在治理?”这个问题，相当简洁的答案是“没有哪个特定的人”，或者更恰当的回答是“没有哪个特定的群体”。达尔的主张是，在个人层面无疑存在着不平等，并且传递到了政治层面，但他同样认为，群体流动及其引起的竞争和结盟行为确保了没有哪个群体能够长久地垄断权力。与达尔的这本书大约同时面世的，还有爱德华·班菲尔德的《政治影响》(*Political Influence*,Banfield,1961)，该书描绘了一幅关于 Daly 时代芝加哥的类似惊人图景；此外还有内尔逊·波尔斯比(Nelson Polsby)的《社区权力与政治理论》(*Community Power and Political Theory*,1963)，出版后很快成为经典，该书协助确立了行为政治学，尤其是处于学科前沿的群体政治行为研究。

然而，达尔式多元主义的批评者们强调，在任何特定的社区，对于理解权力结构来说，重要的不是拿出来讨论的内容，而是那些没有放入决策议程中的东西。在影响广泛的研究成果《权力的两副面孔》（*Two Faces of Power*，Bachrach and Baratz，1962）中，巴克巴拉（Bachrach）和巴拉茨（Baratz）揭示了强大的地方利益如何主导着政策议程，以至于非精英的利益永远无法表达。保罗·彼得森（Paul Peterson）也有类似主张，认为再分配措施无法进入政策议程，因为城市管理者不得不吸引和留住那些想要避开高税收环境的企业。此论点是他在《城市的界限》（*City Limits*，Peterson，1981）一书中提出的，受到了一些人的驳斥，这些人质疑该书的观点，即认为城市基本上无法控制由外部施加的经济力量，哪怕是在美国（Swanstrom，1988：123；Clavel and Kleniewski in Logan and Swanstrom，1990）。

公共选择与城市政治

公共选择（有时也称为“理性选择”[Almond，1990]或“社会选择”[Arrow，1951；Buchanan，1957]）是一种政治行为理论，受到了新古典经济学，尤其是来自效用理论和博弈理论形式模型的启发（Von Neumann and Morgenstern，1944；Riker，1992）。它的基本假定是，人类行动者都想实现效用的最大化，都想做出对个人或采取一致行动的群体来说净回报最优的选择。此外，承继熊彼特（Schumpeter）和唐斯（1957）的观点，这一假设认为，选民政治倾向的设定与多元主义民主中政党给出的政治提议（或者说政策）有关，大体类似于消费者在超市中判定“品牌甲”和“品牌乙”的相对优点的方式。如竞争性市场上的物品一般，政治人物的政策提议也被视为对公共舆论（消费者需求）的密切响应，它们会尽可能地调整目标，以与中位数选民的偏好相一致(Downs, 1956)。

公共选择理论最早的模型之一——也是应用于城市决策中的——是由蒂布特(Tiebout)于20世纪50年代提出的(Tiebout, 1956)。在蒂布特的分析中,城市居民可以划分成一组一组的消费者,每组都有不同的税收(价格)和公共物品(产品)偏好。在大型都市官方机构中,那些怀有少数偏好的人,将承担着适用于多数的地方税率以及相应水平和种类的服务。出于这一原因,蒂布特认为市场反应能力在市级行政机构规模较小的社会表现最出色,因为当地方公共服务提供者呈现多元化时,就更容易让不同人群的需求与税收和服务水平相适应(Gottdiener, 1987: 367—8)。

按照道丁(Dowding)的说法,

> 这种与市场的类比被认为:是在鼓励生产效率,因为政府被迫以具有竞争力的价格生产物品;是在鼓励分配效率,因为地方政府将被迫提供(潜在的)居民想要的物品;是在减轻税收负担,因为政府试图鼓励富裕居民定居于该地区,以收取较高的边际税额。
>
> (Dowding, 1996: 53)

然而腊斯克(Rusk)认为,各种证据指向了另外的方向;与自建市以来就从未改变市区边界的城市相比,那些向外扩张、把郊区以及更为广阔的发展区域囊括进来的"弹性城市",在一系列社会和经济指标上表现都要更好。如此一来,单一权威的政府便为都市区内的所有居民,而不止是不那么富裕的市中心居住区,带来了益处(Rusk, 1993)。

无论公共选择的结果可能有怎样的优点和缺点,该理论能否解释居民对定居地点的选择,以及大都市中选民的真正行为? 这个问题很难回答，原因很简单：与管理企业以及新居民的小型市政当局相比，对大型行政机构的吸引力所作的研究极少。造成这种状况的原因无疑是，其他数量众多的依赖于环境的变量所构成的“白噪音”，会遮蔽任何有意义的统计学上的关联。与此同时，旨在为居住区争取自治地位并“与城市分离”的分离主义运动在发展壮大，其发展壮大的证据支持着一种印象，即无论在何处，只要有可能，富裕的选民就会力图避免为不如自己幸运的人支付“外部”成本。话虽如此，少数群体也对20世纪70年代和80年代大城市当局的合并提议提出了反对意见，认为这是一种计策，想要削弱他们在市政厅的政治影响力（Rusk，1993）。

如此看来，公共选择虽然对战略性政治考量有话要说，却无法解释为何在美国，联邦政府对城市行政机构的规制如此之弱——除非在财政上采用胡萝卜加大棒的措施，另一方面在自由市场上贯彻公平竞争又如此之有力。与经济合作与发展组织（OECD）中的大多数其他国家不同，在美国，联邦政府征收的税款多数被输送至耗资庞大的全国性政策项目，比如国防和农业，而不是用来支持公共住房或教育。在欧洲，中央政府通常为地方政府提供四分之三甚至更多的收入，相应地，也会要求确立普遍的资格规定和非歧视性的分配政策（不过随着中间偏右的政党越来越成功，这一状况开始发生改变）。这种制度安排降低了当局通过提供低税收制度招徕重要公司和富裕居民的倾向。这还意味着，就较低的地方税率来说，城市的未来居民“四处购物”只有可能带来边际收益，而这些收益很可能会被中产阶级城市居民大量消耗的公共物品（美术馆、歌剧院、剧院、音乐厅等）的减少供应所抵销。

出于这些以及其他一些原因，迈克尔·基廷（Michael Keating）认为，公共选择理论（以及城市体制理论，下文将会讨论）倾向于“过多地从美国经验中归纳出来，植根于一套特定的假设和历史传统”

(Keating in Judge *et al*., 1995：127)。换句话说，它告诉了我们一些关于城市政治市场如何运行的信息，却没有说明这个市场如何以及为何产生，为何它在不同城市的表现也不相同。要回答这些问题，我们就得进一步往前，探入城市政治经济的密林丛中。

城市政治经济

约翰·沃尔顿把“城市政治经济”称为跨学科、跨大陆的“新马克思主义者和自由主义左派的共同事业”。新马克思主义者主要来自欧洲，包括曼纽尔·卡斯特尔和大卫·哈维这样的人物，而“自由主义左派”主要是北美的城市规划者，受到“C. 赖特·米尔斯和弗洛伊德·亨特而不是马克思的影响”(Walton，1993：302)。然而，一些城市分析人士都自称是在一种政治经济学方法下工作，并非必然认同沃尔顿所提到的意识形态准则。如我们在后面各节中会看到的，与比什(Bish)和奥斯特罗姆(Ostrom)(1973)等公共选择理论家一样，克拉伦斯·斯通(Clarence Stone)等城市体制理论家也称自己的作品采用了“政治经济学方法”(Stone，1993)。被斯蒂芬斯(Stephens)和维克斯特伦(Wikstrom)(2000：107)作为政治经济学家引用的，包括罗伯特·达尔、查尔斯·林德布卢姆(CharlesLindblom)、安东尼·唐斯、詹姆斯·M.布坎南(James M. Buchanan)、戈登·塔洛克(Gordon Tullock)、威廉·H.赖克(William H. Riker)、R.L.柯里(R. L. Curry)以及 L.L.韦德(L. L. Wade)等，我怀疑这些人中基本上没有谁会把自己归为自由主义左派或新马克思主义者。

地方公共经济是公共选择理论的一个变体，它认为公共企业家和公民的行动是为了获得尽可能优质的服务，正如他们在自由市场中所能获得的(Parks and Oakerson，1980；Keating in Judge *et al*.，1995：126—7)。于是表面看来，作为城市研究的一个领域，城市政治经济中包含了激进派、自由派和保守派的分析人士，以及关于城市权力过程的结构主义、精英主义和多元主义视角。所有(城市)政治经济学者都一致同意的是,为了更好地理解政府和国家的运行,研究人类行为(无论是个体行为还是集体行为)相当重要。因此,政治经济视角往往把政府或者说“国家”,视为更为广泛的社会以及经济过程和力量的表达,而非独立存在的行动者。

与马克思主义城市理论在欧洲大陆的发展同步,在美国,随着城市化在全球许多城市为本已不堪重负的基础设施带来相当大的压力,“出于对城市调查的主导模式出现危机的回应,产生了”对城市政治经济的兴趣。反过来,这一过程又加剧了经济资源以及医疗、教育等基本服务获取方面的社会矛盾(Hill, 1984: 123—4)。当时的城市社会学家们多数对社会融合方面的分析兴趣浓厚,这种分析强调对城市现象的研究采取着眼于组织的方法。城市经济学家们大多数仍然忠于新古典经济行为理论,而如我们所见,大多数城市政治学家(至少是在美国)则坚定地致力于城市政府的多元主义叙述,这种叙述强调地方政治过程竞争性和自主性(同上:124)。

如我们在上一章所见,这一局面到20世纪70年代和80年代将发生改变,那时马克思在欧洲和发展中国家对社会科学的影响越来越大,在这些地方的城市研究中,关注点转向了弗里德里希·恩格斯关于“大城市”的作品,以及卡尔·马克思关于生产关系和商品形式的论著。与曼纽尔·卡斯特尔和大卫·哈维一道,戴维·戈登(David Gordon)、迈克尔·施托普尔和理查德·沃克(Richard Walker)等城市政治经济论者并不把城市视为发达工业社会的初期形式,而是开始主张城市区域的结构是由“资本主义律令”造成的(Storper and Walker, 1980, 见第六章)。尤其是,他们声称是劳动力市场以及工业生产的区位需求和基础设施需求而不是市场配置,带来了区域增长不断变化的动态。施托普尔和沃克的“劳动区位理论”声称能够解释为何商业活动会从工会相对发达的美国东北部迁向工会不那么发达的西南部“阳光地带”的城市(同上,另见 Gordon 1977 and 1984)。如我们在上一章所见,虽然某些资本比其他资本更倾向于留在原地,但工业迁移的自由也受到许多限制,即使是在美国。

桑德科克(Sandercock)和贝里在努力解释“谁从城市经济和城市规划体系中获得了什么,以及为什么?”时,采用了一种政治经济学的视角,重点关注澳大利亚的房地产市场(Sandercock and Berry, 1983)。与卡斯特尔在《城市问题》以及列斐伏尔在《空间的生产》中提出的观点相当类似,桑德科克和贝里主张,城市房地产和土地投机市场导致澳大利亚的各城市之间出现了明显的发展失衡,由于资本家引起的住房稀缺,努力想在城市立足的穷人和工人阶级经济负担越来越沉重(Sandercock and Berry, 1983)。马克思主义政治经济学的这两个版本,可能对城市空间结构决定因素的强调有所不同,但它们的结论是相同的,即都认为是资本(或者说商业)的力量,而不是政治因素或社会因素,决定着城市的景观。在以下各节中,我们将通过美国及美国以外城市增长机器和城市体制的研究,来考察政治经济方法以哪些方式发现了“向政治的回归”。

城市增长机器

视城市为“一部增长机器”的观点,不仅在政治经济领域,而且在精英理论中都有先例;它强调了能获取重大的金融和政治资源以影响城市政策制定过程的重要性。从方法上来讲,增长机器模型还与后来人们所称的“新城市政治”联系在一起,因为它强调个案分析,强烈关注地方背景以及在政策成型研究方面的“自下而上”方法(Jessop *et al.*, 1999: 144)。

在关于城市增长机器的文献中,具有鲜明特征的文本是哈维·莫洛奇(Harvey Molotch)所写的文章《作为增长机器的城市》(The

City as a Growth Machine，Molotch，1976)，以及他和约翰·洛根(John Logan)在10年后合著的《城市时运》(*Urban Fortunes*，Logan and Molotch，1987)一书。这一城市政策研究新学派的目标，是要使多元主义的城市政治议程改变方向，从“谁治理?”转向“为了什么?”(Logan and Molotch in Fainstein and Campbell，1996：291)。与城市体制理论(下文讨论)相比，增长联盟的分析家们更多地站在政治经济阵营一边；他们声称，那些促进增长的倡议，其背后的主要力量是商业共同体，尤其是与提升房产和持有土地价值有利益关系的食利阶层。

自19世纪起，“积极支持”就是美国城市增长和发展方面的一个本质特征，没有雄心勃勃的市长、房产所有者、铁路局局长和企业家的积极配合，芝加哥、亚特兰大和拉斯维加斯等城市就不可能实现成功的演变。然而，莫洛奇要表明的是，即使是如纽约这般地位稳固的城市，也需要争取地产投资、知名体育场馆、大学以及合格劳工等，以便支撑起活跃的资本主义市场经济。如此一来，城市管理者们便不得不向可能的企业和居民推销城市的优点和引人之处，同时留住现有的政治和商业方面的拥护者(见辅助资料7.1)，以此“构想”(imagineer，Rutheiser，1996)自己的城市。

不过，洛根和莫洛奇强调，这些增长联盟需要时间和精力来构建，需要不同部门以及不同层面资本的相互配合，最重要的是，没有从善如流的政治领导层，这样的联盟很难取得成功。在此背景下，有人认为，“政治因素”的角色还没有充分的理论化，因为我们对于为何某些城市领导者支持增长，而另一些却态度中立甚至反对，并没有令人满意的解释(Harding，1999：679)。还有人认为，作为一个通常去中心化政体的独特特征，美国城市政治中政治领导人表面上的独立性，掩盖了国家在城市体制管理各个层面上所扮演的角色的重要性。

辅助资料 7.1　城市口号

波士顿：以合作促进步；美国的劳作之城

达拉斯：商业首选之城

密尔沃基：为企业服务之城

圣何塞：硅谷都城

诺福克：在这里，商业令人愉悦

菲尼克斯：让商业走向正确的方向

纽约：不眠的商业之城

（改写自 Short，1999b：49）

城市体制理论

城市体制理论代表着一种尝试，即通过更多地关注非正式联盟行为（体制）的性质，并承认城市管理者在确立这种城市合作关系方面的重要性，来回应上述部分关于增长机器模型的批评。与城市体制理论联系最为密切的，是美国政治学家斯蒂芬·埃尔金（Stephen Elkin）和克拉伦斯·斯通的作品（Elkin，1987；Stone and Sanders，1987；Stone 1989）。[①] 斯通为城市体制给出了一个简洁的定义："一个非正式同时又相对稳定的群体，能拿到体制资源，因而能够在做出治理决定方面扮演长期角色。"（Stone in Judd and Kantor，2001：26）。在美国城市政治学的悠久传统中，两位论者都通过特定城市政府的研究提出了自己的观念。就斯通来说，亚特兰大提供了一个试验场，它所检验的模型应用于其他美国城市时不无效用，但在英国和欧洲环境中则不那么成功（Harding，1997）。

城市体制理论从多元主义那里因袭一个观念，认为在地方层面没有哪个群体垄断着权力，但它也支持精英主义关于城市权力的论

---

① 其他著名的城市体制理论家的作品包括舍夫特（Shefter，1985）、迪杰唐诺（DiGaetano）和卡曼斯基（Klemanski，1993），以及莫伦科夫的后期作品（1992）。

述，指出城市“权势人物”之间存在着关系密切的联盟。斯通提出的“支持增长的体制”与洛根和莫洛奇所说的“增长联盟”也有相似之处，因为这样一个以扩张为导向的体制，其首要目标就是要通过吸引商业和房地产开发来建设经济，从而构筑地方税基。城市体制理论与增长联盟方法的不同之处在于，它能识别出非商业主导的体制，如进步体制（或者说基于共同体的政治联盟）和本质上试图维持现状的看管者（或者说维护）体制（Sites in Judd and Kantor，2001：215）。

英国政治学领域一位城市体制理论的主要支持者曾声称，该理论的主要优势在于给出了“关于权力问题的新视角”，因为“它把注意力从对权力作为社会控制问题的狭隘关注上，导向了对权力由社会生产来表达的理解上”（Stoker in Judge *et al.*，1995：54—5）。这一视角之所以受到欢迎，还在于它承认（地方）政府与企业或者说资本之间的分工，在此分工下双方有着不同的长远利益，但为了长期存续又彼此依存（Kantor and Savitch，2002：277—8）。

不过，批评者们问道，由于缺乏普遍适用性，把体制方法称为一种模型而不是独立的理论，是不是更为恰当？如斯托克（Stoker）所称的，“体制理论需要避开‘地方主义’陷阱，应把自己的分析置于更为宽广的政治环境中”（Stoker in Judge *et al.*，1995：55）。在这个方向上，艾伦·哈丁（Alan Harding）等人就比较体制理论做出的一些鼓舞人心的研究（Harding，1994；Stoker and Mossberger，1994），表明该理论有着更广泛的应用，它越出了大都市层面，不过难以预料的是，面对传统的以及新出现的城市政治分析，对城市体制理论的初始热情能否持续下去。在下节中，我们将考察一种方法，随着政治学家们开始重新研究城市政府的制度性联系，以便为解释当代城市的政治发展提供帮助，这种方法终于时来运转，得以复兴。

制度的视角

城市政治经济的两个版本，即增长联盟和城市体制，都假设政府，尤其是地方政府在城市空间等级组织方面是相对弱势的行动者。虽然在保守的政治经济学家看来，市场让个人和企业能够自由选择，因而是政治自由的工具，但在激进的政治经济学家看来，国家一般情况下却是阶级斗争的受害者，是资本主义生产力再生产的必要的、本质上被动的机制(Skocpol, 1985：5)。

对社会的以及以经济为中心的模式的批评，多数来自制度的或者说静态的视角；这种视角力图使正式的政治制度及其“运行逻辑”重回(城市)政治理论的中心舞台。用乔恩·皮埃尔(Jon Pierre)的话来说，制度理论“突出了为政治过程赋予意义、对政治过程加以理解的那些支配性价值”，“制度”是指“关于价值、传统、规范和实践的支配性体制，它们塑造或约束着政治行为”(Pierre, 1999：373)。制度与组织的不同之处在于，虽然制度的确拥有组织的逻辑，它们最终的合法性来源却在于全国政府的主权。因此，制度意味着权威、负有责任和能够接近，组织则不必拥有这些特征中的任何一个。

制度的视角在马克斯·韦伯的社会学理论中出现过，并且很有说服力，因此英国著作中对城市政治进行以国家为中心的描述的强调，被称为新韦伯主义，而在美国这一方法往往被称为“国家管理主义”(Gottdiener, 1987：366)。就本质来说，制度主义分析支持“国家相对自治”的观念，相信(与马克思主义和多元主义的解释相反)政治制度并非仅仅对广阔社会中的社会过程和经济过程做出反应，它们往往还支配并引发这些过程(North, 1990：112)。格尔(Gurr)和金(King)写道，于是

> 关于城市，现代国家所追求的目标，首先就不是国家内部的

> 私人资本、社会运动或其他利益,也不是“公共福利”。相反,它们是国家利益,也就是说国家在城市人群中维持公共秩序和权威、获取公共税收上的主要利益,以及官员在城市福利方面追求*自己的*纲领性目标的利益。
>
> (Gurr and King, 1987: 9,强调为原文所加)

马修·克伦森(Matthew Crenson)在关于空气污染的作品中,提出了制度主义的视角,表明了政府和政党(尤其是“核心组织式”的市级政党)如何密切配合,不诉诸更为广泛的公众和利益,便设定并维持着政治议程(Crenson, 1971)。城市的行政机构是地方经济主要的利益相关者,往往也是城市中规模最大的雇主,并且几乎总是服务和物品的最大消费者。在这些经济能力之外,还可以加上大量的法律和私人资本本来并不享有的政治特权,比如国家征用权和强制购买权、对特定区域强加用地限制权、征税权、某些类型交通的控制或禁止权,等等。政府的“相对自治”,大部分与这些权力在多大程度上得到运用有关,这种运用依据的是城市行政机构优先事项,而不是选民或有组织利益的优先事项。在公共舆论微弱或分散的地方,城市政府就会发现更容易推进自己的政策议程,并实现对地方政党代表的“制度俘获”(Cockburn, 1977)。

但是,无论在城市中发生的人类活动所有领域的事项具有多么核心的地位,“政府”(state)都并不是静止不变的行动者,它在每一种城市环境中以相同的方式行事。如我们在上一章指出的,全球化不仅把城市经济置于巨大的压力下,还在改变着政府的内部结构以及不同层级的政府之间的关系。在下一节中,我们将考察对政府的“重新调节”如何在城市层面改变着政治和政府的性质,并且促进着影响着重新评估城市生活的政治所处的空间背景。

地方与全球:城市政府的重新调节

“全球本土化”治理的兴起

1999 年《联合国发展报告》强调,人类定居点,尤其是城市,是目前正在全世界出现的新治理形式的重要节点。然而,随着全球化要求城市日益“作为竞争过程中的区域单位”来行动,城市正同时变得“越来越碎片化,在社会、经济、物理和政治方面都是如此”(Sassen,2001b: 57)。城市的经济和政治使命之间的这种差异,及其在许多场所所采取的行政-制度形式,要求着所谓的“一整套治理策略”,这种策略要对“市场、等级和网络”做出回应或进行拓展(同上)。那些与城市复合体利益攸关的公众、半公众、私人和非政府行动者构成了一个多样的世界,为了构想出对于这个世界的反应方式,政府需要处理三项任务,即协调、指导和融合(见表 7.1)。

政府需要置身于市场,如我们在上一章所见,资本主义生产关系的调节对资本本身的稳定和再生产至关重要。随着政府变得越来越“空心”(即不再直接提供物品和服务),竞争性市场经济学的常规和假设在政府本身的各项制度中已经变得越来越明显。于是,城市政府把自己、地方企业以及地方社区都称为“股东”,同时城市管理者也进行着“地点营销”,以便将新的投资和访客吸引到自己的城市。在地方层面,在决定是由市政委员会自己的劳动力还是由外来承包者负责收集并清空城市垃圾时,市场相当重要。同时,在全球层面,城市有可能去投标,争取筹办全球峰会,或者说服跨国石油公司在自家门口新建提炼厂。

与要求城市政府更为开放和更为“企业化”这些以市场为中心的压力相结合的,是以政府本身的形式表现出来的演进过程,其目标是着眼于多种考虑来进行政府的“空间修复”(Harvey, 1989)。关于

“重新调节”城市政府，其中首要的也是最有说服力的原因，是要更好地管理地方、区域、国家、国家-区域以及国际经济。

表 7.1　治理的关键特征

协调：不仅是垂直的，也包括对服务、设备、基础设施以及城市环境的横向和跨部门管理； 指导：一种“指挥和控制”功能，只将关键的战略决定保留给政治当局，传递分类服务（或者说“渡送”）的任务则留给外部机构（往往是私人或非营利机构）； 融合：也被称为“联合治理”，即让不同的内部和外部政策运行与网络实现兼容和互补。

不过，提升全球竞争力并非对城市-区域政府进行重新调节和重新组织的唯一原因。在越来越多的国家从权力过大且发号施令的中央政府手中要求政治和文化自治权时，就说明了分权和去中心化要好于以丧失经济增长机会为代价的挫折。出于同样的原因，那些城市行政机构本可以通过与邻近大都市的融合来提升总体经济表现，却并没有这么做，原因在于与更好的增长潜力相比，选民对“大都市化”的反感才是更大的抵制因素。

如我们之前指出的，这是美国市级政府的一个独特特征，它有助于解释为何争论激烈、成分混杂的“新地方分权制”现象仅出现于少数几个著名的城市集群，比如俄勒冈州的波特兰，明尼阿波利斯-圣保罗，芝加哥，费城，匹兹堡，波士顿和迈阿密/戴德县（Carr and Feiock，1999：477；Dreier *et al*.，2001；Brenner，2002）。如果有证据表明，“有能力扩大边界的弹性城市财政状况更好，社会问题更少，并且经济更为繁荣”，那么这就令人惊讶（Rusk，1993 in Carr and Feiock，1999：476）。然而斯万斯特伦指出，从经济增长角度为新地方分权制所作的辩护远不能令人信服（Swanstrom，2001），同时芒福德式城市区域在政治和制度上面临的障碍与它们在 20 世纪 30 年代面临的同样令人望而却步。第三个，也是在理论上争议更大的一个因素，与全国政府本身的性质变化有关。许多论者一直认为，在旧伪装下充当福特制经济主要舵手的全国政府已经消失了(特别见于 Storper 1997; Brenner, 1998b, 2002; Jessop, 2000)。取而代之的是日益碎片化的政体,在新自由主义的压力下,这个政体中的权力在纵向上被重新分配,从国际条约组织(北大西洋公约组织、欧盟、世界贸易组织等)到国家政府和地区政府,一直到选区和社区委员会;随着在空间中资本和资源的竞争日益加剧,再在横向上在各治理层级之间被重新分配(Brenner, 2002)。

在许多政策领域,现在已经能够发现不同层级政府之间的互动,其中涉及"调节的跳跃"。比如,1992 年里约地球高峰会议提出了一项地方环境行动计划,被称为《21 世纪议程》(Local Agenda 21),全球的许多城市当局在并未依靠全国政府的情况下,设定了这些环境可持续性方面的目标(Castells and Borja, 1997)。在欧盟,欧洲地区委员会是负责为欧盟的地区政策提出建议的,在许多(虽然并非所有)情形下,其代表完全来自国家层级以下的政府;而在其他政策领域,有证据表明,地区和城市在超国家层面表现为富有影响力的政治行动者(Hooghe and Keating, 1994;Hooghe, 1995)。

在某些国家,重新调节城市-区域政府的压力来自城市或地方层面的政治行动者、商业领袖以及劳工代表;而在另一些国家,重新调节的过程可能具有更多的"自上而下"特征,国家的甚至(比如欧盟)超国家的行政部门会试图施加新的行政界限,或者在国家以下的各个政府层面增加或减少功能。在其他国家,我们看到一种混合,既有"自下而上"又有"自上而下"的发起方式,其目的是重新设置现有的地区范围和职能,虽然方向不一定相同(Keil, 1998b)。不同规模的政策社区之间的谈判,或者在现有的国家层级以下的政府结构之外,产生一种"一刀切的"变化形式(如 20 世纪 80 年代法国的区域性改革);或者产生一种"可变结构"方法,各个地区能与中央讨价还价,争取更大的自治权(比如西班牙的加泰罗尼亚、加利西亚、安达卢西亚以及巴斯克地区)(Guerrero，1997；Martinez-Hderrera，2002)。

人们可能预期,全球化会根据全球城市推广者及其强大而挑剔的公司客户最心仪的空间调整方案,来推动对城市政体的结构调整。事实却有很大的不同。那些捍卫新自由主义的市场取向、亲资本主义政策的政府,如20世纪80年代英国的撒切尔政府,曾凭借手中的权力来撤销大都市的政府。但是,极少有证据表明,这一举动是为了"避开来自工业资本和制造业工人双方的地域化的抵制"(Duncan and Goodwin，1998 in Brenner，1998b：24),而不是为了打击政府在地方上的政治反对者(即"新城市左派"政治人物,他们控制着英国的多座大城市)的政治野心(Livingstone，1987)。

讽刺的是,大伦敦议会曾经的"新左派"领袖,后来经选举成为首任伦敦市长的肯·利文斯通(Ken Livingstone),此后强烈倡导伦敦成为全球城市。利文斯通支持高层建筑办公区域在首都的扩张,以使伦敦在国际服务经济中保持竞争力。[①] 我们所能选择的几乎其他所有例证,都会涉及关于政治密谋、离奇联盟和共谋的类似传说,来自"全球"领域每一个交叉点的政治人物、官僚、商业利益集团以及游说者都涉身其中,争夺着属于各自的、最有可能提升或捍卫其立场的制度-政治调整方案(Swyngedouw 1997；Brenner，1998a；Swyngedouw and Baeten，2001)。城市的热情支持者们的政治修辞,多数都是关于全球竞争力的,但是只要随便瞥一眼《纽约时报》或《芝加哥先驱论坛报》就能看出,城市政治仍然坚定地处于地方层面,尤其是在地方精英易受地方选民反复无常影响的情形下。

尼尔·布伦纳(Neil Brenner)认为,20世纪60年代以前,全国政

---

① "高层建筑可能成为土地利用极为有效的方式,为创建示范性的可持续世界做出重要贡献。在伦敦市中心,它们能提供经营场所,满足全球公司,尤其是那些金融和商业服务领域的公司的需求。更普遍地,它们能支持一项策略,即在运输能力最强的地方创造出最高层级的业务活动。设计良好的高层建筑还能成为识别自身位置的地标,为重建做出贡献。"(Mayor of London,Draft London Plan,2002：249)

府为“永久空间”提供了一个稳定的容器(Brenner, 1998b: 28);与此形成对照的是,“全球本土化”空间存在于全国政府的框架中已经有很长的历史了。从一开始,伦敦金融城就吸引了国际资本和资本家,其原因是它能在英国的首都中扮演“离岸岛屿”的角色。其他拥有特权的(以及古老的)全球化指挥和控制中心,同样不符合“前全球化时代”规模等级的神话,最明显的是梵蒂冈城,几乎在“全球势力范围”的所有方面都胜过其世俗对手罗马。

在敦促城市更有竞争力、更有效地管理资源以及更善于融合私人、公共和公民利益这一长串话语的最后,联合国人居中心的报告以近乎列斐伏尔式的语气声称它“在城市权利的意义上支持公民权”(Habitat, 2001: 55)。但是,与国际政策制定过程中越来越明显的新自由主义倾向一致,这份联合国报告提出(与列斐伏尔相反):

> 政府的撤出以及制度需求方面的限制,联合起来为政治论争创造了新的空间。这一新出现的情形意味着机会正在来临,公民社会能借此让政府和私营部门进行新形式的合作,从而使低收入社区作为具备能力的合作对象加入。在更广的范围内,这一新情形关乎真正的公民权,意味着城市全体市民的权利和责任。
>
> (同上:56)

我们如何发现“真正的公民”,这一点并不明确,但显而易见的是,国际机构和政府在强调“责任”伴随着权利时越来越带有社群主义的声调,即便如其自身的报告所显示的,城市穷人的应得权利正在减少,因此成为“真正的公民”的机会也在减少。在下一节中,我们将考察这些“新的政治论争空间”如何及为何在世界各地的城市中出现，以及关于公民权和城市权力关系的性质，这些城市社会运动会给我们什么样的启示。

来自下层的权力？城市社会运动的变迁

如近期一项城市社会运动研究成果的作者们指出的，“对城市社会运动及其集体行动特征的研究，传统上在社会运动的理论和思考中都处于受限和边缘的位置”（Hamel *et al.*，2000：1）。各位作者认为，这缘于一个事实，即我们所见的这些运动发生于微观而非宏观层面，因此最好作为地方政治过程和地方政治经济的组成部分来研究。如前文指出的，如果说我们将城市运动视为某种类型的有组织的利益相关者，而政治学家们则试图将这些集体行动者纳入一个熊彼特式的框架中；在此框架中能够看出，动员和组织策略围绕着影响力和资源的争夺在微观层面，偶尔也在中观层面展开，但极少甚至从不在全国或国际层面展开。这种研究议程产生的一个结果是，城市运动作为“更为广泛的价值、理想或解放的可能性的代表”，并没有引起注意（同上）。然而，如此专注于微观可能本身就与社会运动的早期阶段有关，而随着斗争和冲突（比如反资本主义）在日益广阔的想象世界中表达出来，社会运动也随之告别了地方主义的偏见。换句话说，城市行动主义分子开始在地方层面行动时，也开始在全球层面思考，这些全球性思考往往让人获悉地方行动主义的不足之处（Keil and Ronneberger in Marcuse and van Kempen，2000）。

20 世纪 60 年代晚期的社会运动特别选中街道和公共空间作为冲突地带，使得工人、学生及其他城市居民得以拥有大规模抗议的共同经历。当然，这些社会力量并非在 1968 年才第一次集结起来抵抗和挑战主导的社会秩序。然而，从批判社会学的角度来看，有趣又重要的事实是，这些新的社会行动者被“嵌入”了一种正在快速显现的都市文化中。在以往，如此放荡不羁的先锋派仅仅出现在巴黎的艺术家聚集区；1968 年之后，先锋派具有了“大众”的一面，产生了一种别样的文化，这种文化正在迅速为商业利益所用，同时又保持着反物质主义的坚硬内核。在许多欧洲城市，擅自占地在形式上变得越来越有组织(辅助资料 7.2)，拒付租金和结成租客联盟变得司空见惯，要求公共交通免费的运动以及“夺回街道”的女性游行都表明，在大型中心城区诞生了另一种公民社会(Castells, 1983)。城市的社会多样性日益增加，再加上许多新移民感受到的经济不平等，也促进了种族政治的产生，这种政治于 20 世纪 60 年代和 70 年代早期在美国达到顶点(见第五章)。

这些事件此后对社会运动理论产生了重要影响，毕竟多位富有影响力的社会理论家，包括阿兰·图雷纳(AlainTouraine)和曼纽尔·卡斯特尔，都积极投身于学生和工人的抗议活动，因而能够直接洞察到新的冲突性政治。这一经历并不意味着卡斯特尔从经典马克思主义分析中直接抽离，但无疑使他相信，关于城市社会运动的完备理论需要将其他次级主体纳入考虑。用列斐伏尔的话来说，这些次级主体被剥夺了对城市的权利，现在正在寻找创造性的新途径来让自己的需求得到倾听。

在《城市与草根》(1983)一书中，卡斯特尔以他在法国、西班牙、智利以及美国加州的占地群体和公民组织的直接经历为叙述基础，其中加州正是他于 1979 年迁居过去担任教授的地方。世界各地不同历史时期城市社会运动的研究，强调了进步主义运动中非阶级的排外主义、社会运动作为吁求“新”社会身份的集体声音，或者由于政府和规划者的行为而变得边缘化的现有社区的诉求。将城市中截然不同的群体或行动者联合起来的，是对资源的集体消费，不论这种资源是水、住房、交通，还是就同性恋少数群体来说要求法律和法定权威平等对待的权利。

辅助资料7.2 《阿姆斯特丹的擅自占地行为》，摘自爱德华·苏贾《阿姆斯特丹的街景争夺》，收于博登等（编）《未知的城市》(*The Unknown City*)，2000年

当代阿姆斯特丹市中心的住宅区又恢复了活力，比我所知的其他任何地方都更为明显，显示了大众总体上对城市空间社会生产，尤其是对持续不断的城市结构调整过程的控制力量。这或许是无政府主义-社会主义-环境主义者意图最为成功的显示，启发了20世纪60年代的城市社会运动要求恢复他们的"城市权利"，用列斐伏尔的话来说即"城市的权利"（le droit *à* la ville）；列斐伏尔曾多次造访阿姆斯特丹，他关于日常生活的早期作品为阿姆斯特丹运动提供了启示[……]1965年，洛杉矶的瓦茨街区骚乱正炽，一小群被称为"普罗沃派"（the Provo，得名自他们以小册子形式公开发出的"挑衅"[provocation]）的阿姆斯特丹人点燃了一场城市暴动；这场暴动的预期和要求相当激进，一直蔓延至斯普斯特拉特以及阿姆斯特丹"奇妙中心区"的其他地方[……]

普罗沃派使他们的那些重大事件集中发生于阿姆斯特丹和斯普斯特拉特的广场上，设法在市议会赢得了一个席位，显示出他们成功唤起了公众的广泛同情。他们对等级和权威的巧妙挑战只持续了几年时间，但他们发动了一代人的"二十而立"革命……这场革命将在未来25年中主导着阿姆斯特丹中心城区的重建。今天，在其他任何一座重要的世界级城市，青年住户，无论是学生还是年轻的专业人士，都无法以这种方式控制城市中心。

[……]

1980年以后，这场运动并未明显衰退，而是变成了更为一般性的、激进的压力群体，反抗着资本主义从地方到全球层面这

> 一特定地理所包含的一切形式的压迫。比如，擅自占地者融入了妇女运动、反对核武器及和平运动，对种族隔离（对荷兰来说尤其敏感的问题）和环境恶化（使阿姆斯特丹成为世界上激进绿色政治的主要中心）的抗议，以及对城市投机活动、中产阶级化、工厂关停、旅游以及阿姆斯特丹承办奥运会的抗议。

卡斯特尔在《城市、阶级与权力》(Castells，1978)中指出的一点是，交通拥堵、环境、住房短缺等一般性“城市问题”，对于城市人群具有普遍的影响，即便处于不同阶层和地位的人对于各个问题也会有不同的感受（同上）。

传统的马克思主义叙述没有认识到那些并不直接参与生产过程的行动者在社会变革方面具有激进的潜能；卡斯特尔则将这些边缘化的群体视为一种新的身份政治的先锋，这种政治将从根本上改变我们关于城市权力及其在现代城市中不均衡分布的观点（Susser，2002：7）。不过，我们能否区分不同类型的城市运动？又该采取什么标准？

作为多元主义城市政治理论的主要倡导者，克里斯托弗·皮克万斯(Christopher Pickvance)为城市（社会）运动提出了一种“联合次级模式”方法，该方法以四种主要类别的论争为基础：争取住房和城市服务供应的运动；关于住房和城市服务可获取性的运动；争取控制和管理城市环境的运动；以及关于环境或社会威胁的防御性运动(Pickvance，1985)。不同的类别之间不可避免地会有一定程度的重合，毕竟社会行动者会有不止一个兴趣领域。与卡斯特尔不同，皮克万斯小心地避免持续主张存在着这类运动，详述了致力于减少地方政府支出的城市运动团体的漫长历史，同时提醒要避免“草根”运动与社会正义运动之间的融合（同上）。

在皮克万斯看来，政党的存在不过是城市政治活动诸多可能的条件中的一个。不过，与(早期的)卡斯特尔不同，皮克万斯的确认为各种形式的集体消费的存在本身并不足以引起社会运动。在集体消费之外，还必须存在其他两项标准：必须有地方层面的政治过程；必须在空间上邻近。没有这些因素的存在，几乎不可能区分地理上非特定的社会运动和城市社会运动(同上)。

从集体消费途径(交通、社会服务、住房、医疗等)的关系以及社会网络的运行来看，空间上的邻近都被视为城市政治文化关键的决定因素。不过，仅仅声明与社会供给的密切接近能带来与更为分散的社区不同的消费形式，不过是在描述而不是解释，对于拓展我们对城市政治过程的认识帮助不大。相反，我们需要解释，为何某些社会和经济力量围绕着特定的冲突场所聚集了起来。比如，居住用途和商业用途对空间的争夺、金融资本的要求与生产资本的要求之间的对立，以及综合城市规划的紧迫性与社区身份的维护之间的对立。

为维护经济优势或“生活质量”而在富裕的城市“股东”中进行社区资源的动员，在许多重要方面与城市穷人，尤其是纽约等城市中的黑人和拉丁裔社区的所有抗议和抵抗行动形成对照；原因在于，相比于中产阶级，城市穷人在更大程度上受制于政府的福利和强制武器以及全球经济的变幻莫测。同时，如罗宾·D.G.凯利(Robin D. G. Kelley)所表明的，关于社会抵抗应该如何在所谓的“下层阶级”中展开，这些与美国城市中黑人草根运动相关的“抵抗的社区”(Castells, 1997)能够应对正统的观点(Kelley, 1998)。

对于政策制定者、利益群体和地方社区在城市环境下结盟的动力，人们越来越感兴趣，这种兴趣带来了一些有趣的理论框架，这些框架试图越出结构主义、多元主义以及功能主义方法的有限视角。比如，近期的一些作品考察的是一度属于传统类型的城市社会运动，如何变成了社区资源组织，而且直接依赖政府来提供部分或全部资金支持(Shragge and Church, 1998)。这是否意味着城市运动已经被(用葛兰西的话来说)“改造”成资本主义福利国家的喉舌?或者说相反,这一趋势是否预示着行动主义分子和运动的参加者侵入了国家的福利议程(Della Porta and Andretta, 2002)?

被称为 Le Vicine di Case(大意为“居住区中的女性”)的意大利城市运动,揭开了城市社会运动的另一重“自治”面相,同样表明这些运动是同时被导向对环境进行政治改造的“自助群体”。

> 类似街头聚会这样的活动组织起来了,定期的政治讨论也举行了。对空间的非正式治理慢慢成形了。一个重要的证据是,邻居们开始向那些关心我们的地区和城市的人学习。这一过程发生于制度性政治舞台之外,并且没有传统的呈现形式,事实上这种呈现形式有可能妨碍真正的政治活动。由专家主持的大型组织或官方委员会,并不是实现我们的目标所必不可少的。必不可少的是就什么能提高我们的生活质量交换看法,并且意识到我们的自由和可能性。我们的任务是要在特定的城市秩序中打乱权力平衡。女性能够通过在官方的政治平衡中引入一定程度的不完美、人性和不可预知性,来挑战权力的“合理性”。这种能力把“城市的钥匙”交到女性手中,城市由此能变得更为宜人,更容易改变,也更加安全。
>
> (访谈, Ruggiero, 2001: 157—8)

城市社会运动这个例子,以及曼纽尔·卡斯特尔在格拉斯哥、马德里、圣地亚哥、旧金山记录的其他例子显示出,要求城市在未来更为平等时,这样的草根行动主义分子并不能代表达尔式政治多元主义的“常规政治”,或者代表皮克万斯等论者所青睐的集体消费模式。“集体行动的逻辑”(Olson, 1965)也不是对纷繁多样的公民运动的恰当描述，这些运动的涵盖范围从“拒绝购物日”到“夺回街道”示威，再到保护“非正式移民”的游行，遍及世界各地的城市。相反，通过拒绝与“稳定状态”的社会体系做交易，这样的城市运动便与工具性抗议活动那种典型的资源动员行动区分开来了。这就解释了为何美国及美国以外的结构-功能性社会科学发现，很难将反系统性运动纳入其关于社会权力的一维视角——其结果是，它也缺乏理论资源用于解释一些事件，如20世纪60年代洛杉矶瓦茨街区的暴乱，以及随后在美国多个城市中随马丁·路德·金遭到暗杀而来的“燃烧吧，宝贝”[①]抗议活动。

另一方面，如果如伊丽莎白·勒巴明确主张的，我们将列斐伏尔的“城市权利”概念视为一种革命性的要求（这一要求启发了巴黎1968年5月运动的口号，即“做现实主义者，求不可能之事”），那么，在此类动员所提供的让无声者发声、让无力者有力的机会中，暴乱、内乱和街头抗议的述行功能就变得更为清晰了（Harvey，2012）。

结语

20多年前，英国政治学家帕特里克·邓拉维（Patrick Dunleavy）声称，

> 过去30年中，极少有人讨论城市政治研究的理论基础。在政治学和社会学的许多其他领域，关于经验理论的争论变得越来越活跃，而城市政治理论却鲜见以系统的方式得到讨论。
>
> （Dunleavy，1980：22）

---

① 瓦茨暴乱后激进好斗的黑人呼喊的口号，认为只有通过暴力和种族隔离才能让黑人在美国获得尊严和平等。

在此期间，这些指责仍然未能得到回答，尽管对全世界地方政治和城市政治的经验研究数量大增，行业内部以及研究资助机构和政府越来越认识到城市经济以及城市政治和政策制定的重要性(Thomas *et al.*, 1984；Hausner *et al.*, 1987；Young and Mills, 1993；King and Stoker, 1996)。其他作者没有那么悲观，他们声称“各种理论完全的折中主义以及对待理论问题的多样方法……使得20世纪90年代的城市政治研究如此充满活力”(Judge *et al.*, 1995：1)。类似邓拉维这样的论者为系统理论的缺乏而叹惜，贾奇(Judge)、斯托克、沃尔曼(Wolman)等则颂赞理论的多元主义和折中主义。公平地说，在后面几位看来，各种城市政治理论(广义上的，指任何形式的城市政治分析)之间的相互作用有积极意义，能带来启发：

> 在质疑和批评的过程中，前后矛盾和疏忽遗漏之处被发现了，共同特征得到了确认，多样化的理论内部和理论之间产生了优化和修正。
>
> (Judge *et al.*, 1995：4)

这些论者并不是在声称城市政治领域经历了理论上的趋同，虽然有部分人为城市体制理论提出了这一主张；而是在声称来自竞争性理论的批评优化了城市政治分析的核心学派所确立的前提，尤其是多元主义、精英理论和(新)马克思主义。然而，这些理论中的每一个，都是作为更为广泛的政治学完整知识的一部分而存在的；因此，我们可以声称，城市政治研究的内部进展，坚定地限制在“主学科”的范围内(对这一点的批评，见 Magnusson, 2011)。

不过，在城市政治和政府研究内部，也有在传统的政治学学科边界以外进行理论创新的迹象。比如，尼尔·布伦纳对全球化以及对政府重新调节的考察，受到了亨利·列斐伏尔空间理论的部分启发(Molotch，1993；Brenner，1997)，鲍勃·杰索普则力图推动和拓展当代德国社会的理论和结构主义马克思主义观念，使之进入地方的、区域的、国家的和超国家的政府结构的研究中(Jessop，2000；Jessop and Sum，2000)。在马勒(Muller)和叙雷尔(Surel，1998)以及其他人(Le Gales，1999：300；Davies and Imbroscio，2009)的作品中，明显可以看出对城市政治经济的文化维度和对制度优先事项的社会建构的重视。

近几十年来，中央政府把大都市用作政策试验和创新的场所，这也提升了"城市"的地位。二战之后，撒切尔和梅杰时期英国政府的多项有趣而有争议的改革，都指向城市政府以及地方凯恩斯式福利国家自二战以来普遍提供的政策和资源网络。这一做法在美国得到了响应，克林顿政府支持"新公共管理"式方法，基于奥斯本(Osborne)和格布勒(Gaebler)(1992)提出的"指导"而不"渡送"的原则，"把权力赋予地方社区"——布什政府和奥巴马政府在联邦层面延续了这一政策，美国许多地区的州政府和市政府则极为热情地将公共服务交由私人提供。在城市次级贷款引发2008年全球金融危机的背景下，城市变成了"推行紧缩政策"的试验田(Peck，2014)，这对城市经济的民主管理具有深远的影响，随着联邦政府压缩财政开支，也对最容易受到冲击的城市居民的未来命运产生了影响(见第十章)。

有组织的/制度性的政治与广义上的"公民社会"，这两个领域所围绕的中心问题是"谁得到了什么，何时得到，为何得到?"。如我们所见，其中的难点在于，城市政府在许多情况下并非物品和服务的唯一提供者，而是在纵向和横向上都融入决策链，"城市"不过是这些决策链上的一个部分。对于理解权力如何在城市中得到组织和抵制，地方政治过程和运动的研究相当重要，但是如我们在上一章所见，内生的政治和经济因素需要被纳入环环相扣的结构和过程的广泛光谱中。

这样的批评要求我们对权力的常规描绘进行“创造性思考”，尤其是要越出持续困扰着政治学研究的功能性范式，特别是英语国家。过去30年中，人文和社会科学领域日益关注（或许可以最为恰当地称为）“权力本体论”，即权力如何与作为具有完整经验的人类主体，而不仅仅是作为选举者或示威者的我们相关联。城市研究尤其善于接纳与文化、表现和差异相关的权力观念，因为正是在城市中，对于现代和后现代经验的冲突和潜力的这些表达才最为明显。我们将在下一章看到这一点。

延伸阅读

关于城市政治的各种观念

关于我们在本章讲到的城市政治的各种观念，一部优秀的资料合集见于贾奇等的《城市政治理论》(*Theories of Urban Politics*, 1995)，以及由乔纳森·S.戴维斯(Jonathan S.Davies)和戴维·英布罗肖(David Imbroscio,2009)所编的一个经过大幅修订的版本。如果有兴趣对克拉伦斯·斯通的《体制政治：治理亚特兰大，1946—1988》(*Regime Politics*: *Governing Atlanta*, 1946—1988,1989)稍加探究，贾德和坎特(编)的《城市美国的政治》(2001)中收入了该书的摘录，另外还收入了一篇关于城市体制理论局限性的更具批判性的文章，作者是威廉·赛茨(William Sites)。法因斯坦和坎贝尔的作品(1996)收入了洛根和莫洛奇的《城市时运》的摘录，但如果想从头开始读起，则应该阅读哈维·莫洛奇(1976)发表于《美国社会学杂志》(*American Journal of Sociology*)上的那篇开创性的文章，此文对于那些想把增长机器假设理解为美国城市的一种新政治经济的人来说也是关键文献。对于本章提到的重要主题，我在《城市、政治与权力》(Parker,2011)中进行了更为广泛的探讨。

调节政治

关于"新的区域主义",斯万斯特伦(2001)对芒福德考察已久的美国"城市区域"概念的正反两方争论进行了出色的综合,而布伦纳(2002,2004)坚持认为,对政府体系的调整与其说是对地方政治紧迫情形的回应,不如说是全球资本重新调节造成的。考古斯(Cox,1997)是研究全球/地方体系重新调整以及范围和等级问题很好的参考资料。关于欧洲和北美以外的政府重新调节过程,同时推荐巴·准恩·帕克(Bae Gyoon Park,2013)在《城市与区域研究国际杂志》(*International Journal of Urban and Regional Research*)上所编的合集。

城市运动

在城市社会运动的经典研究,比如苏珊·法国斯坦和诺曼·l.法因斯坦(Norman l. Fainstein)(1974)、明焦内(Mingione,1981)和卡斯特尔(1983)之外,鲁杰罗(Ruggiero,2001)、阿梅尔(Hamel)等(2000)以及玛吉特·迈耶(Margit Mayer,2010)拓展了城市社会运动研究的理论范围和研究取向。对特定的城市抗议组织的研究,比如围绕着艾滋病和反全球化/反资本主义运动的那些,见于谢泼德(Shepard)和海拉克(Hayduk)等(2002),而杰夫·法瑞尔(Jeff Ferrell)的《拆毁街道》(*Tearing Down the Streets*,2003)考察了一整个系列的反文化运动,从滑板运动员到涂鸦艺术家,再到电台播音员和"夺回街道"积极分子。大卫·哈维的《反抗的城市》(2012)对"占领运动"及类似的城市抗议动员行为给出了富有洞见的评论。

第八章　四处碰壁：城市世界中的文化、表现与差异

每一种文化都有其独特的戏剧效果。它从人类潜力的总和中选取某些行为和利益、某些过程和价值，赋予它们特别的意义……这场戏剧上演的舞台，包括演技最为精湛的演员、全力提供保障的团队以及特别设计的布景，那就是城市：正是在这里，戏剧冲突最为强烈。

——刘易斯·芒福德《城市文化》(*The Culture of Cities*)

引言

城市的论者们长期以来都使用镜子这个比喻来强调城市的一种独特能力，即能够将我们关于人类主体性和人类社会的形象反向投射给我们。在自然中，我们或许能远离疯狂的人群，但是用马克思的话来说，我们的“类存在”只有在与其他人类主体互动时才能得到辨认，这些人类主体也能把人与自然区别开。此种自我意识在现代城市中最为强烈，最为广泛。但是如齐美尔所说，与自然世界的这种疏

离会导致对那些共享着城市环境的人们的冷漠(无动于衷的态度),会使我们躲藏进传统的归属形式如宗教或民族中。同时,随着主体性从与许多传统社会相关联的管制和服从中解放出来,新的身份形式产生了。

19 世纪和 20 世纪私人领域的出现,以及地理流动性的极大提高,意味着城市居民有可能以新的,有时还是较为激进的方式确立或重新建立自己的身份。艺术、文学和音乐领域所有大型的先锋运动都集中于大城市,极少有例外情形。建筑、设计和时装也是如此,正如电影这一典型的城市艺术形式同样如此。

本章将探讨以下主题:私人空间与公共空间的互动;城市用自己独特的节奏、语法和词汇构成一门语言的方式;在作为"主导"空间和"其他"空间的城市中,身份以城市景观的形式和途径得到显示和辩驳;最后,我们考察了由现代性过程确立的城市文化形式,如何在新的信息技术、全球化以及文化差异的混杂力量中得到重写。

城市文化

刘易斯·芒福德在对城市文明的独特论述《城市文化》一书的导言中,写道:

> 城市,如我们从其历史中所发现的,是社区力量和文化最为集中的场所。[……]在这里,在城市中,文明的成果大大增加,且变得富有多样性;在这里,人类经验被转化成独立存在的符号、象征、行为模式和秩序系统。在这里,文明的各种问题被聚焦:同样是在这里,仪式有时逐渐变成完全差异化的、有自我意识的社会活跃戏剧。
>
> (Mumford, 1938: 3)

换句话说，城市既是文明的场所，又是文明的焦点；它们使社会得以发挥出最大的潜能，聚集最大的矛盾。同时，城市也是“现代性的镜子”，使我们作为单独的主体，以及互不关联的群体和部落的成员，进行自我反思。如齐美尔、本雅明和列斐伏尔所认为的，我们在城市社会中行动的方式是述行式的，从卢梭那里很容易看出为何城市被启蒙运动之后的哲学家们视为舞台或剧场，人类戏剧就在上面上演着。如果说艺术是对自然的模仿，那么，作为最不自然的有形结构，以符号、象征和仪式表现出来的城市，也是一件持续改进的文化作品。

莎伦·佐金把文化定义为“一种生产象征物的系统”（Zukin, 1995：12），强调了作为解释性词语的“文化”被社会科学应用于日常用途和一般用途的方式。文化不再必然指向艺术或审美，而是指向“表现系统”甚至是“存在方式”。于是，我们现在会说“广告文化”或“药物文化”，政治人物会讲到“属地文化”或“福利文化”，商业领袖会提及“企业文化”，就连博物馆馆长们也会称他们的活动为“遗产文化”的一部分。如此一来，文化成了列斐伏尔所称的“环境”的一部分，在此环境中，社会行动者通过共享的知识体系交流，这些体系可能是其经常使用者所独有的，也可能不是。

对莎伦·佐金来说，资本主义对城市景观打下的烙印意味着没有喘息的机会，没有脱离商品化的市场空间的藏身之处。她写道：

> 今天，城市的场所服从着市场的压力，公共的梦想由私人发展项目来界定，而公共娱乐局限于私人的入口。于是，景观中的阈限与熊彼特所称的创造性毁灭相像，反映着文化的赞助人、制造者和消费者制度化的重新定位。
>
> （Zukin, 1991：41）

跟随大卫·哈维的作品（见第六章），佐金感兴趣的是作为文化消费场所的各种地点以及城市，尤其是纽约这种现代主义泛滥的象征如何开始消费自我。这一过程是她的“阁楼生活”（Loft Living，Zukin，1988）研究的核心，本书显示了从曼哈顿废弃的服装仓库成长起来的表面上放荡不羁的艺术家聚集区，如何被重新开发地产的商人破坏，这些商人通过征用文化“风景”再向创造它们的艺术家们漫天要价，赚到了数百万美元。

在出版时间更晚的作品《城市文化》（*The Cultures of Cities*，Zukin，1995）中，佐金通过考察她所称的曼哈顿的“符号经济”，明确地以芒福德对城市、设计、民主以及市场经济的兴趣为基础。她越出了哈维的最初构想——认为城市景观是由资本的循环流通塑造的——而主张资本也与文化的循环流通相互作用。佐金找出了象征经济的某些关键地点，作为文化、公共空间和商业之间联姻的典范。比如，她以曼哈顿的布莱恩公园为例，以此表明地方企业如何联起手来，把曾经“无业游民和毒品贩子”出没的地方，变成了文化活动、时装表演和露天餐厅的舞台。

当地的白领开始回到布莱恩公园，因为由布莱恩公园复建公司出资组建的私人安保力量能够保证他们的安全。这家复建公司所采纳的原则，直接来自霍利·怀特“普通用户”重建城市的教材（Whyte，1980），以及纽曼关于“可防卫空间”的预言（1972）。拆除“不受欢迎者”的聚集地，把孩子们的游乐场用栅栏隔开，提供能吸引中产阶级用户的效用空间（即慢跑跑道和网球场，而不是篮球筐），维持一支明确可见的安保力量；对于那些返回的白领来说，这种“用卡布奇诺来安抚”（Zukin，1995：28）的模式十分奏效，但它意味着那些在社会上受到轻视的早期用户被径直迁移到了其他安保和监控力量都要更弱的“公共空间”。

这种由资本对公共空间在文化上重新挪移的例子，在城市增长联盟的地方营销策略这一更为宏观的层面同样发生着(见上一章)。传统的艺术机构,诸如博物馆、美术馆、歌剧院、戏院、电影院和音乐厅等,也对这种“符号经济”做出了贡献;它们吸引着皮埃尔·布尔迪厄所称的文化资本的消费者(见下文),这些人大多数正好就是富有的经济和政治精英,城市政府认为要想确保经济的未来发展,就要取得这些人的支持。数百万观光客和来访者作为“公共文化”的消费者同样重要,他们每年穿行于世界的主要城市,城市那“连贯的视觉呈现”被作为象征性商品兜售给他们(Zukin,1995:271)。然而,这一连贯的视觉并非没有争议,如我们在第五章所见的试图使公共空间中产阶级化的努力,比如汤金斯广场公园的争夺战,就遇到了抵抗(Smith,1996,另见本书第五章);而大都市非主流的、次级的视觉以各种形式结合起来,削弱并瓦解着此类主导性的文化策略——从街道艺术(墙上涂鸦),到说唱音乐,到滑板运动——即便每一种“反文化”总是会被同化和商品化。

为了更好地理解城市文化这一争议四起的阵地,重要的是要看出公共空间和私人空间的概念如何以三位论者为向导,从中世纪晚期直到当今在欧洲以及随后在北美发展出来;这三位论者的观念启发了关于现代性文化生产的大量后续思考。

公共空间与私人领域:哈贝马斯、森尼特与布尔迪厄

本节将探讨城市经验的一个重要维度,即城市如何既成为公共文化和交往的场所,又维持甚至强化着家庭和私人住户的“封闭世界”。美国社会学家理查德·森尼特和德国哲学家兼社会理论家尤尔根·哈贝马斯都认为这是一个历史过程,与欧洲各国社会和经济结构组织中那些深刻的变化关联在一起。已故的皮埃尔·布尔迪厄,我们在前文讲“社会资本”概念的形成时提到过,他通过探究群体姻亲如何经由归属机制在文化上得到安排,为这幅图景增加了色彩。

尤尔根·哈贝马斯关于欧洲和美国国家发展和城市化的专著《公共领域的结构转型》(*The Structural Transformation of the Public Sphere*,Habermas,1989),并非对城市状况本身的探究,但的确为城市文化提供了一些极为有益的洞见。哈贝马斯的主要任务是要表明,类似“公众舆论”这样的概念如何在18世纪以后随着资产阶级城市的生长而发展起来,但他(与森尼特一样)也有兴趣考察私人领域和公共领域的交界面。哈贝马斯认为,随着家庭这一机构失去对它的私有化领域的专有控制权(从19世纪开始,公立中小学教育、税收、建筑和卫生检查都开始侵蚀家庭领域),“家庭亲密领域的秘密空洞化”到20世纪时的“家庭和城市的布局中在建筑上有了表现”。这一过程的结果意味着“私人领域以及进入公共领域的确定机会的消失”,并且“在今日城市的居住和生活模式中很典型”(同上:157)。

哈贝马斯从威廉·H.怀特关于美国大众社会的里程碑式研究《组织人》(*The Organization Man*,1956)一书中获得启示,把郊区景观的布局视为从众压力的有形表达,如怀特所说,它是“军职生活”的某种民间版本。在郊区,随着居民群体开始担负起监督和团结的角色,亲密领域开始消失;这种监督和团结的角色,此前是与怀特后期关于伊利诺伊州帕克福里斯特“咖啡座谈会参加者”的研究中所描述的祖辈大家庭联系在一起的。“讨论作为一种社交形式让位于对参与社区事务本身的盲目崇拜,”哈贝马斯在再次引用怀特之前指出,“并非在孤独的、自私的沉思中……人得以实现自我,而是在与他人一起做事的过程中……甚至是一起看电视也更能使人成为一个真正的人。”(Whyte,1956:353 in Habermas,1989:158)H.P.巴尔特(H.P.Bahrdt)观察到,城市社会需要仔细平衡公共领域和私人领域,以使其中一个不致压倒另一个,结果却是过于碎片化的个人主义或者“大众社会”的极权主义;从这一观察出发,哈贝马斯断定,18世纪那自我教育的城市“公众”,曾经构成我们对“公民社会”现代理解的基础，现在几乎全部消失了。两个世纪以前，“是人民被抬升到文化的层面，而不是文化被降低到大众的层面”（同上：166）。于是，似乎在哈贝马斯看来，含蓄的责备指向对中世纪后期的欧洲城市这一城市完美形式的干扰；这样的城市允许公共和私人两个领域和谐共存，在此世界中，拥有“知识”和“文化”是礼节所要求的。与罗伯特·帕特南一样，他看起来是在声明郊区化、电视文化和汽车正在威胁着社会资本本身的再生产，而文明对社会资本的依赖已经有数百年了。

理查德·森尼特当然会同意有关郊区的批评。与哈贝马斯一样，他一贯为“密集又肮脏的城市”辩护，认为城市是创造力、知识和人类价值的丰富源泉。森尼特自称为“城市无政府主义者”，并且在一个“后社会主义”时代仍然承认自己是一个社会主义学者。与他颇为赞赏的刘易斯·芒福德一样，在《公共人的衰落》（*The Fall of Public Man*）一书中，森尼特着手为城市书写一部社会史，尤其专注于 19 世纪和 20 世纪早期；不过，他也试图表明，“公共人”如何（考虑到历史环境，性别上的特异性不可避免）在城市化社会中日益变得私有化和被动，在此社会中，“情感”被归入核心家庭的私密领域，政治对话也沾染了平凡实用的心理学术语（Cox in Sennett，1993：xvii—xix）。

森尼特声明对此过程充满反感，且毫无愧意；与早期作品一样，他谴责美国的城市规划把矛盾带出城市，摊平到无组织、低密度的社区，在那里白色警戒围栏后的退避，只不过意味着人的心理发展被抑制在了青少年阶段。因此，美国郊区呈现的是这样一个社会，它急切地想要控制或抑制意识到的威胁，把自己困于一种仿造的，结果也是功能失调的礼俗社会的反都市身份中（Smith，1980：153—62）。

森尼特认为，城市应该是世界性的、密集的甚至危险的地方，那里什么都有可能发生，正如在“酒神的城市”中那样，盛行着“混乱、解构和方向迷失”(Sennett,1990:238)。他将之与有条不紊的阿波罗世界对比,后者在“光辉之城”有计划的理性主义以及修剪过的郊区草坪中找到了典范。正是阿波罗式的理想,驱使着建筑师和规划者去实现一种完美的、普遍的人类形式。但是森尼特提醒我们,阿波罗的方式也意味着承认平衡的必要性,并且要尊重人类创造力和成就的局限。酒神告诉我们,不要把平庸和常规的东西奉为指导原则,阿波罗在追寻理想的过程中则呼唤着谦逊。森尼特重新说出这些古代的事实,在赞美现代都市无政府状态的同时,也是在承认不同和相异虽然能带来审美上的慰藉,却也会滋养离析和退缩(同上:129)。与齐美尔一样,森尼特对礼俗社会的暴虐之处充满怀疑,担心大都市能否在为“外部导向”的主观性战役中获胜,这种主观性与郊区的反城市价值观正好相反(Riesman,1950)。

城市风景构成了罗伯特·帕克所称的“道德秩序”或莎伦·佐金所称的“权力景观”(Zukin,1991)。但是森尼特敦促我们,不要认为城市文化仅仅由金钱和权力决定,毕竟文化本身总是存在一种文化维度。换句话说,并不是说城市文化不受权力和金钱的限定,而是说城市文明的复杂和矛盾是它的源头活水(参见 Parkinson, 2012)。如此看来,像费尔南·莱热(Fernand Léger)这样的艺术家就是城市复合体的阐释者和批评者,同时又是我们后来所称的“文化产业”生产者的一部分。如瓦尔特·本雅明所表明的,艺术姿态的完整性并没有被消费手段破坏。不过,为了理解其更为广泛的意义,我们不得不对其内部矛盾保持敏感。

对文化的这种关切,即从人类状况的本体论和策略两个方面着眼,同样贯穿于皮埃尔·布尔迪厄的作品中。布尔迪厄被许多人视为法国自埃米尔·涂尔干以来最为重要的社会学家,在社会学和人类学的诸多方面贡献了大量的研究成果。就布尔迪厄在未来对于城市研究的重要性来说,关键文本当属他的《区隔》(*Distinction*,1986)

一书；在这本书中他提出了许多概念，比如“社会空间”“经济资本”“文化资本”“社会资本”，应用于城市社区研究后引起了人们的兴趣。布尔迪厄还拓展了一些观念，被纳入与“惯习”和“场域”这两个概念相关的早期研究中。

从对现代社会文化维度的强调来说，与美国那些结构-功能主义者相比，布尔迪厄更宜于归入齐美尔、凡勃伦（Veblen）和滕尼斯等社会学家这一脉。他同时也是一位经验主义理论家，毕竟，虽然布尔迪厄的社会学有丰富的理论，但如他所说，那是基于一种

> 信念，即要想理解社会领域最为深层的逻辑，只有把自己投入经验现实的特殊性之中，这种现实在历史上都有地点和时间；同时又心怀目标，要把它建构为“可能实现的一个特例”……建构为可能结构的有限世界的一个典型。
>
> （Bourdieu，2000b：4）

这一原则被应用于布尔迪厄的“惯习”概念，后者在某种程度上对应于哈贝马斯的“生活世界”概念（Bourdieu，2000a）。惯习是从一系列倾向，或者说是从塑造着人类社会实践的（基本上是无意识的）思想、情感、趣味和偏好构成的整体中建构出来的（Jenkins，2002：77—84）。各种倾向同样充当着社会和文化标记，将我们置于布尔迪厄所称的“社会空间”中。在布尔迪厄的体系中，社会空间的基础是两项区别原则，即经济资本和文化资本。就本书的主题来说，我们不必过于深入地去探究这些类型的资本是如何有关联地分配的，只需要指出布尔迪厄试图建构的是另一种社会分层，更多地是强调**关联**因素，而不是强调人与生产手段（马克思），或者人的消费层次或地位群体（韦伯）的直接联系。因此，一个人有可能拿着公立小学教师的薪水，就经济资本来说相当贫穷，却由于善于演奏某种乐器或者熟知

艺术史，而在文化资本上较为富有。而一位经营石油的百万富翁在经济资本上是富裕的，家中却有可能连一本书都没有。布尔迪厄在《区隔》中给出的说法是，具有大致相同的经济资本和文化资本储备的人们，往往具有相同的倾向——喜爱并消费相同的东西(Savage *et al.*, 2013)。根据我在之前一部作品中的观察，这种社会空间也映射到了“实际居住的空间”上，在那里环境和资源允许“地点追随职业”(Parker, 2001a)。

布尔迪厄提到的这种社会空间，如何与城市物理空间中的个体行为和群体行为相一致？城市中(或者就此事而论的任何其他地方)的社会行动者在巡游于社会领域时，依靠的是布尔迪厄所称的实践感或者说实践知识。大多数人在大多数时间，并不认为自己会出于本能而对复杂的信号或线索做出反应(如我在此书导言中所提到的)，他们基本上是靠“自动导航”来行动的。布尔迪厄把这种社会方面技巧熟练但缺乏思考的实践、规范和价值的再生产，称为“信念”(Doxa)或者“信念经验”。

我想论证的“信念城市”，与齐美尔所描述的仓促忙乱、时间紧凑的大都市极为相像，在那里城市居民如机器人一般对地铁站里的种种提醒如“小心空隙”“请沿着车厢往前动一动!”等做出反应。就其物理空间方面来说，布尔迪厄所称的惯习是一个具有重要地点、象征性地标以及独特的时间-空间标记(一天中特定时间的集合点)的互动领域；凯文·林奇(Kevin Lynch)等以实际经验为依据的城市研究者已经表明，这个领域对于我们的“城市形象”来说极其重要(Lynch, 1960)。在身体层面，布尔迪厄的“习性”(hexis)概念具有调停作用，把个人的主观世界与他们出生于其中并且与他人共享的文化世界关联起来(Jenkins, 2002: 77—84)。于是，这就是我们自己选定的在社会中存在的方式，包括如何站立、行走、说话、穿衣、调情、辩论，等等。

这些习性方面的常规深深塑造着城市中的各种亚文化，就像布尔迪厄借以提出这一概念的卡拜人部落那样。只要看看运动鞋或帆布鞋的某个时尚品牌、最新的街头俚语或者城市青少年打招呼的方式，看看它们的重要性，就能弄清语言和身体的运用如何帮助我们把自己置身于特定的城市局部环境中。但是，如果认为这种文化是"自发生成的"，无疑相当天真，因为如佐金主张的，极少有什么文化没有或无法被商品化。布尔迪厄的洞见作为理解城市文化的一种方式是很有价值的，但是就权力决定社会空间，甚至是决定文化实践的方式来说，他所称的"权力场"（或者说政治）与其他"社会场域"[①]之间的关系并没有解释得足够清楚。

到最后，我们似乎兜了一圈回来，还是要套用马克思的一句名言作结："人创造（城市）文化，但并不是在自己选定的条件下创造的。"[②]在以下各节，我们将进一步深入这些主题，探究性别和性征在城市经验中的表现，继而更为详细地考察种族和文化方面的身份和差异，既是作为文化创造性的孵化器，也是作为当代大都市中冲突的触发因素。

城市中的性：城市经验中的性别与性征

性别化的城市

在《城市中的斯芬克斯》（*The Sphinx in the City*）一书中，伊丽莎白·威尔逊（Elizabeth Wilson）写道："女性在城市中作为对男性

---

① "场"是个人或机构所占据的"结构化的社会地位系统"（Jenkins，2002：85）。布尔迪厄还把场描述成各种力量的布局，由它们获取资本的四种变化形式，即经济资本、社会资本、象征资本和文化资本的能力来定义。个人或机构所掌握的每个方面的资本越多，它/他/她就越有能力组织和控制该场与其他场之间的边界和关系。"强"场，比如权力（或政治）场，能够"凭多种因素决定"其他场，比如"哲学场"。

② 马克思的原话是："人们自己创造自己的历史，但是……并不是在他们自己选定的条件下创造的。"（出自《路易·波拿巴的雾月十八日》）

的诱惑、作为娼妓、作为失足女、作为女同性恋而存在，同时也作为危急关头的贞女，作为战胜诱惑和苦难的侠女而存在。”（Wilson，1992：6）在强调城市为那些有闲暇又有机会放纵欲望的人提供感官愉悦时，威尔逊借用本雅明笔下的浪荡子形象指出，“或许……妓女可以说是女性浪荡子”。但她也承认：

> 近年来，女权主义者声称，从来不可能有女性浪荡子。她们还走得更远，提出城市的景象无论何时都是从男性的视角来呈现的：在男性窥视般凝视的绘画和照片中，女性总是被动地接受注视。
>
> （同上：55—6）

威尔逊写到的女主角是没有年长妇女的陪伴、自由漫步、感受城市欢娱的女性，就连她自己也承认堪称特例，数量极少。劳动的女性没有闲暇和资源在城市中有这些遭遇，她们的活动范围基本上仅限于邻里之间。迟至20世纪，中产阶级女性仍罕有出现于公共场所而无女仆、丈夫、女性友人或亲戚陪伴。于是，按沃尔夫（Wolff）的说法，“在城市中的匿名体验，格奥尔格·齐美尔等社会评论家所描述的稍纵即逝的没有人情味的接触，以及首先由波德莱尔看到、随后由瓦尔特·本雅明加以分析的无忧无虑的漫步和观察的可能性，都是只属于男性的经验”（Wolff，1990：58 in Wilson，1995：66）。

弗格森（Ferguson）对19世纪巴黎浪荡子的分析佐证了这一观点，因为在浪荡子的描绘者们看来，

> 对于浪荡子的优势视角来说至关重要的审美距离，没有哪个女性能够实现。她之所以不适合做浪荡子，是因为她想拥有在自己面前展开的对象，并且会按照欲望的驱使行事。

另一方面，浪荡子想要的是整个城市，而不是城市的一部分。

(Ferguson, 1994: 27)

按人们的预期，19 世纪巴黎的女性与城市的关系应该更为直接，更加实际，这使得她们的角色被限制在了购物上。上流社会的女性可以通过组织沙龙来避开这一社会宿命，但是沙龙并非公共论坛，一直到 20 世纪，体面的女性坐在人行道上的咖啡馆都是无法想象的。即使是在第二次世界大战刚结束的时期，像西蒙娜·德·波伏娃这样的女权先驱也极为清楚地知道，无人陪伴的女性在公开场合写作和阅读属于离经叛道的行为。对于劳动阶级女性，或者来自不那么富裕的社会阶层的女性，街道尤其是共享的空间，甚至是女性化的空间，因为成年男性要么是在工作，要么是在享受酒馆或酒吧的封闭世界。这就使得在一周的工作日中，公共设施、市场以及街道本身基本上都是女性的领地。因此，重要的是，在讨论“城市景观的性别化”时，不要假定这意味着城市空间的“男性化”；要记住的是，城市经验的差异相当显著，这种差异取决于女性的社会和种族/文化身份，正如在同等程度上取决于男性一样。

许多女权主义城市规划者声称，女性的空间存在极大地受制于性别角色，城市政策也在所有方面偏向男性城市用户的需求和日常活动(Watson and Gibson, 1995; McDowell, 1999)。公共交通往往迎合男性通勤者的需求，许多城市的城市交通政策也优先考虑私人机动车辆，使得街道对于孩童来说充满危险，也使相较于男性，经常使用街道和地方设施的女性更为依赖的那种环境恶化了(Brownill, 2000: 116)。街道上的照明不足，设计糟糕的地铁，不配置工作人员的公交设施，再加上越来越少见的警察步行巡逻，限制着城市对于所有人(除罪犯以外)的用途。20 世纪 70 年代，在遍布全球的夜间游行中，女权运动人士要求着女性“夺回街道”的权利；这是在回应一个事实，即许多女性认为城市里有很多地方在天黑以后是无法前往的，因为担心自己的个人安全（McDowell，1999：150）。虽然有大量文献在讨论城市环境的压抑特征，但如麦克道尔（McDowell）所指出的，“城市的公共空间也是女性逃避男性支配地位以及现代社会的资产阶级规范的重要场所”（McDowell，1999：149）。这一观点同样适用于身为同性恋的城市用户和居民。

同性恋空间

在拉德克利夫·霍尔（Radclyffe Hall）、让·热内（Jean Genet）、克里斯托弗·伊舍伍德（Christopher Isherwood）以及詹姆斯·鲍德温（James Baldwin）等人的小说中，城市的核心特征是对同性恋生活和爱情的探索、肯定和抑制。但只是到了近年，从男女同性恋经历的视角来研究城市居民，才成为社会科学和人文学科中的一个独立主题。对于吉尔·瓦伦丁（Gill Valentine）这样的论者来说，虽然性别研究提供了理解社会权力空间化的有益起点，但“其他群体对空间的使用并非性别的产物；异性恋在空间中也得到了强有力的表达”（Valentine，1997：284）。南希·邓肯（Nancy Duncan）提出了类似的观点，声称“公共和私人之间的区分与性别相关”，“公共/私人二分法……经常被用来建构、控制、约束、限制、驱除以及抵制性别和性差异，以维护传统的家长式和异性恋主义权力结构”（Duncan，1996：128）。

然而，如我们之前在女性城市生活经验的背景下指出的，城市既会带来压制，也会带来释放，这种双重特征尤其适用于男女同性恋者；在他们的情形中，隐私（由城市的匿名特征所实现的）和宽容以及和同伴建立联系、进行社交的机会，与对身体暴力的恐惧之间必须实现平衡（Valentine，1997：287）。众所周知，类似“同性恋社区”和“同性恋聚居区”这样的称谓并不准确，但其之所以集中于纽约格林尼治村这样的区域，是因为作为该市的艺术区或“波希米亚区”，这里以包容著称，有许多出租房提供给单身者，能够找到创造性（虽然待遇不高）的工作，社会景象充满活力（Chauncey, 1994: 229）。莉莲·法代曼（Lillian Faderman, 1991）在更小的空间中确认出旧金山和芝加哥的酒吧和“茶馆”是女同性恋者交往之处，不过如贝利（Bailey）所指出的，这里无疑并非安全场所（Bailey, 1999）。很难证明城市中存在同性恋者的这一准则能够同样适用于北美和欧洲的其他城市，但是统计学证据明确显示出美国公开的同性恋身份与城市化之间存在着正向关联（同上：54）。

自20世纪60年代以来，同性恋文化在社会上毫无疑问越来越醒目，现在则以一些年度事件来突显，如从伦敦到悉尼、从柏林到旧金山的“同性恋自豪日”游行和狂欢节活动。旧金山的男同性恋少数群体在全世界属于最不掩饰的，正如卡斯特尔对这座城市同性恋居住区的研究中所表明的，明确可辨的“男同性恋空间”是逐步演变出来的，与更为广泛的社会运动和政治转折——20世纪60年代的反战和民权运动——尤其是这个十年末期的石墙事件密切关联（Castells, 1983, 1997）。[①] 旧金山宽松的生活方式迅速广为人知，从而使这座城市成为整个美国许多男同性恋青睐的目的地，随着民航票价的降低，也吸引着全球的男同性恋前来（Castells in Susser, 2002: 202）。

自20世纪70年代往后，“同性恋空间”之所以遍布世界上所有的重要城市，部分原因在于男女同性恋群体变得更有信心，更为富裕；不过如格林（1997：51）就20世纪80年代伦敦的男女同性恋情景

---

① 石墙是纽约市格林尼治村的一座酒吧，由于该市当局压制著名男同性恋场所的政策，这座酒吧经常受到警察的突击检查。在1969年的一次突击检查中，酒吧顾客及其支持者决定还击，随后的骚乱持续了三天。这次事件的周年纪念受到全世界男同性恋群体的庆祝，认为这是男女同性恋者针对因性倾向而被剥夺民权和人权表明立场的时刻。

所指出的，女同性恋者收入能力更低，因而与男同性恋者相比，社会交往的机会更为有限，女同性恋者的企业也更难生存（同上：58）。因此，重要的一点是要记住，男女同性恋者在获取城市的经验上存在着性别上的不平衡；也要认识到，与在传统社区一样，地位和阶层对于城市经验来说既是入口也是障碍。

不过，男女同性恋城市居民的确越来越认识到地点场所的象征意义，也敏锐地感觉到，当互不关联的周围环境由“传统”迈向“混合”，再迈向“男同性恋”空间时，时间和空间的节奏产生了变化。因此，这一运动与其说是动荡的迹象，不如说是男同性恋世界在城市的纷然万象中复杂化的一个迹象。对于许多男女同性恋城市居民来说，同样重要的是，要从文化上认识到望向何处、何时张望以及在何处、何时成为张望的对象；这就说明了为何同性恋理论家们如此热衷于探究“浪荡子”和“游荡女”的心理，并视之为现代男同性恋身份与行动相关联的特征（Wilson，1992，1995；Butler，1999； Munt 2001）。

异托邦，还是沸腾的大锅？现代都市中的文化与种族身份

将异托邦作为社会理论中的概念加以详细阐述，往往被归功于米歇尔·福柯的两次介入（Genocchio，1995； Hook and Vrdoljak，2002）。在《词与物》（*The Order of Things*，1997a）[①]导言中，福柯把语言和文本视为异托邦的可能空间（见下节），而在 1967 年的一次演讲（见章末“延伸阅读”）中，福柯把乌托邦称为“没有真实地点的场所”，异托邦则是真实的地点——“类似于反场所（counter-sites），一种以有效方式呈现的乌托邦，在此乌托邦中，真实的场所，亦即

① 福柯的原著法语书名为 *Les Mots et les choses*，意即“词与物”。*The Order of Things* 为英译名。

在这种文化中能够发现的所有其他真实的场所，都同时得到表现、辩驳和颠倒”。福柯接下来又声称，这样的地点“处于所有地点之外，即便有可能在现实中指出它的位置”（Foucault and Miskowiec, 1986：24）。

在 1967 年的演讲中，福柯提到了两种类型的异托邦：一种是“危机异托邦”，举例来说，某些成人仪式就在这里发生，或者患病或“不洁净”的社会成员被放逐到这里；另一种是“反常异托邦”，我们把疯子，或罪犯，或不能自理的老人，还有死人，放置在这里。异邦托也会合并“本身就不相容的”场所，比如城市花园的矛盾场所，在古代波斯它象征着由“失去自然属性的”自然构成的微观世界的四角。最后，异托邦“与时间的片段相关联”，通向“异托时”（heterochronies），在那里我们能发现时间的集合，比如博物馆和墓地（已逝生命的贮藏机构）。但是也有稍纵即逝、短暂无常、违抗时间的异托邦，比如嘉年华、节日、集市等，它们破坏和打乱了传统的时间常规以及对空间的使用（同上）。

福柯的异托邦学毫无疑问是以城市为背景的，异托邦在神话史和文化史中的存在，其典型是种族和文化汇合的地区，比如古代城市巴别，或者缪塞尔·泰勒·柯勒律治的同名诗歌中歌颂的想象中的城市上都（Xanadu），在那里

> 方圆五英里的肥沃土壤，
> 四周环绕着围墙与塔楼：
> 蜿蜒的溪流为花园增光，
> 许多飘香的树上花已绽放。

其中的景象强烈呼应着人为规划的花园城市异托邦（见第四

章)。其他时间更近的异托邦例子,包括殖民-本土相交的空间,比如英国统治下的印度铁路殖民地(Gbah Bear, 1994),以及所有其他“不同民族、文化和知识体系之间的交叉场所”(Tavakoli-Targhi, 2001:263)。

在当代城市中,我们不必费力就能发现类似的异托邦空间:兼作无家可归者过夜之处的商店门口、行人地下通道和公园;兼作滑冰场的音乐厅庭院;或者上面提到的变成艺术家社区的废弃仓库。因此,异托邦并非一定是隔绝的地点,与日常经验有几分“陌生”;它们也在城市中作为“文化场所”而存在(Bhabha,1994)。行为艺术家吉列尔莫·戈梅-培尼亚(Guillermo Gomez-Peña)所称的“新的世界秩序”,纽约市的跨国城市主义就是一例,我们从中发现了一个“新的社会……其典型特征是大规模移民和奇怪的种族关系”。

> 结果,各种混杂的、过渡的新身份正在出现……比如疯狂的西卡-瑞瑞库阿人(Chica-riricuas),他们的父母是波多黎各混血和墨西哥混血……西卡-瑞瑞库阿人如果与哈德西派犹太人结婚,生下的孩子就叫哈德西杂种……
>
> 熔炉这一名誉扫地的概念已经过时,取而代之的是一种与时代更为相关的模式,即“梅努多杂烩”(menudo chowder)。在这种模式下,大多数成分的确会熔化,但是一些顽强的部分不幸只能浮在表面。
>
> (Gomez-Peña, 1992—1993 in Bhabha,1994: 218—9)

然而,这种文化混杂并非没有矛盾,毕竟各种相异的文化在更多情形下是沸腾的大锅,而不是戈梅-培尼亚所称的“梅努多杂烩”——斯派克·李(Spike Lee)《为所应为》(*Do the Right Thing*,1989)中尖锐的讽刺喜剧,或者马蒂厄·卡索维茨(Matthieu Kassovitz)的电影《怒火青春》(*La Haine*)中对于法国城市之外异化状况令人不安的刻画,都是例子('Hate',1995)。异托邦也可能是异端的反面乌托邦,即赫瑟林顿(Hetherington,1997)所称的现代性的穷山恶水。罗德尼·金(Rodney King)哀怨地呼吁我们所有人"往前迈步",从而突出了一个事实:情况往往是,文化上的差异是分歧和敌意的原因,而不是介入和发现其他存在方式和观看方式的机会。[①]

然而,在这包含着西班牙语居民贫困区、黑人贫民窟和白人专属封闭社区的同一座城市,如记者理查德·罗德里格斯(Richard Rodriguez)指出的,存在着"菲律宾犹太人的孩子,他们的伊朗表亲又与危地马拉人通婚"。他还补充说:"难怪,洛杉矶成了美国的真正首都。"讽刺的是,只有通过 1992 年 4 月底和 5 月初的恐怖事件,"整个城市才在那些黑暗的夜晚诞生了;随着汽笛哀号,年老的女性意识到自己与康普顿的少年们共同拥有同一座城市"[②]。与此同时,对于彼此互相联系的认识有利于形成一种善于理解的共存,也使部分白人居民更加坚定地要在自己与罗杰·凯尔(Roger Keil)所称的洛杉矶中南部的"班图斯坦"之间拉开距离;这是一片由白人控制的异托邦空间,城市把它过量的公路、垃圾、校园扩建项目、办公楼和监狱都推到这里(Keil,1998a:218)。

全球化把这些多样的社区精简并压缩进商品化都市领域的空

---

① 洛杉矶暴乱(Keil,1998a)是在四名洛杉矶白人警察于 1992 年 4 月 29 日被宣告无罪后发生的。四名警察被控在高速追捕并逮捕金后殴打了他。由当地居民 George Holliday 拍摄的视频,似乎直接显示逮捕行动中的警察在攻击金。警察声称金此前就被捕过,并且在两次 5 万伏高压电枪电击下未能制服后涉嫌服用药物,这说明使用超常的暴力是正当的。在接下来的暴乱中,53 人死亡,1 万人被捕,2 300 人受伤,1 000 栋建筑被烧毁,数千人丢掉工作,全市经济损失总额达到 10 亿美元。正是这些事件,使金的质问引人注目:"我们还能生活在一起吗?"这句话激起了许多着眼于改善美国种族关系的行动倡议,并已进入了主流媒体文化的共同语汇——通常被改成否定的疑问形式:"难道我们就不能生活在一起了吗?"

② Richard Rodriguez, 'A Letter from the Future-Fifty Years After the L.A. Riots', in *Pacific News Service-JINN Magazine*, Issue No. 3.09, April-May, 1997.

隙，即黑人贫民窟和西班牙语居民贫民区，从这些地方出现了新的文化身份，比如墨西哥母亲与黑人父亲的奥克兰女儿，自称为“黑西哥人”[①]。然而，同时还有一种“焦虑文化”与多样性的传播相伴随，它继续维持着二元城市那典型的经济不平等和文化隔离。在此意义上，文化仍然保留着它作为社会和经济差异标记的功能。为了理解为何某些文化经验和主张比其他的受到更多优待，我们有必要更为细致地考察意义系统在城市背景下是如何创造、维持并更新的。

作为文本的城市：理解城市状况

我们利用口头和非口头的交流，来分享对社会的认识。但是，自索绪尔往后的社会语言学家们并没有把交流手段仅仅视为电话线一般的中性传导机制，而是一致认为，语言并不仅仅是一系列有意义的形状和声音；与交流的内容相比，交流的结构对于说话的内容和方式同样重要（de Saussure，1974）。然而，第二次世界大战之前，这一理论创新并未越出语言学和语言哲学的某些专业领域，也没有越出克洛德·列维-施特劳斯开创性地对人种学进行结构主义分析的社会人类学领域（Giddens，1979）。只有当结构语言学中蕴含的观念与尼采和海德格尔的激进哲学以及雅克·拉康的心理分析理论相结合，并由大剂量的批判性马克思主义所强化，“后结构主义”这杯令人兴奋的鸡尾酒才可以先是使文学研究界激动不已，紧接着又让其余的人文和社会科学学科（可能的例外是向来保持节制的经济学和实验心理学学科）欣喜若狂。

在雅克·德里达等批判哲学家以及米歇尔·福柯那难以归类的作品的影响下，后结构主义转向或者说“文化转向”（Jameson，1998）

---

① 引文出自太平洋新闻服务网，http://www.pacificnews.org 的“我们是谁”（Who We Are）部分。

成了第二次世界大战之后社会理论领域最有争议、影响最为深远的进展之一。[①] 在与人类地理学、社会学、社会心理学、文化研究、规划理论、建筑理论、电影理论、女性主义、黑人研究以及男女同性恋研究的交叉点上，城市理论尤其善于接纳这样的进展。然而，在城市理论家们曾经力图提供关于城市状况的一般理论，甚至是关于城市发展和变化更令人信服的理论的地方，后结构主义者与后现代主义者对当代城市的分析却轻视总体性的认识论，转而赞成"公开"理解城市现象，这种理解对各种立场进行辩驳和争论，而不是断言某些推论模式胜过其他。[②]

为了叙述的清晰，也为了避免把城市分析的某些相当独特的概念化过程混入后现代主义的外围区域，我将使用"话语理论"(discourse theory)一词来指称那些对叙事性和陈述感兴趣的论者和理论家(Wetherell *et al.*，2001)。每条叙述都是一个故事，但是故事首先要有一位或多位作者，并且想要交流或陈述某个事件或某项事情。通常，但并非绝对，所描述的事件会以角色为中心，这些角色一般被识别为承载着身份的主体，与读者至少共有一些最低程度的特征。在描绘世界时，叙述的策略也试图在方式上强化或提升叙述者的权力和地位。

---

① 这是以描述后结构主义观念的争论和应用的那些已出版作品来衡量的，并非如许多贬低后结构主义的人所说是在声称普适性是论点有效性的必要标志。

② 后现代主义是一个通称，(往往是错误地)被应用于任何试图破坏或挑战"启蒙计划"各项主张的文化表达或批评。它可以粗略地概括为一种信念，即认为哲学理性是所有思想和探询的基础，认为道德和逻辑真理必须独立于主体而存在，并且现代主义最终应该因其把理性主义应用于我们的日常生活，且摈弃浪漫主义和传统主义的保守主义而受到称颂。由于后结构主义驳斥绝对的、无条件的真理这一观念，可以说它就是"后现代主义者"，不过这只是与后现代相关联的环境万花筒中的一个元素。如此一来，后结构主义最好被称为激进的解释学，而后现代主义也与建筑和文化生产中的异端风格相联系(从设计和绘画中的模仿和拼贴，到音乐中的采样[sampling]和文学中的"魔幻现实主义")。后现代主义也是一种社会学主张，即我们生活在一个与现代主义有质的不同的时代，往日的政治和道德上的确定性和身份已经不再塑造我们的价值体系。

部分例子可能包含爱国主义话语，一种能促进民族-国家利益的叙述；或者教皇无谬说，试图通过神学绝对主义来恢复教皇失去的世俗权力；或者西西里黑手党世界的“沉默法则”，服务于非法权力的利益。在每一个例子中都能看出，叙述服务于手握权柄者的利益，换句话说，它们是不容谈判、辩论或探讨的“主导话语”。这就是话语理论家们试图通过“终止叙述”实现的——这是当权者消除或封锁自身价值系统生产的方式，声称那是“来自神授”，或者是“此处的办事规矩”，又或者是“市场力量的作用”，从而使(通常是)少数掌权者的特殊利益披上了多数人共同价值的外衣。

回顾前文对马克思主义社会理论的考察可知，对主导话语(也可以理解为“元叙述”或总体世界观)建构过程的这一认识，来自马克思关于意识形态的早期作品(Marx，1974[1846])，尤其来自意大利马克思主义者安东尼奥·葛兰西提出的霸权概念(1971)。正是葛兰西通过运用历史和当代案例表明，为了在一般大众中达成共识，主导的意识形态必须以何种方式创生、维持和改造。单靠暴力无法使主导的阶级长期掌权，这就解释了为何为了使资产阶级的价值成为整个社会的价值，需要得到葛兰西所称的庶民(subaltern)阶级(即那些为了生存被迫出卖体力的人)的协作(Marx，1974[1846])。这一任务得以实现，靠的是让知识分子(报纸记者、学校老师、牧师、艺术家、演员、音乐家、诗人等)效力于位居主导地位的掌权者，以塑造一种特定的道德价值体系(比如热爱国家、尊重法治)，或者支持按一套特定的经济和政治制度(比如自由市场那“看不见的手”，为了整个世界的利益无意识地发挥着作用)来组织社会。

为了抵御统治阶级在意识形态上的攻势，葛兰西相信，以马克思主义思想以及农民和工人的激进集体主义为基础的“反霸权”，能够用真正的社会主义替代方案的“真正”价值来挑战资本主义社会的“虚假意识”。然而，如福柯表明的，随着话语生产背景的迁移和变化，每一种话语（包括马克思主义本身）都会自我耗尽，生产出新的、竞争性的话语和一套新鲜的神话，在上面建立起另一种叙述。马克思主义作为元叙述，或者作为伪装成普遍真理的对人类社会的描述，被宣称已经失败；这种失败是许多争论的核心：争论的一方或许可以称为正统的或者说传统的激进社会理论，另一方是与后现代主义相关联的对当代社会的各种“反本质主义”或“反基础主义”批评（关于其概要，见 Dear[2000]，第 15 章）。不过，虽然对主导话语的“解构”可能无法带来经典马克思主义所主张的乌托邦大结局，从本雅明到罗兰·巴特再到鲍德里亚（Baudrillard）等许多文化理论家都认识到了批判的价值，那是解释现代（实际上是后现代状况）的工具。

那么，城市研究必须与叙述和陈述的世界产生何种关联？其一，如我在导论性的那一章提出的，所有城市都是人类想象的产物，当我们的想象能够把独立的信息元素联合起来形成统一的形式时，它就能发挥最大作用。事实上，神经心理学似乎表明，良好的认知功能与我们把微小的数据碎片拼凑成完整图像的能力密切相关。通过反射性地探视我们关于环境、社会关系以及栖息地所怀有的形象，我们就能获得（或失去）吉登斯所称的“本体安全感”，或者更通俗地说，是我们在这个世界上的幸福感（Giddens，1994）。

其二，“故事”或叙述不一定非要写下来或者包含在书页内。部分叙述采取了这种形式，而叙述话语有可能表现为多种形式：它们存在于建筑物的建造中，存在于赛车的轮廓中，存在于民谣的曲调中，甚至存在于歪戴的帽子或帆布鞋的系带中。其三，这些不同的叙述性事件的结合，带来了以彼此的差异相区别的特定文化。

社会身份是这些差异文化的产物，但是就其本身来说，这种身份总是以“他者”为背景来定义和重新定义的。即便是在西伯利亚冻土带最为偏远的村落，或者亚马孙河雨林的深处，也能发现差异文化，但是如齐美尔声称的，只有在城市，社会化成(sociation)这一过程才允许新的身份、新的叙述和新的文化产生。城市生活是现代性结构和含义的实验室，对城市状况的研究由此提供着大量机会，提供了考察城市作为陈述、争辩和身份证明的场所的运行方式。

解构城市

在一系列关于精神病学以及诊所、监狱和性倾向的迷人研究中，米歇尔·福柯提出了一种“历史谱系”，在这种谱系中，变化的话语模式(或者说“价值体系”“意识形态”)通过其在不同时间、不同地点与社会权力的变化结构关系来加以考察(Rabinow，1984)。除了我们在本章前文讨论过的“异托邦空间”，福柯的观念在城市理论中的探究相对并不充分。这是一种遗憾，毕竟福柯对时间和空间传统理解方式的解构，呈现了关于城市生活的非演化观点的前景，在这种观点中城市可以被理解为多重形式、叙述和身份的场所。正是在这一最后的陈述舞台，快速变化的城市世界与关联着话语理论的理论发展之间，引人注目地发生着某些最为有趣的邂逅。

在这里，福柯对陈述的四项关键修辞(trope)，即比喻(metaphor)、转喻(metonymy)、提喻(synecdoche)和讽刺(irony)的区分相当重要，因为它呈现了一种以非历史决定论的方式理解城市形式的前景，能容纳“全球化”“后现代主义”“分裂的城市主义”“新传统主义”等关于社会变化的叙述，且不把它们置于演化序列中。与对这种线性历史观的拒斥相一致的，是米歇尔·福柯的系谱观念(Parker，2000b)。在福柯的《疯癫与文明》(*Madness and Civilisation*，Foucault，[1960]2001)中，按照海登·怀特(Hayden White)提出的体系，有可能按如下方式翻译四种叙述性修辞中的每一项(White，1987：119)：

比喻（相像）
转喻（邻接）
提喻（实质）
讽刺（加倍）

福柯的“方法论”抗拒任何形式的实施性的概括，我们最好以福柯自己对疯癫与文明史的描述来说明“修辞”这个概念。比如，在福柯的疯癫系谱中，每一项修辞都对应着与一段明确的时期相关联的对“疯癫”的独特陈述。每一种话语结构在达到支持其发挥作用的认识（episteme，这一概念类似于意识形态或拉丁语的“形式”）的限度之前，会经历有限次数的迁移，此时系谱便出现了。

因此，举例来说，虽然天主教会的控制直到16世纪在欧洲都至高无上，疯癫却几乎被视为一种神性的或魔鬼的特质（在许多部落文化以及更为狂热的基督教教会中，情形仍是如此）。但是，随着读写能力和教育程度越出神职人员的范围之外，一种更有怀疑精神、更为理性的话语出现了，并将发展成哲学的“元叙述”（形而上学）和自然科学。从这一点往前，认为疯癫者是受了上帝或魔鬼触碰这一观念，无法再抵抗科学理性主义话语的力量，主要原因是，后者正在成为经济实力强大的城市资产阶级的信条。结果，我们看到了对于疯癫者态度的转变，此前他们的行为被视为人类所无法理解的，因而必须加以容忍；现在的观点则是，疯癫者“病了”，他们应该被禁闭起来，以接受“治疗”并且保护理智社会免遭其非理性的影响。

利用福柯的这些洞察，同样可能的是，把城市想象成“认识结构”或者特定的话语策略的容器，这些结构或容器支持或阻绝着个人和集体表达的途径。于是，一座城市是“巴洛克式的”还是“哥特式的”，不仅取决于特定的建筑风格，还取决于一套审美和空间上包含和排斥的复杂原理，这套原理构成了在城市中生活的性质以及城市本身的本体论特征。因此,和语言一样,城市也可以作为权力地图来理解,上面写下了过多的认知系统,这些系统曾经居于主导地位,现在被击败了,但仍在发出微弱的回响(本雅明在理解波德莱尔诗歌时用的就是这种方法,见第二章)。然而,与语言本身一样,城市形式并非独一无二的时间和地点的产物,从一种形式过渡到另一种形式,也没有历史必然性。

我们先来看看古典或古代城市的例子,我想表明的是,它与比喻或者说相像这一修辞关联最为密切。古代的雅典城或阿提卡城是按照同样的审美原则、同样的功能要素,在各自的新定居点复制成的,两个城市各有一个集市、一块运动场和一座神庙,各自之间的关联也大体相似。类似地,在罗马的城市设计中,垂直式街道规划可见于罗马帝国各处,这种规划带有一座以"南北向街和东西向街"(decumanus maximus/cardus maximus)交会处为中心的广场。这就揭示了雅典或罗马城市的一种原型,它在帝国的每一处边境新址上复制出来——正如希腊和罗马的语言殖民入侵了方言,于是希腊-罗马建筑形式取代了地方景观特有的那些城市特征。在这里,很有必要强调德里达的观点,即语言,或者更确切地说话语策略,首先是权力的策略(Derrida,1972)。叙利亚沙漠中的多利安式石柱,并不只是房顶的支架,还是一种象征,宣示着"现在由我们来主宰"。

相形之下,在中世纪的欧洲,作为城市标志性特征的城市修辞已经变成了转喻(或者说邻接)。城镇失去了民主的几何形状,变得具有等级,遍布着关系。主要的大街承接着商业和朝圣的通道,在某个中心交会,那里紧密聚集着核心的机构和市场。主要的街道形成的分隔,或者河流等形成的自然分隔,把城市划分成许多"区"(quarter,流传下来的罗马旧词,现已不再指称地貌),在这些区里,地点、贸易,甚至种族是同义词。比如,想想伦敦金融城的齐普赛街、波特丽街和犹太人区,想想这些职业性场所如何以大致相同的方式复制到其他的欧洲集镇。这是空间劳动分工的开端,但其中也有居住的元素:我们尤其会想到商人的市内住宅区，主人一家占据着核心楼层，仆人住在地下室区域，工匠或熟练工人则身为交租的房客住在顶楼的房间中。这里我们就有了一个微观模型，显示了中世纪城市中，如何按照社会地位来分配空间、起居场所和光线。

提喻的城市指的是“代替着整体的部分”，在这里我们处于工业大都市的“总体城市”王国，所有的生产要素在城市范围内被聚拢到一起。就其想要将人性、自然以及人类社会的各种多样性在一个“模范”定居点中调和起来这份雄心来说，乌托邦的城市设计也是提喻的。最后，作为“加倍”的讽刺这一概念需要详细说明，因为在福柯的阐释中，他指的是转向自身内部的话语，或者在更好的情形下，是将自身从内部转向外部的话语。这就是19世纪巴黎上流社会使本雅明着迷的地方，在那里玫瑰花园会重现于舞厅中，花园小径会铺上地毯，连树木也裹着平纹细布。于是，我们看到一种对语言自身的反思，以便消解或“戏弄”话语中体现的确立已久的意义。城市文化中有许多讽刺修辞的例子，但我想提出的主张是，确实只有在现代运动在建筑领域带来极为严重的隔阂之后，讽刺的城市才获得了加州南部无拘无束的广阔区域，或者拉斯维加斯那设有道路的沙漠的自由控制权，在那里每一种建筑风格都是求来的、借来的或偷来的(见图8.1)。

图8.1　威尼斯饭店-赌场综合体，拉斯维加斯
版权所有：Gardner/Halls，承蒙 Architectural Association Photo Library 供图

讽刺的城市是话语策略变得“无稽”造成的；它已经挣脱了将其固定于特定时间和特定地点的生产支柱，因为维持着它的资本存在于时间和空间之外。后现代性的讽刺话语因此关联着强有力的城市叙事的去中心化，赞成一种更为无力、形态多样，因而更为“灵活”的城市形式，这种形式与苏珊·斯特兰奇(Susan Strange)所称的“赌场资本主义”(Strange, 1997)的突然爆发完美对应。

混杂、实质与后大都市

> 四下里，各种建筑那着色的玻璃立面就像人的脸孔，表面粗糙不平。仿佛建筑的内部没有人住，就像那些脸孔的后面也没有人。的的确确，没有人。理想的城市就该是这样。
>
> (Jean Baudrillard，1997：221)

后现代城市主义

到目前为止，我们一直把城市生活的各种文化讨论限定于现代主义和现代性的范围内；用马歇尔·伯曼(Marshall Berman)广为流传的一个习语来说，这样一个世界一直在努力把秩序强加于混乱之上(Berman，1982)。后现代性的核心问题(如果能描述成一个项目而不是一种批评的话)，用彼得·马库塞(Peter Marcuse)的话来说，即“用可见的(也是形象化的)无政府状态的斗篷，来覆盖日益普遍的强加的秩序”(Marcuse，1995：243)。但是，这种普遍而强加的秩序有什么性质？它又如何扩展至全球？在本节中，我们将努力较为深入地探究所谓的“后现代城市主义”(Ellin，1996；Dear，2000；Soja，2000b)。如我们对任何以“后现代”一词为前缀的某某主义的预期一样，对于迈克尔·迪尔(Michael Dear)将之与城市认识论和“多重城市(不)合理性”的急流之间的根本断裂联系起来的东西，有许多互相对立的定义(Dear，2000)。我们从最为直接的方面，即后现代审美开始。可以说，在怀有更为广泛的哲学和文学/文化上的抱负之前，后现代主义先是作为一种建筑领域的运动存在的（相关评论见 Anderson，1998 and Jameson，1998）。

尤其是，丹尼斯·斯科特·布朗（Denise Scott Brown）、罗伯特·文图里（Robert Venturi）和斯蒂芬·依泽诺（Steven Izenour）被援引为后现代建筑和城市设计的最初倡导者，虽然斯科特·布朗和文图里都试图公开谢绝这一荣誉（Ellin，1996：57）。在文图里特点鲜明的作品《建筑中的复杂性与矛盾性》（*Complexity and Contradiction in Architecture*，[1966]1977）中，在为与后现代主义设计的枯燥的统一性决裂提出理由的同时，他还呼吁"以凌乱的活力代替显见的统一。我把不合逻辑的推论也算进去了，并赞同二元性"（Venturi，1977：16）。20 世纪 60 年代，在盛期现代主义的"国际风格"（与勒·柯布西耶、格罗皮斯、密斯·范·德·罗厄及其追随者的建筑相关，见第四章）的顶点，文图里的介入引起了公众的共鸣，他们已经不再对高不见顶的摩天大楼兴奋不已，眼中看到的只是无边无际、整块整块的水泥和玻璃挤满天际线，公然无视现有的人口密度和建筑高度之间的完整性，刺破城市的景观。不过，文图里的批评并没有什么特别的新颖或激进之处，毕竟现代主义与社会科学家或大众媒体之间从来就没有特别融洽的时期。粗糙的经济学和城市规划部门那与世隔绝的世界，而非新的审美感受力，为解释第二次世界大战之后盛期现代主义为何如此有形地控制着全世界的城市提供了答案。

然而，引起如此争议的是文图里及其搭档们所提出的对抗现代主义统一性的手段，尤其是《向拉斯维加斯学习》（*Learning from Las Vegas*，Venturi *et al.*，[1972]1993）一书于 1972 年的出版，此书后来成为后现代设计师、建筑师和规划师的手册。文图里及其合著者以拉斯维加斯为例，表明如何用"经过装饰的棚式建筑"来创造出对比鲜明的外部和内部，在那里空间的使用取决于穿过空间的人，而不是通过某种恢弘的、具有英雄气概的设计来安排。最能体现这一点的，是遍布于拉斯维加斯“赌城大道”区域的饭店、酒吧和赌场，用霓虹灯和醒目标识来提升吸引力。彼得·霍尔把《向拉斯维加斯学习》的出版称为“一场灾难”，标志着“现代建筑运动的终结及其被后现代主义取代”(Hall，1988：300)。查尔斯·詹克斯也抓住文图里对平民审美颂扬的直觉，认为那是解释建成环境的形式和布局从现代主义向后现代主义形式过渡的关键(Jencks，1980 in Jameson，1998：30)。

如果说勒·科布西耶和国际现代建筑协会与“光辉之城”那“总体规划的”社区或者所谓新野兽派的极权主义建筑有所关联，那么文图里与同时代的建筑师查尔斯·莫尔(Charles Moore)、迈克尔·格雷夫斯(Michael Graves)以及弗兰克·盖里(Frank Gehry)所表现的，或许可以称为与国际风格决裂的“后理性主义”(Jameson，1998：10)。在后理性主义或后现代建筑中，建筑物不再被用作“居住的机器”，而是各种遭遇和事件以漫无计划的方式发生的空间。建筑师伯纳德·屈米(Bernard Tschumi)甚至把这种类型的建筑称为非计划或反计划的，给出的定义是：

> 用一个给定的空间结构来完成并非出自本意的计划，比如，用教会的建筑来打保龄球。类似于拓扑位移：位于监狱空间结构中的市政厅，或者位于停车场建筑中的博物馆……
>
> (Tschumi，1994：155)

这种建筑理论显然指向穿着异性服装以及对异性装扮的癖好，它因后现代主义词汇产生了大幅的变化。法国的一个国际艺术中心被称为“居间”空间，“由意外事件构成的地点”(Tschumi，2000：409)；这就简洁地概括出一个观念，即后现代城市环境作为一个空间，各种事件，或是悬而未决的，或是偶然发生的，或是漫无计划的，都在其中被提升为盛期现代主义“形式追随功能”这一信条的替代性设计主题。在后现代建筑中,如詹姆逊同样就洛杉矶的博纳旺蒂尔饭店所指出的,将外部世界与建筑本身的商业空间分隔开的入口和出口被刻意模糊了(Jameson,1998:11)(见图 8.2),正如 19 世纪晚期欧洲的“原现代”拱廊街道把路过的人吸引进商品化空间的“公共”画廊中。有趣的是,按詹姆逊的说法,把部分楼层租给高级女性时装店,试图以此将博纳旺蒂尔的后现代空间“变成拱廊街”的做法并不成功;这意味着随兴的购物属于时间充足的观光客或者维多利亚时期的浪荡子,而不属于“拿了就走”的当代饭店主顾。现在,门厅天井咖啡吧“自豪地供应星巴克咖啡”,证明了即使在后现代空间中,品牌也意味着一切。

图 8.2　博纳旺蒂尔饭店,洛杉矶,1976 年
版权所有:John Portman,承蒙 Architectural Association Photo Library 供图

现在，博纳旺蒂尔把目标牢牢锁定于休闲和商务市场，其营销广告提到，该建筑是“全世界被拍照最多的十大建筑物之一”，还有争议较少的一点是，它位于六条合流的高速公路与400英里地铁和轻轨的交会处。形式可能会有变化，功能意义却一直重大。

如此一来，如我们在第二章指出的，似乎对于本雅明的“内物外放”这一修辞，我们并未像与城市状况本身关联起来一般地将其与后现代状况关联起来。后现代建筑试图实现的，是通过如本雅明和德·塞尔托在浪荡子的片段想象中所颂扬的那种方式，来渲染城市形式可见的、易变的身份，从而强化我们对城市模糊性的意识（de Certeau，1984）。与此同时，后现代建筑所获得的趣味是以丢掉一种现代主义传统为代价的，这种传统颂扬功能性和空间分隔，真的把监狱“装扮”成饭店的样子，或者反过来把饭店“装扮”成监狱的样子。无论这种讽刺的叙述可能通过把“防御空间”（defensible space，Newman，1972）强加给穷人和无力者，在多大程度上服务于反动的政治目的，这些对建筑实践确立已久的观念的破坏在提醒我们，建成环境远不是大都市日常事务的背景，它实际上构成了我们对城市所有方面的理解。这一人为构建的三维世界是由无数重叠又冲突的叙述形成的，身为个体的城市用户不得不从中选择自己的路，有时天真地，有时故意地，但绝不会是无知无觉地。

作为场景的城市

大多数人都能看出，后现代主义邪典电影[①]《银翼杀手》，或者为阿诺·施瓦辛格（Arnold Schwarzenegger）量身定做的电影《真实的谎言》（*True Lies*）（片中阿诺和马一起搭乘玻璃电梯），都是以博纳旺蒂尔饭店为未来主义背景。“场景城市”——或者说把城市作为屏

---

① 某种在小圈子内被支持者喜爱及推崇的电影，往往拍摄手法独特、题材诡异、风格异常、带有强烈的个人观点、富有争议性。通常是低成本制作，不以市场为主导。

幕或剧场，影像和演出都呈现于其上以供公众消遣和娱乐——这一观念与城市本身一样历史悠久。埃斯库罗斯和索福克勒斯所写的戏剧戏仿当时的城市秩序，邀请观众借由剧中人物来体验战争、暴动以及男女私情和政治阴谋。因此，古代雅典的戏剧剧目便取决于成分复杂、自我反思的观众，他们敏锐地意识到了讽刺、喜剧和嘲弄所能发挥的政治用途。

在两千多年的时间中，城市一直为歌剧和音乐剧等戏剧形式带来启发，但是，直到20世纪初电影发明出来，城市本身作为戏剧的潜能才最终被释放出来（Alsayyad，2006）。卢米埃（Lumière）兄弟的早期电影着力表现火车头，试图展示电影胶片在捕捉真正的运动方面的多样功能。工业城市在弗里茨·朗1926年的电影《大都市》中被出色地再现出来，其中充满了活动、人群、噪音、烟雾以及持续不断的威胁和危险气氛。当勒·柯布西耶提出在纽约中央车站的屋顶上设置一座小型空中巴士站时，或许就是受到了弗里茨·朗在未来纽约的高楼间乘双翼飞机飞行的启发（Le Corbusier，1929 in Le Gates and Stout，1996：372）。若没有无处不在的现代大都市作为背景，很难想象卓别林的电影角色能产生如此的效果。《城市之光》（1931）和《摩登时代》（1936）含蓄地把城市比作一个不近人情、没有人性的地方，在那里贫穷和无助的四周环绕着恢宏的建筑和大量的财富：华尔街和包厘街并肩成为美国梦的孪生梦田，却被大萧条的劫掠撕成碎片。

弗里茨·朗的反面乌托邦幻想，在斯坦利·库布里克（Stanley Kubrick）改编自安东尼·伯吉斯（Anthony Burgess）邪典小说的电影《发条橙》（*A Clockwork Orange*）中达到了现代主义顶峰；影片中，勒·柯布西耶的“居住单元”变成了无名称、无人性的水泥丛林，与维多利亚时期的贫民窟相关联的同一种社会病理在此间得到了最为恐怖的表达。当代电影摄像师眼中的巴黎和洛杉矶中南部的郊区，与

19 世纪 40 年代恩格斯眼中的萨尔福德大同小异。如约翰·辛格顿(John Singleton)的《街区男孩》(*Boyzn the Hood*, 1991)这样的电影,以及已故的图派克·夏库尔(Tupac Shakur)等说唱艺术家那不屈的歌词,为我们提供了城市不断上演的斗争戏剧的当代实例。在此意义上,城市文化与其说是现代性的镜子,不如说是现代性玻璃上的裂缝,这块玻璃已无法承受自身矛盾的重量。

结语

在尝试涉足城市文化这一领域时,我努力应对这个问题的两个方面。一个方面我们可以宽泛地称为"城市生活文化",如森尼特、哈贝马斯和布尔迪厄的批判社会学所体现的。换句话说,成为城市中的社会行动者意味着什么?我们如何塑造社会领域,并与栖息地中的其他成员相识和互动?第二个主题关乎"作为表现的文化"这一观念。我们如何在象征和审美层面上表现这一栖息地?我们如何将价值和意义嵌入其中?文化的这些本体的和具象的维度显然相互作用,因为建成环境是人类的成果,因而是想象力和创造性的物质表达。与此同时,我们的想象和身份在很大程度上是从城市风光的原材料以及使其共振的人口多样性中确立起来的。

在分析对城市经验各不相同的文化理解时,我努力强调理解城市的文化多样性以及帮助我们区分城市的和非城市的方面理论所具有的价值。与森尼特一样,我认为有必要坚持以国际化程度作为检验城市状况的核心标准。没有宗教、种族和文化上的差异,城市就缺少生态多样性,从而无法以新的、令人惊奇的方式重新组合。文化产业强烈地意识到了这一点,这也解释了为何我们发现艺术和创造性天才无比密集地集中于最有活力的城市(伦敦、纽约、巴黎、芝加哥、洛杉矶、柏林、东京)。随着文化生产变得日益全球化,城市作为文化多样性和卓越性的资源库将会获益,而这种多样性和卓越性也只有这种全球性中心地点能维系。这一点不仅对作为人工制品之表现的文化来说是正确的,对布尔迪厄所理解的作为人类性情的资本或资源的文化来说也是如此。没有其他任何地方像在城市惯习中那样,有如此之多可能存在的互动场域;这意味着任何专业的或不同的职业、倾向或生活方式,都能在城市中的某处得到表达。

这些主题关联着我们在第二章提到的那些奠基性城市理论家的理论关注点,这些人全都试图通过现代性对消费习惯和文化实践的重新塑造来考察现代性的影响。如莎伦·佐金所表明的,随着政府倡导的"元中产阶级化"(见第五章)的到来使得公共领域越来越成为带有歧视性的场所,以及以剥夺平民的城市权利(即使是古罗马的皇帝们也不得不承认这种权利)为目的的大街和公园彻底私有化,文化、消费和商品形式正越来越紧密地靠拢在一起。

如我们在第四章所见,现代主义在民主表现上留下了一笔面目模糊的遗产,而墨索里尼的意大利和斯大林的苏联那些史诗级、纪念碑式的钢筋水泥建筑之所以获得"新野兽派"的称谓,自有其原因。对审美统一的追求往往在实现目标的过程中流露出某种基要主义,这种基要主义削弱了现代运动的文化意义,尤其是其建筑上的影响。如此一来,后现代主义于20世纪70年代在城市设计实践中的出现,就应该被视为国际现代建筑协会及其追随者为规划和建筑行业的专制规定在政治上给出的回应,同时也是在将主体,或者说"城市的表象人格",重新主张为城市经验的真正表达,这种表达超越于巴西利亚式"光辉之城"的匿名专横之上并与之形成对照。

许多人都曾质疑后现代建筑和设计是否不过是庸俗的全球资本主义资金充足的幻想作品,毕竟让·弗朗索瓦·利奥塔(Jean Francois Lyotard)所称的"后现代状况"(1979,1984)与对自我实现的追求相关,但此前边缘性主体,包括女性、青年、男女同性恋以及移民的出现,还是突显了我们将之与晚期现代都市相关联的身份、表现

和空间之间的三方辩证关系(Soja,2000b)。如保罗·维利里奥(Paul Virilio)所写的,

> 城市不过是某个轨道的停车路径,是古代的军事缓冲地区,是岭道、边境或河堤,在那里旁观者的瞥视与交通工具的移动速度通过仪器关联起来。
>
> (Virilio,1986:5—6)

维利里奥对移动的注视所具有的主宰地位的强调,在拍成电影的城市中得到了呼应——在那里,大都市重新挪用其文艺复兴时期的角色,成为晚期现代性悲剧的舞台和背景(《银翼杀手》);其自相矛盾之处,则在佛罗里达州锡赛德镇隔代遗传的后现代怀旧中得到称颂(《楚门的世界》)。在许多悬于网络空间的虚拟世界中,技术已经使得对城市的权利大众化(见第十一章)。威廉·吉布森(William Gibson)的愿景,即一个显而易见的城市超现实(千叶市)、电子人在其中漫游于海量数据景观,与新一代学者群体产生了共鸣,后者将身份、表现和交流视为同一条引起突变的控制论脉络的一部分(Haraway,1997;Plant,1998)。正是在这些新的异托邦空间中,城市种下了其未来想象的祸根。

延伸阅读

公共空间与私人领域

森尼特、哈贝马斯、布尔迪厄和福柯关于城市的观念被许多论者接受,包括(论身体与空间的)西蒙(Seamon,1979)、阿克曼(Ackerman,1990)、罗达韦(Rodaway,1994)、森尼特(1994)和格罗斯(Grosz,1995)。迈克·萨维奇(Mike Savage)的《皮埃尔·布尔迪

厄被遗失的城市社会学》(The Lost Urban Sociology of Pierre Bourdier, Savage, 2011)一文让我们重新认识到布尔迪厄作为城市理论家的重要性。华康德,斯莱特和佩雷拉(Pereira)(2014)在《环境与规划 A》(*Environment and Planning A*)杂志上所编的文集,象征着对城市中社会排斥的批判性分析的复兴,其中的典型是华康德的《城市中的被遗弃者》(*Urban Outcasts*, 2008),文中充分运用了布尔迪厄的象征暴力理论以及戈夫曼的污名和"败坏的身份"概念。要想在一本书内了解福柯的观念,莱比诺(Rabinow, 1984)仍然是出色的资源来源。迈克尔·索金(Michael Sorkin)(编)(1992)、佐金(1991)以及洛(Löw)和史密斯(2006),对公共领域不曾间断的私有化过程进行了有力的描述。从政治理论视角对城市中的民主和公共空间进行的迷人叙述,见 Parkinson(2012)。

性与城市:城市经验中的性别与性征

在与加里·马克斯(Gary Marks)合编的读本(Bridge and Watson, 2002)中,索菲·沃特森(Sophie Watson)贡献了一篇对城市的深思熟虑的女性主义批评,即《城市 A/性别》(City A/genders);读本中还收入了伊丽莎白·格罗斯(Elizabeth Grosz)的文章《身体-城市》(Bodies-Cities)(格罗斯的文章仅出现在 2002 年的版本中)。达芙妮·斯班(Daphne Spain, 2002)认为,从芝加哥学派到洛杉矶的后现代主义者,城市理论家们对性别和空间问题的探讨并不充分。琼·罗斯柴尔德(Joan Rothschild)的《设计与女性主义:重新想象空间、地点和日常事物》(*Design and Feminism: Re-Visioning Spaces, Places, and Everyday Things*, 1999)考察了多洛雷斯·海登等女性主义建筑师的作品。海登颇富影响的《无性别歧视的城市应该如何》(What Would a Non-Sexist City be Like)一文,或许可见于勒·盖茨和斯托特(编)(各种版本)。布里奇(Bridge)和沃特森

(2000)中弗兰克·莫特(Frank Mort)的《城市的性别地理学》(The Sexual Geography of the City),对一系列与性身份和城市空间相关的作品进行了简明介绍。

异托邦与文化身份

福柯关于异托邦的演讲有许多译本,比如N.利奇(N.Leach,编)的《重新思考建筑》(*Rethinking Architecture*, Foucault,1997b)以及《变音符》(*Diacritics*,16,1[1986],22—7)。关于这个主题的另一次讨论见于《知识考古学》(*The Archaeology of Knowledge*,2002)的引言。德阿纳(Dehaene)和卡特尔(Cauter)(2008)的《异托邦与城市》(*Heterotopia and the City*)同样收录了福柯1967年演讲的一篇修订译文,并对作为地点和非地点之间紧张关系之体现的异托邦城市空间进行了广泛分析。

史蒂夫·派尔(Steve Pile)和奈杰尔·斯里夫特的《城市街道图》(*A City A—Z*)中满是对城市文化和城市经验的有趣文章和分析,包括诗、图片故事和漫画。编辑为每一节撰写了引言,把摘录的内容与城市理论中更为广泛的主题联系起来。阿明和斯里夫特所编的《种族划分》(*Ethnicities*)杂志特刊(2002年9月),对一些主题提出了发人深省的洞见,这些主题比如英国城市中的多种族状况和"英国性"的概念、时尚与文化的商品化、白色和"黑色城市"的创建,以及当代法国城市中存在的民族以及歧视。在《城市中的相遇》(*Urban Encounters*,2003)一书中,海伦·利格特呈现了她作为艺术家和摄影师的视觉,把城市作为批判性分析和发现的场所——这本书把街道图像与对(美国)城市经验的愉悦和危险的称颂结合了起来。关于全球城市中"超级多样性"的出现,极力推荐苏珊·霍尔(Suzanne Hall)的《城市、街道与市民》(*City*, *Street and Citizen*,2012)。

后现代主义/话语理论/后现代景观

对于后现代主义研究毫无基础的人，吉姆·鲍威尔(Jim Powell)的《后现代主义入门》(*Postmodernism for Beginners*，1998)堪为有用的起点。查尔斯·詹克斯(编)(1992)遴选了关键的后现代主义文本，作者包括利奥塔、鲍德里亚、哈贝马斯和哈维。明显以城市为取向的后现代研究包括埃林(Ellin，1996)、迪尔(2000)，斯科特和苏贾(1996)、苏贾(2000b)。开放大学(Wetherell *et al.*，2001)编制了一本关于话语分析和理论的极为有用的读本，评价了索绪尔、戈夫曼和福柯等人对叙事性和结构分析在语言和交流中的发展所作的贡献。此书还对社会互动中的话语理论进行了应用分析。

收录于阿明(编)(1994)、由迈克·费瑟斯通(Mike Featherstone)所写的《城市文化与后现代生活方式》(City Cultures and Post-modern Lifestyles)一文，把后现代文化和休闲追求称为齐美尔式的"桥"和"门"，它们能够把彼此独立的文化和生活世界联合起来，同时此文还对佐金(1991，1995)进行了有益的补充。关于后现代建筑和景观，埃林(1996)再次成为关键读物，正如迈克尔·索金的《主题公园的变化形式》(*Variations on a Theme Park*，1992)以及查尔斯·詹克斯([1977]1991)的《后现代建筑的语言》(*The Language of Post-Modern Architecture*)仍然是此类作品中的经典，而他的《异质都市：洛杉矶、暴乱与异质建筑的奇美》(*Heteropolis：Los Angeles，the Riots and the Strange Beauty of Hetero-Architecture*，1993)为1992年那些暴力事件的分析赋予了后现代的转折。

电影中的城市

戴维·克拉克(David Clarke)(编)的《电影中的城市》(*The Cinematic City*，1997)，借用本雅明、鲍德里亚、福柯和拉康的城市理论，对雷德利·斯科特的《银翼杀手》等多部经典城市电影进行了分析。希尔（Shiel）和弗茨莫里斯（Fitzmaurice）（编）（2001）通过世界范围内（包括北美、欧洲、非洲、亚洲和太平洋地区）的城市中电影这一媒介，探讨了权力、空间和表现之间的相互作用。在《有情感的墙：建筑、电影与城市》（*Walls Have Feelings-Architecture*，*Film and the City*，2000）中，肖恩菲尔德（Shonfield）分析了电影与建筑形式之间的密切关系。肯尼迪（Kennedy，2000）对电影把城市表现为"偏执狂的空间性"进行了有趣的探讨。阿尔法特希（AlSayyad，2006）的《电影中的城市主义》（*Cinematic Urbanism*）解释了电影和城市在大众的城市想象中如何变得相互依赖。迈克尔·迪尔在《后现代城市状况》（*The Postmodern Urban Condition*，2000）第九章中从后现代的视角考察了电影、建筑与城市空间。

第九章　城市人口占多数的世界：南方国家城市的成长与发展

城市本身是由贫困政治产生出来的。

——阿纳尼娅·罗伊《加尔各答安魂曲》

(Ananya Roy, *City Requiem, Calcutta*)

引言

根据官方统计的全球人口数字，在 2009—2010 年之间的某个时期，城市人口占到了世界人口的多数。2030 年后不久，甚至可能等不到 2030 年，五分之三的世界人口将生活于城镇。联合国估计，到 2050 年世界人口预计将达到 93 亿，比 2011 年的 70 亿增长 23 亿(United Nations, 2012)。未来 40 年，预计将有超过 26 亿人口涌入世界各地的城镇，从而使地球上的城市居民数量从 2011 年的 36 亿增加到 2050 年的 63 亿。随着南方国家城市人口几乎翻倍，其农村人口将在同一时期减少 3 亿(United Nations, 2012)。如《联合国报告》(*United Nations Report*)所指出的，“人口增长由此基本上变成一种城市现象，集中在发展中国家”（David Satterthwaite，2007 in United Nations，2012：1）。

这些新的世界公民，大多数将是贫穷的城市居民。这种扩大了的城市化和人口规模对人类产生的影响，在欠发达国家的城镇中将表现得尤为强烈；联合国预计，到 2030 年，这些地方的人口密度将由每平方公里 33 人增加到 61 人。在撒哈拉以南非洲，人口密度预计将近乎翻倍，由每平方公里 28 人增加到 54 人。相比之下，到 2030 年，世界上最富裕地区的人口密度将增加不到 10%，由每平方公里 22 人增加到 24 人（UN-Habitat，2011：193—8）。

然而，对于联合国人居署关于南方国家人口爆炸的大胆描述，并非所有研究者都赞同。“现在的普遍看法，即认为欧洲比世界上其他任何大陆的城市化速度都要快”，受到了“非洲城市”所开展的研究的质疑，该组织声称“在 2000—2020 年期间，西非的城市化水平将由总人口的不到 3%增加到 34.6%”。[①] 对于如何才算是符合相对的全球标准的城市区域，目前并没有普遍认可的界定，因此关于城市化水平的估计，必定会依所选择的人口密度、定居规模和基础设施方面的门槛而有所不同。比如，在富裕、发达的经济体中，不可渗透的（即由于修建了道路、街道和永久建筑物等）地表面积所占的比例或许是城市化恰当的衡量标准，却并非记录非正式定居点的规模和增长的最好方式，这些非正式定居点可能在所有其他方面明显属于“城市”。同样众所周知的是，很难收集到世界上许多地区人口统计的精确数据，人口普查的结果易于受到操纵，尤其是在对某些区域和人群人口数量的少报和多报会影响到资源和政治利益的分配时。

---

① Edward Paice，‘Urbanisation in Africa：By the Numbers’，Africa Research Institute，3October 2011，http://www.africaresearchinstitute.org/blog/urbanisation-in-africa/.

辅助资料 9.1　安迪·梅里菲尔德《世界的城市化》(The Urbanization of the World)

由于大型农业综合企业,由于公司的出口农业,也由于新自由主义世界市场的“理性”推动力量,全球每年有数以百万计的农民和小佃户抛弃乡村土地。这些人不仅失去了挣取微薄收入的途径,也失去了养家糊口的手段。于是,他们来到了自己无力担负又很难理解的陌生的栖息地,此地相当奇怪,既非富有意义的城市,也非特定的乡村,而是两种现实的模糊交错,是由一种既推又拉的作用和一种恶意的剥夺过程造成的;它把人们吸入城市,又把其他人吐出中产阶级化的中心地区,迫使贫穷的城市旧市民及其他脆弱的新来者在外围地带,在社会边缘化的分类区域,在全球的郊区相互取暖。世界的城市化既是外部区域的内化,又是内部区域的外化:城市延展进乡村,正如乡村折叠回城市。

来源: Andy Merrifield, ‘The Right to the City and Beyond’, *City*, Vol.15, Nos 3—4, 2011, P.474.

如安迪·梅里菲尔德(辅助资料 9.1)间接表明的,我们要想真正理解城市化,就得留意范围更广的结构性因素,比如贫穷农民的被迫迁移,那数百万处境危险又往往极为年轻的移民只能在全球城市的边缘或郊区有机会谋一份生计,而城市核心区的许多长期居住的贫穷居民则发现,自己受到中产阶级化的私人资本和国家机构驱逐,为富裕精英的后代让路。

在本章接下来的部分,我们将首先考察南方国家超大城市规模和数量的超常增长,随后将越出西方城市的范围,去探究当代城市主义的一些典型例子。我们先看非洲,那里的城市居住着世界上最为庞大、最为年轻的城市人口的一部分,我们努力通过探寻其城市经验的多样性，来揭开典型的"非洲城市"的神话。随后，我们将分析波斯湾及其最为典型壮观的城市迪拜，考察其激烈的城市化背后的过程。再往东，我们将注意力投向世界上最大的新兴经济体中增长最快的城市——中华人民共和国的上海。接下来往北，我们来到苏联，尤其是俄罗斯联邦，该国自 20 世纪 90 年代起接纳资本主义，为国内的寡头精英带来了巨大回报，与此同时在城市内部以及城市和乡村人口之间，不平等也尤为显著。

再往下一站是南美洲，与欧亚大陆隔了半个地球，但它与欧洲人的定居点有着相同的语言和宗教身份，并且与非洲和亚洲一样，有过强制劳动和殖民活动。与此同时，拉丁美洲还表现出强烈的本土特征以及城市化形式，需要结合背景进行细致阐释。接下来我们再次转向东方，尤其是印度大陆，来看看世界上人口最为稠密的民主国家那尤其具有活力的城市主义和城市化。在本章的结语部分，我们试图借助关于南方国家城市主义性质的部分最有影响、最具洞见的理论，来理解这些城市经验的多样性。

超大城市的兴起

按联合国给出的定义，超大城市是指一片连续的都市区，人口在 1 000 万以上。全球八分之一的城市居民，居住在 28 个人口 1 000 万以上的超大城市。到 2030 年，超大城市的数量预计将增加到 41 个(United Nations Department of Economic and Social Affairs，2014：2)。库宁斯(Koonings)和克鲁吉特(Kruijt)指出，到 2025 年，全世界最大的 15 个城市，将有至少 13 个位于南方国家，包括所有居民总数在 2 000 万以上的城市，即孟买、德里、达卡、圣保罗、墨西哥城、加尔各答，以及可能性最大的上海(Koonings and Kruijt，2009：10)。迅速的城市化还引起人口在 100 万—1 000 万之间的城市数量的增加，南方国家(事实上是全世界)的多数人口将在未来 10 到 20 年中聚集于这些城市（United Nations Department of Economic and Social Affairs，2014：2）。

19 世纪以及 20 世纪早期，全世界的大城市几乎全部在北半球，与城市化联系在一起的是极度拥挤、供应不足的住房、糟糕的卫生状况、疾病、贫穷、犯罪以及社会骚乱。然而，与之相伴的往往是道路和公共交通领域大量的基础设施投资、更好的下水道和街道照明、中小学校和医疗机构的建设，以及警察部门和应急机构的创立，所有这些都导向了人的寿命、文化水平以及经济发展水平的提升，哪怕是在最为贫穷的社会阶层中。协调大都市中的社会和经济生活是地方当局的一项外围工作，凭借专业知识和一般知识，当局的工作人员要解决多样化的、不断增长的城市中的许多问题，从青年服务到城镇规划和环境健康。

由美国、加拿大和欧洲主导的工业革命以及正在迅速发展的全球资本主义经济，付出了许多努力来支付大都市增长造成的代价，这种增长相应地又为福特主义和泰罗制的盛行提供了空间环境。相比之下，直到近期，非洲、亚洲和拉丁美洲的城市化与其说总体上是由工业劳动力市场推动的，不如说是来自逃离乡村的贫困和冲突的欲望，即使在南方国家城镇中那些最为边缘、处境最差的生存环境中也有这种欲望（Rodgers *et al.*，2012a）。

南方国家的城市化速度，通常被拿来与工业革命盛期英国和美国的相比较；不过，把南方国家城市的快速发展与 19 和 20 世纪伦敦、纽约和芝加哥等城市向大都市迈进相提并论，许多研究发展经济学的专家对此态度谨慎。

首先，在资本主义工业化经济体的城市化过程中，国家扮演的角色相当突出且具有决定性作用。城市的增长可能是由郊区的无序扩张造成的，但是这些发展总体上既受到了公路、学校和便利设施的约束，也受到其支持。在孟买、马尼拉和圣保罗这样的城市，非正式城区的人口数量大大超过了正式城区的居民。这种身为市民却被排除在从教育到卫生的城市日常生活的便利之外的状况，给两种城市区域的最终融合造成了重大障碍；那些在城市生活中握有得到承认的份额并且享受着这种利益的人，往往热衷于维护这些障碍。其次，在南方国家的城市中，把大多数人口从正规经济中排除出去，导致了其他形式的经济活动的发展。这一点往往具有非法或半合法的特征，但是，由于没有政府也没有公共产品和服务的供应，边缘的城市人口别无选择，只能自我照料，运行属于自己的安保和司法系统（Simone，2010；Rodgers *et al.*，2012b）。再次，对亲属网络、信仰团体以及乡村社会家庭纽带具有依赖性，同时又不缺少北方国家城市化的种种形式，这使得南方国家的城市具有一种独特的特征，与19世纪末齐美尔的柏林和本雅明的巴黎所具有的那种冷漠的匿名性相距甚远。

这相应地又带来各种形式的社会和经济方面的组织和动员，它们公然违抗西方的政治组织和城市治理模式，往往同时也向发展中国家的主流政党和正式机构发出挑战（Kooningsand Kruijt，2009：11）。如我们在下一章将看到的，气候变化等环境因素同样对南方国家的城市具有重大意义；在那里，由于缺乏基础设施，并且存在着无力应对医疗、教育、交通和个人安全等方面日常费用的庞大人口，特别容易受到洪灾、用水短缺、食品价格上涨和流行病等的日益威胁。这些威胁和挑战，在由世界上增长最快、最为年轻的城市群体构成的非洲大陆感受最为强烈。

“非洲城市”：在神话与现实之间

如一位出色的非洲城市分析人士所说，“这片大陆如此辽阔、多样和复杂，谈论单数的‘非洲城市’（Africa city），甚至是谈论复数的‘非洲诸城市’（Africa citys），既荒谬又过于简单化……似乎存在着某种类型，甚至是多种类型，属于一个独特的集合”。詹姆斯·弗格森(James Ferguson)对关于“非洲城市”这种整体化和实质化的逻辑深为反感,他声称,人类学家们是在搪塞,“只写了他们了解到的这个大陆的狭窄一角”,把关于“非洲”的广泛讨论留给了“新闻和政策的视角”,这些视角“具有误导性,事实上不正确,而且往往是种族主义的”(Ferguson,2006:3 in Myers,2011:2—3)。

近年来,许多非洲城市在人类发展程度上取得重要进步,但是如加斯·迈尔斯(Garth Myers)所写,在非洲城市,“除了利比亚,每一个国家都至少被欧洲人统治过数年……殖民主义的伤疤显而易见”(Myers,2011:22)。因此在肯尼亚,其城市区域大多数“具有欧洲特征,毕竟它们当时的居住者和建造者都是欧洲人。于是,殖民的城市管理者没有为欧洲人之外的人口,尤其是非洲人,作认真的安排”。“虽然非洲人和亚洲人最终联合起来推翻了殖民统治,”奥蒂索(Otiso)道,“他们仍然在与殖民时期欧洲人几乎完全控制的城市空间所留下的有害遗产搏斗。”(Otiso,2009:93)

肖恩·福克斯(Sean Fox)同样认为,非洲相当独特的城市化过程,与这片大陆的地理、生态及其殖民历史密切相关。他写道:

> 欧洲的城市变迁是由殖民后期引入的技术和制度启动的,这些技术和制度促进了人口死亡率的下降(以及该区域由此而来的人口激增),并使人们在食物供应上有所富余。
>
> (Fox,2012: 296)

撒哈拉以南非洲,深受20世纪70年代全球石油价格冲击之苦,20世纪80年代的结构调整计划则使外国援助者压缩了公共和私人投资(福克斯称之为“后殖民地时期的调整效应”)。

> 在城市区域产生的后果相当严重。公共和私营部门就业大

> 大萎缩，实际工资下降，住房和城市基础设施投资事实上停止了，独立初期乡村和城市之间的工资差距实际上消失了……然而在非洲，除了几个明显的例外，城市化和城市人口的增长率总体上仍然较高(见 Potts，2010)。究其原因，在于人口死亡率的持续下降，以及由进口和援助支撑的物资盈余的稳定增长。
>
> (Fox，2012：298)

这段叙述有助于我们理解推动着非洲城市化的人口和经济趋势，但它无法解释为何非洲城市在文化和结构上与世界上其他地区的城市截然不同。如果说“广亩城市”是西方“功能城市”的蓝图，那么非洲国家尼日利亚的拉各斯必定堪称全球主要大都市中功能色彩最淡的一个。拉格斯“颠覆了所谓现代城市的每一项核心特征”，然而“它仍然……是一座城市，而且能够运转”(Koolhaas and The Harvard Project on the City，2001：652)。哈佛城市项目对拉格斯的解读摈弃了发展和依赖的理论模式，认为尼日利亚的这座特大城市处于西方资本主义城市演进的早期阶段，转而赞同该项目代表着“对一座处于全球化现代性最前沿的城市所作的成熟的、彻底的、堪为范式的案例研究”(同上：653)。这是一个极为重要的洞见，它突出了一些方面，在这些方面各种消费体系不仅是富裕社会的社会学家们研究的问题，还包括世界上部分最为拥挤的城市的贫穷居民，他们有能力在全球范围内转移家庭资源、物品和资本，使巴特里公园或伦敦码头住宅区的那些“世界统治阶级”惊讶得合不拢嘴(参见 Smith，2001)。

许多非洲城市的典型做法是征用“公共基础设施”，比如拉各斯的奥绍迪公路和铁路交叉点，那里已经变成了一座大型的非正式市场，“在整个市场的长度范围内，交易活动已经把路边区域吞并和超越了”(同上：693)。“奥绍迪的交易者和运输公司事实上已经吞并了交通基础设施……甚至采取措施修建了新的道路，确立了新的路权。”（同上：694）这是对列斐伏尔的转导理论的落实，即重新制造和设计城市空间来满足使用者的迫切需要，其方式让人想起本雅明在巴黎的一条挖出的街道上遇到的“自发市场”。这种过于不拘形式的城市，与其说是现代性的未来那未被驯服的过去，不如说是现代性的现在那尚未驯服的未来。功能性城市开始衰退并蜕去表皮，随着用户自制的杂乱无章的碟形卫星天线宣告着网络社区这一新的城市秩序，新的道路和沟渠在底土中被开凿出来。

然而，这并不是在否认非正式城市主义中社会和空间不平等的存在，这种不平等可见于许多非洲城市。如尤努萨（Yunusa）所写的，

> 中上阶级往往居住在尼日利亚人口密度中等或较低的地区。人口稠密的地区是留给穷人的。城市人口密度的利用和控制对保护公共利益来说很关键，因为它能阻止“社区人口的实际福祉不公正或有危害的状况出现”。
>
> （Chapin 1965：41，引自 Yunusa，2005：178）

不过，这里所说的“社区”指的是那些能够获取资源的，包括能获取干净的自来水、电力以及安全的住房这些关键的公用事业。在现实中，按照联合国儿童基金会的说法（Yunusa，2005：178），这样的分区计划往往被很高的城市化率破坏，后者会导致“危险地带的广泛出现”，这些地带被描述为“缺乏规划、街道网络糟糕、建筑几乎无法居住”的地区。这些类型的定居点也“容易遭遇洪水和火灾之类的灾难”，面临着“失业、维护、宜居和管理等方面的严重问题”。对于19世纪40年代曼彻斯特那些人口迅速聚居的贫民窟中的死亡率和发病率，恩格斯给出了悲观的评估；与此相应，诺克斯和马斯顿

(Marston)声称“在人口稠密的城市区域，每年有 1 000 万人死于不合格的住房和糟糕的卫生状况造成的生活条件”(Knox and Marston，2001：400 in Yunusa，2005：178—9)。

南非城市中自杀和性暴力的发生率尽管位居世界前列，其一般情况却与拉各斯有相当大的差别。自种族隔离政策结束、非洲人为主的统治开始以来，南非非洲人国民大会组建的政府力图优先解决城镇和城市边缘地区的宜居问题，这些地区的大多数南非黑人被迫生活在极端贫困状况下，无法获得基本的教育、交通和医疗服务。帕内尔(Parnell)和罗宾逊(2012)指出了南非城市主义中一个相当不同的轨迹，这条轨迹与布伦纳、杰米・佩克(Jamie Peck)和尼克・西奥多(Nik Theodore)等论者发现的朝向新自由化的主流趋势并不一致(Brenner and Theodore，2002；Leitner *et al.*，2007；Peck *et al.*，2009)；两位学者认为，不仅是在南非，也包括在南方国家其他许多城市背景下，都有必要构建关于促进发展甚至是戮力革新的地方政府的理论(Parnell and Robinson，2012：594)。

埃德加・彼得斯(Edgar Pieterse)主张，对于城市社会，传统自由派人文主义“城市权利”的看法有悖于人们关于非洲城市特质的经验。彼得斯在这里想的是“暴力在非洲社会生活中引起的武断(overdetermining)效应”，这种效应与“殖民地时代的恐怖和剥削”大有关联，但同时也“被重新塑造和嵌入在持久的不平等中”(Pieterse，2010：206)(更充分的讨论见第十章)。

根据联合国人居署 2006 年的一份报告，撒哈拉以南非洲有超过 70%的城市人口居住于贫民窟(UN-Habitat，2006：52)。在未来 20 年内，阿布贾和金沙萨的人口将翻一番，但是现有的极为不足的基础设施按比例增长的希望却相当渺茫。然而，非洲传统上对西方的市场、贷款和援助转移的依赖，已被证明对发展一个具有国际竞争力、以城市为主的经济体仅构成了有限的外部制约，并在很大程度上由于中国企业和城市机构的大量投资而开始弱化。

就在安哥拉首都罗安达的郊外，中国国际信托投资公司正在建造一座新的城镇，即基兰巴新城；小镇占地 12 355 英亩，包括 750 幢八层高的公寓楼、12 所学校和 100 个零售住宅区，预计最终容纳 50 万人居住（见图 9.1）。

图 9.1 安哥拉罗安达市郊区基兰巴新城的公寓楼
来源：Wikimedia Commons

项目预计耗费 35 亿美元，售价为 12 万—20 万美元一套，而安哥拉人的平均收入才刚过 5 000 美元；显然，基兰巴新城的居民将来自安哥拉人口中的一小部分，包括了移居国外者、外国公司的管理层，以及富有的精英。第一期 2 800 套公寓上市近一年，仅卖出了 220 套。[①]

撒哈拉以南非洲的增长潜力，让一些经济评论家兴奋不已；比如吉姆·奥尼尔（Jim O'Neill），他发明了“金砖国家”（BRICs，指高度发展的非西方经济体，包括巴西、俄罗斯、印度和中国）这个缩写词，现

---

① Louise Redvers, ‘Angola's Chinese-Built Ghost Town’, BBC *Africa*, 3 July 2012, http://www.bbc.co.uk/news/world-africa-18646243.

在包括尼日利亚在内的第二波快速增长和城市化的南方国家，合称为“薄荷四国”[MINTs，其他几个字母指墨西哥、印度尼西亚和土耳其]。[①] 一群颇有影响的学者还把这片大陆上城镇的转变称为“非洲的城市革命”，援引的事实是大陆上已有40%面积实现了城市化，“这意味着非洲有了4.14亿城市居民(2011年数字)，非洲的城市人口数量已经超过了欧洲、澳大利亚以及南、北美洲”(Pieterse and Parnell, 2014:1)。与此同时，很有必要认识到的一点是，非洲城市人口大部分都在25岁以下，只有极少数受过小学以上教育，并且有很大比例的人口失业。一些经济学家认为年轻的城市化人口是经济增长的强劲动力，彼得斯和帕内尔则提醒，“复杂的城市治理制度、分散的财政投入、人口的快速增长，以及被压抑的贫困现象，这些因素综合起来将形成一杯挥发性的鸡尾酒，使得非洲的城市革命成为一项关键的全球问题”。然而他们也主张，到目前为止非洲各国政府所做出的集体回应中并无紧迫之感，反而显得踌躇满志(同上:12)。

向迪拜学习:波斯湾壮观的城市主义

阿拉伯联合酋长国港口城市迪拜人口210万，每年却吸引着约550万访客前往其豪华的度假酒店、购物城和会议中心。[②] 迪拜是鲍伯·博勒加德(Bob Beauregard)所称的“最高级城市”(Beauregard, 2003)的具体体现。如爱德华·格莱泽(Edward Glaeser, 2012)所指出的，2008年，“迪拜是地球上最大的建筑工地。建于人工岛上的阿拉伯塔总高1 027英尺，建成时是全世界最高的饭店”。此时此刻，迪拜已经成为“世界上最具世界主义色彩的城市之一，约200个种族群体生活在一种少有的宽容气氛中”(Krane, 2009:19)。2010年，迪拜

---

① ‘The Mint Countries: Next Economic Giants?’, *BBC News Magazine*, 6 January 2014, http://www.bbc.co.uk/news/magazine-25548060.

② 来源:Dubai Department of Tourism & Commerce Marketing.

开放了地球上最高的人造多功能建筑物——2 684 英尺高的哈利法塔，以及与其相邻的迪拜购物中心，后者内部空间达 590 万平方英尺，总面积达 1 200 万平方英尺，是“世界上规模最大的之一”(Glaeser，2012：245—6)(见图 9.2)。

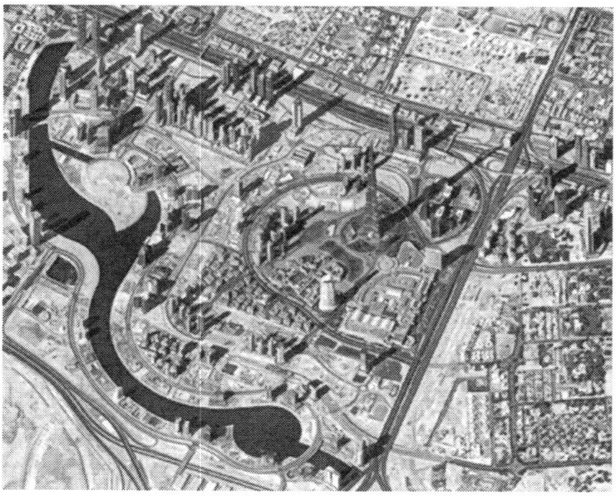

图 9.2　从空中看迪拜市中心，2012 年 1 月
画面的中心是哈利法塔，世界上最高的人造建筑物。哈利法塔人工湖的右边是世界上最大的购物中心迪拜购物中心，其中设有滑冰场和水族馆。画面左下角的迪拜河是新建的商务湾开发项目所在地，最终将容纳 200 幢商业和住宅建筑。
来源：PLEIADES © CNES 2014

直到 20 世纪 30 年代，迪拜及其所属的位于阿拉伯半岛东南角的阿拉伯联合酋长国，都属于“荒凉之地最为荒凉的一角”(Krane，2009：3)，其人口仅有 8 万，已经有一千多年没有增长；其原因是自然环境苛刻，只有浅水港口提供了维持生计的机会——捕鱼、采珠以及与伊朗、周围的波斯湾和大洋对面的印度之间贸易。自 19 世纪初便控制着相邻的阿曼港的英国，把酋长国的整个沿海地经区称为“海盗海岸”，并以这一称呼来为其从印度招募的皇家海军军队对夸瓦斯姆土著部落的入侵和镇压提供借口。到 1820 年，后来组成阿拉伯联合酋长国的所有酋长国与英国签订了和平协议，允许英国海军常驻，并给予其商船队以优待。英国对阿联酋的宗主权于1971年终止，但海湾国家与英国之间仍然保持着商业和政治上的密切联系，越来越多的英国侨民蜂拥而来，享受着高工资、低税收，以及与相邻的沙特阿拉伯相比对西方生活方式远为宽松的态度。

然而，相邻的阿布扎比的石油财富之所以在近年推动迪拜实现引人注目的增长，原因还在于公共资本而非私人资本；马克图姆王朝的计划雄心勃勃，想要使这座位于波斯湾的城市成为世界上首屈一指的高档旅游胜地，以及中东和南亚卓越的商务中心，这份雄心的底气便是石油财富。

同样是阿布扎比，在全球金融危机后的2009年，挽救迪拜于破产的边缘(Glaeser，2012：246)。如艾哈迈德·康纳(Ahmed Kanna)所写的，

> 马克图姆主导的新自由主义带有阿卜杜拉(Abdulla)所谓的“城市企业”(city-corporation，2006)风格，这种新自由主义之所以在21世纪初取得支配地位，是因为马克图姆和其他由城市主导的公司成功地使自由市场原则与地方文化态度和倾向相适应。
>
> (Kanna，2011：34)

然而，经济利益在新迪拜和阿联酋之间的分配并不均衡。尼古拉斯·麦吉汉(Nicholas McGeehan，2012)声称，据估计各酋长国总人口为500万，其中多达80%为公民以外的工人。相形之下，在公元前5—前3世纪的雅典，据估计主要由奴隶提供的非公民劳动力，不及总人口的三分之一。在迪拜，公民以外的工人高度分层。位于顶端的是身为侨民的专家和管理人员，往往受雇于西方的公司，这些公

司之所以获准在阿联酋开展业务，是因为由某个酋长国共同持有，虽然后者极少参与企业的实际运营（这被称为 kafala，即赞助制度）。位于中间的是伊朗和印度的企业家，他们中的许多人仍然把家安在国内，利用迪拜四通八达的国际机场每周往返。底层是数量庞大的手工业、国内和服务行业的工人，主要来自南亚和菲律宾。这些人大多数由招聘代理机构在其各自的国家雇用，不得不背负昂贵的贷款来偿还“代理费”。如沃拉所写，

> 外国精英与政府合谋，制造出对本国公民和侨民精英都有利的社会和经济等级，同时维持着一种劳动力移民结构，明显不利于居住在阿联酋的外国居民。
>
> （Vora，2011：123 in McGeehan，2012：29—30）

因此在迪拜，留给外国人的“开放”印象严格地局限于“来自西方的资产阶级”，且仅属于自由贸易区内（尤其体现于钻石等高价值商品，在其中就连阿拉伯人和以色列人之间的宿怨都能出于商业利益被放在一边）（Krane，2009：167—73）。如康纳（2011：68）指出的，“这种开放性体现于‘新迪拜’这一寄托想象的城市主义项目中，该项目在 20 世纪 90 年代和 21 世纪前几年规划建造了面积庞大的中产阶级飞地”。

> 从逻辑推理和意识形态上来说，为发展而清理空间的计划与清理社会群体中麻烦元素（倔强对抗的工人、进步主义的倾向，等等）的计划相关联。临时搭建或违反法律的住处、棚屋和工人宿舍存在于某种“间隙空间”中，此类空间既不是由政府也不是由与之结盟的商人或房东开发的。
>
> （同上：68—9）

伊恩·帕克(Ian Parker)在《纽约客》(*The New York*)上撰文,把世界贸易中心附近的谢赫扎耶德路及其高耸入云的玻璃立面的摩天大楼称为"一面穿越城市的墙:一部简·雅各布斯所说的昼夜不停的哑剧"(Parker,2005: 131)。但是,在全球金融危机袭来一年后,迪拜又被称为"赌场资本主义阴燃后的废墟。扎哈·哈迪德(Zaha Hadid)和雷姆·库哈斯(Rem Koolhaas)的那些雄心勃勃的计划,本来想宣称迪拜已成为世界级的全球城市,现在不是搁置就是取消了"(Kanna,2011: 76)。

受到金融危机冲击最大的,是库哈斯/大都会建筑事务所现在已经基本上封存的"滨水城"。迪拜滨水城项目于 2007 年由国有开发商棕榈岛集团发出委托,包含一座呈直线的 6.5 英里长的人工岛,就位于迪拜海岸边;项目提出要把"14 亿平方英尺的空旷沙漠和海洋改造成一个国际社区",其面积约为香港岛的两倍,预计容纳人口 150 万。到了 2011 年,这个停工的项目就连建设用的吊车都在变卖了。[①] 按照规划师们的说法,该岛试图体现本国的建筑传统,就像在阿尔索尔墙中体现的那样;大都会建筑事务所的网站透露,那里将有"投下阴影的建筑和窄街,布局复杂而多样,隐私被嵌入其中,公共互动不可避免"。

壮观的城市主义特征还包括"螺旋楼",滨水城的另一个"主要的几何偶像",一幢 82 层高的盘旋式大楼;大楼"让人想起经典的阿拉伯建筑",在设计中担当着整个开发项目的标杆。

雷姆·库哈斯等"明星建筑师"热衷于合作的对象,用迪拜地产开发商伊玛尔的话来说,是能够让规划师和建筑师在"一张干净的白纸上"设计一座全新的海岸沙漠城市——这一巴拉德[②]式的幻想勒·

---

① WYG 集团,案例研究:迪拜滨水城,日期未注明,http://www.wyg.com/5projects/projects.php? project=52. See also Kevin Brass, 'DubaiWaterfront's Cranes Now For Sale', *The National*, 26 December 2011, http://www.thenational.ae/business/industry-insights/property/dubai-waterfrontscranes-now-for-sale.

② 英国科幻作家。

柯布西耶一生也没有实现过。[1] 康纳声称："和中国一样，建筑师们把海湾地区视为能在工作中自由发挥的地方，其成员国把持在一小撮手握巨额财富的精英手中，并且几乎没有劳工和环境方面的管制。"(Kanna，2011：80)

在早期就"广谱城市"(generic city)所提出的建筑理论中，库哈斯(1978)预计在未来，城市将由单调重复的建筑构成，以机场为中心，城里住着"一帮国际游牧民，他们极少对某个地方怀有忠诚"。库哈斯这一戏谑性的展望，是想通过"不可避免的"商品化状况下"找到乐观主义"来批评晚期资本主义。[2] 现实要平庸得多。借用乔治·里策尔(2013)的说法，我们可以把由引人注目的国际建筑师设计的此类"白纸式"发展，称为新市中心的"麦当劳化"。一种想要"出奇制胜"的趋势，也体现在阿布扎比的马斯达尔城和韩国的松岛新城(见Greenfield，2013 和第 11 章)。谢赫·穆罕默德·本·拉希德(Sheik Mohammed bin Rashid)[3]指出，迪拜连其十分之一的增长潜力都没有实现，并宣布要建造一座以自己的名字命名的新城，穆罕默德·本·拉希德城，占地 600 万平方米(超过 1 482 英亩)，规划面积为目前迪拜市中心的三倍以上。这位谢赫的愿景是要创造出"世界级的基础设施，到 2020 年前把迪拜牢固确立为十大全球城市之一。该城拥有真正的世界级设计，工作、娱乐和生活环境鼓舞人心，还有许多地标性的开发项目，进一步推动城市的增长"。[4]

可以想见，这个野心勃勃的海湾地区城市国家的统治者，不会提

---

① 未来的滨海—沙漠度假区，带有"像白塔一般屹立在通往西滩潟湖酒店的公路边的珊瑚塔"——这一想法最初是 J.G.巴拉德(J.G.Ballard)1971 年的短篇故事集《朱砂》(*Vermillion Sands*)的主要框架。

② 'City on the Gulf: Koolhaas Lays Out a Grand Urban Experiment in Dubai', *New York Times*, 3 March 2008.

③ 阿联酋现任，也是第十任酋长。

④ 'Dubai Holding and Emaar Properties Sign Joint Venture to Develop The Lagoons', http://www.emaar.com/index.aspx? page=press-release-details&id=1516.

到困扰着迪拜滨水城项目的金融危机。按照《金融时报》(*Financial Times*)的报道,“随着低息贷款耗竭、业主拖欠支付,迪拜不动产的价格在金融危机中下跌过半”。金融危机4年后,投资者已经恢复了对迪拜中心区的信心,投资也重新变得有利可图,但包括滨水城和阿里山棕榈岛在内的许多工程,以及大量超高层建筑项目仍处于停工状态。[①]

全球经济紧缩的寒风无疑使波斯湾的发展放慢了步伐,卡塔尔获得的2022年足球世界杯承办权也颇受争议;尽管有明确证据表明受雇于建筑项目的数千移民工人受到了虐待[②],地区统治者的雄心仍然一如既往地勃勃,即要建设体育、旅游和高端消费的全球圣地,以及全世界高净值个人和企业精英的安全港。

上海快车:中国的城市转型

如果我们曾怀疑过“多数人口世界”的城市化和发展的规模和步伐,那么就有必要作一点思想试验。试想一下,弗里德里希·恩格斯成为H.G.威尔斯的电影《时间机器》(*Time Machine*)中的乘客,但他没有着陆在英国萨尔福德这一19世纪“世界工厂”的中心——相反,他在计算机中输入指令,以找到一座位于2020年的世界、与维多利亚时期的曼彻斯特同等重要的城市。这架机器会把我们这位乘时光旅行的历史唯物主义者带到哪里?

纽约、洛杉矶、东京或伦敦都从脑海中跳出来,成为候选者,但是如果想看到一个新的城市世界就在眼前诞生,还是要前往环太平洋地区的亚洲国家,比如新加坡、中国“大珠三角”的香港-广州-澳门地区以及上海;在这些地方,预计在未来30年中将出现全球最快的城市化和经济增长。正如维多利亚时期的欧洲工业革命城市在50年

---

① 'Dubai Developers Show Improving Picture', *Financial Times*, 1 August 2012.

② 'Fifa Wants "Fair Conditions" Quickly for Qatar's World Cup Workers', Guardian, 20November 2013.

中经历了人口翻番，在20世纪的后半叶和21世纪的最初十几年，亚太地区心脏地带的城市作为主要的大都市中心，实现了惊人的发展速度和成功。

1949年，上海的人口为520万，但是到了2000年末，正式居民数量已经上升到1 320万；如果把流动人口也算进来，总数则达到1 670万，城区人口密度为每平方公里2 897人。1992—2000年，这座城市连续九年实现两位数的人口年增长率，1995—1999年平均年增长率为11.4%。[①] 到2012年，上海登记的正式居民数量为2 380万，比整个台湾省的人口还要多。如果算上流动人口，上海居民总数有可能接近2 850万。[②] 相比之下，恩格斯写下对19世纪40年代萨尔福德工人阶级生活的著名描述时，曼彻斯特的人口只有25万。今天，仅需36小时，世界人口中就要增加这么多的新生儿。

1997年，珠三角五座城市的总人口为1 200万。到2020年，珠三角的总人口预计将增加到3 600万(Koolhaas/Harvard Project on the City，2001：281)。这一基础设施发展的速度和效率在任何西方国家都无法实现，原因完全在于一种指令型市场经济的独特性；在这种经济中，土地和熟练工(包括建筑师和设计师)能以极低的成本安排部署，强大的政府职能部门可以随心所欲，完全不受资本主义国家那些累赘的规划限制，或简·雅各布斯式的保护运动或者喜怒无常的工会掣肘。如勒·柯布西耶所评论的，“适应机器时代的城市，永远不可能从讨论和妥协中产生：那是通往混乱的道路”(Fishman，1987:239 in Mabin，2000:558)。事实上，勒·柯布西耶的梦想，即在“一片白纸上”建设，并用结构工程师理性主义的经纬仪来取代石匠技工，最终在新中国得到了实现；在那里，现代主义规划师的整体

① 所有数字都来自上海市政府官网：www.shanghai.gov.cn.

② *China Post*, 20 February 2013 ‘Shanghai Population Now Overshadows Taiwan’.由于对城市集群有不同的衡量标准，联合国估计的数字要少一些。

化愿景，可以规划出长达40公里的没有终点的大桥，可以让国际机场从稻田中拔地而起，比任何一位豪斯曼男爵或罗伯特·摩西还要夸张和大胆。

直到20世纪90年代中后期，上海以及中国其他城市的基础设施完全掌握在地方政府手中。但是，中央和地方层面的领导者日益认识到，没有中国以外的私人资本的参与，就无法实现现代化，而现代化是维持经济高速增长、吸引外商向主要城市直接投资所必需的。由于每年亏损近100万美元，管理效率低下，设施老化，并且管理方式落伍(包括成本回收定价不当)，上海市政府决定把水务公司改制成公私合营(Lee，2007)。然而，如李所说，“以水务跨国公司为主的私人水务公司，经历了不可预见又充满挑战的社会政治环境、法律和规章的不确定性，以及税收上的风险”。他又继续强调：“泰晤士水务公司退出中国水务市场的例子，很好地表明了外国公司在中国经营企业的风险性。”(同上：61)因此，尽管中国当局可能更愿意与外国私人企业共同经营基础设施事业，但这种关系看起来仍然牢固掌握在市政府和中央政府手中。这种发展形式无疑不同于20世纪80年代起英美背景下城市经济的新自由化，当时，一度属于国有的公用事业、交通运输、基础设施和维护服务，基本上都实现了私有化或者转给了非营利性的非国有实体。

何深静和吴缚龙(2007：187)指出：“在今天的上海，城市发展已经成为重塑城市形象、促进城市和经济发展的战略。”地产开发被视为由大量外商直接投资举债经营的这一城市改造过程的主要载体。他们写道：

> 整个城市，尤其是市中心的老居民区，受到疯狂开发行为的极大影响……广泛的城市开发使得荒废的城区得到清理，建筑密度越来越高，高楼/高档物业越来越多，环境也得到美化。
>
> (同上)

城市官僚、党内官员、地产投机者以及外国投资者对城市土地的携手抢占，违反民主且往往带有腐败，日益导致集体反抗（Hsing[①]，2010：6）。任雪飞（2011：1）主张："中国的快速城市化加剧和激化了围绕着劳动、土地和产权所产生的社会冲突，这是一项关于重塑城市公民权的更大运动的组成部分。"与迪拜及南半球其他快速发展的城市一样，民工对这座城市的物质建设和富裕市民所得到的服务来说至关重要。任雪飞（2011）指出，到 2010 年中国的城市中约有 1.5 亿—2 亿民工，部分由于户口制度将完整的城市公民权，包括买房甚至是租房的权利只保留给城市中的法定居民，这些处境危险的民工是当今中国受到最大剥削、处于最边缘位置的群体（Parker，2011：142）。

这与俄罗斯有某种相似性，中国的经济精英们从"改革"中大为受益。2000—2001 年，中国只有一位身家过十亿的富豪，到这个十年的末期，已经有了 64 位。数百万在上海的工厂就业的工人，前景却没有这么光明。工厂雇员的工资通常在每月 2 000 元以下（约 325 美元，即每天 10 美元多一点）。2013 年初，《南华早报》（*South China Morning Post*）[②]报道了一次劳工冲突：1 000 多名工人将 18 名中方和日方管理人员扣为人质，以抗议企业所有者试图对上班迟到和占用厕所超过两分钟施加的数额达 16 美元的罚款。企业所有者们最终不得不道歉，并同意提高工人工资。[③]

这样的冲突表明了中国城市工人中一种新的激烈的争端，他们被禁止自由组织工会（合法的工会必须隶属于共产党领导的中华全国总工会，并接受其管理），集体谈判的权利也和罢工权利一样受到

---

① 邢幼田，美国加州大学伯克利分校地理系教授。

② 于香港出版发行的一份英文报纸。

③ '1000 Workers Hold Managers Hostage in Shanghai Labour Row', *South ChinaMorning Post*, 21 January2013, http://www.scmp.com/news/china/article/1132587/1000-workers-hold-managershostage-shanghai-labour-row.len, 'Starchitects Shape Shanghai's Urban Cool', *Asia Times Online*, 1 April2011.

限制，在法律上和实践中都是如此。同样，“在中国，公布未经官方审核的数据，甚至是全国罢工数字或失业人数，也是违反纪律的，从而导致劳工问题的官方公开数据付诸阙如”(Brown，2012：478)。

中国没有土地市场的传统，工业和住宅区位的决策又完全掌握在政府手中，这一情形使得越来越不稳定的劳动力市场问题更加严重。梅利格兰纳(Meligrana)与其他同事们(2008:268)写道，“当前，中国的用地规划者们没有合适的城市理论、知识框架、指导原则或一套‘最好的做法’，来形成和制订恰当的综合性城市规划”，然而这并没有使某些全球增长最快的城市开发放缓。与其阿拉伯联合酋长国的同侪一样，中国的治理精英所采取的政策一直是引入西方的设计、规划和工程上的专业知识。其中的例子包括由美国建筑师斯基德莫尔(Skidmore)、奥因斯(Owings)和梅里尔(Merrill)设计的浦东金茂大厦，同样由美国 KPF 建筑师事务所设计的上海环球金融中心，以及由法国建筑师保罗·安德鲁(Paul Andreu)设计的东方艺术中心。由美国建筑公司 Gensler 的马歇尔·斯特拉巴拉(Marshall Strabala)设计的上海中心大厦总高 128 层，将成为仅次于迪拜的哈利发塔的世界第二高楼。[①]

中国以外的公司不仅负责单体的高层建筑，还受托设计和建造全新的城市。仿照“概念城市”的前例，如诺曼·福斯特(Norman Foster)的位于阿布扎比的马斯达尔城、扎哈·哈迪德的位于伊斯坦布尔的卡塔尔城，位于长江中上海崇明岛上的东滩是一座占地 8 400 公顷的生态城，按规划到 2040 年将容纳 50 万居民。东滩由上海工业投资集团委托伦敦奥雅纳工程顾问公司设计，号称中国第一个大型可持续城市开发项目。社区的能源将由太阳电池板、风力涡轮机和生物质燃料提供，整个城市五分之四的废料将回收利用，部分有机

① Daniel Allen, ‘Starchitects Shape Shanghai's Urban Cool’, *Asia Times Online*, 1 April2011.

废料将用作生物燃料来供电和供暖。东滩在环境上的预设密度为2.2公顷每人，是其隔壁那个特大城市的三分之一，但仍然超过了世界野生动物基金会建议的1.9公顷每人的可持续发展门槛。①

东滩的批评者们则认为，中国声称已经建成了第一座真正的绿色城市，此说法经不住细究。那10台风力涡轮机像安静的哨兵般伫立在闲置的开发工地上，而那里仍是数千只候鸟重要的栖息之地。受到威胁的野生动物暂时还可以感激这里没有那么多的建筑物、净水厂和能源中心。东滩的前项目协调人，曾是地方党组织的一位官员，由于腐败而入狱。与此同时，所有提及东滩的地方都已从上海世博会（口号是“城市，让生活更美好”）的网站删除。② 上海那些大权在握的政治和商业精英对东滩的最初热情渐渐冷却下来，因为要在未来的25年中额外容纳数百万居民，面临着许多实际困难，这些困难促使他们转向传统形式的“不可持续”大规模城市化。

如赵晔琴（2013：94）指出的，自1990年以来，大上海“城市改造”的推进就史无前例地破坏了3 800万平方米的老房子和当局委婉称为“危险棚户区”的400万平方米的地方。总计有270万居民被迁入新的公寓，从而为上海不断扩张的商业区以及专为经济和政治精英建造的高档住宅区让路。其中包括以国家为主题的住宅区，比如作为上海“一城九镇”规划之一部分而建造的“泰晤士小镇”，比安卡·博斯克（Bianca Bosker，2013）称之为“复制建筑”，即对传统北欧建筑风格的模仿，使得这些“山寨小镇”颇受投资公司和婚礼派对的青睐，

---

① ‘Dongtan: The World’s First Large-Scale Eco-City?’, http://www.dac.dk/en/daccities/sustainable-cities/all-cases/energy/dongtan-the-worlds-first-large-scale-eco-city/?bbredirect=true.

② Frank Kane, ‘Shanghai Plans Eco-Metropolis on its Mudflats’, Observer, 8 January2006, http://www.theguardian.com/business/2006/jan/08/china.theobserver?guni=Article:in%20body%20link.

却难入那些寻找宜居的长久安家之地的中国家庭之眼。[①]

赫尔辛基以东：后苏联时代城市的多变景观

在赫尔辛基以东的俄罗斯联邦，我们看到的是一幅颇为不同的画面。21 世纪之初，约 1.07 亿俄罗斯人(73.1%)居住在城市区域，包括 1 091 座城市和 1 922 个类似城市的定居点。总人口中略多于 45%的人居住在 10 万人口的大城市，17%的人居住在 13 座人口超过 100 万的城市。今天，俄罗斯有大片大片的领土事实上仍然无人居住，尤其是在乌拉尔山以东。“在 1 100 座城市中，有 680 座位于东经 50 度以西，即位于俄罗斯 15%的领土上”；63%的城市居民生活在 53 个城市群中，其中 43 个位于欧洲地区(即乌拉尔山以西)(Makhrova *et al.*, 2013: 131)。俄罗斯的总人口于 1992 年达到峰值，即 1.483 亿，从那以后，由于高死亡率和不断下降的出生率，总人口便一直减少。

21 世纪第一个十年期间，由于“休克疗法”重建危机引起的小规模人口收缩，大城市开始增长，虽然速度比不上从前。俄罗斯未来的大都市深受“大城市生活质量、教育前景以及工作机会和高额收入”的吸引，“但是全国差别极大的居住成本是限制迁移的一个突出因素”(Makhrova *et al.*, 2013: 132)。自 1991 年苏联共产党失去执政地位以来，俄罗斯的城市经济面临着一系列困难，其中多数是由城市居民自己造成的。人口过密是主要问题，人均生活空间不到 20 平方米，而每个家庭平均人口为 2.85 人。如俄罗斯联邦向联合国提交的报告所承认的，在今天的俄罗斯事实上不可能“获得社会住房”，同时“大多数俄罗斯国民又无力负担自费购买或建造房屋”，主要原因是收入低下，银行利率又使普通工人无法负担住房贷款(Russian

① Ruth Morris, ‘Why China Loves to Build Copycat Towns’, *BBC News Online*, http://www.bbc.co.uk/news/magazine-23067082.

Federation，2000：4）。与此同时，俄罗斯已经凭借“购买权的立法”而日益变成一个业主的国家，这种立法为租房者提供了按折扣价购买的可能性。1990年，拥有住房者占总人口的比例上升至三分之一，到1999年底则达到55%，这个比例要高于欧盟的部分成员国。市政府则握有余下的大部分存量房。

在苏联70年共产主义时期的相对平等之后，除了少数几个加勒比海近海地区的避税场所，俄罗斯联邦的贫富差距现在是世界上最严重的。瑞士信贷的一份报告显示，2013年，仅110个人便拥有俄罗斯35%的财富，2005—2010年间，俄罗斯身价百亿美元的富豪人数翻了一番。在世界的其他地方，所有百亿美元富豪加起来只控制着总财富的约1%—2%。①

从穷人到巨富的这种令人震惊的收入再分配，对社会底层的冲击最为强烈；出于俄罗斯联邦含糊其辞的“适应综合征”，那里的预期寿命已经下降，死亡率已经上升。由计划的福利主义社会向市场经济快速转变，同时几乎不提供社会保障，其所造成的压力和不安间接表现于成年群体中发生率很高的过度紧张和心脏疾病。苏联解体后，主要疾病在俄罗斯城市中的传播达到了流行病的程度：20世纪90年代，肺结核的发病率增长了65.7%，梅毒增长了三倍，艾滋病的感染率增长得甚至更快（Russian Federation，2000：10）。酗酒，包括饮用“非饮料酒精”，仍然是英年早逝的主要原因，尤其是处于劳动年龄的人（Popovich *et al.*，2011：xv）。

俄罗斯的城市男性比乡村男性的预期寿命高20%，但总体上比女性平均少活12年。就男性来说，“在俄罗斯联邦，15—60岁之间死亡率是42%，相比之下，美国是14.1%，巴西是25.9%，吉尔吉斯斯坦是33.5%”（World Bank，2011a，引自 Popovich *et al.*，2011：169）。

所有这些趋势都发挥作用，强化了莫斯科及其周围地区早已显

---

① Credit Suisse，Global Wealth Report 2013.

赫的地位(Axenov *et al.*,2006: 14)。莫斯科地区是俄罗斯金融和贸易流量的主要通道,也是"面向世界的主要窗口,担当全球城市角色的第一(虽然不是唯一)候选对象,也是后苏联时代俄罗斯虚虚实实的成功形象的展示橱窗"(Makhrova *et al.*,2013: 133)。俄罗斯这个首都尤为引人注目的地方,在于它不仅能创造出小型的卫星社区和郊区,甚至还能产生边缘城市类型的城市化,比如邻近谢列梅捷沃国际机场的希姆基地区,莫斯科与圣彼得堡之间的公路和铁路都从此经过(Golubchikov, and Phelps 2011)。这些次级城市群已经"发展成劳动和消费中心",具有"一种相对自足的北美式后郊区化"的特征。居住在莫斯科州外围居民区的通勤者,目前估计人数在100万—130万之间,相比之下,20世纪80年代晚期这个数字是75万(Makhrova *et al.*,2013: 135)。由此看来,俄罗斯规模最大、最为重要的都市区,似乎在努力追赶北美和西欧城市常见的区域郊区化的潮流,同时又在政治和经济权力方面维持着独特的寡头体制,这种体制更接近于中国的后社会主义威权模式,而不是北方国家城市区域的研究者们更为熟悉的增长机器型城市政体。

圣迭戈以南:拉丁美洲的城市化与发展

在圣迭戈以南,位于美墨边境上墨西哥一边的马奎拉多拉走廊,提供了全球不平衡发展的反例,这种不平衡发展已见证了俄罗斯的许多地区被边缘化。《北美自由贸易协议》的终结以及外商直接投资方面的关税和限制的取消,促进了北布拉沃河(格兰德河)墨西哥一边保税组装厂(马奎拉或马奎拉多拉)的显著增加,其中半数以上属于美国公司的子公司(Kamel and Hoffman,1999)。[①] 这些经济特区

① 外国企业无法在100公里长的带状边境地带直接拥有组装工厂,但是由外国所拥有的组装工厂可以成为墨西哥银行设立的信托公司的受益人,从而能够租借建筑和设备,并把从该企业获得的所有利润输回本国。

雇用墨西哥劳动力，其中大部分没有组织工会，也不受法律监管，用工成本只占美国劳动力的一小部分。组装完毕，货物通常便输出至边境上美国一边的加工和分送设备。这一工业区对于加利福尼亚企业的价值，可以从以下事实中窥见一斑：1999 年，价值 150 亿美元的货物和零件被输出至马奎拉多拉地区，运回加利福尼亚的成品则创造了 200 亿美元的总价值。①

由于工作岗位上的这一意外幸运，墨西哥边境地区人口增加到1 200万，但在住房、卫生和学校方面，对于这一流动人群却几乎没有提供任何帮助。在高科技组装工厂商业园隐蔽处生长起来的棚户区，典型代表是位于阿库纳的“纸板屋棚户区”；在那里，“几乎所有的房屋都是用纸板建造的”，但是得益于 1980 年以后组装工厂的繁荣带来的 60 家工厂，那里失业率为零。还需要更多的工人，但是“这片区域无力为新居民提供最基本的服务。仅 5 年时间，从 1990—1995 年，阿库纳的人口就增长了 49%”(Cano，1999：9—13)。阿库纳的工人日薪一般为 7.5 美元左右，自本世纪初以来这一数字就一直没有变化，究其原因，很大程度上在于这里的劳动大军总体上不会进行集体谈判。也有人想成立独立的工会，却往往遇到雇主同那些依附于革命制度党(PRI)的工会签订“保护协议”的情况，数十年来革命制度党一直有效地控制着墨西哥，并与跨国公司的代表关系密切，这些公司发现在墨西哥投资利润丰厚。② 同时，这种突然的城市化给环境带来的影响“已经近乎灾难”(UN，*Human Development Report*，1999：584)。

---

① 然而，美国公司的附加值几乎完全来自低廉的劳动成本以及关税豁免，因为供应给组装工厂的零件中有近一半事实上来自亚洲。来源：San Diego East County Economic Development Council.

② Tim Johnson，'Mexico's "Maquiladora" Labor System Keeps Workers in Poverty'，17 June 2012，http://www.mcclatchydc.com/2012/06/17/152220/mexicos-maquiladoralaborsystem.html § orylink=cpyhttp://www.mcclatchydc.com/2012/06/17/152220/mexicosmaquiladora-labor-system.html.

如内奥米·克莱因(Naomi Klein)等论者所表明的,南方国家非正式城市正在迅速沦为世界新的血汗工厂。但是在这些经济特区,由贫穷季节工构成的流动人口总是被置于循环之中,以避免出现社区或工作场所的团结,因为这种团结的出现有可能在城市人口占少数的世界,挑战跨国公司及身为其主顾的政府的霸权(Sassen,1999; Klein,2001)。然而,致力于为组装工厂工人提升工资和工作条件的边境工人委员会,显示了贫穷而绝望的工人群体采取集体行动的潜力,这个群体甚至无法得到本国政府的保护(Kamel and Hoffman, 1999: 1—4)。

拉丁美洲的城市位居世界上规模最大、增长最快的城市之列,但是,尤其对于新一代贫穷的城市居民来说,它们提供了截然不同的人类发展模式以及获取经济、政治和文化资源的途径(Hernandez *et al.*, 2010)。在委内瑞拉、玻利维亚、秘鲁、厄瓜多尔、乌拉圭、巴西和阿根廷,所谓的"粉红潮流"于 20 世纪最后十年和 21 世纪最初十年将许多左翼政府送上权力宝座,对于减少南方国家其他许多地区城市社会特有的不断拉大的贫富差距,这种潮流也产生了影响。但与此同时,朝不保夕的城市居民的数量增加很快,获得永久住房并能使用基本的便利设施和交通设备的要求,远远超过了具有社会改革倾向的中央政府和城市政府的能力,这些政府甚至连当前需求都满足不了。

比斯利-默里(Beasley-Murray)及其同事们声称,拉丁美洲进步主义政党之所以取得成功,原因在于"间或水螅一般的、近乎无政府状态的"多样的社会运动,其中包括了墨西哥的萨帕塔民族解放运动(EZLN)和阿根廷的"纠察队"等各种各样的组织,"引发了关于新的社区形式和新的政治模式的试验"。在各位作者看来,这些社会运动有助于揭露"代表机制的虚妄本质,在这种机制的背后是种族边缘化、城市失序以及深不可测的社会分歧"(Beasley-Murray *et al.*,

2009：321）。如大卫·哈维在《叛逆的城市》中指出的，同样的过程可见于 20 世纪 90 年代的巴西：

> 20 世纪 90 年代巴西的新自由化和民主化之间的奇怪碰撞，使得巴西 2001 年的宪法中加入了保护城市权利的条款，这要归功于城市社会运动（尤其是在住房方面）对于促进民主化的力量和意义。
>
> （Harvey，2012：xii）

比如在巴西的圣保罗市，快速的经济增长和城市发展使得越来越多的贫困家庭无法获得住房，于是擅自占用闲置建筑的行为在市中心区域急剧增多，城市当局不得不紧迫地回应穷人的住房需求（Lima and Pallamin，2010：49—50）。不过，假定某些拉丁美洲国家城市社会运动的相对成功可以轻易地复制到其他处于发展阶段的城市，这是错误的，即便有强有力的广泛动员的支持；印度及其孟买的例子就表明了这一点。

从贫民窟城市到全球化的特大都市：孟买不断变化的面貌

对于大多数城市世界来说，印度是一个极为重要的地理存在，原因不仅在于那里有如此之多的特大城市，数量惊人的城市人口，或者预计中印度将在未来 30 年中有最快的城市增长率，还在于印度在现代化之路上的矛盾、冲突、挫折和成就在这片次大陆的城市中表现得最为明显。2005 年，全球最为富裕的 151 个城市中，有 11 个在印度，包括德里、孟买、加尔各答和班加罗尔。而就在同一年，印度有 6 100 万人（城市人口的 22%）生活在贫民窟。据官方的调查估计，印度还缺少 2 500 万套住房，大多数城市居民都缺少基本必需品，比如干净的自来水、卫生设备、医疗和教育（Municipal Corporation of Greater

Mumbai,2010)。

魏因斯坦(Weinstein)、萨米(Sami)和加文·萨特金(Gavin Shatkin)(2013: 43)提出:"直到最近,城市和城市人口在国家和邦层面的政策中仍未受到明显的重视。原因在于,印度的村庄在印度独立早期主导着政治人物、规划师和学者的视野,印度城市在国家规划和邦层面的经济计划中实际上缺席了。"然而,德赛(Desai)和桑亚尔(Sanyal)指出,随着印度政府于1991年引入"新经济政策",鼓励经济自由化,"印度城市日益面向全球,实施了各种各样相关的城市改造项目"。一如其他国家城市的新自由化,印度城市也经历了"城市企业精神"的出现、新公共管理式"治理方式"的确立、在某些区域对邦的区划调整及其"回潮",以及在其他区域的"展开"(Desai and Sanyal,2012:13)。

宣传印度"全球城市"的光亮小册子以新建的购物中心和顶层公寓楼为重点,在这些小册子背后,却潜藏着另一番现实。对印度主要城市不断扩张的商业区和精英居住区的规划和改造,往往假借"贫民窟开发"的名义来推行。在印度,解决贫民窟问题变成了"强化政治活动的不拘礼节"的委婉说法;这种强化有利于土地所有者、地方政治精英及其委托人,"从而使强有力的城市政治联盟的形成进一步陷入混乱"(Weinstein, Sami and Shatkin,2013: 41)。结果,贫民窟居民以及城市穷人自己发现,在碎片化和断裂的治理结构背景下,很难把自己的主张施加于城市权利上,而上述治理结构在许多方面都是印度支离破碎的基础设施的反映。

在孟买,对于饮用水和污水等关键基础设施网络的分布,以及贫民窟及其人口的管理,宗教和种族排外具有重大的政治意义(McFarlane,2008)。20世纪90年代早期,孟买当局启动了一项"贫民窟重新开发计划",重点强调一些关键场所的拆除和搬迁,尤其是邻近中心城区的,比如人口估计在100万左右的达拉维——这里进行重新开发的条件成熟，且回报丰厚(Weinstein，2014)。[①] 根据这项"城市革新"计划，在21世纪初，马哈拉施特拉邦地方政府委托全球商业咨询公司麦肯锡完成了一份报告(2003)：《孟买愿景：打造孟买为世界级城市》(*Vision Mumbai*：*Transforming Mumbai into a World-Class City*)。这份报告无疑响应了孟买政治领导层的全球野心，力图将经济增速提升至每年8%—10%，并在未来十年中投资400亿美元(75%来自私营部门)于交通和城市基础设施、住房、卫生和医疗等领域。不过，报告受到了印度城镇规划师、学者、环保主义者、退休官僚以及地方非政府组织的严厉批评，因为它还建议取消那些旨在阻止开发近海区域的规定，同时鼓励通过强制迁移来建造高层建筑并对整个区域进行整体的重新开发。[②]

孟买的这一备受争议的筹划突显了一项鲜明的对照：一边是麦肯锡设想的市中心区的仿造建筑"世界城市"，另一边是由城市非政府组织——如区域资源促进协会、全国贫民窟居民联合会以及女性组织玛西拉·米兰联合会——提出的更具包容性的城市概念。2005年，在大约几个星期的时间内，30万贫民窟居民被迁出达拉维这样的繁荣社区；据估计，这些社区的循环经济产业每年交易额超过10亿美元，在1.5万个单间工厂中雇用约2.5万人，若无这样的机会，这些人便会失业。意料之中地，当"城市当局宣布夷平贫民窟，代之以高层公寓构成的街区时，遭到了在这里定居的那些人强烈的反抗"。[③]

面对如此明目张胆的企图，即代表孟买当局将贫困家庭迁出市

---

① 达拉维是丹尼·博伊尔2008年奥斯卡获奖影片《贫民窟的百万富翁》(*Slumdog Millionaire*)的故事背景。Gethin Chamberlain，'The Beating Heart of Mumbai'，*Observer*，21December 2008，http://www.theguardian.com/world/2008/dec/21/dharavi-india-slumsslumdog-millionaire-poverty.

② 'Vision Mumbai：A Recipe for Disaster'，The Times of India，18 December 2003，http:/ /articles .timesofindia.indiatimes.com/2003 - 12 - 18/mumbai/27211601_1task- force-mckinsey-report .

③ Chamberlain，前引书。

中心，一场新的社会抗议和抵制运动开始挑战区域资源促进协会的“市政治理资格”，该协会试图在政府、开发商和那些受到拆迁威胁的人之间调停（Roy，2009：161）。如罗伊接下来评论的，

> 与全国贫民窟居民联合会和玛西拉·米兰联合会一道，区域资源促进协会……为孟买的穷人提供一系列城市服务。它在城市的各个贫民窟中工作，大部分努力都集中于基础设施和卫生设施的升级。从社区厕所的提供到低收入群体住房开发，该联盟做了政府无力或不愿做的事：制定一种实质性公民权的体制（McFarlane 2004），确保在这个世界上最不平等的城市之一中为穷人提供生存的物质基础。
>
> （Roy，2009：161）

接下来的问题是，像区域资源促进协会这样的组织，是挑战还是支持孟买这样的城市所具有的结构性不平等的现状？罗伊认为，通过与地方当局以及世界银行这样的国际机构协作，市政治理资格“能产生一种企业性质的主体性，此主体性能与这种易变的逻辑讨价还价，同时还能产生另一种浸入协作、参与和调停的道德规范中的主体性”。然而，来自洛克菲勒基金会（区域资源促进协会的资金支持方）的罗伯特·巴克利（Robert Buckley）对罗伊的主张不以为然；他提出，强调卫生条件优先于占有权，并支持从不稳定和危险的擅自占用地（比如铁道边缘）的搬迁，并不是要把孟买改造成资本主义社会，而是要响应城市穷人本身的集体呼声（Buckley，2011）。

草根社区组织是在赋予他们的社区权利？还是在允许社区被政府和实力强大的私营企业行动者作为工具使用？就此问题存在的争议并非孟买，甚至并非南方国家所独有。举例来说，它们也存在于非裔美国人的城市公民权倡议运动中，比如在芝加哥这样的城市中（见

Parker, 2011: 65—6)。研究快速城市化的印度次大陆中的民众运动，我们能从中得到的更为广泛的见解是，何人居住在何处是一个深刻的政治问题。城市的贫困居民可能没有受过教育，或者无法接近律师、国际管理咨询公司和政府精英，但这并不意味着他们无法理解自己的生活和生计如何被牵涉进关于城市未来的权力斗争中，这些斗争总是想把他们排除在外，让他们成为隐形人。

结语

情况似乎是，尽管发达工业国家很少有城市在规模和程度上能与发展中国家的特大都市相比，城市规划者们(多数在北方国家生活和工作)仍然坚持从西方的视角来观察“第三世界”的城市。尤其是常常能见到对非西方大都市的如下分析：这样的城市要么是向着西方资本主义模式演进的早期阶段上的“前现代”定居点，要么仅仅是自成一格的人口密集的“欠发达”场所。未来的城市理念要解决的问题是：对于多样化城市经验，其相互之间仅有的观念联系是地理的(“非西方”)和经济的(以穷人为主)，上述分析是否能提供恰当的视角？

比如，在马尼拉的生活经验如何与加尔各答的相比较？既然大多数城市理论家现在都认为只能在极为有限的意义上谈论共同的城市经验，我们难道不该把关注点集中于城市人口和城市劳动力各个独立的部分上？此外，在何种程度上殖民时期对亚洲、拉丁美洲和非洲城市的规划仍然在引起共鸣？新的城市集群又在多大程度上提供了欧洲城市之外的另一种结构和布局？“非正式城市”是否已经完全取代“理性城市”，以至于正在创造出新的城市形式、惯例和经验，就像巴西利亚那样的情形？“西方城市”的非正式化，即迈克·戴维斯就其在拉丁美洲的表现所称的“神奇的城市主义”(Davis, 2000a)，是否为发达资本主义世界人口密集的大都市预示着新的未来？

北方国家那些曾经繁荣的工业都市中的贫困居民，开始经历各种形式的极不均衡的发展，这种发展在南方国家更为典型，与之相伴的特征包括政府退出、基础设施失修、环境退化以及以低工资就业为基础的非正式经济（Parker，2013）。与此同时，在南方国家那些迅速扩张的城市中，基本上没有强有力的、高度地方化的官僚政府，"要对生活进行复杂的重新安排，超出了政策制定者和机构控制这些转变过程的能力"（Simone and Fauzan，2013：109）。因此，在资本主义国家正式凝神关注的"事项之外"，有更多的机会来结成政治和经济联盟（同上：111）。因为如詹姆斯·霍尔斯（James Holston）指出的，"大多数城市人口生活在贫困的边缘地区，处于各种非法和违规的居住条件下，围绕着那些受益于他们的服务和贫穷的城市中心"；他们那"法外"存在本身

> 就引起了一种独特的回应：正是在这些边缘地区，居民组织起反抗的公民权运动，以此对抗城市中心用来隔离他们的根深蒂固的公民不平等体制。
>
> （Holston，2009：245）

的确，并非所有的边缘城市环境都会产生这种类型的"反抗的公民权"，许多此类定居点显然充斥着暴力、长久的混乱感以及力量和团结的缺乏。漂泊不定的贫民窟居民，被迫在非正式部门工作，那里日益激烈的竞争"耗尽了社会资本，瓦解了对穷人生存至关重要的自助网络和团结"（Davis，2006：184），于是他们不得不从殷勤好客和亲密无间的行为转向事业机会。如一名来自海地的非政府组织工作人员所说，

> 现在一切都标价出售。那个女人曾经热情地接待你，端上

咖啡，分享家里能找到的一切……随着贫困的加剧，这些团结人心的行为正在消失。现在，你到了某个地方，那个女人要么会卖给你一杯咖啡，要么完全没有咖啡。让我们彼此帮助、共同生存的那种相互给予的传统，全都一去不复返了。

(Bell，2001：120 in Davis)

阿布杜马里克·西蒙(Abdoumaliq Simone)把非正式城市中的街道视为“开关装置”，或者“强度继电器”空间，寓于一系列复杂的暂存事物和空间等级中；在那里，不断变化的压力在其居民中引发了一种“认知”敏感，帮助他们应对风险和不确定因素(Simone，2010：232)。相反，迈克·戴维斯认为朝不保夕的城市穷人之间为生存而展开的竞争，实际上显示出在一个空间中的无能为力；在此空间中，哪怕是获得最微不足道的经济机会——“获得人行道上的一小块地方，租一辆人力车，在建筑工地上打一天工，或者做一次家庭辅导……所有这些都需要来自某种封闭网络，往往是种族民兵或者街头帮派的庇护或成员资格”(Davis，2006：185)。

我们要指出的第一点是，某些差异存在于所有的城市中；因此，如果借用列斐伏尔的城市权利观念，那么很显然，城市背景与主体身份都与个人涉身城市经验的程度直接相关。在某些背景下，性别会严重限制进入城市的可能；在其他背景下，性倾向、宗教或种族特点具有重要意义(参见第八章)。但我们必须小心，不要过于轻易地假定，“庶民性”——借由葛兰西提出并经佳亚特里·斯皮瓦克(Gayatri Spivak，1987)修正的一个词——能产生便于识别、普遍存在的一系列胜者和输家。比如，各种国际犯罪调查虽然承认许多女性都有过很难在街上行走而不用担心受到骚扰和威胁这种经历，但是其调查结果却不断显示男性更有可能成为暴力犯罪的受害者(Lynch，2006)。

为了使这样的归纳更有意义，还需要对城市人口进行社会学和人类学的比较研究；其中可能要使用与梅休、布思和里斯等先驱者不同的方法，但都集中关注是什么使得多种类型的城市居民和工人具有不同的城市经验。如科林·麦克法雷恩（Colin McFarlane）所写的，

> 我们就“城市”，或者就城市主义的一种特定形式提出主张时，该主张在某种程度上未加言明地——也是至关重要、不可避免地——是一种比较的主张，因为我们的主张和论点总是相对于其他类型的城市可能性或想象而提出的。
>
> （McFarlane，2010：725—6）

相比于前辈，当代研究者们拥有的一个重要优势是统计数据的涵盖范围和地理覆盖为对全世界城市人口的详细比较提供了一种可能。目前，有为数众多的国际团体和机构致力于收集城市区域的社会和经济数据，还有数十家学术研究中心专注于对世界各地的城市进行比较研究。不过，定期收集全面、可靠的数据，从而为制定政策和进行规划提供帮助，这种做法不仅成本高昂，还要能够密切接触调查人群。在发展中国家的许多地方，收集可靠的数据困难重重——尤其是在某些城市区域，非正式定居点导致的快速扩张，或者因冲突、极端天气、气候变化或其他环境因素导致的人口迁移引发的突然重大人口波动（见第十章）。除此之外，还有以纪实方式描述城市生活的问题，在那里，传统资源可能寥寥无几甚至完全没有，比如公共管理、新闻媒体、非政府组织以及其他公民组织，这些组织为研究者提供了关于它们所在地的关键信息。这一困难要求个体研究者或者研究团队进行更多的投入，这在规模较小的城市社区是可能的。然而，南方国家的城市化也与包含数百万居民的城市集群的出现相关

联，这些居民中有很大的比例居住在非正式定居点中。在条件如此极端的城市栖居地，经济、社会、政治和文化生活是如何展开的？这是学者和政策制定者们迫切关心的。

经济合作与发展组织于 2012 年进行的一项研究发现，上海的学校中年龄为 15 岁的学生，在阅读、科学和数学方面比任何西方城市的同龄学生表现都要好，而表现最好的七个国家都在东亚（OECD，2014）。东方和西方在教育成就上的差距，原因复杂且存在争议，但我们有必要注意到，亚洲的这些所谓新兴工业化国家正在各种全球指标中迅速攀升至前列，并且在这些国家的大都市中人才和财富云集。中国几座主要城市的崛起，可能预示着两极反转的开始：北方国家不再代表着支配的、富裕的、主导全球的核心，城市人口占多数的国家也不再代表着受剥削的、不发达的、被主导的边缘地区。

南方国家确定无疑地主导着城市世界的地方，是在人口增长的地区，某些论者明确地将之视为对全球安全的威胁。劳埃塔（Liotta）和米斯克尔（Miskel）并不忌讳使用战争术语，比如“真正的人口炸弹”（The Real Population Bomb），以此为题的书告诉我们，位于赤道线以北 10 度和以南 40 度（即南方国家）的那些特大城市，“已经变得人满为患，状况危险，无法治理，并且人口还在显著增长……随着它们变成极端分子和犯罪网络的平台和避难所，正在对全球安全形成重大威胁……”（Loitta and Miskel，2012：7）。从这些描述中能够明显看出，南方国家迅速发展的城市定居点仍在激起与马尔萨斯主义的反乌托邦类似的恐惧；这些恐惧常见于 19 世纪伦敦和纽约城市贫困状况的那些耸人听闻的描述中，我们在第三章也提到过，在下一章还将详细考察。

人口的跨国流动几乎完全是一个城市化过程，对于那些没有正式居所或公民权的人来说，受到剥削压榨和被排除在基本的福利、医疗和教育服务之外的风险都很高——尤其是在“欧洲堡垒”以及边境控制普遍加强、经济移民和寻求避难或人道主义保护的限制越来越多的背景下(Carr,2012)。这就解释了为何像“iPod 指数”这样的标准,变成了全世界城市地区比较收入和支出差别流行的衡量基准。以全球都能购得的 8G 储存空间的 iPod 音乐播放器为例,拿着平均工资的苏黎世或纽约的工人都能以九小时的工作报酬从苹果商店购买到这款产品。相比之下,孟买的一名拿平均工资的雇员,却需要以西方的同行 20 倍的工作量(即近一个月的薪水)才能买到同样的产品。①

不过,我们需要认识到,虽然“北方国家”和“南方国家”这样的术语作为全球地理差异和人类发展水平的代称仍有意义,但如果认为它们的意思等同于“发达的城市社会”和“第三世界小农经济”就不再准确了(如果说曾经准确的话)。恰恰相反,重要的是要认识到,经济福利在地理上的不均衡分布以及全球范围内的机会不平等,正在削弱生活、工作的权利以及享受城市的文化和社会利益的权利;与此同时,全世界城市人口的比重仍在增加。

延伸阅读

杰里米·希布鲁克(Jeremy Seabrook)的《在南方国家的城市中》(*In the Cities of the South*,2006)一书,仍然是对西方以外截然不同的城市经验的有力描述。迈克尔·彼得·史密斯的《跨国城市主义》(*Transnational Urbanism*,2001)通过激烈质问关于不均衡发展的地理学的假设,把“第三世界城市主义”研究提升到了新的水平。关于城市和不均衡发展的较好的一般性讨论,见萨维奇等人([1993]2003)的著作,节录于勒·盖茨和斯托特(各种版本)的著作。J.约

① ‘The iPod Index. Ranking the Richest Cities in the World’, UBS, March 2009, http://www.citymayors.com/economics/usb-ipod-index.html.

翰·帕伦(J.John Palen)的《城市世界》(*The Urban World*,2001)是对城市社会学以及全世界范围内城市化的介绍,适合学生阅读。戴维·德拉卡基斯-史密斯(David Drakakis-Smith)的《第三世界城市》(*Third World Cities*,2000)对全世界处于发展中阶段的城市——包括曼谷、德里、马尼拉、墨西哥城和新加坡——进行了分析,考察了影响这些城市的各种问题,包括人口增长、环境问题、人权,以及规划和城市管理。关于超大城市,库宁斯和鲁吉特(编)的《超大城市:南方国家的城市排斥与暴力政治》(*Megacities: The Politics of Urban Exclusion and Violence in the Global South*,2009)和迈克·戴维斯的《遍布贫民窟的地球》(*Planet of Slums*,2006)都值得推荐。

如果对非洲的城市和城市发展感兴趣,在彼得斯和帕内尔(2014)合编的《非洲的城市革命》(*Africa's Urban Revolution*)中,当地的一流学者对当代非洲的城市化进行了令人信服的描述。加斯·迈尔斯的《非洲城市》(*African Cities*)是由单一作者对非洲的城市生活和发展所作的最佳探讨之一。西蒙和阿博汉尼(Abouhani)(2005)合编的文集《城市非洲:城市中不断变化的生存轮廓》(*Urban Africa: Changing Contours of Survival in the City*),仍然是研究城市非洲的学者的核心资料来源。雷姆·库哈斯/哈佛设计学院的《大跃进》(*Great Leap Forward*, Harvard Design School,2001)引人深思,插图精美,描述了南方国家许多地区的城市化,重点描述了老挝和上海。

关于亚洲,罗伊和永(Ong)的《走向世界的城市:亚洲的试验与获得全球性的艺术》(*Worlding Cities: Asian Experiments and the Art of Being Global*,2011)中有多个章节对亚洲城市不断变化的领域给出了宝贵的、具有理论创新的洞见。关于中国的核心读物包括吴缚龙所编的文集《崭露头角的中国城市:新城市主义的形成》(*China's Emerging Cities: The Making of New Urbanism*,2007),

邢幼田的《城市大改造：中国的土地与房产政治》(*The Great Urban Transformation*：*Politics of Land and Property in China*，2010)，以及任雪飞的《城市中国》(*Urban China*，2013)。加文·萨特金的《争夺印度城市》(*Contesting the India City*，2013)一书，重点是对包括孟买在内的多座印度重要城市进行详细研究，萨特金和维迪亚蒂(Vidyarthi)还对印度的城市发展作了有益的历史考察。阿永纳·达塔(Ayona Datta)的《非法城市》(*The Illegal City*)对德里一个擅自占地形成的社区中的空间、政治和性别进行了令人信服的描述，而获得普利策奖的记者凯瑟琳·布(Katherine Boo)的《美丽的永恒背后：孟买一座地下城中的出生、死亡和希望》(*Behindthe Beautiful Forevers*：*Life*，*Death*，*and Hope in a Mumbai Undercity*，2012)一书，则是对印度最大城市中的底层生活所作的备受称道的刻画。Axenov，Brade 和 Bondarchuk(2006)的《后苏联时代俄罗斯城市空间的转变》(*The Transformation of Urban Space in Post-Soviet Russia*)虽然主要是对圣彼得堡的研究，也描绘了俄罗斯"后社会主义城市"发展的总体轨迹。

拉丁美洲的城市没有综合性的研究专著，然而关于南美洲和中美洲以及加勒比海诸岛中城市非正式性的出色文集，可见于 Hernandez，Kellett 和 Allen(2010)的《重新思考非正式城市：来自拉丁美洲的批判性视角》(*Rethinking the Informal City*：*Critical Perspectives from Latin America*)。Rodgers，Beall 和 Kanbur(2012a)所编的文集《进入 21 世纪拉丁美洲的城市发展》(*Latin American Urban Development into the 21st Century*)中有一些关键章节，论述的主题从暴力和毒品交易延伸到城市中的不平等和民众运动。一些引人入胜的对单个国家的研究包括奥耶罗(Auyero)和斯维斯通(Swistun)(2009)关于布宜诺斯艾利斯/阿根廷的《易燃》(*Flammable*)，马奎斯(Marques，2012)关于圣保罗/巴西的《南方城市地区的机会与匮乏》(*Opportunities and Deprivation in the Urban South*),以及哈伯(Haber,2006)的《来自经验的权力:20世纪晚期墨西哥的城市民众运动》(*Power from Experience: Urban Popular Movements in Late Twentieth-Century Mexico*)。

第十章　压力下的城市：城市脆弱性的不均衡分布

下一个世纪世界上出生的人口中，四分之三将生活在第三世界的城市。如果这些城市无法为普通人提供体面的谋生之道，并在生态上可持续，未来将是惨淡的。这些城市的谋生之道和可持续性政治，已经成为21世纪治理面临的重大挑战。

——彼得·埃文斯《宜居城市》(Peter Evans, *Livable Cities*)

全世界的城市人口，有四分之一生存在贫困线以下。许多城市面临着人口快速增长、环境问题以及经济发展缓慢，没有可能应对种种挑战，包括创造充分就业、提供充足住房并满足市民的基本需求。

——联合国大会，2001年6月

引言

如我们在上一章看到的，全世界城市大多数人口都面临着一些挑战，这些挑战在发达国家并非不存在，但在南方国家的城市中却是一贯存在、妨碍生活的特征。在本章，我们将考察21世纪全世界城市福祉所面临的重大威胁中的一部分，从自然灾难到环境危害，再到战争、政治暴力和流行病以及经济衰退和空间废弃对生活产生的威胁。

可以说，城市的压力是由多种因素造成的：人口规模和水、能源、交通以及通信基础设施之间的不平衡；使城市容易遭到极端气候和天气事件，或者地震、火山喷发和海啸等其他环境危害影响的地理位置；战争和冲突以及恐怖主义等其他类型的有组织暴力的存在；就业不足，贫困人口高度集中，难民、避难者、年轻人、老年人以及残疾人的存在带来的无法满足的社会需求；缺乏有效的安全和治理，致使人们担心自己以及亲友的人身安全。

经济合作与发展组织的报告《未来全球冲击》(*Future Global Shocks*，OECD，2011b)，指出了一些关键的宏观驱动力量，在该组织看来，它们代表着各国政府普遍面临的那些危机的放大和延伸。这些力量包括：世界范围内人口的日益流动，“促进了风险携带者或者说带菌者(如病毒和恐怖分子)的扩散”；由全球化引发的生产和传送系统及其基础设施的整合和互相依赖，导致关键系统(比如计算机系统、能源网络以及卫星通信系统)的集中以及由此而来的更大的脆弱性；还有全球化，它正在通过为有可能造成巨大直接损失的灾难性事件创造热点，并通过成为恐怖袭击感兴趣的目标，从而导向“人口的集中”以及“进一步恶化的社会”的各种脆弱性。(OECD Risk Management，2013：7)

然而，扩大的城市化不仅涉及严重的外部风险——比如我们将在本章后面详细探究的恐怖主义威胁，还带来了更为长期的和分散的内生威胁，这些内生威胁关联着城市化人口本身的性质以及绝大多数人不得不生活于其中的栖居地的类型。如索伦森(Sorensen)和奥卡塔(Okata)所写的，即使是在发达国家，经济结构调整、社会福利制度的削弱、社会住房计划的放弃、责任向高级政府的卸载，以及对外来投资日益激烈的争夺，都导致了两极分化、贫困以及无家可归等社会病理。

(Sorensen and Okata，2011：3)

各座城市如何应对这些21世纪的挑战，在很大程度上取决于政府在所有相关层面上的资源基础、某种或多种威胁（无论是增量式的、长期的，还是短期但强烈有力的）的性质，以及当地人口承受并有效应对不同风险环境的能力。

如罗德尼·怀特指出的，“随着世界环境和发展委员会（布伦特兰委员会）的总结性报告《我们共同的未来》（Our Common Future）的发布，可持续发展引起了广泛关注”（WCED，1987：White，2001：48）。这份报告的目标，是要在保护自然环境和物质环境的同时，促进持续的经济和社会发展，尤其是在贫困社区。理查森把城市背景下的这一可持续发展定义为：“城市的物质结构和系统及其经济基础以如下方式发展，使它能以最少的资源需求和对自然环境的最小副作用，提供一种令人满意的人类环境。”（Richardson，1992：148 in Chowdhury and Furedy，1994：6）

因此显而易见的是，可持续性并非只与环境相关。一项研究列出了城市可持续性的九项主题，包括战略与发展，环境管理与污染，土地利用与管理，交通、环境与一体化，文化遗产与建筑问题，规划、发展与管理，重组与更新，社区与城市，公共安全与防护（Mattrisch，2001）。不过，批评人士指出，如果我们所说的“发展”是指更多的以消耗为基础的增长，更多的生产以及更高的碳排放，那么这一目标当然与生态可持续性不相容。

如上一章指出的，发展中国家的城市增长，与建立已久的城市外围区域贫民窟的增加关系日益密切。联合国正致力于改善贫民窟居民的生活，到 2020 年将为约 1 亿人带来改善，那时贫民窟居民总数很可能会达到 10 亿，或预计中 2010 年世界总人口的七分之一（UN Global Urban Observatory，参见 Davis，2006）。如果言语能落实为行动，这些干预措施将很受欢迎，但这样的愿望也显示出，即使是最为乐观的计划，对于正在触及暴力和不满的危险水平的全球城市危机也只是隔靴搔痒。①

城市环境的恶化也通过其通信系统的衰退显示出来。西方的许多地方政府已经同意签署协议，实施控制交通、减少废料、保护环境等计划，这些计划在 1991 年里约热内卢的全球峰会上已经达成了共识（被称为《21 世纪议程》），但是南方国家的大多数城市当局，甚至连西方所能获得的用来达成这些目标的有限的政治和经济自由都没有。南方国家的政府经常面临着霍布森选择②：要么接受低于跨国公司在西方能够运营的环境标准，要么直面投资缩减和往往发生于极度贫困社区的工作岗位流失。不过，虽然腐败仍然是各级政府的主要问题③，令人鼓舞的景象是，发展中国家的许多政治人物和非政府组织正在努力提升本国城市环境的质量，并积极支持第二次人居峰会（Habitat II Summit）的城市可持续性议程。④

---

① 迈克尔·萨非尔（Michael Safier）指出了全世界不少于 30 个城市在 20 世纪 90 年代经历了或正在经历着集体的文化冲突（Safier，1996）。

② 英国典故，即没有选择余地的选择。

③ 根据透明国际 2013 年的一项调查，“54%的人认为政府或大部分或完全地掌握在谋取私利的群体手中，而不是代表着一般公众的利益在运行”。警察、法院和政党在提及时常常被称为腐败机构，五分之一的调查对象声称在过去 12 个月中为获得土地方面的服务而行贿过。Transparency International (2013)*Global Corruption Barometer* 2013, Berlin, pp.11 and 14.

④ Partners & Youth Section, Urban Secretariat, UN-HABITAT, 'UN-HABITAT'sPolicy Statement on Partnerships with NGOs & Civil Society Organizations', January2003, http://www. unhabitat. org/downloads/docs/372-UN-HABITATS _ POLICY-_ONPARTNERSHIPS_WITHCIVILSOCIETY-csopolicy.doc.

还有一种观点认为，“可持续性”虽然会给个体的城市用户带来不受欢迎的影响，但它却是一种空间管制的形式，这种管制对于资本主义及其劳动力的长期存续至关重要。世界卫生管理局（World Health Authority）在奥地利、法国和瑞士采集的数据显示，与污染的接触每年造成约 21 000 人死亡，汽车尾气每年额外造成 30 万例儿童支气管炎，污染所加重的心脏病问题每年额外造成 15 000 人入院。[①] 在俄罗斯那些污染更为严重的城市，与 20 世纪 80 年代相比，20 世纪 90 年代儿童不健康的数量是其 1.3 倍，0—7 岁儿童生病的频率是其 1.5 倍（Russian Federation，2000）。在经济方面，20 世纪末，道路拥堵（主要是在城市，但郊区也越来越多）单单在美国每年估计就造成 1 000 亿美元的损失。[②]

维多利亚时期，为防止英国城市陷入污秽、泥垢和疾病而引入的工业立法，遭到了商界强烈抵制，他们自信地预言，这样的管制会使企业被扼杀于繁文缛节中，使其业务无利可图。到了 19 世纪中叶，当城市中产阶级同样开始死于霍乱等经水传播的疾病时，“自由放任”的城市迅速让位于有效的地方政府，后者配备了所有必需的设施和资源，来确保干净的空气和水、宜人的公园以及高效的公共交通。然而，150 年后，成功的“私托邦”和封闭社区的相继出现，正在使全球的城市失去曾经使伦敦、巴黎和纽约那令世人艳羡的那些富有影响的赞助人。

对风险多发的城市不加干预所产生的总体社会成本，19 世纪的社会改革家们发出了警告，那时城市人口还不到今天的十分之一；现

① UN-Habitat/UNEP Press Release, 8 February 2000.

② Victoria Transport Planning Institute, 2003.基于得克萨斯交通研究所的报告，这些报告显示，1999 年美国 68 个主要的城市区域，拥堵成本为 780 亿美元，相当于 48 亿个小时的延迟和 68 亿加仑的额外汽油消耗。1 000 亿这个数字，则是通过估计该研究未覆盖地区的拥堵成本而得出的。见 DavidSchrank and Tim Lomax，*Urban Mobility Study*，Texas Transportation Institute, 2001.

在，这样的警告也出自国际组织之口，比如联合国人居署、国际气候变化专门委员会以及一大批全国性及国际非政府组织。在下一节中，我们将评估这些后期的卡珊德拉[①]所给出的警告，以及地方和全国政府针对环境和气候对城市生活日益严重的威胁所做出的回应。

环境风险、资源消耗与气候变化

> 置于环境和资源问题的大框架下……气候变化并非人类面临的最大难题，即便这种变化可能相当剧烈。短期来看，其他许多环境问题，尤其是重大的生态变化已经更为令人担忧。长期来看，人类的关注点可能会转向地球慷慨赠予的“礼物”的逐渐消耗，而这种礼物无可替代。
>
> （William F. Ruddiman，2010：178）

威廉·鲁迪曼（William Ruddiman）正确地指出，远在无法遏制的气候变化充分发挥出效应之前，更为紧迫的生态挑战就可以使城市生活对许多人来说难以为继。城市不仅会经历更为频繁的高温、热浪以及强降水期，还会受到长期的用水短缺、风暴和旋风等恶劣天气事件以及世界上许多地区海平面上升的影响（UN-Habitat，2011：vi）。与南方国家许多快速城市化的城市的人口压力相结合（见第九章），气候变化将使得某些城市很难为居民提供关键的服务，包括“供水、物质方面的基础设施、交通、生态系统的物品和服务、能源供应以及工业生产”。如联合国人居署的报告所继续陈述的，“地方经济将被瓦解，全体居民将失去资源和谋生之道”（2011：8）。

这个问题在低洼的沿海地区将表现得尤其明显，那里只占世界陆地面积的2%，人口却占到世界的13%。就历史上和当前的环境

---

① 希腊神话人物，善预言。

灾害而言，气候变化对弱势群体——包括穷人、老人、妇女、某种形式的残疾的人以及受到歧视的少数群体——所造成的影响并不均衡，也不成比例(同上)。

即便是美国这种富裕的工业化民主国家，也未能对极端天气事件造成的严重经济和社会创伤做好充分准备并加以缓解，比如卡特里娜飓风和近期的超级风暴桑迪对易受影响的城市人群可能造成的影响。在世界上的许多地区，容身的居所是由回收利用的材料搭建的，在正常状况下无法把热气和水挡在外面，救济和应急服务要么付诸阙如，要么零星分布且装备落后，人们在不疏散危险区域的情形下，从重大火灾、风暴和洪水中幸免的概率大大降低(见表 10.1)。

表 10.1　按灾害类型分，风险评分为 8—10 分的人口数量前十城市，2011 年

旋风	干旱	地震	洪水	滑坡	火山喷发
1 日本东京	印度加尔各答	美国洛杉矶-长滩-圣安娜	日本东京	中国台北	意大利那不勒斯
2 中国上海	巴基斯坦卡拉奇	菲律宾马尼拉	印度德里	印度尼西亚万隆	厄瓜多尔基多
3 菲律宾马尼拉	美国洛杉矶-长滩-圣安娜	土耳其伊斯坦布尔	墨西哥墨西哥城	厄瓜多尔基多	印度尼西亚茂物
4 日本大阪-神户	印度金奈	秘鲁利马	美国纽约-纽瓦克	萨尔瓦多圣萨尔瓦多	印度尼西亚玛琅
5 中国广州	巴基斯坦拉合尔	伊朗德黑兰	中国上海	中国高雄	
6 中国深圳	印度阿默达巴德	智利圣地亚哥	巴西圣保罗	哥斯达黎加圣何塞	
7 韩国首尔	智利圣地亚哥	美国旧金山-奥克兰	孟加拉国达卡		
8 中国东莞	巴西贝洛奥里藏特	中国昆明	印度加尔各答		

续 表

旋风	干旱	地震	洪水	滑坡	火山喷发
9 中国香港	安哥拉罗安达	日本名古屋	阿根廷布宜诺斯艾利斯		
10 中国佛山	缅甸仰光	土耳其伊兹密尔	巴西里约热内卢		

来源：UN Department of Economic and Social Affairs，2012：24

2013年11月，超级台风海燕横扫了菲律宾维萨雅的大部分地区，影响到1 600万居民，并夺走6 000多人的生命。这次旋风是有记录以来风力最强的，最大风速达195英里每小时(235公里/小时)，阵风最大速度达235英里每小时(275公里/小时)。这一史无前例的严重天气事件破坏或摧毁了超过了100万处房屋，超过500万人失去了生计。在风暴走廊上，70%—80%的建筑和基础设施被摧毁，在受灾最严重的区域，90%的房屋变得无法居住。[①] 若非早期预警和通信系统的改进，以及地方市政领导人的积极干预，伤亡人数会更多。[②] 气候学家们相信，随着海洋平均气温在未来的数十年中继续上升，这种创纪录的严重风暴将成为气候模式的常见特征。

联合国人居署的报告提到，在遏制气候变化的全球行动中，减少温室气体排放是所有城市管理机构都有必要采用的战略；不过，97%的气候学家都同意，由人为的温室气体排放造成的全球平均气温升高已经发生了，问题已经不再是气候变化是否能够停止，而是气温上升的速度是否能够控制，以便让生态圈有时间去适应并不造成灾难性的后果。2013年9月，经800多位科学家通力合作，第五届联

---

① International Federation of Red Cross and Red Crescent Societies, 'Typhoon Haiyan', http://www.ifrc.org/what-we-do/disaster-management/responding/ongoingoperations/typhoon-haiyan/.

② 'Evacuation Saves Whole Island from Typhoon Haiyan', http://www.unisdr.org/archive/35524.

合国政府间气候变化专门委员会的报告得以发布，使得寻求全球政策响应变得格外迫切。他们明确地得出结论：尽管自20世纪90年代末期以来地表温度看来是稳定的，气候变化的主要原因却是人为的：

> 1951—2010年观测到的全球平均地表温度的上升，极有可能有一半以上是由温室气体浓度的上升以及其他人为力量共同造成的。
>
> （IPCC，2013：17，强调为原文所加）

对于澳大利亚的城市人口来说，这一变暖趋势在生态、人类健康和安全方面造成的后果有可能极为严重；据预测，到本世纪末，目前澳大利亚经常超过40摄氏度的平均最高气温将再增加6摄氏度。更加频繁强烈的热浪将造成更多与炎热相关的死亡，尤其是在老年人和社会弱势群体中。[①] 然而，现实中并没有通过避免把居民住宅区和机场、发电厂等基础设施项目放在洪泛平原、低洼沿海地区以及干旱、火灾多发的乡村地区来降低气候变化的风险，全世界土地使用方面的法规反而高度放任，促成着相反的效果。

> 定居点形式、城市化以及社会经济条件的变化，全部影响着能够观察到的暴露出的趋势以及在极端气候面前的脆弱性（高度可信）……迅速的城市化以及特大城市的增长，尤其是在发展中国家，造成了极其脆弱的城市社区的出现，尤其是经由非正式定居点以及不恰当的土地管理（意见高度一致，证据充足）……

① ‘IPCC Report: Australia can Expect 6C Rise on Hottest Days’, *Guardian*, 27September, 2013, http://www.theguardian.com/environment/2013/sep/27/climatechange-report-hotter-australia.

脆弱的人口也包括难民、国内背井离乡的人以及生活在边缘地区的人。

(IPCC,2012:5—6,强调为原文所加)

如联合国人居署关于城市和气候变化的报告所警告的,“如果全国、地区和地方政府在处理事务方面一如既往,似乎合理的未来是继续沿着危险的冲突之路前进。当前起着作用的政治、经济和社会制度出现的功能障碍,许多都会无情地导致能够想象到的最为糟糕的后果”。“此外,不均衡的发展状况以及不充分的基础设施和治理结构,限制着许多城市中心的人口和地方当局适应当前和未来气候变化及其他环境和社会压力的能力。”(UN-Habitat, 2011: 164)报告以更为积极的语气描述了一种未来前景,在其中“城市从历史角度证明了自己是创造力的源泉,也是向不同的、更可持续的(即碳排放浓度更低,修复能力更强)发展路径转变的实验室”(同上)。

然而,挑战依然艰巨。1950—2011年间,城市人口增长了四倍,占世界总人口的比例也由28.8%增加到50.8%。南半球的特大城市在数量和规模上都不可小觑,但是城市人口的迅速增长大多发生于中低收入国家的小型城镇,在那里基础设施位于最基层,国家最为无力(Heinrichs *et al.*,2013: 1866)。每年新增的6 700万城市居民的91%将生活在发展中国家(UN-Habitat,2011: 164)。

再加上灾害性天气事件越来越严重和频繁,在那些应对气候变化后果能力薄弱或完全无力的地方,将产生毁灭性的后果……哪怕是在发展中国家——富裕的、政治上有特权的飞地、群体和社区能够获得更多的服务和设施,它们消耗更多,在其所处的城市、地区和国家排放的温室气体数量最多。围绕着减缓和适应气候变化的行动，这一根深蒂固的不平等在环境公平问题上处于核心位置。

(UN-Habitat，2011：164—5)

类似孟加拉国的达卡这样的特大城市，未来前景黯淡：海平面上升与降雨量上升相结合，据预测将会增加洪灾发生的次数、严重程度和持续时间。到2020年，新移民的到来以及人口的自然增长，将在这座城市已有的1 500万人口中再增加500万居民，而其面积只有325平方公里。鉴于“孟加拉国约60%的区块(包括首都达卡)都位于平均海平面以上不到6米”，且该国五分之一地区每年都受到洪水的侵袭(Sultana and Rayhan，2012：1209)，这些新来者将不得不居住在即便还算不上有危险，但从环境上来讲并不适于人居的地带(见图10.1)。

图10.1　易发洪灾的河畔简陋居所，孟加拉国达卡
摄影：© Björn Surborg

如少哈达·侯赛因(Shahadat Hossain,2008:17)所写的,

> 达卡市贫民窟中城市贫穷的独特方面,在于与新近移民的密切关联。贫民窟居民大多数是从乡村地区迁移到这座城市的……乡村穷人迁移到达卡市,是由于一些推动和拉动因素。推动因素包括人口过多、土地越来越少以及乡村精英和放债人的剥削。

换句话说,乡村贫困社区可持续性面临的日益加剧的环境威胁,是孟加拉国迅速城市化的重要因素;但是,人类对自然环境的压力被转移和集中到了达卡这样的城市,如该国环境和林业部在“里约+20”峰会上提交的报告中所说,在那里

> 60%的河流污染是由工业企业蓄意排放污水造成的,甚至有来自极少数拥有废水处理车间的企业的排放。各城市将82%的人类粪便不加处理直接排入河流。情况已经极为糟糕,某些河流,如达卡的布里甘加河,从生物学上看已经成了死河,水中没有氧气,因此无法容纳任何水中生物。事实上,水肮脏、发臭,发黑。
>
> (Bangladesh Ministry of Environment and Forests,2012: 44)

他们坦白承认,南方国家的各国和地方政府面临着快速增长的城市定居点在环境上造成的不利影响,在越来越严重的生态灾难面前,它们似乎沦为焦虑的旁观者;这场生态灾难不仅影响着水路、土壤和大气,而且如我们在上一章看到的,由于卫生状况糟糕、空气和水污染以及缺少阳光,非正式定居点中的边缘居民越来越容易受到健康不良和疾病的侵袭。

在2007年5月伦敦的城市气候峰会之后，又在纽约召开了C40[1]大城市气候峰会；在会上，市长们承诺将采取一系列行动来减缓气候变化的步伐，包括"分享'最佳做法'、开发共同的采购策略，以及提出标准方法来测量温室气体排放并做出响应"（Hodson and Marvin，2010：104）。

纽约市对气候变化议程的响应（见辅助资料10.1），虽然在正确方向上迈出了重要一步，但还是需要纳入对碳基能源的需求日益增长的背景下；这种需求本质上不受节制，是由私人公司和家庭的需要推动的。在美国，国内对页岩天然气的开采大大降低了碳基燃料的成本，预计到2035年将占据美国能量市场一半的份额。[2] 然而，世界上其他依赖于碳能源的经济体，未能设法扩大更为廉价的油气供应来源，从而导致能源消耗成本上升。在缺少政府补贴和价格管制的情况下，燃料贫困（定义是，家庭能源支出占收入的十分之一或更多）在许多城市人口中急剧加重。

市政府、地方政府和全国政府不仅要应对挑战，从依赖于碳的城市向着能以可持续方式满足能源和资源需求的城市转变，同时，由于世界上有数以百万计的人居住在或靠近裸露的海岸、地震断裂带以及风暴走廊，它们还要为地震、火山喷发、海啸等严重的天气事件和地质灾难做好应对计划（见表10.1）。

辅助资料10.1　纽约计划：到2017年全市温室气体排放减少30%

2007年10月，纽约市确立了一项雄心勃勃的计划，即在2017年前减少30%的温室气体排放量。能源效能上的提升，多

① C40城市集团，以应对气候变化为目标的国际城市联合组织。

② Economist Intelligence Unit, 'Breaking New Ground: A Special Report on GlobalShale-Gas Developments', 2011.

数是通过对现有建筑的翻新、对能源使用更好的审计、专业人员的培训、运行和维护方面的改善、对更新和清洁能源系统更多的引入，以及节能、混合和能源替代型交通工具的更多购入。

该市为实现 30×17 的目标所采用的以数据驱动的方法，是以多项战略行动为基础的。首先，纽约将使用基准测试结果以及其他数据资源，来为各种能效计划排列优先顺序，并监测建筑物长时间的表现。另一项重要战略，也是纽约里程碑式的关于能效的一系列立法——“更为绿色、规模更大的建筑规划”——组成部分的，是实施能源审计和成本效益改进措施，以及寻找清洁的“分散式发电”机会。其次，这些改进的努力不仅配合着改进式的委任，而且配合着运营和维护方面的提升来实施。最后，纽约市会定期分析能源表现的结果。未来对基准测试基线分数所作的逐年分析，将使得该市能确定效率投资、建筑管理以及居住者行为等因素对能源使用的影响。（全市行政服务部）将进行进一步分析，并将在未来数年内继续提升数据质量，包括辅助计量以及一项能源和地产监测系统。

该市将继续投资，减少废水处理厂的甲烷，使车辆实现绿色环保，并改用节能的街道照明。

来源：C40cities.org

自然灾难不存在？城市在严重地质和气象灾害面前的脆弱性及恢复能力

如凯斯·史密斯（Keith Smith）所说的，“脆弱性的观念是从社会科学内部研究中显现出来的”，“其早期应用在自然灾难领域”，但自那以后“脆弱性理论就从暴露于地球物理风险，延伸至人类对其他威胁的反应和适应”（Smith，2012：52）。联合国把脆弱性定义为

> 社区、系统或资产的特征及所处环境，使其易于遭受某种危险的破坏性后果。
>
> （UN/ISDR 2009 in Smith，2012：53）

然而，在发达国家，如城市这般规模的定居点，很少会遭受来自（比如）热浪、洪水、地震或旋风那种程度的创伤。居住或工作场所在结构上的稳固、获得早期预警信息的能力、疏散受威胁场所或者在无法疏散时进入适当避难处的运输能力，以及在灾难事件造成影响后的数周、数月乃至数年中重新安置人员的经济手段，这些都是降低风险的重要因素。因此，不足为奇的是，"最高程度的脆弱性往往发生在居住于自然环境中的贫困人口身上"。在城市环境中，则尤其包括那些生活在"扩张最为迅速的城市中非正式定居点和内城贫民窟中的人，他们居住于陡峭山坡上或靠近工业场所的不安全建筑物中，那里易发地震、滑坡和火灾等灾害"（Smith，2012：53）。

2010 年 1 月发生的海地地震，地震冲击极为严重，再加上靠近太子港（该市是 200 多万赤贫人口以及南方国家中人口密度最高的居民的家园），使得很高比例的居民（将近四分之一）非死即伤（辅助资料 10.2 和图 10.2）。在首都范围以外，另有 150 万居民受地震影响，这些人中有许多位于难以到达的乡村地区。首都的交通基础设施几乎完全被毁，从而使向整个国家提供救援和援助服务所面临的问题更加严重。

国际救援机构介入了，其中有许多机构在行动时似乎缺乏协调中心；不过，绝大多数灾民还是不得不自己应对，或者依靠未受灾地区亲友们的殷勤接纳。大赦国际组织在地震 3 周年的报告中宣称：

> 海地地震 3 年过去了，这个国家的居住状况一如既往地悲惨，成千上万的人仍然住在摇摇欲坠的避难所中……地震使 20

多万人死亡，约 230 万人无家可归。2013 年，据估计，全国有 35 万人居住在 496 个营地中。①

辅助资料 10.2　2010 年海地地震对太子港市的冲击及其后果

2010 年 1 月 12 日，一场 7 级地震袭击了加勒比海海地岛上的太子港附近。援助机构宣称，地震影响了超过 350 万人，据估计多达 22 万人死亡，30 万人受到与此相关的伤害。188 383 间房屋严重受损，105 000 间房屋被地震摧毁（加起来总共是 293 383 间），150 万人失去了家园。地震在太子港留下了 1 900 万立方米的瓦砾和残骸，足以装满首尾相接从伦敦延伸到贝鲁特的一长列集装箱。

此外，4 000 所学校受损或被毁，四分之一的公务员身亡。60％的政府和行政机构建筑、太子港 80％的学校，以及南区和西区 60％的学校受损或被毁。超过 60 万人离开他们太子港的家园地带，大多数待在接待他们的家庭中。在高峰期，150 万人生活在营地中，其中超过 10 万人身处风暴和洪水的极度危险中。

经济学家们估算，重建海地将耗费 80 亿—140 亿美元。海地无法拿出这个规模的市政应急资金。作为地球上最为贫穷的国家之一，海地的联合国人类发展指数在 169 个国家中排名 145，名列西半球末位。其全国人口平均每天生活费用不足 2 美元。即使是在地震以前，太子港也有 86％的居民生活在贫民窟，半数人口用不上厕所，只有三分之一的居民能用上自来水。意料之中，霍乱和其他传染病紧随地震迅速传播开来。

来源：Disasters Emergency Committee

---

① Amnesty International, 'Haiti: Three Years on from Earthquake Housing SituationCatastrophic', 11 January 2013, http://www.amnesty.org/en/for-media/pressreleases/haiti-three-years-earthquake-housing-situation-catastrophic-2013-01-11.

图 10.2　2010 年 1 月 12 日袭击海地的地震在太子港造成的毁灭性后果
图片版权：© arindambanerjee/Shutterstock.com

国内背井离乡的幸存者即使已经设法找到了临时的住地，也面临着再次无家可归的威胁。2011 年 12 月 21 日，一位带着孩子的母亲和数十个其他家庭一起，被逐出杰里米广场。她告诉大赦国际组织，

> 营地委员会施压，要求我们离开营地，说是要用那块地方举办足球锦标赛。我们无处可去，于是留在那里。他们不时地散发传单，上面是威胁的内容。夜里，他们会向我们的帐篷扔石头和瓶子……有一天凌晨 3 点，他们过来，开始敲门，随后便用刀片和匕首拆了我的容身之处……他们把我推出去，开始拆卸里面的一切。我没有时间带走属于自己的任何东西，除了随身穿的衣服。①

① Amnesty International, ‘Haiti: Three Years on from Earthquake Housing SituationCatastrophic’, 11 January 2013, http://www.amnesty.org/en/for-media/pressreleases/haiti-three-years-earthquake-housing-situation-catastrophic-2013-01-11.

如我们在上一章所见，当地和地区政府以及非国家行动者，可能会加入甚至亲自组织威胁、暴力和强制驱逐行动，而不是确保脆弱人口的安全，因为控制或占有土地会给他们在政治和经济上带来利益。

2011年3月11日，袭击Tokohuru海岸的东日本大地震强度极高，经测算为9级。地震造成的海啸升至离地面19.5米高，横扫5公里的内陆，覆盖了650公里长的海岸线。500平方公里的陆地面积被淹没，许多村庄和城镇完全被毁，超过15 000人丧生，40万人不得不离开家园。附近的福岛第一核电站也受损严重，发生了熔毁。废弃的反应堆辐射散发至海水和空气中，导致农产品、鱼和贝类出口受限。事件发生后，福岛第一核电站附近区域设立了20公里长的禁区，游客和访客不得进入。富冈和双叶等被放弃的居民点变成了鬼城，疏散的8万居民被告知，至少5年内不能返回家乡（见图10.3）。东日本大地震给日本造成的经济损失估计达到2 200亿美元，相当于日本国内生产总值的3.4%。[①]

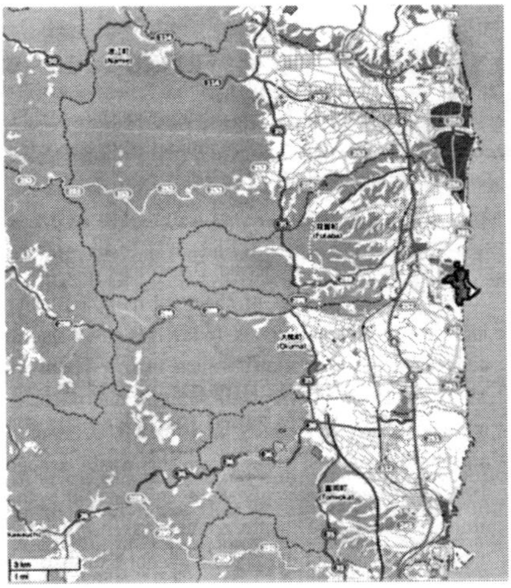

图10.3　处于福岛第一核电站禁区范围内的城镇

来源：OpenStreetmap

海地地震中，一般认为，受灾地区有超过6%的人口死于地震造成的直接后果（还有更多人后来死于水源性疾病），相比之下，在强度

① S. Rajaratnam School of International Studies (RSIS), Nanyang Technological University, Seminar on 'Lessons from Disaster - Risk Management and theCompound Crisis Presented by the Great East Japan Earthquake', 4 May 2012, http://www.rsis.edu.sg/nts/article.asp? id=208.

大得多的东日本大地震和海啸中，受灾地区只有4%的人口丧生。再与日本国内比较：1896年的明治-三陆海啸过后，受灾地区40%的居民消失了。按世界银行的说法，日本最近这次地震和海啸死亡人数之所以大大降低，是因为两千年来学习如何忍受和减轻灾难后果的结果。在所谓“釜石奇迹”中，沿海城市釜石99.8%的中小学生获救，未遭溺水，更是得益于定期重复学校疏散训练和出色的灾难救援管理。

日本政府承诺拨出350亿美元，以“在日本北部一处比香港面积更大的区域清除放射性沉降物”。但是，招募清污工人工作的成本高昂，困难重重；据估计，灾前居住在该地区的居民要延后6年才能返回家园，上述困难即是主要原因。

对于日本东北部居民来说，这场地震令人惊骇，但是地质学家声称，如果震中南移几度，东京更为庞大的3 000万居民就会受灾，毕竟东京大部分城区仅仅位于海平面以上两米。1855年和1923年的地震摧毁了这座首都的大片区域，日本政府预计，在未来30年内，一场大地震（8级或9级）袭击东京城区的可能性为60%—70%。① 紧急疏散程序、更好的提前预警系统以及基础设施和建筑物的加固，所发挥的效用也只能是减轻这些往往无法预测的地球物理事件的影响。

尽管有这些威胁，城市居民和政府似乎已经做好准备，要对危险和不稳定的陆块进行重建并重新定居其上，而不是像古代人那样，认为自然的力量能使创立已久的城市定居点无法居住。面临风险的不仅限于环境上脆弱的城市地区；然而，工业城市的特征是，尽管取得了技术进步，居民和劳动者还是每天面临健康和人身安全的危险。

---

① 'Tokyo Threat: Is a Massive Earthquake on the Way?' *The Irish Times*, 30 January2014, http://www.irishtimes.com/news/education/tokyo-threat-is-a-massive earthquake-on-the-way-1.1672212.

有毒城市:危险生产与城市的风险景观

类似俄罗斯的捷尔任斯克这样的城市,具有苏联时代"单一城镇"的典型特征,即全体居民都依赖于一座工厂或一个产业。据估计,当今俄罗斯有大约400个单一城镇,占俄罗斯城镇人口的四分之一,容纳着2 500万人。2008年金融危机以前,俄罗斯的单一城镇对俄罗斯的国内生产总值的贡献高达40%;这些城镇的环境和健康问题比一般人口更为突出,原因在于往往有害的工作环境以及工业过程的污染效应(见辅助资料10.3)。在这些城镇中,失业率往往也是全国平均水平的两倍以上。如我们在第九章指出的,俄罗斯那些最大和最富裕的城市,包括圣彼得堡和莫斯科,却不存在这些经济问题;在这些城市,官方统计的失业率只有1%,来自乌兹别克斯坦、乌克兰和塔吉克斯坦的移民工人受雇承担着最脏、最累、工资最为微薄的工作。[①] 所有这些都在强调,在2000年以后,紧随"休克主义"自由化以及银行、公共服务和公用事业以及国家企业的私有化,后苏联时代俄罗斯日益加剧的经济等级化以及不均衡的地理发展。

人种学家们研究了布宜诺斯艾利斯一个污染最为严重的棚户地区(见辅助资料10.4),本来预计在进行现场调查时"脑海中想的是集体行动的幽灵",但他们的笔记本上却写满了对缺乏集体行动的困惑思考。经济和社会资本水平低下的不幸社区,极少有能力成为彼得·埃文斯(Peter Evans)所说的"宜居性的代理机构"。埃文斯继续补充说:"城市社区甚至包含着一种更令人气馁的利益、身份和政治立场的光谱。社区同样缺少权力。只要它们仍是单独行动,就无力重塑范围更广的城市环境。"(Evans, 2002: 15 in Auyero and

① Dmitry Travin, 'Rich Cities and Dying Company Towns', openDemocracy, 6February 2014, http://www.opendemocracy.net/od-russia/dmitry-travin/rich-citiesand-dying-company-towns.

Swistun，2009：137)但是，贫穷的城市社区并非天生无力，在某些情形下，若加以恰当组织，它们就能改变自己的社区和生活(见 Parker，2011：66—72)。同时，在一种环境下能够激起有效动员的因素，在另一种环境下却不一定能成功。

辅助资料 10.3　俄罗斯捷尔任斯克

污染物：来自多项化学制造过程的多项化学制品和有毒副产品，包括沙林、铅和苯酚。

受灾人口：30 万

整个苏联时期，捷尔任斯克都是俄罗斯化学制造(包括化学武器生产)的重镇。今天，它仍是俄罗斯化学工业的重镇。1930—1998 年间，据估计有 30 万吨化学废料被不当填埋于捷尔任斯克及其周边区域。从这些废料中，约 190 种得到识别的化学制品被释放于地下水中。2007 年，从该市采集的水样显示，其中二氧芑和苯酚的含量高出建议标准几千倍。这使得当年晚些时候，《吉尼斯世界纪录册》将捷尔任斯克列为世界上污染最重的城市。过去几年，人们试图关停过时的设备，恢复被污染的土地。

有毒苯酚在空气中的高度聚集，使得捷尔任斯克的居民一般疾病和癌症的发病率上升。该市的预期寿命由此骤然减少。2006 年的一项研究显示，捷尔任斯克的人均预期寿命，女性为 47 岁，男性则只有 42 岁。空气中的二氧化硫也是一个严重问题。2013 年发表的一项研究发现，那些居住在工业区或矿区附近的居民，35%有过长期咳嗽带痰的经历，而其他居民只有 18%有过这样的经历(优势比：2.16)。该市总人口接近 24.5 万人。来自当地工业的有毒排放物和污染物有可能影响所有的当地居民。

来源：Green Cross，Switzerland and worstpolluted.org

辅助资料 10.4　有毒的生活：阿根廷一处棚户区的日常生活

在阿根廷，即便是在军政府倒台后，其最贫穷棚户区的生活质量看起来也没有多大提升。短短 5 年内(2001—2006 年)，在大布宜诺斯艾利斯都市区，居住在贫民窟、棚户区和擅自占地的定居点的居民人数翻了一番，从不到 64 万人增加到 140 多万人；同时定居点的数量也从不到 400 个增加到 1 000 多个。据估计，大布宜诺斯艾利斯都市区有十分之一的人口居住在非正式定居点中(Auyero and Swistun，2009：23)。奥耶罗和斯维斯通研究了布宜诺斯艾利斯东南边缘阿韦亚内达一个名叫“弗莱姆堡”的非正式定居点，发现了一个满是环境危害、毒性以及社会和经济不安全的世界。该定居点靠近阿根廷最大的石化综合体之一和一座可乐加工厂，高压电缆在其遍布垃圾的街道上纵横交错。当地人对多种慢性病，包括呼吸道问题、癌症高发以及铅中毒和重金属中毒颇为不满。虽然联邦政府高层官员已经承诺将采取行动，弗莱姆堡的居民仍不知晓自己什么时候才能迁往更为安全的环境。

来源：Auyero and Swistun，*Flammable*，2009，p.159

捷尔任斯克和弗莱姆堡的例子突出表明，环境危险是那些总体收入低下的城市人口持续面临的，他们由于需要工作或者无力在他处安家，不得不处于可能致命的工厂、储存设施、发电厂及其他高度污染和散发有毒气体的场所的阴影笼罩之下。一些重大灾难，包括 1984 年造成 8 000 多人丧生的印度博帕尔联合碳化物公司毒气泄漏事件，有力地提醒我们，工业劳动力及其附近人口容易受到由有害的重大风险的生产过程造成的人为灾难的伤害。环境保护不力、工业利益集团的政治游说(许多情况下是腐败)，再加上人们对石油、天然气、金属、矿物和化学制品的需求越来越大，而这些需求物在生产时要想确保安全，对环境影响很小，成本会极其高昂；这种状况意味着，某些城市人口和工人要想逃离影响健康、威胁生命的有毒栖息地，希望渺茫。

世界经济所依赖的“肮脏工业”基本上只威胁着那些在有毒区域内生活和工作的人们的健康，而在一个日益流动和全球化的城市世界，传染病和易于传播的疾病带来的风险已在近年将流行病推上了城市应急规划的议程。

流行病以及城市公共卫生面临的威胁

与上一个世纪相比，当代的卫生系统和药物在应对流感等流行病传播上进步很大，在1918年的“西班牙流感”期间，据估计全世界2 000万—1亿人失去了生命(Chowell *et al.*, 2006)。与近年发生的“猪流感”一样，1918年的病毒被认为是H1N1型流感病毒株，但当时人们对其生物学原理并无认识，医学界认为这种感染是由一种细菌引起的。事实上，这种病毒破坏了免疫系统，使伺机而动的细菌感染得以扩散，在很多情况下会引起肺炎；第一次世界大战余波中的高死亡率，部分原因正在于此。恶性的流感病毒株在随后数十年中被暂时搁置，直到20世纪50年代，中国的医生们从一种新的流感变种中注意到高死亡率。一般认为，1957—1958年的H2N2“亚洲流感”进一步造成200万人死亡，其中有7万例发生在美国，虽然那时大规模的航空旅行还没出现。

关于21世纪00年代后期SARS(Severe Acute Respiratory Syndrome，严重急性呼吸道综合征)流行病毒余波中的网络化疾病和全球城市，哈里森·阿里(Harrison Ali)和罗杰·凯尔(2008:1)完成了一部汇编作品。在这部作品的导言中，两位编者写道：“对于正在出现的各类传染性疾病，并没有多少基于城市视角的具体成果发表出来。”甲型H1N1流感或者说猪流感的病例尤其罕见，因为它的死亡率很高，特别是在20—40岁的感染者当中。按多明格斯-谢里

(Domínguez-Cherit)及其同事们的记述,“截至 2009 年 8 月 30 日,美洲发现甲型 H1N1 流感超过 116 046 例,死亡 2234 例;全世界共记录 277 607 例,至少死亡 3 205 例”(Dominguez-Cherit *et al.*,2009:1880)。几乎所有的死亡病例都发生在城市人口中,都发生在城市化程度最高的国家(见图 10.4)。

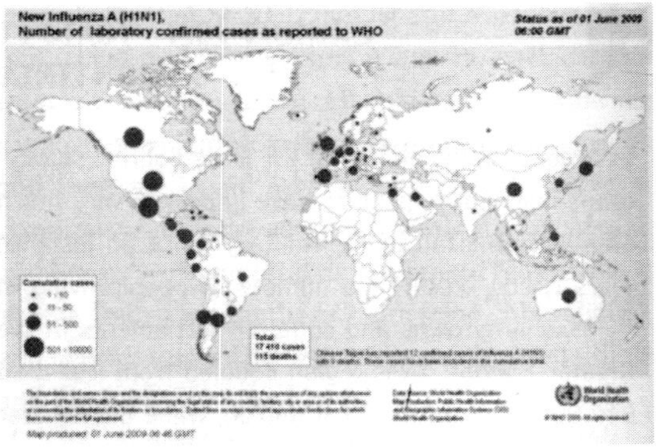

图 10.4 甲型 H1N1 流感病例全球分布,2009 年 6 月
来源:World Health Organization

对于已经连接成全球网络的城市来说,全球性流行病无疑是一个重大的负面外部效应。但是,疾病和感染长久以来就与四处游历的人群相关,尤其是与殖民化的效应有关;在殖民过程中,15 和 16 世纪,欧洲感冒和流感病毒的传播对加勒比海地区和南、北美洲的当地人口造成了灾难性的影响(Wolf,1997)。事实上,有些人声称,全球化改变了 21 世纪的世界,把它转变成了世界动物卫生组织总干事伯纳德·瓦纳特(Bernard Vallat)博士所称的“全球生物大锅”,“灾难性流行病”的风险更甚于从前(Braun,280:260)。

如布鲁斯·布劳恩(Bruce Braun)所说,“现代病毒随空运传播,能以极快的速度传遍全球,但是构成城市生活的网络同样包含着能**缓和**全球性流行病的元素”(同上:261,强调为原文所加)。布劳恩这么说,尤其是指药学和医学专家与技术人员的网络、依赖于先进通信系统的公共卫生预警系统，以及在多数情况下能足够快速地发起疫苗接种和治疗方案来预防重大疾病的爆发。国际事务智库查塔姆研究所的一份报告指出(Merrett，2013：2)：

> 耐药性虽然并非新现象，但在近年变成一个日益紧迫的问题：约70%的已知细菌都发展出对一种以上抗生素的耐药性，似乎要重回没有抗生素的时代。

能不能保持领先于传染病一步，在很大程度上取决于制药行业能不能合成新的抗生素和抗病毒药物。然而，类似肺结核这种曾与城市贫困相关联的疾病，现在开始找上了其他易受感染的群体，既包括那些罹患艾滋病、营养不良、糖尿病和无家可归的人，也包括居住条件潮湿拥挤的人、吸烟者、吸毒和酗酒者以及赤贫者。不出所料，95%的肺结核死亡病例发生在发展中国家，在那里这种疾病的耐药变异正变得越来越难以治疗。21世纪最初十年，伊朗和印度的医生们发现了对肺结核广泛耐药(XDR)的毒株(Udwadia *et al.*，2012)，按世界卫生组织的估计，2008年，中国和印度大约有10万例多重耐药结核(MDR-TB)，而全球患多重耐药结核的人数为38万。这个问题引起越来越多的重视，东亚、南亚和中亚的公共卫生机构和非政府组织也进行了更有针对性的干预，但根据世界卫生组织(2010：26—7)的说法，医疗基础设施和治疗方案不足仍然是应对耐药性感染的主要障碍。

高死亡率的疾病，比如疟疾，曾被视为纯粹的乡村问题，现在则变成了城镇中的普遍问题，因为按蚊能在排水系统糟糕的城市贫民窟中找到死水，在其中产卵繁殖。[1] 高降雨量和山洪暴发一直与气候

---

① 'Cities and Emerging or Re-Emerging Diseases in The XXIst Century', June 1996, WHO information factsheet, http://www.who.int/inf-fs/en/fact122.html.

变化相关联，现在则导致热带和亚热带地区的城市定居点与水有关的疾病问题更为严重。对于此前相对得到控制的传染病，如登革热和西尼罗病毒的传播，气候变化同样被视为一个因素；上述两种传染病即便是在气候更为温和的城市地理区域中，也发生得越来越频繁(Baker，2012：48—9)。如斯科特·韦弗(Scott Weaver)所解释的，西尼罗病毒(WNV；黄病毒科：黄病毒属)

> 在鸟类和蚊子之间循环传播，并且由于人口溢出，数十年中在旧大陆引发了各种小型流行病。1999年，西尼罗病毒流入了纽约，迅速扩大并传播，引起了美国有记录以来规模最大的虫媒病毒脑炎流行病，此后的2012年还有过一次严重回潮。
>
> (Weaver，2013：360)

根据麦考密克和惠特尼(Whitney)的说法，西尼罗病毒是美国在联邦层面宣布的首例由疾病引起的公共健康紧急状态。不过，在纽约州第一次检测到这种疾病的那一年，死亡率相对较低(1999年报告的62例中，有7例死亡)(McCormick and Whitney，2013：269)。除了这些自然发生的威胁，美国疾病控制和预防中心还将人类病原体和毒素的蓄意传播视为一项潜在的重大公共健康危险，将生物恐怖主义、辐射紧急状况、化学紧急状况以及重大伤亡列为公共当局和一般公众应该做好应对准备的风险和危害。美国联邦调查局指出，“1980—2001年美国及其领地发生的所有恐怖袭击中，爆炸事件占了近70%”，但城市居民面对的来自自然和社会的蓄意伤害的风险，当然不局限于非国家行动者所发起的行动。①

① Centers for Disease Control and Prevention, 'Preparing for a Bombing: A CommonSense Approach', http://emergency.cdc.gov/masscasualties/preparingterroristbombing.asp.

冲突、暴力与城市权利

> 对于全世界数百万深受其害的人们来说，国家之间的战争以及国内的暴力冲突是无处不在的威胁。城市能为那些逃离乡村冲突的人提供避难之处，但也有可能成为敌对武装力量的袭击目标和战场。毕晓普(Bishop)和克兰西(Clancey)关于“作为目标的城市”(2003)的描述，为关于世界城市的某些文献提供了一个必要的推论，这些文献通常从国际政治经济地方化的角度来看待这些空间。这类分析中往往遗漏的是，与面积、人口密度和战略上的重要性相伴随的，是容易受到大规模自然和人类灾难的侵害。
>
> (Pieterse，2009：290)

对于“恐怖主义”，通常没有普遍接受的定义；由于这个词往往被用于因政治目的而诉诸特定形式的暴力提供合法性，并将这种行为定义为处于普通刑法的边界以外(因此往往处于犯有杀人、杀人未遂和严重身体伤害行为的一般犯罪嫌疑人所能获得的权利和程序之外)，其在犯罪学和社会科学中作为中立词的应用仍然是成问题的。不过无可否认的是，国家和非国家的行动者长期以来都曾针对平民任意使用暴力或暴力威胁，以图实现政治、宗教或意识形态上的目标。这种暴力行为背后的明显意图是，使某一方的组织、运动或力量产生畏惧，并使敌对人群的生活和日常活动陷入混乱。

绝大多数“反恐”战略家都效力于政府或代表着政府，在他们中的多数人看来，恐怖分子是从事非对称战争行为的非国家行动者，这种战争的目标一般是造成最大程度的平民伤亡，同时在有机会袭击时也不放过执法和军事目标。如索菲·博迪-根德罗(Sophie Body-Gendrot)所写，自 2001 年 9 月 11 日“世界历史上最成功的恐怖袭击”以来，“恐怖袭击已经由不同的团伙来发起，尽管它们都倾向于聚集在‘基地’这个名号之下”。但是，为何四分之三的恐怖袭击都以城市为目标（Body-Gendrot，2012：68）？简单地说，“恐怖分子之所以以全球城市和重点城市为目标，是因为这些城市能带来最好的回报：生命、资源以及媒体的关注”（同上）。出于这个原因，身为首都的城市过于受到青睐，而塞维奇（Savitch）在所有国家都发现，在 8 年时间内有 27 个城市经历了 1 652 场事件，致命性一年比一年严重（H. V.Savitch，2008 in Body-zGendrot，2012：68）。

20 世纪 70 年代，民族主义与极左和极右翼革命武装组织在欧洲的许多国家都很活跃（在北美则远没有那么活跃），只有巴勒斯坦的组织（黑色九月、解放巴勒斯坦人民阵线等）例外，有组织的恐怖行动在南方国家的城市中则相对罕见。到 20 世纪 90 年代，这种局面开始反转，以亚洲、中东、非洲、拉丁美洲和原先的苏联加盟国的城市为目标的城市恐怖袭击迅速增多。这种增多无法由共同的主题来解释，不同的武装组织在人员构成和动机方面也有很大的不同，即使是同一个地区内的武装组织。与此同时，容易获取的武器、炸药以及相关的指挥和控制技术，再加上更为精细的侦察和逃避训练，使得恐怖组织更容易暗中采取行动，发起强度和破坏性越来越大的袭击，参与人数也比以往更多。

米尔肯研究所称：“恐怖主义……会带来不利的经济效应。一般来说，恐怖事件对经济增长会造成负面的重大影响。”以 2001 年 9 月 11 日对世界贸易中心和五角大楼的袭击为例，“国际货币基金组织（2001）估计，直接经济损失达到 214 亿美元（占美国国内生产总值的 0.22%），纳瓦罗（Navarro）和斯宾塞（2001）则指出，资本存量的损失在 500 亿—530 亿美元之间（占国内生产总值的 0.51%—0.54%）”（Barth *et al.*，2006：6）。

在美国参议院国土安全与政府事务委员会面前作证时，代表兰德公司的布赖恩·詹金斯（Brian Jenkins）声称，2008 年 11 月 26—29

日的孟买恐怖袭击，代表着恐怖组织“实现多重目标”能力方面的阶段性变化。

他们能够吸引并占据全世界的目光。他们试图加剧印度的公共关系紧张，在印度和巴基斯坦之间制造危机，从而说服巴基斯坦在与印度的边境重新布置军队；这样一来，沿阿富汗边境行动的塔利班、基地和其他组织所受的压力就会减轻。所有的恐怖袭击都是招募海报。孟买的袭击者们确立了他们在恐怖主义领域的声望，现在已经与基地组织齐名。

(Jenkins，2009：1—2)

卡伦·卡普兰(Caren Kaplan)似乎认同这一分析：

2008 年 11 月末在孟买发生的袭击，可以被视为一系列不断升级的此类暴力事件中的又一次爆发，这一次是发生在南亚更为标志性的都市现代性场所。但是防务分析家们提出，这样的袭击显示出策略上的一种转移，即从更为常见的人质事件或自杀炸弹，转向基于移动网络和技术精心策划的多重行动。

(Kaplan，2010：303)

孟买袭击者所掌握的通信技术和武器，就先进程度来说并不及大多数国内军事人员所能接触到的，但无疑已足够使十个人控制住整座城市几天时间(见辅助资料 10.5)。

辅助资料 10.5　“印度 9·11”：2008 年 11 月 26—29 日的孟买袭击

按照印度当局的说法，2008 年 11 月 26 日，来自巴基斯坦伊斯兰圣战组织“虔诚军”的五对武装分子在俘虏一艘印度拖网渔船并处决4名船员之后，转移到孟买海岸边一只高速救生艇上，在当地时间上午9点前成功进入城市。在接下来的炸弹、手榴弹和枪支袭击中，根据孟买警察署首席调查官报告中的记录，共有166名来自印度、英国、美国、以色列和其他国家的市民被杀，304名市民受伤（不过其他新闻渠道报道的最终死亡人数在164—173人之间）。公共和私人房产广泛受损，据估计损失达到4.82亿美元，不包括泰姬陵酒店的实际损毁，酒店中包括9名外国人在内的36名客人丧生。印度的国家安全警卫突击队用了59个小时才制服了袭击者，并从酒店中救出其余的工作人员和客人。在对奥贝罗伊酒店和三叉戟酒店的袭击中，包括9名外国人在内的35人被杀，另有包括5名外国人在内的24名客人和4名安保人员受伤。在对利奥波德咖啡馆的袭击中，另有2名德国游客丧生，9名游客受伤；在一座深受年轻以色列背包旅行者欢迎的哈巴德住宅中，5名以色列人被杀。印度警察和警卫队报告称，袭击者不时通过一部卫星电话和数部手机与指挥者保持联系。袭击者还向当地媒体散布虚假传闻，试图迷惑警卫队，并尽可能引起恐慌和混乱。3天的持续袭击中，孟买很大一部分城区被封锁，袭击结束时，警卫队击毙了9名袭击者。幸存的一位，即Mohammed Ajmal Kasab，被判犯有多重杀人罪和其他相关罪行。法院判其死刑，并于孟买袭击发生近4年后，即2012年11月21日执行绞刑。

来源：根据多个媒体来源汇编，包括‘Final Report: Mumbai Terror Attack Cases’ by Ashok T. Duraphe Assistant Commissioner of Police, Mumbai, 26th November 2008’, 25th February, 2009

2013年9月，内罗毕一处大众高档购物中心遭到精心组织的武装袭击，被认为是隶属于基地组织、位于索马里的青年党所为；据分析，此次行动是为了报复索马里和肯尼亚军方于2011年发起的统一行动，行动目的是消灭索马里南方地区的伊斯兰主义叛乱者。后来的内罗毕韦斯特盖特购物中心袭击与孟买袭击形式相似，也有多名枪手使用大口径攻击武器（AK47）和手榴弹来制服轻武装安全警卫，故意以非穆斯林平民和外国人为袭击目标，扣押人质，制造火灾（在此次袭击中很可能是警卫队的炸药所致）并与安全警卫长时间交火（超过80小时），以造成最大程度的人员伤亡。袭击者们似乎使用了青年党的一个社交媒体账号，从位于购物中心地下车库的“指挥和控制”中心直播袭击过程。共有161名平民丧生，其中18人为外国人士，另有6名警卫人员以及（按肯尼亚当局的说法）据估计所知的8名袭击者中的4人死亡（其中3人似乎是吸入烟雾致死）。另有175人受伤。①

相比于西方大都市天上和地下都更为有效的警力布置和防御措施（“9·11”是一次惊人的例外），南方国家的城市更容易受到恐怖袭击，人员伤亡也更大。如《卫报》（*Guardian*）对2013年内罗毕韦斯特盖特购物中心袭击事件的调查所指出的，“当局的反应极度混乱，内讧和自大让几位肯尼亚官员、一名不当班的英国士兵和一名以色列安全特工，在肯尼亚-印度治安团体成员的支持下，为了救援数百名购物者，与全副武装的恐怖分子交上了手”。

西方以外的城市人口，同样受害于几乎所有国内和外国（主要是美国）的军事和情报指挥机构针对威胁目标发起的反恐暴力行动。

---

① Daniel Howden, ‘Terror in Westgate Mall: The Full Story of the Attacks thatDevastated Kenya’, Guardian, 4 October 2013, http://www.theguardian.com/world/interactive/2013/oct/04/westgate-mall-attackskenya-terror#undefined.

由于武装的非国家行动者相对容易在大城市秘密行动，并根据目的选择合适的袭击时间和方式，军事战略家们声称，城市环境具有一种效果，即能够拉平反政府叛乱者在人员和物质方面面临的不利条件(Graham，2010：xiv—xv)。为了成功地实施一场越来越城市化的“恐怖战争”，这些战略家提出，应该让恐怖活动嫌疑人感到城市环境并没有为他们提供保护，比如在无人作战飞行器面前；这种飞行器广泛应用于美国军方在阿富汗、巴基斯坦、伊拉克、索马里和也门针对基地组织及其分支和隶属组织的作战行动，也被以色列应用于巴勒斯坦被占领土和黎巴嫩。斯蒂芬·格雷厄姆援引了美国军事理论家托马斯·哈姆斯(Thomas Hammes)的话，后者认为要打“第四代战争”，关键在于认识到，“如果运用得当，超强的政治意愿能够击败更为强大的经济和军事力量”；在哈姆斯看来，其解决之道在于，协调

> 城市的整个“战斗空间”：满足市政基础设施和受损的经济的需求，强化文化意识，通过“暴力受控的运用”来努力保障城市安全。
>
> (Graham，2010：27—8)

要主导城市战斗空间，关键在于韦茨曼(Weizman，2007)所称的“垂直性政治”，它能够对相关区域一直提供最新的全景展示，对手通常看不到这种全景，只能在二维空间行动(Wall and Monahan，2011)。于是，警方越来越多地使用侦察直升机和航空器，全球各国的军方则开始使用远程卫星成像技术。在人口密集的城市环境中使用安装了军事武器的无人作战飞行器，其结果导致了与美国所宣称的高价值恐怖主义目标相关联的极大的数量优势——根据一份报告

的说法，其比例为 50：1。[①] 这比以色列军方前国际法部负责人丹尼尔·赖斯纳(Daniel Reisner)计算得出的，作为定向暗杀行动所能接受的最低标准的“Pi 附带损失”的商数，要高出 15 倍(Weizman，2011：13)。[②]

圣母大学法学教授玛丽·埃伦·奥·康奈尔(Mary Ellen O'Connell)辩称，美国中央情报局在巴基斯坦的无人机行动违反了国际法，“美国已经远远地越过了国内公众，甚至是国会所理解的政府一直在做并宣称有法律权利去做的那些事的边界”[③]。因此，国家对外国目标发起的城市战争创造出一种长期的“例外状态”(Agamben，2005)，有了行政命令便可以杀人，未来无须接受任何司

① 'Outrage at CIA's Deadly "Double Tap" Drone Attacks', *The Independent*, 25September 2012.《麦克拉奇报告》声称是以美国情报部门关于 2006—2008—2010—2012 年间无人机袭击的多份报告为基础的，报告发现 482 例死亡中只有 6 人是基地组织头目。其他死者据“估计”为阿富汗人、巴基斯坦人和身份不明的极端分子，Jonathan S. Landay, 'Obama's DroneWar Kills "Others", not just al Qaida Leaders', http://www. mcclatchydc. com/2013/04/09/188062/obamas-drone-war-killsothers. html § orylink = cpy http://www. mcclatchydc. com/2013/04/09/188062/obamasdrone-war-kills-others.html.无人机袭击造成的平民受害者在官方报告中似乎并未受到重视，据人权与基本自由促进和保护兼反恐特派调查员 Ben Emmerson 的报告，巴基斯坦政府声称“至少 400 名平民在遥控飞机袭击中丧生，另有 200 名被杀者可能并非战斗人员”；他还补充说，巴基斯坦官员认为这些数字被低估了，因为“报告有遗漏，有效的调查也阻碍重重”，http://msnbcmedia. msn. com/i/msnbc/sections/news/UN_Drones_Report.pdf.

② 在征求了法学和军事伦理领域多位专家的意见后，赖斯纳让同事们写下了一个数字，他们认为这是平民与军人死亡人数的合理比例。两个数字经统计并计算后，得出的平均值为 3.14，或者说是圆的周长和直径之比，通常被称为 π(Weizman，2011：13)。在加沙的两次最近的军事行动，即“铸铅行动”(Operation Cast Lead)和“护刃行动”(Operation Protective Edge)中，平民与军事人员的比例似乎在 4：1 与 2.5：1 之间波动，但在最近冲突中平民伤亡总人数更多，基础设施破坏更严重，被迫迁移的人数也更多。这些冲突包括 2008 年 352 名战斗人员与 1 398 名非战斗人员死亡，2014 年(截至 8 月 15 日)558 名战斗人员与 1417 名非战斗人员死亡。不过，由于以色列政府不承认巴勒斯坦当局对冲突死亡人数的分类和统计(巴勒斯坦反过来也不承认以色列的)，双方极不可能就战斗人员与非战斗人员伤亡人数的比值达成一致。来源：http://www.unrwa.org/newsroom/emergencyreports/gaza-situation-report-38，http://www.btselem.org/statistics/fatalities/duringcast-lead/by-date-of-event.

③ Landay，前引书。

法制裁，甚至不会在法院受到起诉。斯图尔特·埃尔登写道："当界限变得如此易于穿越，当美国及其盟友主张具有不受限制的权利来削弱绝对主权，美国的内部竞争力便无法维持了。"(Elden，2009：177)。

被怀疑为恐怖主义袭击目标的周围居民，往往觉得自己面临的威胁更多来自反恐行动而不是地方武装组织。政府(无论是否民选)既无意愿也无能力阻止无人机杀戮和其他形式的定向暗杀——这一事实为某些人的主张提供了理由，他们认为这样的政府既没有权威也没有合法性，必须被取代。

> 就战斗环境下的无人机巡视来说，全知视觉的排他性政治行动不仅以极大的偏见伤害了伦理和文化上的他者，而且激起了一种额外的暴力，即激进地想要使地方差异均质化，把无辜平民与敌方战斗人员、妇女和儿童与通缉的恐怖分子头目一视同仁。
>
> (Wall and Monahan，2011：243)

然而，即便是对现代城市反恐的这一批判性评价也隐含着一个假定，即"恐怖分子"和"平民"之间的差异既有意义又强有力，而事实上，这样的标签本质上是规范性的，容易随着军事和政治上的战略优先事项而扩大或收缩。对于瓦济里斯坦北方的一座城镇，我们衡量其相对于伦敦和马萨诸塞州波士顿这类城市的"恐怖主义"弹性时，将要求进行极为不同的评估：谁或什么存在着暴力威胁，地方及国际政府层面的暴力提供者在意图上是善意的还是恶意的。

对于阿富汗、巴基斯坦和也门的那些在地狱之火般的导弹袭击中失去至爱和邻人的人来说，美国就是一个恐怖国家。[①] 而对于2001年9月纽约和华盛顿袭击、2005年7月伦敦公交系统爆炸以及

① 关于这些袭击在目标社区造成的经历，一项发人深省的描述见杰里米·斯卡希尔(Jeremy Scahill)的奥斯卡奖提名纪录片《肮脏的战争》(*Dirty Wars*)，http://dirtywars.org/。

2013 年 4 月波士顿马拉松比赛爆炸中许多受害者的家人们来说，国家安全机构在反恐方面做出的回应还不够有力，城市人口还暴露于国外和国内培植的伊斯兰“圣战者”的危险下，是其侵害对象。

然而，与纽约、波士顿或伦敦不同，巴格达、大马士革或喀布尔的普通居民，每天都生活在汽车炸弹或即时爆炸装置的威胁下，他们本人及其亲友都面临着丧生或受伤之虞。实际上，考虑到寻求避难者若回到阿富汗、伊拉克、索马里或叙利亚等冲突地区在生活上可能面临的威胁，签订了人权、难民和人道主义保护协议的国家的法院必须考虑归国者将面临的来自非国家和国家暴力的死亡和受伤风险(UNHCR，2013)。

2013 年，联合国阿富汗援助团报告了总共 8 615 例平民伤亡，其中 2 959 例死亡，5 656 例受伤。这些袭击主要实施于城市地区，造成了 2 311 名平民死亡，4 063 名平民受伤。尽管一直驻扎着国际安全援助部队的军事力量，自 2009 年以来，阿富汗的平民伤亡人数还是稳步上升。虽然大多数伤亡都来自任意非法使用即时爆炸装置，2013 年亲政府的力量还是被认为造成了全部平民伤亡中的 11%，即共 956 例(341 例死亡，615 例受伤)，与 2012 年相比增加了 59%。其余的冲突伤亡，则要归咎于战斗人员之间的地面交火和反政府分子的定向杀戮。算上这 12 个月的数据，共和派和效忠派武装组织的行动以及英国安全部队于 1969—2010 年 40 年间在北爱尔兰造成的死亡总数，累计达到 3 568 例。[1]

内战与族群间的(inter-communal)暴力

在刚果民主共和国所在的中非地区，自 20 世纪 90 年代中期以

① ‘Deaths in the Northern Ireland Conflict Since 1969’, Guardian Data Blog, 10 June2010, http://www.theguardian.com/news/datablog/2010/jun/10/deaths-in-northernireland-conflict-data.

来，一场大陆上的战争一直在激烈展开，代价是约540万人丧生，超过220万人外迁。大量正规和非正规武装力量在行动，极少受到以保护平民为目的的联合国部队的明显干预，因而这种暴力平息的前景相当渺茫。在叛军占领的地区，大规模强奸和就地处决的报道相当普遍；曾经为弱势群体提供庇护的城市，现在不过是战俘营，在这里，无力的人群焦急地等待，看哪个武装派别能掌控自己的命运和集体的未来。①

刚果民主共和国的首都金沙萨本该是政府安全力量的堡垒，却不时受到叛军袭击，机场和国家电视台都是受害目标。② 撒哈拉沙漠以南的许多非洲城市成了对立的交战派别之间的战场，在许多情况下前殖民列强不得不进行军事干预，比如塞拉利昂（英国）和乍得以及马里和中非共和国（法国）。无力的政府、激进伊斯兰主义等动员力量强大的意识形态（伊斯兰马格里布基地组织、青年党、博科圣地和伊斯兰卫士）、就矿产和宝石展开的资源冲突、武器的唾手可得，再加上非洲大量年轻单身汉失业，这些都为集体暴力的倡导者们制造了大量机会来威胁、攻击、控制和剥削易受侵害的城市人口。

这样一来，当我们在城市背景下谈论易受国家和非国家暴力的侵害以及从这种暴力中的恢复时，就不得不密切注意更为广泛的地缘政治的推动力量：区域政府有效垄断暴力的程度，一国相对于其他国家及其军队行使自身主权的能力，平民得到保护、免受国家和非国家暴力犯罪者侵害的程度，以及暴力的存在对不同的城市社区生活

---

① International Rescue Committee, 'Special Report: Congo', http://www.rescue.org/special-reports/special-report-congo-y. United Nations HighCommissioner for Refugees (UNHCR), '2013 UNHCR Country Operations Profile -Democratic Republic of the Congo', http://www.unhcr.org/pages/49e45c366.html.

② Bienvenu Bakumanya, 'Congo's Army Repels Attacks in Kinshasa, Dozens Killed', Reuters, 30 December 2013, http://www. reuters. com/article/2013/12/30/us-congodemocratic-idUSBRE9BT05I20131230.

的限制(Fluri,2011)——尤其是对那些在复合的墙体后面没有绿色的区域可供工作和玩耍的人的限制。

尽管恐怖主义和定向军事暴力使得“避难城市”这个观念越来越成问题,对于那些不顾风险和危险逃避战争、迫害和经济窘境的人来说,城市仍是他们继续寻求庇护的地方。城市权利面临的一个主要障碍,是“安居已久的人口”对新来者的敌意(尽管在全球大都市中,只有一小部分人口能声称已经在某个特定城市持续不断地生活了几代人)。更多的经济和教育机会,再加上能获得更好的医疗和其他福利服务,解释了为何国内和国际移民都更想要定居于城镇中。由于大城市往往在文化上更为多样,并且有业已存在的外来人口,相对于乡村特征更为明显、文化更为同质的环境,移民在这里也有可能得到更大程度的接纳和包容。

然而,随着人员流动性和城市化程度越来越高,基础设施、环境和劳动力市场正面临压力,各城市,尤其是南方国家的城市正疲于应付。即便是在后种族隔离时代的南非,那里执政的非洲人国民大会政府已经宣布将长期致力于实现非种族主义的宪法原则,但是2006年南非移民项目(Southern African Migration Project,SAMP)的仇外心理调查仍然显示,相对于世界其他地方,南非对外来者表现出了更高程度的不宽容和敌意。让那些倡导南非应该宽容、包容的人颇为不安的是,在后种族隔离时代,人们的态度似乎更加强硬了(Crush *et al*., 2013)。

南非移民项目2010年调查结果显示,许多南非人希望看到移民完全停止,同时全体国民中有30%的人支持完全禁止到南非寻求工作的移民——这个数字比调查过的其他任何国家都要高。不过,也有某种证据表明,对移民的排斥在某些方面可能减轻了。2010年,南非移民项目报告称,近三分之一的难民生活在边境营地。对这一歧视性政策的支持率,已经从上次调查的将近50%出现了下降

(Crush *et al*.,2013：3)。与此同时,超过60%的受访者认为,针对移民的暴力之所以发生,是因为移民从事犯罪活动,或者因为他们抢走了南非的工作岗位,或者有着不同的文化背景。① 2008年5月,大约翰内斯堡地区发生了针对避难者的社区暴力,造成40多名移民丧生;上述情绪在此事件之后迅速表达出来,突出了在不受保护的城市和城市边缘地区针对非南非居民使用暴力受到广泛容忍。② 此次调查还发现,四分之一的南非人"有意愿阻止移民进入自己的居住区,约20%的人会采取行动阻止移民家庭的孩子与自家孩子在同一所学校登记入学"。③

一般居民中对移民的这种厌恶在官方层面也有呼应:城市移民得不到支持,甚至还身处在一种刻意制造的敌视环境中。南非贸易和工业部的《企业许可法案》(Licensing of Businesses Bill)意在赋予"警察和公民新的权力去扰乱和破坏移民拥有的小企业的运营",这种受到国家认可的对移民谋生能力的攻击,是紧随对移民企业的纵火袭击、暴力进攻甚至是谋杀而出现的。④

由国家激起的仇外心理是国家-社会关系的一个领域,南方国家和北方国家在其中似乎走到了一起。在南方国家的许多城市,非公民在就业、住房、教育、福利、法律建议和医疗方面的权利,尤其是那些指明的非法定权利,受到了系统性的侵蚀。由于大都市的中心移民人口的聚集度更高,这一点对城市权利有着特别的影响,一如我们

---

① Jonathan Crush, 'Xenophobia Still Deeply Entrenched', *Weekend Argus*, 1 June 2013, http://www.cigionline.org/articles/2013/06/xenophobia-still-deeply-entrenched.

② 'Special Rapporteur on Racism Dismayed at Xenophobic Violence in South Africa', issued by the United Nations Special Rapporteur on Racism, 30 May 2008, http://www.queensu.ca/samp/migrationresources/xenophobia/responses/racism.htm.

③ Jonathan Crush, 'Shocking Anti-Migrant Sentiment Exposed', *Pretoria News*, 3 June2013, http://www. iol. co. za/pretoria-news/opinion/shocking-anti-migrant-sentimentexposed-1.1526510#.UrQq1o1YbIY.

④ 同上。

在第三章和第五章所强调的。与此同时，反移民政党的支持率在欧洲及世界其他地区都在上升，限制移民权利，要求对那些被政府视为“非法”的移民和寻求避难者进行更严格的批准，这些呼声在欧盟正变得越来越常见。[①] 结果，合法移民和人道主义保护的通道逐渐关闭，不顾一切而走上这条路的人不得不把自己的性命交到干非法勾当的人手中。那些一路上逃过检查和伤害甚至死亡的人，被迫生活在社会边缘，生活在灰色和黑色经济地带，并时时担心被发现（Bloch，2010）。

经济的脆弱性与可持续性

2008 年 9 月，全球金融危机以如此的速度和戏剧效果展开，对于发达国家的城市来说，其具有一些出人意料而且完全有悖初衷的影响。这场危机的长期影响才开始在城市环境下显示出来，不过现在显而易见的是，那些处于全球城市层级顶端的城市和地区所具有的支配地位甚至变得更为明显，掌握着国民生产总值的更大份额；而在危机之前就状况不佳的城市和地区，则经历了加速的衰落。换句话说，许多国内环境中信贷的突然收紧和财政制度的更为严峻，加重了不同的城市区域内部和之间在劳工市场、地区投资、基础设施发展、地产价值和国内移民等方面的不均衡分布。

如杰米·佩克（2012：627）所指出的，“美国政府问责局估计，地产税收入（历史上占据地方政府收入的三分之一左右）要到 2039 年才能恢复到 2009 年的水平”。为了缩小收入差距，政府问责局估计“地方政府支出将不得不每年减少 12.7%，一直到 2062 年”。照此看来，美国这个全球最富国家的市政当局，就面临着一个非同寻常的延

① John Palmer, ‘The Rise of Far Right Parties Across Europe is a Chilling Echo of the1930s’, Guardian, 15 November 2013, http://www. theguardian. com/commentisfree/2013/nov/15/far-right-threat-europeintegration.

续几代人的严峻前景。这意味着公共服务和便利设施将逐步大量减少,这些服务和设施在地理分布上也会变得日益层级化。如洛邦(Lobao)和阿杜阿(Adua)所写,

> 未来对衰退状况的回应,很可能会涉及同一个地区/国家内部地方政府的层级化;相应地,那些能够提供高效能、专业治理水平和对公共福祉有力保护的地方,与无法提供这些的地方相比,也会形成人口的层级化。
>
> (Lobao and Adua,2011: 433 引自 Peck,2012: 632)

公共当局和私人企业在衰落城市的投资减少,不仅导致经济的收缩,还引起人口的减少,因为居民不得不搬到其他地方,以寻求工作机会、更好的教育和培训、更为充足的地方服务和设施以及商业机会。过去 50 年中,全世界多达 370 个人口在 10 万以上的城市人口至少减少了 10%(Oswalt and Rieniets,2007 in Hollander,2013: 133)。

密歇根州的底特律是美国人口减少最快的城市之一。如理查德·佛罗里达(Richard Florida)指出的(Florida,2010: 73),自 20 世纪中叶的巅峰时期以来,这座城市已经流失了近 100 万居民,2000 年底特律市的人口降到了 100 万以下,并在接下来的 10 年中又流失了四分之一。7 万处被遗弃的地产便是市中心经济崩溃的证明,由于居民和企业无力纳税,收入出现了大幅螺旋式下降,与之相伴的则是为极度贫困的人口提供服务且尽力维护基础设施所付出的持续高额成本,这些基础设施本来是为数量庞大得多的人群设计的,现在都已老化。在州政府进入紧急状态数月之后,2013 年 7 月,底特律负债数据达 180 亿美元,最终决定申请破产。州指定的紧急时期管理者科文·奥尔(Kevyn Orr),威胁要给市政债券持有人们“剃头”,还要对

市里的工人裁员、扣发养老金。当年12月，一位联邦法官为底特律市减债发放了许可，那位管理者宣称有意向“靠底特律艺术学院赚钱”，换句话说即卖掉本市最有价值的艺术资产，包括梵高、马蒂斯和里维拉那些独一无二的画作。[①]

体量庞大的电影院、高耸的艺术装饰办公大楼，甚至是市里主要的火车站，现在都被遗弃，任凭雨打风吹；那外表剥落的建筑如幽灵般让人记起一座城市，它象征着汽车工程的大规模生产模式，确保着市里的企业巨头，包括福特、克莱斯勒和通用，能够不仅在美国的汽车展示厅中独领风骚，还在20世纪的20至70年代期间满足着全世界对汽车的需求。底特律汽车工业的故事，也不可避免地讲述了一种管理模式的危机，该市最为著名的人把自己的名字嵌入了这种模式——福特制。美国的汽车购买者们通常还是忠于底特律传统上制造的那些体积大、重量大、耗油多的汽车，但是日本和韩国的价格更低、更为可靠也更为省油的汽车来了，其中许多现在都在南方那些没有工会的小城市，以及印第安纳和俄亥俄等邻近的州中开始生产，鼓励着美国的汽车生产商们把更多的制造业务转移到海外，并减少薪酬和福利以降低成本。理查德·佛罗里达提出，底特律的各项问题可以相当直接地归结如下：

> 底特律的荒废，根源可能在于美国的汽车行业无法保持竞争力，同时该市无序扩张、高度隔离的经济格局，又使得巨大的不幸渐渐集中于几乎完全空心化的市中心。
>
> (Florida，2010：78—9)

或者，用威廉·朱利叶斯·威尔逊和华康德的研究者们更为熟

① “‘Detroit Art City”：The Story of a Town on the Verge of Losing More Than Just Itsvan Gogh’，Detroit Free Press，11 December 2013.

悉的话来说，美国工业大都市中城市黑人劳动阶层的集中居住，再加上他们缺乏社会和经济流动性，使得底特律、芝加哥和克利夫兰等城市核心区的“空心化”所产生的政治反响远远低于经济和种族更为多样化的社区（见第五章）。

结语

纽约的“9·11”、伦敦的“7·7”、孟买的“11·26”系列恐怖袭击，2004年印度洋海啸、卡特里娜飓风和超级台风“海燕”等破坏性的极端天气事件和自然灾害，SARS等全球性流行病的出现，以及2008年全球金融危机的持续影响——随着上述事件的出现，人们越来越关心政策制定者和城市利益相关者如何使城市在应对一系列环境和人类威胁时更有弹性，由于气候变化、城市化和全球化等长期趋势，这些威胁似乎在不断增加。政府间气候变化专门委员会对“弹性”的定义是：

> 一个系统及其各个组成部分以及时有效的方式（包括通过确保其核心的基本结构和功能得到保存、恢复和提升）预见、承受、适应灾害性事件的影响，并从中复原的能力。
>
> （IPCC，2013：3）

思考弹性的另一种方式是着眼于适应能力，把注意力放在行动者利用社会和物理资源来促成变化的能力上，从而把弹性与脆弱性联系起来（Nelson *et al.*，2007）。弹性和适应能力与一系列充满争议、复杂且多维度的变量联系在一起，但有四个关键特征是规划者和政策制定者们通常认可的：

> （1）学习与变化和不确定性共存（从危机中学习，预见那意料之外的）。

(2) 为重组和革新而培养多样性(维持并增加社会和生态方面的资源和记忆)。

(3) 结合不同类型的知识来学习(经验性的和试验性的,正式的和非正式的)。

(4) 为自我组织创造机会(承认跨等级的推动力量,为外部驱动因素提供解释)。

(Folke,Colding and Berkes,2002)

暴力恐怖主义袭击的威胁,仍然是全世界城市政府、公共当局和执法机构主要的关注对象,尤其是考虑到这些袭击可能使用化学、生物和核武器(Coaffee and Rogers,2008; Moran *et al.*, 2008)。与此同时,人权和公民权组织警告称,国际法和基本的公民自由在反恐的努力过程中正在遭到不断挤压,即便是在以自由和民主捍卫者形象示人的那些国家。对城市安全的追求正日益呈现为一场非对称战争:战争的一方是国家机构,另一方是为了避免被发觉而尽力伪装成一般平民的对手。因此,城市既是非国家、有组织的暴力团体的避难之处和攻击目标,也是乔治·W.布什在2001年9月11日之后所宣布的"反恐战争"的新前线。然而,"9·11"所释放出的不同寻常的国家力量和监控行为所造成的后果,波及对象已经远远越过恐怖分子嫌犯及其同伙,潜在地把全体城市居民纳入了进来。

城市信息和通信系统面临的危险,以及交通和能源供应系统面临的来自网络攻击的危险,无论发起者是敌对国家还是非政府行动者,都越来越成为那些负责保障基础设施网络完整性的人所关切的对象。日益复杂的计算机病毒和远程侵入技术能够比调度机动部队更快、更有效地切断城市的电力供应。由关键部件或软件故障,或者由网络中薄弱环节应力过大造成的非人为的系统崩溃,也会导致连锁故障,其潜在的灾难性不亚于蓄意破坏行为。如皮伦布姆

(Peerenboom)和费希尔所写的，

> 2003 年 8 月 14 日的停电事件中，美国中西部和东北部大部分地区以及加拿大安大略省经历的电力供应中断，显著表明了我们在阻止连锁影响方面所面临的极为复杂的技术挑战。
>
> (Peerenboom and Fisher，2007：1)

美国联邦调查局副助理局长迈克尔·韦尔奇(Michael Welch)透露，美国三个城市的市政基础设施在 2011 年由于网络攻击而陷入危险，他把这次网络攻破称为“一个黑客的自负之旅，他控制了一座重要城市的关键系统”(Rudner，2013：465)。如拉德纳接下来评论的，“在网络威胁之下对关键的基础设施和信息系统所作的保护，现在正迅速地被重新理解为对整个信息社会的保卫，即一项全国性的安全考虑”(同上：469)。城市系统的生存能力所面临的多重而复杂的威胁，促使人们更为强烈地关注城市基础设施、环境及其各自人口的脆弱性和弹性。

辅助资料 10.6　弹性系统的特征

· 灵活性和多样性：在不同的状况下执行关键任务，以及转换有利条件、调整结构以引入新的行为方式的能力。有弹性的系统具有以物理方式分布的核心有利条件和功能，因此在任何时候都不会完全受任何特定事件的影响(空间多样性)，具有多种方式来满足特定需求(功能多样性)。

· 有余量、模块化：有多余的容量留给紧急状况，用于容纳日益增长或极端的冲击压力或需求；提供服务的多种路径和多样选择；由类似部分组成的相互作用的零件，如果有某一个或多个零件失灵，能够相互替代。余量也是由系统内部存在的缓冲库存来支撑的，如果能量流动中断，可以提供补偿（比如用地方的水和食物供应来补偿缓冲库存）。

• 安全状况下的故障：能够以避免灾难性故障的方式，承受突然的打击（包括那些超过设计阈值的打击）和缓慢攻击的累积效应。安全状况下的故障也指彼此支持的各种系统的相互依赖；某个结构或联运装置中的故障不大可能导致其他系统中的连锁冲击（Little，2002）。

来源：Tyler and Moench，2012：313

泰勒和芒什（Moench）明确了“弹性系统”的三个宽泛特征（见辅助资料 10.6），为了经受住 21 世纪城市社会所面临的那一类危险和挑战，处于压力下的城市需要显示出这些特征。然而，我们能够看出，即便是北方国家的城市及城市区域，也是如此暴露于极端天气和地震事件（暴风、干旱、地震、洪水、山体滑坡和火山喷发）中，且如此脆弱（见前文的辅助资料 10.1）。

如我们在本章前文所指出的，福岛核电站的故障是不安全状况下发生故障的教科书式的典型，尽管关于地震的分析表明，大海啸席卷这一段日本海岸的风险很高。在新奥尔良，未能在卡特里娜飓风袭来之前充分巩固堤坝并贯彻大规模疏散计划，是人员伤亡和遭受洪灾的居民被大量迁移的重要原因（Moreau，2006；CREW，2007）。然而，当飓风/超级风暴“桑迪”连续猛击纽约州的海岸线时，相对较少的人员伤亡以及市政和军事当局对处境最危险的居民的成功疏散表明，只要有正确的政治意愿和资源，威胁生命的严重天气事件是可以成功克服的。

城市规划和政策文献中对脆弱性和弹性的日益关注，并非我们在第四章遇到的盛期现代主义那轻率的乌托邦式语言，后者雄心勃勃的愿景是花园城市的驯服温顺又修剪整齐的景观，以及按功能规划的大都市区域。相反，它预示着更为顺从地，甚至是宿命论式地承认自然终会耗尽，承认自然环境对人类栖息地的威胁，承认人类冲突的固有性质，也承认全球的城市平民有必要携手合作进行管理。

随着地震和极端天气事件以及网络性疾病的爆发，内乱和政治暴力似乎使许多城市中心的生命、环境和基础设施受到威胁的风险加大了；[①]城市当局开始将市政保护措施常规化，这些措施曾被视为战时紧急做法，比如疏散全体城市居民、快速反应群体免疫、食物和燃料定量配给，以及紧急状况警力和军事力量的设立。

与此同时，城市压力所具有的更为结构性的特征，比如不断扩大的收入不平等以及贫困在地理上的集中，也交织进弹性的话语形成过程；在批评者看来，这是新自由主义的简略表达方式，是在宣布正式放弃国家提供福利和公共物品的责任。[②] 西明·达武迪（Simin Davoudi）认为："忙碌的社会网络虽然有助于促进适应能力，加强转变的弹性，却无法代替反应灵敏、负有责任的治理。"

> 以弹性的名义倡导政府中止对易受侵害的社区的支持，是误入了歧途，把生态系统中的自我组织解释成社会系统中的自力更生：其倡导的是一种社会达尔文主义。
>
> （Davoudi，2012：305）

杰米·佩克、尼克·西奥多和尼尔·布伦纳等论者，无疑会把对

---

① 关于暴力在长时间段中的风险，一项更为乐观但也更有争议的叙述见 Stephen Pinker（2012）。

② Tom Slater，'The Resilience of Neoliberal Urbanism'，28 January 2014，open Democracy，http://www.opendemocracy.net/opensecurity/tom-slater/resilienceof-neoliberal-urbanism.

城市应急分配[1]这种社会达尔文主义辩护视为城市公共政策话语中的主要基调，这种话语把不均衡的空间发展和城市的“创造性破坏”确定为经济增长和劳工市场结构调整不可避免的和必不可少的(Peck *et al.*, 2009)。

但是，在关于环境、经济和市政灾难的所有这些卡珊德拉式的预言中，我们是否仍能想象城市将有可能如霍华德、勒·柯布西耶和赖特等现代主义的预见者所认为的那样带来人类文明的复兴？

对于本章考察的城市所面临的所有重大挑战，各种文献丰富充足且还在增加，但是，对于理解这些多重威胁对城市脆弱性的连锁效应，城市研究并未同样成功地给出工具。因此，举个例子，我们并不知道，气候变化迫使更多人离开土地进入已经人满为患的城市所产生的后果，是否会使这些城市人口进一步贫困，并导致更大的冲突和暴力——其中一部分会采取恐怖主义形式，并散布至地球的其他地区。尽管存在这些风险，盖亚假说的提出者詹姆斯·洛夫洛克(James Lovelock)还是认为，地球上的人类生命经受住气候变化对自然资源和食物生产的影响的唯一方式，便是把人口集中于城市(Lovelock, 2014)。如果付出更多努力来支持和维护善治，并将权力赋予地方全体居民，尤其是女性，有充分的证据表明，这样的恶性循环远非不可避免，对于由冲突推动的，来自环境、经济和公共健康方面的威胁的集体应对措施也能成功实施。

延伸阅读

气候变化、环境风险、自然灾害与城市危害

朱迪·贝克(Judy Baker, 2012)为世界银行所编的《气候变化、

---

① 原文 triage，指根据急需程度，而不是根据人道主义或其他道德原则来分配有限的物资。

灾害性风险与城市穷人》(*Climate Change, Disaster Risk and the Urban Poor*)一书，对贫民窟居民面对着气候变化造成的日益脆弱的环境时所直面的风险进行了详细评估。书中还包含了详细的案例研究，来自构成气候变化、风险和城市穷人市长特别小组的那些城市，包括达累斯萨拉姆、雅加达、墨西哥城和圣保罗，另外还有一些良好做法的范例，它们旨在提出和执行更具可持续性的解决方案。埃斯纳尔(Esnard)和萨帕特(Sapat)(2014)的《灾害所昭示的：全球化世界中的恢复与弹性》(*Displaced by Disaster: Recovery and Resilience in a Globalizing World*)一书，聚焦于灾害造成的人口迁移，尤其关注城市灾害及其长期后果。克里斯蒂娜·瓦姆斯勒(Christine Wamsler)的《城市、灾害性风险与适应》(*Cities, Disaster Risk and Adaptation*, 2014)关注的是为应对灾害所作的规划，试图表明城市社区如何能够更具弹性地面对灾害，并对抗越来越多的灾害及其他气候变化的冲击。

政治暴力、恐怖主义与武装冲突

索菲·博迪-根德罗的《全球化、恐惧与不安：北方和南方国家城市面临的挑战》(*Globalization, Fear and Insecurity: The Challenges for Cities North and South*, 2012)出色地分析了城市如何受到政治暴力和有组织犯罪的影响，对未来袭击的恐惧如何塑造着全球化城市中围绕着城市安全、监控和多样性的话语。斯蒂芬·格雷厄姆(2010)的《围困中的城市：新的军事城市主义》(*Cities Under Siege: The New Military Urbanism*)关注的是，全世界最强有力的军事机构和安全部门如何把城市及其人口视为长期的非对称战争的新战场。斯图尔特·埃尔登(2009)的《恐怖与领土》(*Terror and Territory*)同样关注领土完整如何被所谓的“反恐战争”侵蚀，吊诡地导致国家更弱，从而使暴力的非国家行动者更有可能出现。

形成网络的疾病、基础设施中断以及经济的脆弱性和可持续性

哈里森·阿里和罗杰·凯尔(2008)合编的关于全球城市流行病SARS的作品,即《形成网络的疾病:全球城市中的新兴传染病》(*Networked Disease: Emerging Infections in the Global City*),是从城市理论视角考察这个研究不足又相当重要的主题的唯一一部文集。斯蒂芬·格雷厄姆所编的《陷入混乱的城市:基础设施失效之时》(*Disrupted Cities: When Infrastructure Fails*)中包括多篇关于城市基础设施之脆弱性的核心文章,涵盖的主题从权力失灵到"油脂硬块"[①]。西蒙·马尔文和迈克·霍德森(Mike Hodson)所编的《可持续城市之后?》(*After Sustainable Cities?* 2014)中收入了多篇关于可持续城市主义以及脆弱性的相关文章。值得特别留意的是布莱恩·格里森(Brian Gleeson)所写的那一章,即"城市的灾害、脆弱性与弹性",开篇即对飓风"桑迪"对美国东海岸的影响进行了敏锐的分析。

---

① 位于下水道中、由不可降解的固体物质凝结成的块状物,近年来越来越成为一种城市问题。

第十一章　信息城市：连接起虚拟城市世界与有形城市世界

［网络］……在21世纪的城市生活中将扮演着关键角色，正如位居中心、空间上有界限、在建筑上远近闻名的城市广场(agora，根据亚里士多德在《政治学》中的说法)在希腊城邦的生活，以及在原型的城市图解(比如爱尔兰人在爱奥尼亚岩石上清晰追溯的)中扮演的角色。

——威廉·米切尔《比特城市》(W. J. Mitchell, *City of Bits*)

对于城市过于简单的、比拟式的具体化，新自由主义的"市场力量"以及"新出现的技术"往往会模糊更为广泛的权力关系、政治经济和实践，后者与把城市(的某些部分)重建为优质网络空间关系密切。

——格雷厄姆与马尔文《碎片化的城市主义》(*Splintering Urbanism*)

引言

关于新的信息技术对“城市”所造成的冲击的讨论，可以划分为三大类。第一类关注的是“网络化的大都市”，以及这类技术对“真实的”或者说“现实存在的”城市的影响——它们使传统城市更容易还是更难生存？它们对工作和休闲方式以及作为整体的城市经济有什么影响？第二类与“数字鸿沟城市”相关，并关注个人信息和通信技术，包括互联网和手机的普及，再加上计算机辅助设计（computer-aided design，CAD）等依赖于软件的技术，以及地理和地理人口信息系统对城市设计、规划以及社会融入和融合所产生的影响。而第三类，即“后人类城市和电子人城市生活方式”，探讨的是城市在网络空间本身中的性质——空间在真实世界中的结构和分布如何被带入虚拟世界，真实世界的城市地理如何与网络空间中的相比较？最后，我们与虚拟城市的互动，如何反馈进我们设计和体验“真实空间”的方式中？

连成网络的大都市

信息革命所促进的，首先是网络化；由于城市的核心功能之一，是把买方与卖方汇聚一处，不足为奇的是，涉及网络应用的所有关键的技术创新，首先都始于把最大的城市商务中心彼此连接起来，比如将伦敦与纽约连接起来的第一条跨大西洋电信光缆。随着蒸汽机车的到来，新的通信线路从一座业已存在的城市延伸到另一座，不过沿着这些线路在通信节点的交会处形成了新的定居点。互联网的“骨干”是按照类似的原则建成的，网络基础设施和交通集中于美国主要的商业城市之间（尤其是纽约-芝加哥和纽约-洛杉矶，见辅助资料11.1），因此，互联网的网络地图稳定地反映着第一世界的，尤其是美国的企业在商业上的支配地位。

以纽约大学20世纪90年代晚期所作的研究为基础，西蒙·马尔文声称，美国15大都市核心(仅就中心城市而言)人口占全国的4.5%，却包含互联网全部域名的20%(Parker，2000a：124)。卡斯特尔援引马修·祖克(Matthew Zook)的作品指出，美国(控制收入这一变量后)城市居民使用互联网的机会是乡村居民的两倍以上。在全世界的其他地区，互联网使用在空间上的聚集甚至更为明显。比如在俄罗斯，75%的互联网用户生活在莫斯科、圣彼得堡和叶卡捷琳堡三个城市(Castells，2000a：377—82)。这意味着，信息革命远没有创造出远离工业化的、有卫星城的大都市，朝向遥远的"硅村"的反向革命，而是把越来越多的价值储备集中于传统的密集城市，以及新的集群经济体，比如在加利福尼亚州圣克拉拉县(硅谷)发现的那些(Castells，2000a：62)。

专业化知识中心的近在咫尺，越来越成为商业地点的关键因素。比如，硅谷有一种围绕着区域网络组织起来的去中心化的商业体系(Klepper，2010)。与日本以及德国和意大利部分地区的企业一样，硅谷的公司往往利用当地的知识和关系来创造新的市场、产品和应用。这些专业企业竞争激烈，但同时又针对不断变化的市场和技术互相学习。该地区有密集的社会网络和开放的劳动力市场，鼓励试验和创业精神。企业内部的边界容易穿透，正如企业本身之间以及企业与贸易协会和大学等地方机构之间的边界那样(Saxenian，1994：44 in De Landa，1997：95)。

为某地进行推广的人越来越重视城市的信息技术基础设施，以便把投资者吸引到本地区，正如改造阁楼的开发商们热衷于吸引富有的IT专业人员，后者要求能使用尽可能快速的宽带技术，迅捷可靠地接入网络干线。但是，这些形式的网络互通互连上的优待，可能意味着信息贵族吸取了过多的国家资金和补贴，代价则由公共交通或福利服务来承担，从而进一步加剧二元城市的两极分化（Graham，2002）。

不可否认，新的信息技术对人的地理分布产生了重要影响，但这是否意味着如柏拉图、亚里士多德、芒福德和雅各布斯所理解的城市正在“最终消亡”（Mitchell，2000：3），或者如托马斯·弗里德曼（Thomas Friedman，2007）所声称的，世界现在是平的？米切尔已经瞥见了电子化的未来，那个世界的构成要素包括：生活/工作的处所；24 小时社区；松散广泛地排列着以电子方式实现的会面场所；有弹性的、去中心化的生产、营销和分配系统；以及以电子方式召唤和提供的各种服务（Mitchell，2000：7）。

许多高科技导向的增长联盟认为，以硅为基础的乌托邦就要到来，这种乌托邦与蒸汽时代人们从徒劳中的解放有许多相似之处，近两个世纪前许诺给前无产阶级时代的劳动阶级的，正是这种解放。[①] 然而，如果说对米切尔来说，人们别无选择，只能建造“既包含有形空间，也包含虚拟空间”的电子乌托邦（同上：8），凯文·罗宾斯（Kevin Robins）则对网络受到的积极支持总体上持更为怀疑的观点，他声称

> 全球城市是文化相遇和对抗的场所。它们是混乱的空间。在那些将想象力（可以追溯到启蒙运动）集中于连贯和秩序的价值上的人看来，这种城市生活方式必定具有深层问题。在此背景下，我们可能会将虚拟城市的理想视为一种防御性和保护性的回应：一方面，这关乎通过技术手段来否认或拒绝这个混沌而艰难的现实；另一方面，它涉及一项努力，即维护或恢复老式的（欧洲）城市主义理想的各种价值（连贯、秩序和社区……），而这

① 在小说《差分机》（*The Difference Engine*，2009）中，威廉·吉布森和布鲁斯、斯特林（Bruce Sterling）关于新的电子边疆的蒸汽时代寓言把这些相似之处揭露出来了。

种理想现在似乎处于危机之中。新的技术性城市主义实际上是一种保守的城市主义。

(Robins,1999：35)

就连米切尔也承认,数字革命在促进“城市权利”方面有消极的一面。他指出：

城市区域很可能会继续凝结成内敛、富裕、封闭的社区,与投资缩减、忽视和贫困的“黑洞”混杂在一起——尤其是,如不受控制的市场逻辑似乎暗示的,当低收入社区原来是最后得到并学会有效使用数字基础设施的群体时。如曼纽尔·卡斯特尔生动提醒的,我们最终可能会止步于二元城市——作为城市系统,它们“在空间和社会方面分成两极,一极是高端的创造价值的群体和功能,另一极是贬值的社会群体和降级的空间”。

(Mitchell,2000：81,强调为原文所加)

卡斯特尔在另一种情境下也表达了这种忧虑,当时他写道:“新的信息技术本身并非某种组织逻辑的源头,这种逻辑正在转变着空间的社会意义:不过,它们是使这种逻辑得以在历史现状中体现自身的根本工具。”(Castells,1989：348)斯蒂芬·格雷厄姆则写道：

现在显而易见的是,网络空间基本上是一种城市现象。它是从传统的城市中发展出来的,随着全世界的城市区域结合成一个单一的、全球互连的、巨大的都市系统,网络空间与城市和城市系统内部新的复杂程度联系在了一起。

(Graham,1999：10)

格雷厄姆想强调的观点是，虽然大多数人只是通过电脑屏幕和智能手机来体验网络空间，但这一规模庞大的数据传输过程和加工技术所依赖的基础设施是有形的，并以城市为中心（见辅助资料 11.1）。如伊斯特林（Easterling）所说，

> 数字基础设施属于这样一类事物，它虽然无处不在，却往往变得更为隐蔽。如该词所暗示的，基础设施空间通常被视为隐蔽的基底——具有积极的结果、形式和法律的各种目标之间的结合介质或趋向，同时又是结合点和接入点，是潜在的法律和逻辑的空间外露……许多基础设施已不只是隐藏在另一种城市结构之下，而是城市的常规，是全球城市主义的限定因素本身。
>
> （Easterling，2011：154）

一个典型的例子，是位于曼哈顿下城哈得孙街 60 号的西部联合大厦。在互联网领域，那里是最为重要的网络和分配中心之一。哈得孙街 60 号向超过 100 个互联网运营商提供场地出租服务（为多个用户提供网络、服务器和数据储存）和低延迟（即极为快速的）互联服务，这些载体包括金融交易和应用提供商、内容和云服务提供商以及各种私人公司。zColo 公司是哈得孙街 60 号汇接机房（Meet-me-Room）的所有者，为 300 多个国际和国内网络接入其客户，它把这栋建筑称为“全世界运营商数据交换第一中心”——这就给罗布·基钦（Rob Kitchi）和马尔·道奇（Martin Dodge）提出的论点赋予了可信度，该论点认为软件和数据的世界正在设定属于其自身的本体论的目的。道奇和基钦利用列斐伏尔的转导概念（见第二章）来解释软件如何日益塑造着空间的产生方式。

他们写道：

软件通过一种转导过程(在重复的、转化的实践中不断更新某个领域)……调节着空间的产生方式。从这个视角来看,空间是一个事件或一项活动(一套逐渐展开的实践,缺少可靠的本体论),而不是在本体论上固定不变的一只容器、一架飞机或一项预先决定的社会生产。相应地,社会由各种集体构成,这些集体是人类和许多种非人类的混杂集合(Latour,1993),在这里,人、物质技术、时间和空间之间的关系是不确定的、关联式的、生产性的和动态的……这种相互构成的性质由我们的编码/空间概念表现出来。

(Kitchin and Dodge,2011: 16)

辅助资料11.1 斯蒂芬·格雷厄姆《网络化城市的有形空间》(*The Physical Spaces of the Networked City*),引自本·门德尔森(Ben Mendelsohn)的纪录片《捆绑、掩埋在紧闭的门后》(*Bundled, Buried & Behind Closed Doors*)

基础设施以某种方式帮助我们延伸至外部世界。城市的流动本身变成了我们身体的流动,任何身处现代和身处城市的观念的核心,都是与生产能量、生产食物、生产水、进行交流、移动身体以及商品和物品的庞大集合和系统连接成网络。我认为这些系统令人着迷,部分原因在于它们如此受到忽视。记住以下一点的确至关重要:互联网是能够触知的,它是物质的,它真实地存在着。因为,如此之多的关于网络空间的修辞暗示着它在某种程度上是一个不可思议的、虚无缥缈的王国,几乎遗世独立地在那里存在着。

互联网不仅是有形的,就其真正庞大的战略集中来说,它实际上在地理分布方面还极为精确,讽刺的是还极为有限。对于

> 通信服务来说，它是一个巨大的市场，完全集中于大型都市区域，尤其是像纽约、洛杉矶、伦敦这类庞大、富裕、高科技、信息化的地区。

更确切地说，编码/空间是“依赖于软件来发挥作用的空间；也就是说，这种关系是二元的……没有基于软件实现的技术，空间就不会按计划生产出来”(Dodge and Kitchin, 2008：11)。这一点不仅适用于有形的信息基础设施和通信网络本身，而且适用于编码/空间对人们彼此之间的互动，以及人与建成环境和环境中包含的对象之间的互动加以转变的方式。由于编码的设计是着眼于指示机器来完成指定的任务或者自动发挥功能的，“与其他治理模式相比，它以一种不同的方式运行，创造出一种情形，在那里‘编码就是法律’”(Lessig, 1999 in Dodge and Kitchin, 2008)。

莱西格(Lessig)所说的意思，有一个日常的例子，即伦敦交通路网上使用的电子交通卡，被称为“牡蛎卡”。卡内的一个小小芯片记录着卡上存着多少钱(信用)，芯片向读卡器发出一个简短的无线电信号，乘客需要在进站时刷一次上车，到站时再刷一次下车。卡片记录着旅程信息，以及扣除的费用总额(见图 11.1)。[①] 伦敦交通局称，“自牡蛎卡于 2003 年投入使用以来，已经发行了超过 4 000 万张。800 多万张牡蛎卡处于活跃使用状态，每天使用牡蛎卡乘车的人次达到 1 000 万”。[②] 这使得伦敦交通局覆盖的地区，成为世界上最为密集的编码/空间之一，也使得交通运营者和第三方开发者能够从整

---

① 其他版本的非接触式公共交通智能卡片包括韩国的 Upass 卡、香港的章鱼卡、旧金山的剪刀卡、纽约的地铁卡以及巴黎地区的纳维戈通行卡，其中有一些除了公交付费功能外，现在还有多功能智能付费及安全访问应用。

② Transport for London, Annual Report and Statement of Accounts 2012 - 13, http://ww-w. tfl. gov. uk/assets/downloads/corporate/annual-report-and-statement-of-accounts-2-013.pdf.

个路网中获得实时的行程信息。

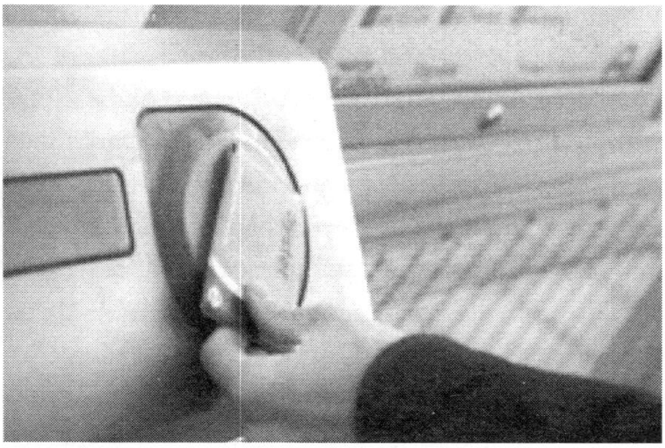

图 11.1　乘客用伦敦交通局的牡蛎卡在“触碰式”智能读卡器上刷卡

按照设计意图，牡蛎卡仅存储最后八次行程的详细信息，但原则上，它能够为单次行程提供数据来源长达两个月时间。如伦敦交通局集团营销策略与整合部负责人吉尔斯·贝利（Giles Bailey）所解释的，

> 这些数据对于我们运营业务来说极为重要，但是潜在地，对于如何在这座城市走动这样更为宽泛的用户知识也极为有用。我们想使这些数据得到更广泛的应用，这与政府关于开放数据的政策以及伦敦市长和大伦敦议会的战略是相适应的。[1]

同样地，这些数据对于执法机构以及国家情报和安全机构也可能极为有用，公民自由的倡导者由此质疑针对个人数据泄露所提供的保障，以及个人智能卡片数据未经用户同意泄露给第三方

---

① ‘London Transport Manages 2.3 Million Website Hits a Day with New Data Feed’, 6October 2010, http://www. microsoft. com/casestudies/Case _ Study _ Detail. aspx? Cas-eStudyID=4000010237.

的可能性。[1]

大数据与智慧城市的兴起

伦敦交通局的牡蛎卡，不过是大数据产生方式的一个例子，它与所谓的“智慧城市”（Smart city）的兴起息息相关。国际电信联盟（International Telecommunications Union，ITU）对智慧城市的定义是：

> “知识”“数字”“网络”或“经济”城市；代表着一种观念，可作多种解释，取决于智慧城市的规划者所设定的目标。我们或许会把智慧城市视为用信息和通信技术作为基础设施，对现有城市在功能和结构两个方面作了提升。
>
> （ITU，2013：1）

维塔宁（Viitanen）和金斯顿（Kingston）（2013：1）同样把“智慧城市”确定为“一种城市战略，试图为今天政策制定者们面临的紧迫问题从先进技术方面提供解决之道……”。因此，“智慧”或“聪明”城市是利用了信息和通信技术力量的城市集群，它们之所以能够实现，是因为获得了大量城市信息来源中采集的大数据——这些来源包括从闭路电视的镜头图像到拥堵收费记录、手机元数据、地方政府网络使

---

① Privacy International，‘Oyster，Octopus and Metro cards：What Happens to OurData?’，27 October 2012，https://www.privacyinternational.org/blog/oyster-octopus--and-metro-cards-what-happens-to-our-data. 同一篇报道中指出，《纽约时报》2009 年的一篇文章称，“纽约警察在拘捕时控制地铁卡并查看卡上的记录，已经成为常规做法”。根据伦敦交通局自己的数字，2008—2012 年四年间，伦敦警方发出的牡蛎卡数据查询要求超过 22000 次，http://ww-w.governmentcomputing.com/news/2012/feb/09/met-police-oyster-card-data-requeststfl.

用统计数字，从公共交通行程记录到污染和天气传感器。

麦肯锡全球研究所（2011：13）称，大数据以及用来储存和分析这些信息海洋的数据库数量的激增，“将变成竞争的关键基础，为生产率增长、创新和消费者剩余的新浪潮提供坚实的基础”。2009年，麦肯锡估计，在美国几乎所有的经济领域，每个拥有1 000名以上员工的公司，平均至少有200太字节的数据储存。报告继续声称，虽然大数据的收集、共享和分析有望使商业组织的营利能力提高近60%，而“以人员-位置数据为基础的服务将使消费者在经济盈余中获得6 000亿美元”。

根据“生活计划信息技术”（Living Plan IT）公司首席执行官斯蒂夫·刘易斯（Steve Lewis）的说法，呼应着我们在第九章遇到的那些惊人的城市规划设计师，智慧城市也是这样一些地方——在这里规划者能够从“一张白纸”开始，“周围没有先入为主的开发安排”（Greenfield，2013：255）。如亚当·格林菲尔德（Adam Greenfield）声称的，“从开发者的视角来看……随处都能建造这种状况，可以让他们无拘无束地做想做的事”。格林菲尔德对信息系统的设计者持批评态度，认为后者“把这些系统的生产者和服务所运用于其中的环境当作一种抽象概念”，或者当作“纯粹的背景”（Greenfield，2013：282）。但是，他们的政府客户往往会鼓励他们采用这种自上而下的方法进行“智慧”城市设计。

许多城市政府似乎热衷于开启大数据的威力来提升自己所提供的服务。记者亚历克斯·布朗（Alex Brown）说：“随着城市变得‘智慧’，他们正在利用数据使政府运转更快，浪费更少，响应更灵敏。”

> 波士顿正在利用数据使交通更有效率，减少温室气体。埃德蒙顿现在提供一种开放的数据，即“市民仪表盘”（Citizen

Dashboard)，来实时追踪政府效率。芝加哥正在用历史记录来预测老鼠会在哪里出现，在它们开始横行之前加以阻止。[①]

即使是极度缺钱、为了省钱连街灯都关掉的底特律（见第十章），也在利用新媒体技术在城市规划中让社区更好地参与进来；其方式是通过线上游戏"底特律 7 天/24 小时"，从 300 多个组织中吸引了 1 000 多个用户。[②]

有人声称，智慧城市的创举已经引起了一种真正的过渡，即控制权从市政厅的会议室转向选民的起居室；这个观点还需要更细致的考察。维塔宁和金斯顿在三个英国城市对城市技术和绿色增长的研究显示，"智慧城市的到来伴随着治理上更大而不是更小的复杂性，且更为依赖私营部门的技术专家"。两人认为，"参与进智慧城市的基础性范式，是数字消费主义的扩张"，这种扩张被视为更为绿色的增长之源。不过，向市民赋权，而不只是使他们变成"更为智慧的"的消费者，看起来并不在许多智慧城市创举的日程上（Viitanen and Kingston：2013：12—3）。

2001 年，谷歌首席执行官埃里克·施密特（Eric Schmidt）说，现在地球上每两天产生的数据，相当于人类在 2003 年以前产生的数据总和。电子数据生产的指数级增长的确令人震惊。2005 年，美国国会图书馆的所有图书和非图书资料，相当于 10^{16} 字节的数据。10^{18} 字节大约相当于地球上所有印刷资料的三分之二，2013 年，用户产生的互联网数据（仍然只占世界上全部数据生产的一小部分）占 1 000 艾字节。

---

① Alex Brown, 'Detroit's Gone Broke. Now Can It Go Smart?', National Journal, 13December 2013, http://www.nationaljournal.com/technology/detroit-s-gone-broke--now-can-it-go-smart-20131213.

② 同上。

事实上，所有这些用户生成的数据都是由居住在城镇中的人产生的，它们也越来越带有数据制造者（元数据）的详细信息。对单个的数据主体进行地理定位，并且详细了解其社交网络、消费者偏好以及受专属应用“推动”或启发影响的程度，这种能力随着本体论变得越来越以数字方式介导和分享，并经由匿名的网络化数据系统接入，正在使消费和文化“2C”实现革命化。我们关于另外“2C”，即社区和冲突的看法，也在经历着深刻的变化。如阿明和斯里夫特所写的，对于大多数人来说，地点上的邻近已经不再是社区的明显特色（Amin and Thrift，2002：48）。在一个地理流动性越来越大的时代，相对便宜的国际移动电话服务和以互联网为基础的通信系统，例如网络电话（voice over internet protocol，VOIP），使得朋友、亲属、同事甚至全然陌生的人能够维持和创建关系，其亲密程度在20世纪90年代早期以前是不可能达到的。

然而，许多专有的、受保护的数据来源和分析工具的跨平台融合，再加上数据保护和共享方面的法律管制，仍然是信息产业面临的一个极为重大的挑战；这个产业期待着通过使城市消费者更为可见、在空间上更容易实时定位来创造可观的收入。隐私保护运动组织“老大哥的注视”（Big Brother Watch）负责人尼克·皮克尔斯（Nick Pickles）声称，大数据有可能夺走我们作为公民所享有的最后一点隐私。

> 智慧城市要发挥核心功能，要求收集每一天中每一分钟关于我们生活每一方面的海量数据。问题在于这些数据如何使用？不需要耗费多少想象力就能看出，它能被用来监督人们，以极为逼真的老大哥的方式……目前，信息的控制权已经从公民手中被拿走了，提供服务的各家公司急于找到途径从掌握的数据中创造收益。危机在于，当智慧城市变成现实时，个人将无法

控制自己受监控的方式，也无法控制信息会被如何利用，而这正是与应然状态背道而驰的。[1]

戴维·穆拉卡米·伍德（David Murakami Wood）也发出了警告。继阿芒·马特拉（Armand Mattelart，1996，2000）所做的两项开创性研究之后，他声称通信的发明“为个人扩大了通信的视野”，而世界连接成网络“则使个人成为通信的对象”。在对技术的规训和监控功能这一大体上近于福柯式的解读中，穆拉卡米·伍德继续陈述道：

> 两种形式的治理之所以得以联结，原因在于国家和市场都想确保扩大的视野所带来的自由不会使主体逃离，规训所产生的限制也不会阻止主体在市场和国家项目中的建设性参与。
>
> （Murakami Wood，2013：318）

这段话突出了一点，即由技术构成和调解的城市，并不一定会带来自由、民主和平等的增加。城市有可能在变得更为智能的同时，也变得更为排外和分裂。

数字鸿沟城市

经济合作与发展组织称这种所谓的“数字鸿沟”现象来自“在获取新技术方面的分布不均”（OECD，2011a：15）。卡伦（Karen）和同事们把“数字公民资格”称为“在线参与社会的能力”（Mossberger *et al.*，2008：1）。几位论者的意思是，由于我们的社会、经济、政治和文化生活已如此依赖于以信息和通信为基础的技术来调解，且主要（虽

① BBC News Technology，‘Tomorrow’s Cities：How Big Data is Changing the World’，http://www.bbc.co.uk/news/technology-23253949.

然不是完全)经由互联网来连接,“数字公民资格能促进其他地方所称的社会融入”(同上)。

最近的一项研究表明,在美国,拉丁美洲裔家庭接入互联网的只有45%,非裔家庭则为50%。在处理金融数据的基础设施和网络化方面,芝加哥是世界上服务水平最高的城市之一,但在这里联邦政府对有成千上万居民的整个地区却“服务水平低下”((Mossberger *et al.*,2013: 20))。智能手机、卫星导航系统、无线网络平板电脑以及其他许多便携式网络电子设备的用户,要依靠昂贵而复杂的城市基础设施来完成工作上要求的日益增加的任务,同时处理社会和家庭生活;然而,政策制定者们通常把信息革命的创新和拓展留给私人企业来做。

这些公司的所有权通常在股东手上,他们希望看到投资有利可图,类似在哪里延伸新的基础设施、升级现有技术这样的决定,将取决于预期的资本回报,而不是哪里的社会甚至是经济需求最为强烈。由于21世纪初解除了接入高速互联网的管制,再加上地方层面的竞争政策并不见效,同样的宽带套装,美国的费用通常比欧洲和韩国要高得多;其造成的结果是,低收入家庭无法接入高速互联网。①

如格林斯泰因(Greenstein)和普林斯(Prince)(2009:169)所说,20世纪90年代中期人们的普遍看法是,“互联网过多地分布于城市区域……乡村地区落在了后面”,从而产生了城市和农村之间的数字鸿沟。在高速互联网连接方面,城市无疑仍比乡村地区有更好的服务,然而,由于政治压力要求补贴人口更为稀疏的郊区和远郊而不是核心城市,至少在美国,在光纤宽带连接方面,主要都市区要落后于经济合作与发展组织中的其他国家,在那里高速网络能更为便宜有效地提供给大量人群(Mossberger *et al.*,2008: 1)。互联网服务提

---

① Tom Geoghegan, ‘Why is Broadband More Expensive in the US?’, BBC News, 28October 2013, http://www.bbc.co.uk/news/magazine-24528383.

供商在服务于人均收入高、人口密度大的大量人口时，能够获得更多的利润，然而城市生活成本的上升正在日益将某些人群，甚至是那些中位数收入的人逐出中心居住区，城市中速度快、服务好的互联网连接正越来越局限于能够承担额外网络空间费用的那些人。

被软件分类的城市

如我们在第二章和第七章所探讨的，城市权利远不是普遍的；这一点在部分居住地点表现得尤其明显，在那里选择在何处生活首先受制于财富，同时也受到民族、社会身份以及健康状况、身体能力和年龄等其他因素的制约。尽管存在这些限制，“人以群分”已经成为传统城市社会学中的正统观念（McPherson *et al.*，2001），在背后推动着人们所称的细分市场分析或地理人口数据分析（Weiss，2000）——我们可以宽泛地称之为“商业社会学”（Parker *et al.*，2007）。如罗杰·伯罗斯（Roger Burrows）所写的，

> 地理人口分类背后的观念很简单。这个观念就是，人们占据的物理空间深刻体现了他们属于哪一类人。这种形式的分析以如下论述为前提：“人们倾向于与和自己相似的人住在一起，分享着相似的统计学特征、生活方式和价值观念。”（Weiss，2000：305）。
>
> （Burrows，2014：257）

基于互联网的居住区信息系统（Burrows and Gane，2006）把这些以商业视角得出的居住区分类与能够公开获得的数据结合起来，比如学校成绩报告、地方犯罪率、环境污染应对措施，再加上房屋出租和销售数据、地方便利设施、娱乐设施和交通连接的供应情况——简而言之，即有迁居意向的人有可能感兴趣的任何相关信息。通过

邮编来深入特定地点的能力，由于定期更新的地理人口居住区概况而得到了加强。

在最近重新做出的描述中，由全球信息服务公司益博睿所有、总部位于英国的 MOSAIC 消费者分类系统，利用超过 400 个数据变量（多数来自全国政府和地方政府提供的公开资源）以及由消费交易、信用评分、消费调查等产生的专属数据，给出了 60 多种居住区层面的分类类别。① 其他的，如尼尔森/克拉瑞塔斯公司的 PRIZM② 生活方式细分系统，把美国划分成 66 个细分市场，如"年轻的数字精英""快速通道家庭"和"灰色权力"，其分类基础是城市化的 4 个进程（城市、郊区、次级城市以及小镇和乡村）、11 个生命阶段群体以及 14 个社会群体。一种邮政编码查询系统能让用户快速明确自己与 66 种生活方式细分市场中的哪一种相匹配——由于美国的五位数邮政编码所对应的地理区域更为广泛，它们通常落在 12 个细分市场中。一个英国邮编所包含的家庭数可能少至 14 个，因此用一个特定的邮编确定一种独特的地理人口类型要更加容易。据公司网站介绍，

> 尼尔森的生活方式细分系统通过不同的生活方式类型（称为细分市场）来定义美国的每户家庭，为你呈现一幅关于谁住在何处、有何喜好的综合画面。营销人员利用这些洞见来制订出更为有用高效的营销策略。

这段陈述中表述得不太明显的，是大多数由个体本身提供的"大数据"，能够在多大程度上创建出城市（以及非城市）居民越来越栩栩

---

① 益博睿公司也会根据公共当局的特定要求提供区域人口统计数据，以便为政策制定者提供精细的地方性数据，比如关于医疗概况和人均预期寿命的数据。http://www.theguardian.com/news/datablog/2012/mar/0-6/poverty-england-experian-rankings.

② 即根据邮编制定的潜在市场等级指数（Potential Rating Index by Zip Market）。

如生的“数据替身”。益博睿公司的数据采集能力细致入微，能够提供英国每一个个体家庭的详细信息。对于营销人员、政策制定者以及学术研究者来说，这一点可能相当有用，因为在单独的一条街内，可能存在着各种房屋产权、收入水平、教育程度以及文化倾向，即使是最为细致地综合聚类分析，也只能归纳出其主要特征。但是，其中所涉及的个人和家庭的隐私，却极少得到恰当的民主审视和讨论。

地方的选择仍然倾向于通过传统的社会网络来做出，并参照社会资本、经济资本、象征资本和文化资本（按布尔迪厄的说法）在分散的居住地理位置中能得到动员的程度（Savage *et al.*，2004）。如记者比尔·毕晓普（Bill Bishop）通过与美国许多“自我归类的”共和党和民主党选民谈话所确认的，“人们不需要核查投票记录就能知道某个社区的政治偏好。他们能嗅出来”（Bishop and Cushing，2009：23）。不过，在线地区分类系统的出现，为个人和家庭提供了更多的信息和机会，让他们在寻找能让自己感到最“不受拘束”的城市栖居地时进行“自我归类”。地理流动性的增加，以及更愿意接受“来自大众的”关于特定物品和服务的推荐，鼓励了城市名册网站，比如英国的 Qype（2012 年每月有 2 500 万人次访问），通过用户产生的内容来提升呈现的内容。相应地，这往往会增加站点在用户心中的可信程度，并鼓励更多的人访问。借助社交媒体，我们日益依赖陌生人提供的当地的城市信息，地理流动性更强的人们适应所在的不熟悉的城市需要了解这些信息。

大数据对于那些深谙媒体之道的进入城市的人大有益处，对于政府和营销人员也是如此，后者需要知道谁住在何处，地点为他们的收入、消费习惯、健康需求以及一系列其他生活方式概况又提供了怎样的信息。不过，还有其他市民群体并不被视为“数据公民”，原因往往在于，他们收入偏低，并不使用信贷或信用卡，不会被登记为选民，没有住房或者没有自己独立租赁的房屋，并且往往不得不频繁变更住址(见辅助资料 11.2)。归入这一类别的也包括无证移民,由于不确定的移民身份,他们往往避免与官方接触(包括接受医疗和教育服务);这意味着他们往往不得不在非正式经济中谋生,即为着极低的工资而劳动,没有任何权利或福利,一直处于遭到逮捕和拘留的风险中(Tyler,2013)。数据的清晰可见对某些人来说是巨大的优势,对其他人来说却有可能是否定城市权利的威胁和机制。

显然,信息技术并没有使城市显得多余,但在大多数国家的背景下它也没有使城市变得民主和易于接近。于是,我们可以说:"世界城市化浪潮,以及极不均衡但不断增加的物理流动性,是与无处不在的……电子通信的增长同时发生的。"(Aurigi and Graham,2000:490,强调为原文所加)实际上,批评家们声称,在对技术高超的信息技术工人需求最大的地方,比如旧金山和加利福尼亚北部的湾区,谷歌等公司用来把员工运出城市园区的往来穿梭的公交路线扭曲了当地的租金,并且导致中产阶级化。[①] 如我们在第十章所见,信息和通信技术,以及既依赖于这种技术又推动着对基础设施和劳动的需求的知识经济,它们的快速增长正在引起城市用户的增长,以及基本上没有规划、可持续性大有问题的城市利用的增长。

辅助资料 11.2　落在大数据后面的人们

然而近来,"大数据"分析开始影响一些决定,这些决定意义重大,将会确定我们如何生活,能获得哪些机会。利用电子数据来进行预测,零售商能决定在哪里新开店铺,定什么样的价格,企业能设计新的产品,政治人物能制定提高投票率的策略,分析人士能得知疾病如何传播,恐怖分子如何移动。就连白宫也启

① 'San Francisco's Bus Wars are a Proxy Fight Against Gentrification', *Los AngelesTimes*, 24 January 2014, http://articles.latimes.com/2014/jan/24/opinion/la-ed-goo-gle-bus-san-francisco-20140123.

动了一项耗资2亿美元的计划，帮助制定政策的机构“获取、整理和收集”从大数据中得出的“发现”。

在美国国务院的法律顾问Jonah Lerman看来，这些力量被发动起来，为那些生活在“大数据边缘”的人创造了一种新形式的沉默状态，这种状态将使现有的地理、经济和社会阶级方面的不平等大幅扩大，并使数据集合更有利于其他人群。

“它会改变社会的结构，使得唯一重要的人群（确切地说，仅指那些有价值的人）是那些定期贡献正确数据流的人。”

作为例子，Lerman考虑了两种假想的个人：

1. 一个30岁的曼哈顿居民，做着白领工作。她使用脸书、谷歌、网飞和亚马逊。她有借记卡、信用卡、积分卡、公交卡，还有放在汽车仪表盘上以电子方式交过路费的EZ通行证。智能手机和汽车上装的GPS系统让她能四处行走。

2. 一个兼职工人，在美国最穷的城市，新泽西州的卡姆登，位于曼哈顿南部两个小时车程。他的工资是用桌下的现金支付的，不用手机、有线电视或电脑。他坐公交买票用的是现金，没有汽车。他经常在图书馆上网。

Lerman指出，今天的许多大数据工具，全部是针对“能在电子方面有所贡献的”曼哈顿人设计的。“由大数据所决定的世界将考虑她的习惯和偏好；看起来，那就是她的世界。但是在当前，大数据几乎完全无视我们的卡姆登人。”他认为，政府和市场越是大数据的记录者，那些类似卡姆登人的人就越是被排除在各种机会，甚至排除在民主参与之外。

来源：Co. Exist World changing ideas and innovation

虚拟城市世界、空想城市主义与情感性城市

20世纪90年代早期，互联网技术，尤其是万维网开始获得大量用户；自此以后，“多用户空间”(multiple user domains，MUDs)不断扩张，它们拥有属于自己的“虚拟空间”。

其中的一部分，比如“动感世界”(Activeworlds.com)的“阿尔法世界”(Alphaworld)，立基于想象的城市，用户通过占据闲置的区块来开拓殖民地——事实上是一种网络坐标，能确定居民的“地址”。[1]这些虚拟世界令人着迷的一个方面是，其虚拟居民点在布局和定居形式上与“真实城市”密切对应。在这个虚拟世界，与在真实世界一样，“地点、地点、地点”就是一切，最“时髦的”坐标(比如罗盘方位上最远的边缘)是最先被占据的。同样能说明问题的是，新用户往往定居在已经存在用户聚集的地方，即便在虚拟都市中这样做并不会带来特别的好处。这种连续性由同伴之间的互动得到了加强，互动使用的是化身(电脑游戏中常见的三维人物)，使得个体能像其他用户一样在同一个空间中谈话和移动。

于2003年启动的虚拟三维世界“第二人生”(Second Life)，在高峰时期用户数量达到400万，大公司们纷纷在其中设立虚拟总部，一些国家甚至在那里开了大使馆。美国国家安全局前承包商兼揭发者爱德华·斯诺登(Edward Snowden)放出的文件显示，情报人员力图拥入这些虚拟的线上游戏环境，以截取和操纵恐怖主义嫌疑分子和有组织犯罪分子之间的互动，这些人被认为利用化身来秘密通信并转移资金；在1992年发表的小说《雪崩》(*Snow Cash*)中，尼尔·斯

---

① 动感世界中有一个由1 300多个虚拟现实世界构成的宇宙。根据动感世界的开发者的说法，其最受欢迎的虚拟环境Alphaworld所拥有的虚拟土地空间比加利福尼亚州还要大(参见Damer，1998)。

蒂芬森(Neal Stephenson)便预见到了这一景象。[1] 不过,多数公司现在已经中断在虚拟世界的投资,转向了更为传统的"非浸入式"社会网络平台,比如脸书和推特。[2]

大众多用户空间(massive multiple users domains,MMUDs)中人气最旺的有数百万用户,其中有军事角色扮演的场景,比如"魔兽世界"和"使命召唤";对这些空间的早期研究发现,它们最活跃的用户是十几岁和二十岁出头的男性。如奥里克(Aurigi)所说,"具有男性气概和特征的虚拟世界,比女性世界更为强悍,女性必定不欢迎,或者根本不感兴趣"(2003:82)。在现实的城市社会中存在的性别和其他方面的不平等,在虚拟世界中表现得甚至更为明显。如奥里克所写的,

> 社会的分裂可能……是由一座虚拟小镇的开发造成的;不单是因为其虚拟空间的商品化,而且是一系列电子贫民区自我衍生的结果。
>
> (Aurigi,2003: 71)

批评人士宣称,视频游戏设计者对污名化人群的描绘,同样经常会在用户那一边加强敌意和不宽容。Rockstar公司有一款畅销视频游戏"侠盗猎车手",在其各种版本中,玩家都有机会把那些无家可归者殴打致死。[3] 甚至是"模拟城市"这种看起来更为温和的城市模拟

---

① 'Xbox Live Among Game Services Targeted by US and UK Spy Agencies', Guardian, 9 December 2013, http://www.theguardian.com/world/2013/dec/09/nsa-sp-ies-online-games-world-warcraft-second-life? CMP=twtgu.

② BBC Business, 'Whatever Happened to Second Life?', 21 June 2013, http://www.bbc.co.uk/news/business-23000809.

③ 记录无家可归者(以及其他目标人群)所受暴力袭击的剪报也会定期在YouTube等社交媒体网站上贴出来,往往附有表示支持的评论。

游戏,也会突出显示一些游戏提示,比如“你们城市中的无家可归者将聚集于公园,占掉宝贵的空间”——言外之意是,如果想提升城市环境的价值,游戏玩家们应该努力弄走虚拟世界不受欢迎的人。

研究发现,沉浸式地频繁接触视频游戏技术,接触其越来越逼真的城市景观,以及对主公人和旁观者虽然原始却扣人心弦的原型刻画,会使城市想象变得模糊,并使危险或刺激的城市栖居地的虚拟感知与其现实城市情境中显而易见的对应物重叠起来。阿特金森(Atkinson)和威利(Willis)把这种想象空间称为“ludodrome”,在其中“我们对真实的城市空间的阐释可能受到了游戏体验所达到的深度的扭曲,或者说得更微妙些,受到了它们的影响”(Atkinson and Willis,2007:820)。他们声称:“玩家可能会沉浸于虚构的环境中,他们与这些游戏世界中的身体体验之间的边界越来越模糊了。”(同上:823)

传统的角色扮演类视频游戏的受众仍在继续增长(“侠盗猎车手”的第十五版声称在头三天内卖出了10亿美元),对于以化身为基础的浸入式城市虚拟世界,如“第二人生”的早期热情,已经让位于强化的现实的商业兴趣和消费兴趣。格雷厄姆、祖克和博尔顿(Boulton)把技术上强化了的现实,称为“不确定、不稳定、依赖于背景且具有多重性的现实,是由实质经验和虚拟经验在时间和空间中的主观汇聚所促成的”。新的可穿戴数字信息设备,如谷歌眼镜,提供了一种可能性,即通过经空间调整的信息学,以及通过装在眼镜架上的小小相机来收集信息,提供了由电脑强化体验的可能性。

这些所谓的记录生活的应用,吸引着年轻的智能手机和掌上电脑用户群体,他们时时使用手机的内置摄像头记录日常遭遇,并与使用个人博客和社交网络的朋友和家人分享(见辅助资料11.3)。如格雷厄姆、祖克和博尔顿(2013:464)所写,“城市场所日常生活的体验越来越与数字和编码信息相结合,并由后者产生”,利用信息和通信技术来处理社会关系的做法，由于全球移动电话使用率的激增而得到大大加强。

辅助资料 11.3　罗布·基钦与马丁·道奇《处处有设备的城市》(The Everyware City)，选自《编码/空间》(*Code/Space*)，MIT Press，2011，第 225 页

不远的未来，某人正行走于一座美国城市的街道上。由蓝牙激活的护套，从口袋中的多功能设备中以无线方式把音乐传到此人的耳机中。音乐播放器的控制键就嵌在护套的织物中。一副外表普通的眼镜无线连接于同样的设备上，为导航的环境叠加上一种强化的现实，提供着背景信息，比如正在经过哪些建筑，应该走哪条路。系统软件根据历史记录提示，这是此人本月第四次走过这条街，同时记录下周围的噪音水平和气温。轻拍一下袖管，设备就能用来查询特定的信息，比如查找某家饭店的菜单、订一个当天晚些时候的座位。坐在板凳上时，可以调节镜片来看电视、放电影或者浏览网页。镜片上还嵌入了一个镜头和 CCD 传感器，使镜片能够调和现实，通过将高清图像投射到镜头上，可能是放大文字或者远景，来提高设备穿戴者的观看效果。镜片也可以连接到记录此前遇到过的人的数据库，或者连接到集中的记录存储上，这是由脸部识别软件实现的，以便识别出现在视野中的人，并就此人是谁或者如何应对提供下意识或明确的提示。

曾几何时，手机作为昂贵的商务工具，使用者仅限于管理精英，网络覆盖范围也仅限于少数几个全球城市，现在却变成了世界上使用最为广泛的通信设备。2005 年，全世界 67%的人口都处于移动电话网络的覆盖范围内。到 2010 年，只有 3%的世界人口(那些住在最为遥远、最为贫穷的乡村地区的人)无法使用移动网络。在同一时间段,互联网使用量翻了一番,由占世界人口的 15.8%上升至 30.2%,移动电话用户也从 34%上升至 78.2%(World Bank,2012: 2)。移动通信技术的某些最为显著的提升出现在发展中国家。比如,非洲,

> 城市化与技术变迁,包括数字媒体的兴起……汇聚一处,正在推动着重大变化。或许最为显著的是手机和其他移动设备的使用已经相当广泛,现在正变成一个近乎通用的平台,不仅用来通话,也用来传递音频和视频信息以及进行娱乐活动。
>
> (Powell *et al.*,2012: 4)

联合国教科文组织的一位官员"预计,移动设备将超过收音机,成为非洲大陆的主流媒介"(同上)。

对于后齐美尔时代的大都市来说,城市经验已经不再由冷漠态度背后的匿名隐退来界定了,对于越来越多的城市居民来说,城市是一个由地理上可以定位的移动设备实现的选择性相遇的场所。Grindr 是其中最受欢迎的应用之一,专为同性恋、双性恋以及具有同性恋取向的男性设计,号称在全球拥有 600 万用户。根据英国广播公司的报道,仅在伦敦一地,该软件就有 19.5 万用户。[①] 如《卫报》线上专栏"自由评论"的一位投稿者所指出的,

> 愉悦或浪漫的可能性,也带有其自身的隐秘焦虑。有的人在奔赴一场刺激的约会时满怀希望,在见到 Grindr 上的约会对象后立即便失望了。对关系的监视呈现出成问题的一面:现在我们可以监视约会对象的移动,或者可以直接与之交谈。我们

① 'You and Yours', BBC Radio 4, Thursday 12 September 2013.

能看到他们何时在线，他们人在哪里，他们在寻找什么。我们的监视欲就建立在这一焦虑循环的基础上。[①]

如基钦和道奇所声称的(2011)(见辅助资料 11.3)，城市经验的性质正在变化，并且随着可穿戴电脑网络设备变得普及，还会在未来数年中发生更加激烈的变化。不过，有必要记住的是，大多数城市居民将仍然买不起这些产品，它们赖以提供个人化信息和娱乐的优质记录数据库也只有少数有特权的人才能获取。

由多用户产生的在线和移动社交网络应用，以及强化现实的设备，可能标志着城市空间的消费由浪荡子向偷窥狂的过渡。这些技术预示着一种转变，即从出于安全和减少犯罪等冠冕堂皇的目的对场所和空间进行无处不在的监控，转向一场巨大突破，即随着人脸识别和地理标签软件(军事、警察和情报机构已经连续多年进行巨额投资)经由共享的数据库变得越来越可靠和一体化，匿名性在不知不觉中丧失了。

知识资本主义与新的城市状况

如斯科特·拉什(Scott Lash)指出的，我们所生活的主要由城市构成的社会，是一个“知识密集型社会，而不是劳动密集型社会。知识而不是物质生产，是其中的关键。信息社会是一个知识社会，它处理的内容是话语性的知识”(Lash，2002：141)。乍看之下，这像是一个相当大胆的论断。城市经济是否的确一如往常依赖于有形物品的买卖？城市的港口和机场每天运送着数百万吨的货物。要满足城市对水和能源的贪婪需求，需要海量的自然资源，这些资源都要由人工

① Senthorun Raj, ‘How Grindr has Transformed Users’ Experience of Intimacy’, Comment is Free, *Guardian*, 2 August 2013.

开采并与终端用户联系起来；如我们在互联网骨干路由中所见到的，这要求投入大量有形的基础设施和传统的掘土劳动。但是拉什想主张的是，“信息”正在发生变化，实际上正在使劳动过程的性质边缘化。我们仍然需要实物，而且数量越来越大，但这一交易链条往往并不导向实物生产，其价值在于观念阶段，即在于其创造、发明和设计中。因此，进行创造性生产、研究和开发的工作室、实验室和科学园，便成为价值的源头和仓库，公司和政府都力图通过出口许可、专利以及其他形式的知识产权的运用来加以保护和实施。

全世界的城市和地区都在全力推动“知识经济”，经济合作与发展组织称之为“直接基于知识信息生产、传播和使用的经济”（OECD，2006；1996 in van Winden *et al.*，2012：3）。但是，如迈克尔·施托普尔所主张的，城市区域经济严重依赖于外部的供应链，说某个产品真正由某国“制造”是不可能的——其原材料和零件可能有很大一部分外包出去，在其他地方生产，再多次重新进口或重新出口。[①] 商品化知识的生产，有时被称为“创造性经济”，也深深牵涉进协作和交易的跨国网络。普拉特（Pratt）和赫顿（Hutton）（2013：87）写道：“如果说创造性经济有某种决定性特征，那就是它往往带有一种城市偏向，尤其是在附加值较高的时候。”

空间上的邻近能创造价值，但在高级商业场所也会增加成本。因此，对于某些制造行业来说，广阔的全球供应链可能最为理想，而对于以知识为基础的企业来说，邻近可能仍然重要。或者如施托普尔在最近出版的一本书中所说，“发展中国家经由城市化实现的去集群化，与全球创新活动的集群化相结合，推动着当今新一波强有力的城市化浪潮”（2013：44）。

---

① Michael Storper, contribution to the plenary debate, ‘Reloading Urban Studies Beyondthe Intrinsic Logic of its Planetary Confines?’, at the International SociologicalAssociation RC21 Conference, Berlin, 31 August 2013.

范·温德(Van Winden)和同事们提出了许多原因来解释为何知识经济的增长正在强化城市的角色。这与内生因素相关,比如城市中人群、公司和行业的多样性,往往会吸引更多的外来投资。由于密集的集聚效应,新的知识和技术在城市中传播得更快。同时,大城市还有专业化的劳动力市场,使得它们更能吸引以知识为基础的公司,以及那些试图在此领域谋职的人。知识型劳动者也往往拥有更多的可支配收入,对要求特定技能的高价值产品和服务感兴趣。对于想要促进消费经济的城市来说,这样的居民特别有吸引力。最后,城市往往是那些表现出高增长率的经济领域,尤其是创造性行业和知识密集型服务的所在地(van Winden *et al*., 2012: 3)(见第六章)。

在更为发达的经济中,这一过程有助于在城市区域中形成由市场主导的针对基础设施资源、投资和劳动的空间分级,在此类区域中,知识和创造性行业集中在一起,远离了那些低技术制造和服务行业主导的地方(见第十章)。迈克尔·施托普尔说,"一般的城市和地区经济学认为,分级主要是由生活成本、住房市场和地方商业环境推动的",但在他看来,这一过程"主要是由技术和交易成本的变化推动的"(Storper,2013: 6)。施托普尔还补充说,"创造性的领域往往高度集中,即群集于数量相对较少的城市,它们的公司、人才库和知识都位于那里"。由此,城市中的创造力要到"行为环境中"去寻找,"在那里,实际知识的不同元素汇聚到一起",不论是伦敦、纽约和香港的顶级金融、洛杉矶的娱乐,还是圣何塞的信息技术(同上:9)。

如澳大利亚近期的一项研究指出的,"相比于传统的不那么以知识为基础或者只在较低程度上以知识为基础的经济,当代以知识为基础的经济更多地表现出地理上的集中或聚集,显示出群集与生产率表现之间的联系得到加强"(Hu,2012:196—7)。无疑,如果看看快速发展的城市地区,比如伦敦金融城边缘的"硅环岛",以专业化的媒体、软件、IT 和互联网为基础的行业仍有强大的激励因素共存于此。但与此同时，城市居民，尤其是自由职业者，正在使用我们前面讨论过的那一类网络化通信技术，在家中或者在旅行途中工作，从而产生出更为复杂的劳动力形式。比如，虽然21世纪头十年，在家工作在加拿大只经历了“小小的和……温和的”上升势头，到2008年，加拿大的信息、文化和娱乐部门还是有36%的劳动者在家工作，其中54%被定义为“其他服务”，五分之一为大学毕业从业人员。[①]

回到“数字鸿沟”的主题上，重要的是要指出，高度网络化的城市为创造性和知识劳动者提供了机会，让他们选择心仪的工作地点，并以更为个人化和量身定做的方式消遣和娱乐。但是，这些工作/生活机会的分布并不均衡。对服务于全球网络城市的低技能、低成本物质劳动的持续需求，意味着那些经常被迁移到都市边缘的“不稳定无产者”，不得不把收入中的很大一份用在通勤上（Savage *et al.*，2013）。

如我们在第六章中讨论资本积累与城市空间之间的密切关联时所说，在经济增长较慢、人口下降的时期，资产（如土地和房产）的价值往往比平均收入上升更快，从而造成社会和经济不平等加剧（Piketty，2014）。在最近几十年，各国政府和城市政府一般更愿意强调供给侧的政策响应，比如在信息和通信技术方面更好的教育和培训，认为相比于以传统的再分配方式缩小收入差距，扩大数字化服务的规模对于总体经济繁荣来说是更好的途径（比如参见Greater London Authority，2010：24）。

结语

在本章，我们探究了城市如何生产、组织和分配知识，力图理解

① Martin Turcotte, ‘Working at Home: An Update’, Canadian Social Trends, StatisticsCanada, 7 December 2010, pp. 3-4.

作为网络基础设施空间的城市。我们还考察了无处不在的监控的出现，对城市空间以及在其中生活和移动的人的算法控制和归类分级。IBM公司关于智慧城市的愿景是，在这里，

> 从现在起往后几十年，城市将拥有无数自动的智能运行的IT系统，对用户习惯和能源消耗极为了解，并提供着最适宜的服务。
>
> (Greenfield, 2013: 187)

像“思科系统”这样的公司，对于推动依赖于高端IT基础设施的智慧城市也有兴趣，在这样的城市中“公共与私人服务无缝融合，将共同的网络基础设施提供给个人、政府和企业”(Greenfield,2013:691)。如安东尼·汤森(Anthony Townsend)指出的，投在整个北美那已有一个世纪之久的电网上的股本总额据估计为1万亿美元，但仅在过去25年中，就有约3 500亿美元投入在28.5万座高压电线铁塔上，它们“用带宽覆盖着美国的城市”(Townsend,2013: 3)。随时随地获取高速电子数据的需要，正在从根本上改变城市经济的性质和城市的景观。

那些主要的全球IT供应商，其最大客户往往是政府和公共机构；而国家的那些打击犯罪和维护安全的机构，比如英国的，就清楚地知道有必要利用科学和技术，在常见于城市的脆弱拥挤的空间中抵抗恐怖主义的威胁。在上述两类机构之间，同样存在着高度的相互依赖性。[①] 不可避免地，这样的体制会要求对全体居民进行监控，

---

① UK Home Office, ‘Using Science and Technology to Counter the Threat FromTerrorists’, https://www.gov.uk/government/policies/protecting-the-uk-against-terrori-sm/supporting-pages/using-science-and-technology-to-counter-the-threat-from-terro-rists (2014年3月2日访问)。

因为潜在的威胁极少会犯下错误，主动暴露自己。公众也不一定会认为这样的监控是对个人的限制或压迫，其主要原因是，城市环境已经遍布着这项技术，城市用户对其存在已经不再敏感。相反，前进的方向清晰地朝向IBM基于对城市用户习惯的“完美了解”所设想的世界，那里并没有出口匝道的明显标志。

长期以来，城市一直既是知识经济的具体表达，也是其再生产和发展的途径。如萨斯基娅·萨森指出的，

> 纯粹从技术角度来解读……数字技术，不可避免地会把人导向一个非场所；在这里，我们可以确切地宣称包括城市在内的许多结构的中立化，这些结构的特征是物质性和场所的限定性。
>
> (Sassen，2010a：7032)

“场所空间”被卡斯特尔所称的“流动空间”(Castells，1989，1996)所取代，这就向地方和全国的政策制定者，以及那些受到信息城市的全球化逻辑影响的群体和个人发起了巨大的挑战。随着各城市竞相把投资、商业选址和合格的劳动力导向自己的方向，为了避免出现由数字技术辅助的“逐底竞争”，我们是否需要为城市创立类似联合国一般的机构，即一个联合城市组织，作为信息时代的繁荣所仰赖的、当前无声的全球空间的提倡者来采取行动？① 这样一来，城市政府或许就能用电子前沿短期的“鼠标加砖块”的思想意识，去代替

① 联合国人居署代表着一种努力，即提供一种联合，但其专注的是类似城市治理、充足住房的供给以及阻止无规划的城市化这样的问题(即联合国人居署1996年6月于伊斯坦布尔发布的“第二宣言”中提到的所有主题)，而不是应对资本主义全球化使城市正在经历的深刻的文化变迁。总之，联合国的宣言似乎把全球化视为“促成公私合作，巩固微小企业”的良机。宣言继续声称：“城镇具有使收益最大化，并抵消全球化负面效应的潜力。”这一观点并没有得到许多城市全球化重要理论家的支持。见UN GeneralAssembly，‘Declaration on Cities and Other Human Settlements in the NewMillennium’，9 June 2001.

可持续的长期未来，在此未来中有凝聚力的各个社区在决策者看来比其集体消费潜力更为重要。

但是，根据萨森的说法，当提到对城市和技术的研究时，有一个同样成问题的假设，即“倾向于把‘数字的’设想成仅仅是且完全是数字的，又把‘非数字的’设想成仅仅是且完全是非数字的”(Sassen，同上)。这暗示着对于技术和城市惯习的一种更具有拉图尔特征的理解，在这里，笛卡尔式的精神和物质的二元论开始瓦解，取而代之的是知识世界的共同生产；在此世界中，人类主体、软件/编码以及包含着它们的有形空间开始无缝地叠盖在一起。如罗杰·伯罗斯和比尔(Beer)(2013：63)所指出的，在一部近期作品中，斯科特·拉什同样质疑了“场所空间”和“流动空间”两个概念之间的区别。用拉什的话来说，“曾经是媒介的东西已经变成了一种事物、一个产物——媒体领域也是这个情形”(Lash，2007：18)。信息不再仅仅是认识论的，而是越来越具有本体论特征。或者，如罗杰·伯罗斯所说，

> 构成社会结构的“东西”已经变了，不再仅仅是关乎“场所”[经由]“流动”进行的复杂调停所带来的突现特征；现在，软件和编码不仅是社会联系和互动的中介，而且日益成为*构成因素*。
>
> (Burrows，2009：451，强调为原文所加)

很显然，信息和通信技术并不能确保所有人都有一个乌托邦式的城市未来，但它的确有可能开启参与、对话以及获取知识的新空间；若非如此，这种新空间是不可能开启的。无论如何不平等，数字鸿沟两边的城市人口将继续受到有形空间和虚拟空间转换的深刻影响，这种转换来自网络化的信息系统，后者又要依靠城市生活本身来产生新的知识，创造价值和意义。

延伸阅读

一般作品

关于虚拟城市，《网络城市读本》(*The Cybercities Reader*, Graham, 2004)提供了相关读物的出色编选。在拙作《城市、政治与权力》(Parker,2011)第八章中，笔者也探讨了信息技术、交流和城市的主题。

智慧城市

阿尔温考(Allwinkle)和克鲁克尚克(Cruikshank)所编《创造更智能的城市》(*Creating Smart-er Cities*, Deakin,2013)一书的导言，为关于智慧城市的文献以及“智慧城市”一词的用法(和滥用)提供了有益的概览。此文集中的其他论文，则对欧洲一系列智慧城市项目提供了更为技术性的案例研究报告。蒂姆·坎贝尔(2012)在《超越智慧城市》(*Beyond Smart Cities*)中认为，对智慧城市更好的称谓是“学习型城市”，这本书更为强调知识交流、学习网络以及解决城市问题的案例研究样本。关于智慧城市的概念及其落实，更具批判性的反应见亚当·格林菲尔德(Adam Greenfield,2013)的《反对智慧城市》(*Against the Smart City*)，此书读来明晰易懂，引人深思。

连成网络的大都市

本·门德尔森和亚历克斯·科拉斯-伍德(Alex Chohlas-Wood)拍摄的短篇纪录片《捆绑、掩埋在紧闭的门后》以对斯蒂芬·格雷厄姆和萨斯基娅·萨森的访谈为主，为通常隐而不见的网络型基础设施提供了引人入胜的洞见，这些基础设施对于连成网络的大都市和我们的日常生活都极为重要。格雷厄姆和马尔文 2001 年所写的《碎片化的城市主义：连成网络的基础设施、技术流动性与城市状况》(*Splintering Urbanism: Networked Infrastructures, Technological Mobilities and the Urban Condition*)至今仍是对激烈的城市变迁的经典研究，这些变迁是由信息和通信基础设施以及在全球城市之间实现流动性的需求所引发的。

虚拟城市

奥里吉和格雷厄姆(2000)论城市化和网络城市的更长的版本，见《城市 7》(*City* 7,1997)第 18—39 页。关于虚拟城市的私人世界，布鲁斯·戴默(Bruce Damer)的《化身！在互联网上探索并创建虚拟世界》(*Avatars! Exploring and Building Virtual Worlds on the Internet*,1998)是很好的参考资料。对虚拟城市的"网络狂热者式"的描述，包括洛庞蒂(Negroponte,1995)和米歇尔(1995,2000)。在对网络空间明确的科幻小说式描述中，有威廉·吉布森的《神经浪游者》(*Neuromancer*,[1984]2001)和菲利普·迪克(Philip K. Dick)的《仿生人会梦见电子羊吗?》(*Do Androids Dream of Electric Sheep?*,[1968]1999)，后者不仅启发了雷德利·斯科特的电影《银翼杀手》，还启发了尼尔·斯蒂芬森的《雪崩》(1992)。

第十二章　让城市归位：城市特征，以及城市理论的未来

马可说："我也构想过一个模范城市，也可以根据它演变出其他一切城市。它是由各种例外、排斥、冲突、矛盾构造的城市。假如这样的城市最没有机会，那么，我们只要削减它的结构成分和数目，便可以提高它存在的机会。因此只要从我的模型里剔除若干例外，无论朝什么方向走，我都可以到达一个作为例外而存在的城，不过，这样的活动不能超过一定的界限，否则我得到的城就会因为存在机会太大而变成不可能的真实。"①

——伊塔洛·卡尔维洛《看不见的城市》

(ltalo Calvino，*Invisible Cities*)

引言

一些论者过去一直把城市视为现代文明的基石，未来也仍将是

① 译文引自张宓译《看不见的城市》(译林出版社 2006 年版)。

这个观点。本书的目标,就是要把城市复合体的各种碎片拼凑起来,以尽可能充分地表明这些论者的理论基础和经验关怀。所呈现的画面难免不够全面且有所选择,但我希望它能大体上代表过去约150年中驱动着城市研究的那些问题和关切。在最后一章,我将考察城市研究的传统方法如何直面新的一波学术潮流的挑战并得到复兴,这一波潮流至少部分地是由城市向着许多重要方向转变所激起的。

首先,如我们在第九章所见,世界级大城市的规模已经扩大到相当程度,据预测到2020年将有28个人口超过1 000万的特大城市。不过,其中只有四个(纽约、洛杉矶、东京和大阪)位于北方国家,其余的都将出现在南美和南亚。今天,世界上超过一半的人口以某种方式生活在城市环境中。随着特大城市的兴起,我们同样见证了"边缘城市"和城市走廊的出现,它们沿着州际公路绵延数百英里,从根本上挑战着由伯吉斯和帕克等城市社会学家所提出的已经广为接受的城市观念,同时似乎又在证实着H.G.韦尔斯和威廉·吉布森等充满想象力的论者对不久的将来的猜想(Sudjic,1995)。随着欧洲模式变成不过是众多都市形式中的一种,城市理论开始从关于城市发展的进化视角中自我解放出来,马克斯·韦伯和刘易斯·芒福德曾经大力推动过这一视角。

其次,如阿明和斯里夫特所声称的,在发达国家,乡村和城市之间的分隔已经不再有意义,在不那么发达的国家情形也越来越如此(Amin and Thrift, 2002)。在他们的叙述中,乡村已经在相当程度上被城市渗透,把城市作为一种特殊场所来谈论已经越来越没有意义。相反,城市是一种就空间来说开放的现象,"由多种不同类型的流动性——从人的流动到商品和信息的流动——所交叉切割"(同上:3)。无论是曼纽尔·卡斯特尔的"流动空间"(Castells, 1989, 1999),还是迈克尔·彼得·史密斯的"跨国城市主义"观念(Smith,

2001)，或者格雷厄姆和马尔文的“碎片化城市主义”(Graham and Marvin，2001)，或者凯尔和同事们对全球郊区主义的确认(Keil，2013)，新的城市研究强调城市系统的传递性和形态学，越来越摈弃20世纪大多数城市主义的静态功能主义。

再次，在经验研究和更为理论化的思辨之间存在着一种令人愉悦的互动，这些互动在很大程度上消除了我们在前面各章中明确的欧洲大陆与英美城市主义之间的隔阂。所谓城市地理学的“洛杉矶学派”中包括戴维斯、迪尔、拉丝蒂(Flusty)、索金和苏贾等人，该学派的兴起显示了对于受到最为野蛮排斥的洛杉矶人的生活经验的关注，同时努力透过后结构主义、后殖民理论和话语分析的镜头，去理解这一最有悖于传统城市的后现代景观(Dear，2002)。对于权力、不平等、种族主义以及当代资本主义变化的本质的关注，同样体现在乔·费金和马克·戈特迪纳等论者的“新城市社会学”中(Feagin，1998)。与此同时，包括罗伊、永和西蒙等人在内的学者们把我们引向了“这样一类城市研究，它们通常体现着“世界化”(而不是后殖民主义理论)……以及世界主义的观点，这些观点与北方国家城市研究中发现的现代化的深层元叙述隔得很远”(Harding and Blokland，2011：5)。

在理解不断变化的城市世界的过程中，我们能够明确三个重要的研究议题，用雷纳·班纳姆(Reyner Banham)的话来说，它们在城市理论的后视镜中日益突显出来(Banham，[1971]2001)。第一个议题关乎我们在第九章所称的城市人口占多数的世界的命运，这个世界习惯上往往被误导性地称为“第三世界城市”。如我们在第五章指出的，随着学者们急于观看“形成中的城市”，认为城市状况已经散布于西方社会，再加研究已属多余，第三世界的城市人种论风潮几乎把城市社会学消解成西方学术界的独立主题。由20世纪70年代早期马克思主义的复兴所鼓舞，西方城市再次占据着其在批判的城市主义中的卓越地位，同时“发展中的城市”变成了人类地理学、人类学和发展经济学中区域专家们的独占领域。然而，人们越来越认识到，城市人口占多数的世界是一个极为多样又高度表达的城市复合体，既无法纳入西方城市生态学的范例式束缚，也无法纳入一种第三者(Tiers mondiste)态度，此态度把南方国家的城市视为全球不均衡发展超浓缩的例子(不过，对此有人进行了驳斥，见斯科特和施托普尔[2014])。

第二个议题是，由机器时代向信息时代的过渡，涉及了城市环境的重要重构，以及资本、劳动和空间结构的变化。通信手段的发展总是伴随着新的城市集中。在19世纪，我们看到了铁路城镇的到来，20世纪则由汽车城市来主导。21世纪，新的超级节点正在出现，这些节点把天气、海洋和陆地的联系，与以宽带和卫星为基础的通信技术结合起来，配置、指挥和控制功能得以发挥在同一片城市空间中。相比于从前，高度资本化、极端网络化、满布着信息的“流动空间”对场所远没有那么依赖，这在很大程度上要归功于一个全球范围的服务型知识界的产生，它主要集中于亚洲大陆，不过在北美、大洋洲和欧洲也有大型移民社区。但是，一个硬接线的、不受控制的非空间城市领域，能不能维持礼仪、文化和民主这些以文艺复兴时期的城市为迷人典范的启蒙时期的价值？

第三个议题是，我们刚刚指出的这些过程最为显著的特征之一，是城市化与信息城市兴起之间的协作如何为资本带来引人注目的好处，同时又贬低和污染着城市环境，包括城市生活不稳固地依赖着的“全球公共用地”(global commons)。然而，可持续性并不仅仅关乎物理环境，它还关联着维护，实际上是提升后代的生活质量。城市研究者们敦促政府为了城市的再生在政策中纳入可持续性；他们是在承接维多利亚时期社会改革者们的遗绪，同时也更为清晰地认识到，技术永远无法为问题提供一种如尼采提醒我们的“人性的，太人性的”迅速应对措施。

经验教导理论：从芝加哥到洛杉矶到归零地

我希望在前面各章中已经表明的是，通过与城市相遇，关于城市的性质、目的和惯例的观念得以显现和发展。无论我们把它们归类为“经验主义者”还是“理论家”，几乎没有例外的是，我们所遇到的见证者们已经漫步于城市的街头，混迹于市内的人群，呼吸着那里沉重的空气。无论呈现为何种形式，“城市”仅仅通过自身的存在便激发着思想和创造性。城市社会学的早期发展出现在美国增长最为迅速、最为轻率冒进的“敢做敢为城市”之一的周围，并非偶然。恩格斯能够从自己位于萨尔福德的磨坊窗户，看到英国工业革命的痛苦和肮脏，这一事实意味着他对于现代资本主义的劫掠有直接的例子作为著述的基础。同样意味深长的是，齐美尔和本雅明能够亲眼见证柏林和巴黎由一战前的美好时期转变成高速铁路和地铁的现代大都市。那些与城市理论新的“洛杉矶学派”相关联的学者，一致对洛杉矶市及其周边（以及一定程度上范围更广的加利福尼亚南部地区）怀有兴趣，认为那代表着一类城市形式，正在取代通常与东海岸和中西部城市相关联的那种形式。因此，强烈的讽刺是，作为一座日益与美国城市的过往相关联的城市，纽约竟会被视为美国城市受困的未来的象征而遭到残忍抛弃。

“9·11”之后的纽约市……

城市分析家们一直很难接受 2001 年针对纽约世界贸易中心的恐怖袭击，也难以理解这一事件对于纽约市的未来，以及大都市作为一种可行的城市形式的未来意味着什么（Sorkin and Zukin，2002）。那些一直批评毫无特色的高楼大厦的人，趁机指出世贸中心的建筑师山崎实（Minoru Yamasaki）也是密苏里州圣路易斯的普鲁伊特伊戈公寓大楼的设计者，后者早在1972年就经考虑后拆毁了——当时发生的这件事预示着巨型大厦之死是20世纪晚期满足城市住房需求的解决之道。但是，2001年9月11日之后，高层大楼继续涌现，不仅在市中心商业区，也在日益商业化的郊区和边缘城市。“9·11”远非预示着摩天大楼之死，更可能的是，它推动了超高层“表现式”建筑的普遍复兴，作为对资本主义现代性的颂扬以及对西方自由和进步的赞美。

参与世贸中心遗址重建竞争的所有九个决选方案中，都包含有超高层大楼。其中一个方案建议将高度突破象征性的2000英尺障碍，而丹尼尔·里伯斯金(Daniel Libeskind)的获胜方案高度正好为1776英尺——这个数字是美国自由的诞生年份——以免我们怀疑这些建筑表现形式在塑造后启示录时代的城市话语方面的效力。每一种方案都强调其“绿色”凭据，即采用自然光照，或者用风力发电机来为建筑物内的电梯供电。有几个方案包含着文化主题，比如“思想社”(THINK Consortium)，计划设立造价10亿美元的世界文化中心和一座面积达16英亩的楼顶公园。但是，最终赢得评议支持、成为“归零地”主设计师的是里伯斯金，他把前世贸大楼的喷泉用作纪念场所，唤起人们的回忆。然而，作为里伯斯金自由塔的特征保留下来的，只有那个具有象征性的高度。在原址上造出新的地标性大楼，现在叫世贸中心一号大楼，这一任务转到了SOM建筑师事务所的戴维·蔡尔兹(David Childs)身上；在纽约市警察局的要求下，重新设计中包含了新的“安全性特征”(见图12.1)。①

由于无法逃避全球贸易与世界和平(山崎实的双子塔的两个墓志铭)之间致命的二元对立，归零地所有新的幻想工程师所能做的就

① Elizabeth Greenspan, ‘Daniel Libeskind’s World Trade Center Change of Heart’, *TheNew Yorker*, http://www.newyorker.com/online/blogs/currency/2013/08/daniellibeskind-on-world-trade-center.html.

图 12.1　世界贸易中心一号大楼(也叫“自由塔”),正在纽约曼哈顿原世界贸易中心双子塔旧址上修建
图片版权:© Marco Rubino/Shutterstock.com

是“合力创造出安全、慰藉和记忆的形象”(Wigley,2002: 84)。如迈克尔·索金所称,虽然下曼哈顿开发公司看起来没有抓住这一点,

> 恐怖分子的激烈行动却打开了新的空间,让我们同样去激烈地思考,去探究纽约未来的其他可能性。并非巧合的是,我们创造出了条形图形象的天际线。这不是简单的抽象,而是增殖,一种十足简单的增殖财富的方式:在土地稀缺的地方,创造出更多东西。但是,失去的也更多。关于曼哈顿存在一种幻想,认为

它仅仅是由人口密度的不断增长所推动的。我们的精神动力无疑来自数量上的充足，但是，并非所有赞同集中的论点都是同样的。若从整体视角来看待这座城市，世界贸易中心的高度集中从经济收益以外的任何其他标准来看都不一定是最理想的，甚至从经济收益来看这一点也令人困惑。

(Sorkin，2002：202)

袭击一结束，市长朱利安尼(Giuliani)就敦促纽约市民和游客通过购物来协助纽约恢复受到创伤的经济，但是，这并不足以阻止"9·11"之后仅在该市就有多达10万个工作岗位丧失(Harvey，2002：62)。纽约市审计长办公室称，价值134亿美元的办公空间在袭击中被毁，另有价值166亿美元的办公空间遭到破坏(Chernick，2005：1)。事实上，"9·11"之前纽约的经济就处于艰难时期，如哈维所说的，"'9·11'越来越像是个完美的理由，公司和企业借此可以去做它们无论如何都准备做的事(包括迁出极为拥挤、要价过高的曼哈顿)"(同上)。[①] 许多记者开始问类似下面的这些问题："像纽约这样建筑密布、人口密集的城市有未来吗？""企业园区、封闭社区以及有私人警察的购物中心不是安全得多吗？""究竟谁需要中心商业区？那里没有地方停车，人行道嘈杂、拥挤、'危险'，仅仅前往那里就花了我一个半小时。"

这些可能都是实情，但是，如果未来的伍迪·艾伦(Woody Allen)们拍不出《曼哈顿》《百老汇的丹尼·尼斯》，而是把自己的电影称为《287和78》或《子弹飞越布里奇沃特购物区》，难道不是一种遗憾吗？没有曼哈顿的天际线，甚至允许双子大楼消失不见，我们关

① 索尔金和佐金指出，据估计双子塔遇袭造成95 000个工作岗位的消失，而前一年消失的工作岗位是75 000个。结果，"城市金融摇晃于财政垮台的边缘"(Sorkin and Zukin，2002：viii)。

于现代城市世界的形象会有多大的不同？对于设计师、制片人、连环画艺术家、小说家、作曲家、电子艺术家、画家和诗人来说，发狂的纽约(Koolhaas，1978)一直是一只空想的玩具箱。如果说加泰土丘(Çatal Hüyük)或乌尔(Ur)是古代城市的先驱(Soja，2000a)，那么曼哈顿必定是乌尔城，即现代性的原初城市。

但是，这座满足从弗里茨·朗到斯科塞斯(Scorsese)的所有城市想象的愚人村(Gotham)[①]，难道注定要变成不过是电影的背景？“资金”可能正在离开曼哈顿，成群地前往新泽西或长岛的商务园区，但是，这座城市仍然拥有繁荣的纺织业和时装贸易，有几所世界上最有声望的大学，年轻的企业家们高度聚集于此，他们身处信息技术、数字媒体和电子商务的最前沿，与带来城市经济成功的连绵的咖啡屋有着利益关联，也对其怀有信心(Pratt，2000)。换句话说，如我们在第六章所见，集聚经济要求的是密集的城市；要想在未来 100 年中应对全球城市化对环境造成的后果，我们就必须找到新的方式，使这样的城市变得宜居(Rogers，1997)。

后崩溃时代(post-crash)的城市

“9·11”袭击是一次目标明确、蓄意谋划的打击，针对的是美国乃至全球金融中心的经济活力，但当雷曼兄弟于 2008 年 9 月申请破产时，本土银行业危机的自我伤害才首次显现出来，爆发了全球信贷危机，引起了规模达数千亿美元的全球经济收缩。在第十章，我们讨论了应该如此看待经济和金融危机，认为它们潜在地威胁着甚至是主要大都市中心的未来活力，比如底特律市，于 2013 年夏天成为美国最大的破产城市。但是，我们是否应该对此感到惊讶，即发现那些

---

① 纽约市的别称，出自华盛顿·欧文(Washington Irving)的《见闻札记》(*The Sketch Book*)。

被耗尽了经济命脉的城市往往会收缩,甚至是活不下去?

在以自然资源为依托的城市化的历史中,满是采矿城镇匆匆创立,又在矿藏耗尽或者难以开采时遭到抛弃的例子,而石油这一“黑色黄金”则继续吸引着专业工作者以及随之产生的服务行业——创造出难以实现的繁荣以及快速的城市化,那里曾经只是苏格兰东海岸,或者波斯湾和黑海的偏僻渔港(见第九章)。在城市的增长和衰败方面,人们更为陌生的是城市系统性的去工业化和人口减少,这些城市曾经是全球经济不可或缺的一部分,对于它们来说每一次经济衰退都像是一记重击。

创造性城市的拥护者,比如理查德·佛罗里达曾经声称,像底特律这样的“锈带”城市,仅仅是处在错误的地点,过于依赖于某些类型的产业或经济活动,这些产业或活动在世界的其他地方能开展得更有竞争力。不过,这并不能阻止某些前工业城市,比如匹兹堡,把自己重新打造为以知识为中心的基础设施,人口虽然减少了,经济基础却更为多样、更以服务为导向(Florida,2010: 78)。“一次又一次,我们走出危机,无疑‘在遍体鳞伤的地方变得更为强大’,在有形和无形两个方面都更为丰富。”(Florida,2010: x)这是明显的熊彼特式观点,把周期性经济危机视为积极的“创造性破坏”(Schumpeter,1987);它与可以追溯到20世纪20年代芝加哥学派的一个传统是一致的,该传统把城市理解为实质上是一个生态系统,在此系统中城市之间和城市内部的等级,被视为自然而然地是从城市复合体的进取、创新、天资、地方精神以及其他不可量化的特征,而不是从空间劳动分工的特定地理实例中产生的;这种劳动分工在范围上是全球性的,就财富的不均衡积累和分布来说,则有着强烈的地方特征。

后崩溃时代城市发展的一个极为重要的特征是,随着全球富人把投资从高风险和不确定的股票市场和股权债务中抽离,投向显然安全的房产和土地持有,最为富有和最为贫困的社会成员之间的隔离日益加深。这一点对那些能够享受住宅股份的社区产生了深刻影响，这些社区不仅在伦敦、纽约、东京、法兰克福和巴黎这些以费用高昂闻名的顶级全球城市的中心区居民点中，甚至也位于城市区域的郊区地带，那里对住房的需求远远大于供应。如温各(Winlow)和霍尔所写的，

> 富有的阶层从公共空间和民间组织中退隐，退入有门禁和警卫的墙内大院，以避开与病态的"真实世界"令人不安的遭遇(见 Atkinson and Smith，2012)——这一点如何与一些社会进程(这些进程确保着穷人受到排斥并被发送到城市的特定区域)相关？
>
> (Winlow and Hall，2013：3)

在伦敦的骑士桥、切尔西、南肯辛顿等世界上最具排他性的顶级城市区域，安娜・明顿(Anna Minton)所称的"买了就走"群体的出现，表明了优质不动产在世界上的超级富人手中正变得日益商品化。[①] 在某些最受追捧的地段，高端个人房产经常能溢价 2 500 万英镑(4 000 万美元)出售，但是极少有人实际居住，因为房主把这些资产严格地视为投资工具，就像金条和艺术品那样。

> 2013 年，伦敦 85%的新房卖给了英国以外的买家，来自东亚的投资者推动了需求。来自国外的资金主导着高端市场，售价 100 万英镑的房产，几乎有一半以上被英国以外的居民买去。[②]

---

① Anna Minton，'How Private Wealth is Transforming Real Estate in Global Cities'，*Financial Times*，4 April 2014，http://www.ft.com/cms/s/2/9b97faae-b510-11e3-a746-00144feabdc0.html#axzz2y0KxVHsu. 总部位于伦敦的高净值房地产经纪公司 Strutt & Parker 于 2013 年发行了《超级房产杂志》(*Super Prime Property Journal*)第一期，http://www.struttandparker.com/media/651021/super-prime_property_journal.pdf.

② Alex Preston，'Room at the Top：London's Super-Prime Housing Market'，*Guardian*，6 April 2014，http://www.theguardian.com/society/2014/apr/06/room-at-top-londonssuper-prime-housing-market.

一度繁荣兴旺的高端市中心居住区，正在变得如银行金库一般昏暗和安静。亿万富翁的宅第正在衰退成新的城市废墟，遭到免税的外国房主无视和遗弃，后者认为自己对于这些留在他们身后的被毁景观没有照看的责任或义务。① 随着在曾经负担得起的社会成分混杂的居住区，资产更多的人比不那么富裕的潜在买家出价更高，从前的住户，即那些本地的中上阶层"小康"家庭，正在被迁移到富裕却不那么中心的地段，从而形成了一种房产泡沫倾泻效应。

对于其负面结果表示担忧的，已经不再仅限于反对资本主义的批评者。就连坚决支持商业的伦敦市长也警告称，由于中央政府住房补贴的取消而造成的社会房屋租户被强制迁出伦敦核心区，有可能造成对城市穷人"科索沃式的社会清洗"，以及把一整个阶层的居民排斥出一座世界性大城市的经济和社会生活。② 伦敦的住房负担能力危机，在许多备受追捧的全球性资本友好型城市也有类似表现，比如在莫斯科、香港和日内瓦；对于被称为"租房一代"的新的适龄工作群体来说，快速攀升的住房成本是他们融入经济和社会生活的主要障碍。③

城市理论的当前论争

城市作为一种自我管理的系统，不仅能产生属于自身的经济财富，还能产生全国的有时甚至是国际的经济财富，人们对它重新产生

---

① Robert Booth, ' Inside " Billionaires Row ": London's Rotting, Derelict mansionsWorth£350m', *Guardian*, 31 January 2014, http://www.theguardian.com/society/2014/jan/31/inside-london-billionaires-rowderelict-mansions-hampstead.

② Jim Pickard, ' Mayor Fuels " Social Cleansing " Dispute ', *Financial Times*, 29 October2010.

③ Katie Morley, 'How About Some Help for Generation Rent?', *Financial Times*, 18July 2014, http://www. ft. com/cms/s/0/1c85ba00-0cfc-11e4-bf1e-00144feabdc0.html#axzz38OvNqQDX.

了兴趣;这种兴趣强调了一种关于“城市问题”的方法,与半个世纪前提出的方法相当不同。20 世纪 60 年代,虽然有简·雅各布斯付出的出色努力,城市研究在大学中还是受到了冷落,原因在于战后一代的社会科学家发现,面对着无处不在的大众和工业社会,独立的“城市社会学”这一观念显得越来越古怪和过时。至少对于西方社会来说,法理社会最终取代了礼俗社会;虽然有人可能会争论郊区与中心区或者通勤村在形式和功能上的差别,这些考量最好还是留给规划师和建筑师而不是社会理论家。如我们在第六章指出的,人们之所以对于城市作为独立的社会-空间结构重新产生兴趣,与马克思主义社会理论和社会学在欧洲大陆的复兴有所关联——尤其是在法国的复兴,在那里亨利·列斐伏尔和曼纽尔·卡斯特尔的著述正在影响着年轻一代的学者和城市行动主义分子。20 世纪 70 年代和 80 年代,往往在韦伯传统下从事研究的英国社会学家开展的工作(Pahl,1970;Rex and Tomlinson,1979; Saunders,1981)提升了一种城市社会学的标准,这种社会学集中关注有房阶级、种族多样性、劳动力市场、街头官僚以及正在出现的消费形式,它们既由彻底城市化的人群产生,又以这个人群为目标对象。这样一个社会作为城市已有两代人之久,失去了与乡村劳动和乡村生活的大部分甚至是所有的联系,与农村显然不同且彼此分离(Williams,1973)。

然而,就城市作为独立的、有意义的社会、经济、政治和文化范畴来说,学术界的共识似乎再次变得有所削弱。如毕晓普和菲利普斯(Phillips)所写的,

> 按照规划,70%的世界人口不久就将生活在某种城市定居点中,城市的地位从未如现在这样令人生疑。作为一种经常引发建筑师、政府、国际福利组织和城市规划者关心的状况,同时作为不断扩张的人文与社会科学跨学科研究领域的话题,城市

代表着有风险的危机开端，也是人类未来的脆弱摇篮。

(Bishop and Phillips, 2013: 222)

所以，城市变成了地球命运的转喻词，正如它在19世纪晚期和20世纪早期所做的那样；由此一来，对于"城市问题"的探寻，便被汇入了一些更大的主题，它们是学术丛林中的野兽。科学期刊《自然》多年来开设着一个专栏，名为"科学与城市"，反映出自然科学界越来越关注城市问题，过去这一问题一直是社会科学家、人类学家、考古学家和历史学家关注的领域。2010年，两位来自圣达菲学院的物理学家，即路易斯·贝顿考特(Luis Bettencourt)、杰弗里·韦斯特(Geoffrey West)，发表了一篇简短的评论文章，名为《城市生活的统一理论》(The Unified Theory of Urban Living)。他们在文章中提出，"现在亟须对城市的动力、增长和结构进行一体化的、量化的、预测性的和以科学为基础的认识"(2010: 912)，没有明说的原因是，为了应对从气候变化到传染疾病在内的重大挑战为目的所作的"非科学"研究和政策制定，表现得乏善可陈。两位作者继续说道：

必须提出一种具有核心地位的关于城市和城市化可持续性的宏大统一理论。这一雄心勃勃的计划需要国际社会的大力投入，以及科学、经济学和技术领域专注的跨学科合作，包括商业领袖和专业人士，比如规划师和设计师的合作。

(Bettencourt and West, 2010: 912)

以类似的方式，伦敦政治经济学院/德意志银行"城市时代项目"(Urban Age Project)的参与者们呼唤着新的"一代通才"，来应对21世纪无处不在的城市化的问题和潜能。

> 想象一些城市建设者的网络，他们影响到各个学者、项目、实践和职业。这些城市建设者将完善“读懂”城市的新方式，运用新的衡量标准和措施来诊断城市的资产和病症，评估城市的进步。他们将熟练运用多重城市“语言”，比如建筑的、人口的、工程的、经济学的和社会学的，并且对理论和实践了然于心。
>
> (Katz *et al*., 2007: 478—9)

换句话说，与经济问题或者宇宙相当类似的是，“城市”不过是人类智慧尚未解决的又一个复杂谜题。与其他复杂系统一样，只有那些拥有正确的专业知识的人，即格里森所称的“城市学家”，才被视为能够理解城市的各种问题并提出有效的解决办法(Glesson，2012：931)。就城市来说，和其他许多问题一样，将出现与规模相关的各种问题，“令人惊讶的是，规模成了城市大多数特征的主要决定因素；历史、地理和设计的作用则是次要的”(Bettencourt and West，2010：912，引自 Gleeeson，2013：1839)。这一点可以归结为“15%法则”。城市人口每翻一番，比如从 100 万人变成 200 万人，就会有来自梯状经济的 15%额外红利；也就是说，大部分人口的富裕程度和教育水平平均将增加 15%，但是同样的状况也适用于负面变量，比如犯罪、交通拥堵和某些疾病(Bettencourt and West，2010：912)。回到 1960 年，从另一份声名显赫的期刊《科学》的页面之间，读者们确信按照当时预期的出生率和死亡率，到 2026 年世界人口数量将变得无穷大。人类文明的唯一希望是向其他行星殖民，此外就只能直面拥挤至死的前景。[①]

在第九章，我们集中关注南方国家城市的发展和增长，使用的数据大多数来自联合国的统计，而这些统计相应地又依赖于各国政府

---

① 对于人口的这种超级聚集会呈现出怎样的社会和物理形式，态度更为乐观的科幻小说见 J.G.巴拉德的短篇故事《集中的城市》(*The Concentration City*，Ballard，2009)。

及其国内统计机构所提出的人口测量标准和对城市定居点的界定。新的城市学家提出那些占据新闻头条的主张时，很大程度上就是以这些数据为基础的。不过，尼尔·布伦纳和克里斯蒂安·施密德(Christian Schmid)怀疑，我们是否真的生活在“无尽的城市”(Burdett and Sudjic, 2007)里，毕竟人口数据在质量和获取的便利程度上都有很大差别，而且它们缺少时效——尤其是在撒哈拉以南非洲，那里对人口数量的计算可能会落后其他地区七八年。布伦纳和施密德认为：“城市时代这个论题尽管在城市人口统计中长期存在，并且在当代的学术和政策话语中影响日益广泛，但作为当代世界城市化模式形成概念的基础却是有缺陷的：不仅经验上站不住脚（不过是统计的人为现象），理论上也是矛盾的（一个混乱的概念）。”(Brenner and Schmid, 2013: 314)更为明确的是，两位作者指责城市时代的共识的支持者们采取了一种过于简单化的乡村/城市二分法或者说二元主义，试图把不可分割的东西变得可分。

尤其是布伦纳和施密德把“乡村的”和“城市的”概念斥为明显囿于地域的解释，更倾向于认为空间的组织是“由同一些政治-经济过程中的一部分——包括资本积累、国家管制、公共资源（包括土地）的私有化、金融化、移民以及社会环境的退化/转换——构成的”(2013: 329)。他们还指责城市时代的支持者们把“互不相关和无关紧要的东西拼凑在一起”，把乡村“变成暗箱”，既不是城市，也没有明确的能够识别的乡村特征。与此同时，用萨特思韦特(Satterthwaite)的话来说，城市则被“说明得过于详细”，萨特思韦特曾写道，“在经济停滞的小集镇，比如阿根廷、中国和印度的那些，与布宜诺斯艾利斯、上海和德里之间几乎没有共同之处”(Satterthwaite, 2010: 96)。布伦纳和施密德提出，“极为可疑的是，是否有可能把任何有意义的理论内容归给[城市时代的各种主张]”(2013: 329)。

对乡村/城市二分法的这种驳斥并不是什么新洞见，却与亨利·列斐伏尔在《城市革命》(*The Urban Revolution*)中的主张相当一致，后者认为“城市现象往往会溢出边界”(Lefebvre，2013：2565)，甚至“位于乡村的度假别墅、公路和超市，都是城市组织的一部分”。因此，从工业化向城市化的过渡是一个“隐蔽的领域”，藏在“凝聚力幻象”的面纱之后，“一如此前从农业向工业的过渡”。[①]

然而，对于那些负有制定城市政策而不是论述城市理论的职责的人来说，问题在于如何构建另一种城市模式，既容得下能出色应对我们在第十章指出的那些压力和威胁的区别化的干预措施，又能保障“城市权利”？全球城市主义的倡导者，包括梅里菲尔德、布伦纳和施密德似乎认为，齐美尔、本雅明、伯吉斯、帕克、芒福德和雅各布斯理解的那种传统城市已经不存在了(如果曾经存在过的话)——但是，对城市权利的当代要求应该指向什么样的全球城市主权呢？如果全球城市中并没有负最终责任的主体，那为城市中那些被剥夺了权利的居民收回城市空间又有多少可能呢？

然而，为城市形式和趋势寻求普遍解释，并不局限于城市化问题。在德国，一个最初位于达姆施塔特，后来迁至柏林工业大学的研究团队，在马蒂纳·洛夫(Martina Löw)教授的带领下，多年来基于“城市的固有逻辑”原则，一直在开发一系列研究项目。该团队的使命在洛夫发表于《城市研究与实践》(*Urban Research & Practice*)上的一篇文章中得到了明确表达。她写道：

> 明确而独特的一系列连贯的知识储备和表达形式，在每个城市都会出现。这些城市在各种意义背景中成形，以各种方式

① 见 Philip Ursprung's ‘Terrain Vague：The Future belongs to Landscape Architecture’，Pro Helvetia，Arts Council of Switzerland，May 30，2012，http://www.prohelvetia.ch/fileadmin/ftp/www/expo/landschaftsarchitektur/en/textterrainvague.html.

在人们的实践中，也就是说在人的身份、情感、态度和思考中发挥影响。同时，反过来，这些实践也再现了相应城市独有的逻辑。我们提出了“城市的固有逻辑”来描述这种互相作用。

(Löw, 2012: 310)

从城市社会学中的所谓“文化转向”(见第八章)出发，马蒂纳·洛夫似乎在暗示，就未来取向来说，依政治史和制度史、文化实践、规范以及集体良知的不同，各个城市产生了某种路径依赖。她继续声称：“与民族国家不同，现代城市在结构上是开放的。它的生存以异质性为基础。”同时，城市“在结构上也具有包容性，在融合异质性、密集性和城市规模的方式上也有差别”(Löw, 2012: 306)。

“城市的固有逻辑”团队采用“社会中的地点”方法，强调“特定地点的本质特性”(Löw, 2012: 304)，艾伦·斯科特则提出，以洛杉矶大都市区为代表的城市区域之所以重要，不是因为它们固有的多样性和异质性，而是因为它们

在更高的程度上充当着作为整体的全球经济的发动机。它们在当代世界经济中代表着增值活动的主要聚集场所，是位于整个资本主义体系顶峰的大型跨国公司的指挥和控制中心(Sassen, 1991)。它们还是新的认知-文化经济享有特权的中心。

(Scott, 2011: 310，见第十章)

艾伦·斯科特和迈克尔·施托普尔没有突出各城市和各区域之间的差别，他们对城市理论的批评认为，其论者们夸大了地方和文化因素，忽视了空间变化更为普遍的驱动力量。他们问道：“由于这些各不相同的背景环境，城市的经验构造中具有公认的多种变化形式，

这些变化形式能够保证带来关于城市的不同概念的多元化吗?”或者说,我们能否斩断这个戈尔迪之结,揭示出一种连贯的城市概念,作为理论探究的对象? 对于这个问题,他们的回答是:

> 城市化过程的本质,寓于城市既作为生产活动又作为人类生活集群的双重身份中;这一身份随后展开,融入密集的、内部驳杂的各种网络中,土地使用、场所以及联合在一起的制度/政治安排在这些网络中相互作用。
>
> (Scott and Storper, 2014: 10)

斯科特和施托普尔并不否认驳杂状态的存在,也不否认环境变量能够塑造特定城市的个性,他们列举了分别涉及经济发展水平、资源配置、社会分层和隔离、文化规范和差异、政治权威和权力的性质五个关键要素(Scott and Storper, 2014: 10)。虽然存在着一定程度的地方差异,斯科特和施托普尔还是极力强调“所有类型的城市以及塑造着它们的组织性过程之间的共通之处”,与这种共通之处相对的,是他们所称的罗宾逊和罗伊等城市研究者的“新排他主义”,后者把城市视为“聚集、多样和连通”的场所(Robinson, 2011: 13; 同上:12)。

罗宾逊和罗伊的工作代表着城市学界的一种重要趋势,即试图不仅从全球指挥和控制中心的视角来理解城市,也把城市视为创造力、互相连通和动态变化的空间;在此空间中,“普通”经验没有被边缘化或者遭到忽视,而是由于反映着城市人口占多数的世界中大多数人的生活和社会互动的现实状况而受到赞颂(Robinson, 2006; Parnell and Robinson, 2012; Hall, 2012; Simone, 2010; Robinson and Roy, 2014)。

珍妮·罗宾逊写道：

> 我的论点是，应该鼓励城市理论去探寻关于城市性的替代阐述，这些阐述不仅赋予某些位于金字塔尖的城市以特殊地位。关于城市是什么以及它们可能会变成什么样的观念，应该从范围更广的城市背景中获得启示。
>
> （Robinson，2006：112）

无论我们用的词是“城市性”（cityness）还是“城市的”（the urban），按尼尔·布伦纳的说法，我们总是在描述一种

> “具体的抽象”，在这种抽象中资本主义的那些矛盾的社会空间关系（商品化、资本流通、资本积累，以及政治管制/论争的关联形式），同时区域化了（嵌入具体的背景，因而支离破碎），也一般化了（跨越地点、区域和范围，因而普遍化了）。
>
> （Brenner，2013：95）

对城市这一具有强烈哈维风格的解读，其前提在于城市经验本质上的资本主义性质，以及在服务于普遍化的资本主义经济秩序方面一模一样的国家形式，虽然在“具体背景”中影响各有差别。在沃尔格·马格努森（Walter Magnusson）看来，这样的解读没能领会城市的独特之处，且它们无法被化约成由资本主义生产方式所界定和驱动的特定地区规模。马格努森声称，“城市的视角”与“国家的视角”相当不同，因为“城市性”同时会对现有权威发出挑战并提出要求。因此，“城市并不是一种稳定的秩序，而是一个由各种人类努力所产生的可能性领域”（Magnusson，2011：117）。

这一点对于马克斯·韦伯所描述的中世纪城市可能是对的，但

是在一个国家具有绝对主权、城市/都市层面自治权总体较弱的时代，一种自我构成（self-constituting）且自我确立（self-constituted）的惯习还有什么存在空间？像底特律这样主要都市的当局由于长期债务、人口外流和税基收缩而走向了破产，民主政府因此而陷入停滞状态。杰米·佩克写道：

> 今天，在失去四分之三以上的人口之后，[底特律的]经济和[它的]税基都崩溃了；留下来的人中，42%生活在贫困线以下，而腹背受敌的市政厅在穷尽了所有其他削减预算的合理选项后，沦落到了在与当地公用事业公司的债务豁免交易中把剩下的大部分街灯拱手相让的地步。
>
> （Peck，2012：635）

理论家们会继续争论，在资本主义全球化的背景下，“城市”是否仍然是社会研究的一个切实可行的类别。但是，城市作为受到治理的社区，继续充当着物品和服务消费的重要场所、文化生产和创新的主要源头，以及围绕着资源、价值和身份产生的竞争和冲突的空间，就此而言，按福柯的意思，城市社会的理想和现实都应该得到辩护。

城市（重申的）宣言

大型的、人口密集的城市需要获得极大的支持——它们在地方、区域和全国层面都要求有资金充足的公共行政机构，要求政治领导人在谈论复兴和社会融合时不只是在卖弄修辞。它们需要企业负责任又有担当，欣然愿意把部分利润贡献给地方社区，而不是要求减免税收、放松关于劳工的管制。这样的城市要想繁荣兴旺，社会上最富裕那部分人的收入就不能超过最穷人群的2.5倍——瑞典已经证明这是能够做到的，同时它仍然拥有世界上一些最为成功的公司，比如爱立信、宜家、沃尔沃和萨博。当前，美国城市中有一部分在“第一世界”中收入差距最大，这必定意味着随着通货膨胀对租房成本、公用事业、食物及其他必需品产生的影响，除了最为富有的群体，其他所有人都被剥夺了城市权利。

关于如何造就一座宜居城市，共同创立了曼哈顿的荷兰人仍能让美国人（事实上也包括全世界其他国家的人），获得许多教益（van Kempen and Priemus, 1999;Fainstein, 1999）。纽约市的人口数量和工作机会都在流失，阿姆斯特丹却继续在获得。这样的成功如何解释？

我们可以将原因概括如下：(1) 市政府实际上掌握着作为阿姆斯特丹立市之基的房地产（Fainstein, 2000: 96）。这意味着，市政当局有相当强大的能力在备受追捧的地点控制开发和投机（见图12.2）。来自商业租金和租约的利润，同样能够返身投入社会房屋租赁领域，以便使租金对低收入群体来说经济实惠。[①] (2) 汽车作为一种交通形式并不受到鼓励，自行车道、电车轨道和行人区在城市的交通系统中具有优先权。这就使得与其他首都城市相比，阿姆斯特丹受到的污染明显较少，从而鼓励有孩子的家庭待在市中心区域，就像待在城市中的任何其他地方一样。(3) 阿姆斯特丹没有“超级贫民区”。的确，某些住房项目中有大量来自荷兰前殖民地以及近期来自非洲和土耳其的人口，但是也有许多人口混居的传统居住区。[②] 当然，种族主义和歧视仍然存在（事实上，荷兰右翼政治人物皮姆·佛

---

① 感谢荷兰城市规划者彼得·泰霍斯特（Pieter Terhorst）提供这一信息。荷兰城市政策中的另一重要因素在于，中央政府贡献了市级支出经费的约 90%，并且实施着一项福利公平的全国政策，使国内城市远不像美国城市那样对自由资本卑躬屈膝（见本书第七章）（Fainstein, 2000: 106）。

② 最为著名的例子是拜尔美米尔那勒·柯布西耶风格的公共住房项目，坐落于该市东南郊。在这里，53 000 居民中约 40%来自苏里南或安的列斯群岛，非洲人占人口总数的 17%。然而，荷兰政府极为担心拜尔美米尔会带上美国式住房项目的特征，正在拆除那些衰败的塔楼，代之以质量好、层数少的住房，力图在该地区实现收入和种族之间更大的均衡（Fainstein,2000: 105）。

图恩[Pim Fortuyn]于2002年遭到暗杀、基尔特·威尔德斯[Geert Wilders]的"自由党"越来越受欢迎,都证明反对移民是极受关注的政治问题),不过这一点并没有导致制度化的隔离,这座城市仍然保有容忍不同生活方式的国际声誉。①

图12.2　公共住房住宅区,荷兰阿姆斯特丹
版权所有:David Smith,承蒙 Architectural Association Photo Library 供图

套用世界社会论坛的口号来说,阿姆斯特丹的经验表明,"另一种城市社会是可能的"。我们可以从以下方面对这样的现实乌托邦作一总结:

■ 成功的城市必须是公共的——城市政府应该为企业和市场能做什么定下基调,而不是相反。②

① 并不是说在阿姆斯特丹生活不存在问题。对妓女和软性毒品的容忍把有组织的非法交易者吸引到这座城市,结果造成近年来暴力犯罪的增加。阿姆斯特丹的自杀率现在在欧洲排名靠前,不过仍然只有纽约市的一半(见表5.1)。

② 实际上,美国最重要的城市规划者刘易斯·芒福德接受这个观点,他说:"大的都市中债务结构的累积,即土地价值金字塔的摇摇欲坠,使得经济生活岌岌可危,不可能进行有效的社会规划。因此,真正需要做的是收缩这一繁重的结构,使之成为一项深思熟虑的公共政策,并建立负责任的公共机构,能够把流动的投资导入社会渠道,以尽可能小的缺漏清算当前的投机结构。"(Mumford,1938: 391)无疑,芒福德只是在呼应亨利·乔治在《进步与贫困》中所说的先知般的话语(见第四章)。

■ 城市必须确保所有用户和公民的完整公民权——任何人都不该出于收入、家庭地位、性别、国籍、宗教、性倾向或种族渊源的原因而被剥夺城市权利。[①]

■ 一方面认识到城市的管理非常重要，不能放手交给城市管理者们；更重要的是不能无视对有目的的市政领导权的需求。这种领导权必须能够问责、民主、透明，代表着其城市社区的多样性。同时，它还应该被赋予履行职责所必需的政治、法律和经济资源。

■ 各国政府应该珍视城市，用好城市，把城市作为可持续经济增长、文化多样性以及先进的社会政策的引擎，但是城市不应该变成某些居民群体的保留地。

■ 最后，政府应该努力维持城市和乡村之间的区别，以便维护城市的独特之处、避免无序扩张，并保存地球上正在迅速减少的自然资源和绿色空间。

荷兰黄金时代的两座城市，即阿姆斯特丹和鹿特丹，在 17 世纪处于全球经济的最前沿。它们成功地在公共空间和公共建筑中倾注了一种自豪和投入，一直延续至今（Schama，1987）。但是，城市国家在当代的复兴，很有可能被荷兰东印度公司在现代的表现形式，即跨国公司的道德缺失所遏制。原因在于，凯恩斯式福利国家消失后，公司慈善和公民使命却并没有回归。资本主义的去空间化和去人格化特征，意味着我们再也不可能看到企业家们创建诸如伯恩维尔、索尔泰尔和新爱尔斯维可这样的模范城镇，在英国工业革命那黑暗的邪恶工厂之外提供一种乌托邦选择；也不可能看到罗斯福新政时期联邦政府拥有的那种花园城市，为欧洲风格的社区规划在美国如何发挥效用提供了短暂的一瞥。

---

① 关于《多伦多宪章》的产生背景，见凯尔和扬（2003）的著作。

与此同时，在城市人口占多数的世界，城市化正在引发日益市场取向的城市等级制度，但同时也在激发起各种运动，要求在城市未来中获得更大的份额。在赞同韦伯的理想的城市就是自由城市这一观点时，我们不一定要同时接受民主的运转应该服务于资本主义积累的逻辑。其他地方也有民主，比如美国城市中西班牙语居民的聚集区，在为城市穷人提供衣食方面比政府更有作为的伊斯兰教慈善组织，以及在可怕的逆境中组织和捍卫自身社区的跨国移民群体网络(Davis，2000a；Smith，2001；Lubeck and Britts，2002)。无论是中世纪的德国农民还是丁卡的部落成员，城市可能无法为其带来自由，却会提供大多数西方人习以为常的工作前景、教育、居所和食物的微小希望。第三世界的城市化进程，不会因为联合国机构以及西方的政府和非政府组织说它不是好事就停滞不前。因此，政策制定者和学界的城市规划者们应该思考的是，我们该如何使 8000 万—1 亿个强有力的城市集群，比如存在于印度尼西亚北部的那种，至少对其居民来说能发挥部分功能并且差强人意。这就是理论对那些亲身体验着城市经验的人有所教益的地方，现在我想把目光转向城市理论的未来方向了。

结语

> 资本主义晚期的城市过于复杂，在物理结构和观念结构上也过于破碎，让人无法形成整体的理解。
>
> (Borden *et al.*，2000：24)

一种新的空间辩证法，既能够对实体的和想象的城市世界给予同等的尊重，又不让其中一个从属于另一个，这种辩证法前景如何？如爱德华·苏贾所称的这种新的“空间的三元辩证法”(Soja，2000b)，能不能在城市理论的世界和城市经验的世界之间展开有意义的对话？或许在30年前，对这个问题的答案会是无条件的“不能”。而现在，我认为存在着跨领域的充足证据来回以一个有条件的“能”。之所以有这种乐观，部分原因关乎（或许可以称为）城市研究领域的外生或者说外部因素，部分来自社会科学和人文学科广泛领域中的内生或者说内部进展情况，这些进展对跨学科研究产生了重要影响。

我们先来看外生因素。在后现代晚期的地理想象中，最为明显的梯级变化无疑是全球化。“全球化”一词是本书中一再出现的主题，其影响可见于在城市复合体整个光谱中都在发生的讨论和经验中。第二个主题与此相关却并不邻接，即去工业化或者说后工业化，或许可以由后福特制一词最好地加以总结。当然，福特制生产并没有消失，且远未消失，事实上相比于50年前还大大增加了，只不过发生在不同的地点，尤其是在南方国家的大型城市定居点内部或周围，在北方国家建成已久的城市中则越来越少见。这意味着，一度围绕着工厂的生产节奏以及彼此邻近的劳动力的消费和消遣习惯来组织的城市，已不再需要按此种方式来组织，且越来越“失去组织”，变成一条由栖息地、商业园区、购物中心、高速公路和娱乐场所构成的百衲被。或者说，至少部分城市集群开始表现出这些特征，尤其是在美国的“阳光地带”。在美国以外，也有这种分散的“外部城市”（Soja，2000b），比如沿着圣彼得堡到莫斯科之间的高速公路分布的，以及位于中国的广东省和上海市的，但其所处的环境，尤其是社会和政治环境在各个地点却极为不同，使得基于城市形式表象所进行的推论很成问题。

这就把我们带向了第三个外生因素，它指向一种“新的”城市秩序，即所谓“国家的危机”。自从柏拉图和亚里士多德的时代，国家作为一种有意义的概念出现时起，论者就一直在谈论国家的危机，但我们从城市理念的视角所关注的是民族国家的衰亡：（1）作为等级制领土“指挥和控制”系统的塔尖，在此系统中城市处于从属地位；(2) 作为国家经济的“人工降雨设备”——能够控制关键的经济指数，放慢或加速经济增长，根据全国优先事项在国家以下的层面指导经济活动；(3) 作为国际体系中“众主权者中的一个主权者”，有能力根据“国家利益”选择加入或退出国际性的组织、条约、协议、联盟和贸易体系。如果——目前还有很大疑问——民族国家的这种处于变化中的地位能够得到证实，其对于城市政府就会有许多意义，评论家甚至由此谈起了“城邦”的回归(Castells, 1994; McNeill,1999; Barber, 2013)。

我们是否可以由此把所有这些相关的过程综合起来，认为它们象征着晚期资本主义，即曼纽尔·卡斯特尔所谓“信息时代”的一个新阶段，正在引起城市的形式和功能的根本变化？这种主张面临的困难是，资本主义的变化并非遵照相同的步调发生于相同的地点和时间，即使步调、地点和时间相同，资本主义发展的性质在这一最近阶段的风险加大之前就极不平衡这一事实，意味着每一个(城市)场所经历的变化都是不同的。

现在来看内生因素。不仅是城市研究，就是一般意义上的社会现象研究，采取整体方法的最大障碍在于持续存在的智力上的劳动分工。我认为，虽然其他因素也有影响，这一趋势主要是由两种原因造成的。第一，高等教育持续不断的“职业化”，要求那些希望在职业生涯中获得成功的人在各自的学科中变得越来越“专业”。但是，由于每年产生的专著和研究文章数量庞大，学者们倾向于成为精通某个极为狭窄的领域的人，在此领域中，如果进入得足够深，达到杜威分类中的小数点位置的右边，就有可能“读完所有资料”。对于获取博士学位来说，这很好，甚至是必要的。但是，专业期刊、学术协会、教授职权委员会以及研究排名机构的存在进一步强化了“僵化的专业分工”，尽管期刊编辑、会议组织者以及出资的机构正日益苦苦呼吁着提交跨学科的成果。

通常不会以整体方式对待城市研究的第二个原因是，许多大学中师资和系科的结构往往重学科而轻领域，致力于城市研究的专职研究中心的存在也不过是部分地弥补了这一点；原因在于，为了吸引至关重要的外部资金，“蓝天”城市研究（尤其是在理论领域）很难推进。即使是几家明确以对城市现象的研究为专门主题的优秀期刊（我们尤其会想到《城市研究》[*Urban Studies*]、《国际城市与区域研究杂志》[*International Journal of Urban and Regional Research*]、《城市事务杂志》[*Journal of Urban Affairs*]、《城市事务评论》[*the Urban Affairs Review*]、《城市》[*Cities*]、《城市》[*City*]），内容往往也是学科专家的专业论文混合成的，只是偶尔会有一些明显的例外。[①]

第三个原因是，随着社会科学中的“英雄时代”在 20 世纪 60 年代末期走向终结，对城市进行综合的、整体的描述被视为一种神学而非科学活动，因而不值得付出严肃的学术努力。这样的态度鼓励许多研究者躲进其选定的智力劳动分工的分支内，而不是拓展——或许可以套用 C. 赖特·米尔斯的话称之为“城市想象”。于是，城市理论与经验性城市研究彼此渐行渐远，正如社会理论与经验性社会科学研究在不同的路上继续前进，彼此都以公开的怀疑主义看待对方的工作。

不过，在过去的约 30 年间，随着所谓“经验理论家”的出现，这两种探究或者说叙述模式之间的合流趋势变得明显起来。城市理论研究的杰出人物中，有多位都从对城市问题、城市运动和/或城市现象

---

① 实际上，《国际城市与区域研究杂志》的前编辑们承认，他们在 1977 年作为跨学科项目重启杂志时，并没有实现“期待的一体化的跨学科研究”目标。Harloe, M., Mingione, E., Pickvance, C. and Preteceille, E. (1998). ‘IJURR: Looking Back Twenty-One Years Later’, *International Journal ofUrban and Regional Research*, 22(1): i－iv (ii).

所作的“真实世界”研究中获得了初步经验。看一看那些主要的城市规划者的履历，比如迈克尔·彼得·史密斯、鲍伯·博勒加德、萨斯基娅·萨森、多琳·马西、马克·戈特迪纳、阿布杜马里克·西蒙、莎伦·佐金等人，其中的每一位都可以自称对罗伯特·帕克所称的“脏手”研究有直接经验，他们的理论作品强烈关注我们在抽象和普遍层面观察的那些过程在草根阶层身上有着怎样的经验。

推动合流的另一个强大力量来自最为多产的城市理论研究者们的示范效应，在此我特别想到了大卫·哈维和曼纽尔·卡斯特尔。二人最初本质上是正统的马克思主义城市地理学家/城市社会学家，后来其思想轨迹向外扩展，纳入了哲学、文化、艺术、建筑、规划、性别、性倾向、种族和民族、社会运动、犯罪学、身份和后殖民主义等理论，以及传统上不被归为城市研究的其他许多思想领域。如此一来，批评性态度和方法的相互切磋碰撞便打开了新的空间，这些态度和方法在城市研究中为理论混合找到了尤为丰富的土壤。与此同时，只需留意一下主要的城市规划者，比如萨森和卡斯特尔的近期作品中表格、插图和图表所占的篇幅，我们就能意识到对城市经验密切的经验研究遍布于城市理论中，程度更甚于恩格斯、布思和伯吉斯的时代。

古代和当代的城市理论家和研究者，都努力用当时能够运用的道德、审美和哲学的语言来描述城市经验。我想提出的主张是，除了本雅明和列斐伏尔是明显的例外，其余极少有人能避免以历史决定论的方式对待城市，并视之为将此前的城市经验与我们今天看到的那些区别开来的方式。对城市进行异时/异位描述面临的重大障碍，是人们普遍诉诸历史背景来解释某些总体现象的原因。“维多利亚时代的城市”对于城市经验的描述，并不比拉迪亚德·吉卜林(Rudyard Kipling)的“夜煞之城”更有意义。

然而，我们要做的不是抛弃滥用历史因果关系的隐喻，而是用一种更令人信服的城市批评来拯救这一修辞空间(White,1987)。在这里,我们在第八章讨论过的福柯在比喻、转喻、提喻和讽刺之间所作的区分很重要,因为它提供了对城市形式进行非历史决定论式理解的前景,从而为城市话语提供了一种元语言,这种语言能同时容纳社会变化的各种偶然性叙事,比如"全球化""后现代主义""碎片化的城市主义""新传统主义""新自由主义"等。对变动不居的城市状况的这些叙述富有力量又能引起联想,从而使它们获得意义,成为"城市经验",我们需要让它们立基于真正的而不是推测性的研究,同时又不把特殊与普遍混为一谈。要实现这个目标,一个方法是找到身份和社会关系与地点结合起来产生出城市权力结构化过程的各种途径。

城市的结构化过程可以变得形象化,成为雷蒙·威廉斯所称的"情感的结构"(Williams,1961),在城市的生活世界最为紧凑和最出自本能的地方,这种结构更为密集,表达得也更为清晰。因此,比如在 19 世纪末和 20 世纪初逃离俄国和波罗的海的伦敦东区犹太人,便在伦敦怀特查佩尔附近密集的街道网络中构造了一种情感结构,那是激进社会主义、弥赛亚式犹太教与犹太复国主义的独特混合。经济和地理流动性几乎完全渗透于该社区以及其他成熟的东区社区,但是移民空间的文化经济继续把来自孟加拉国和非洲之角地区的新移民的定居形式和劳动界定为"抵抗型社区"(Parker,2001a,2001b)。这样一来,正如本雅明凭直觉知晓的,经由对动态城市现状的批判性肯定中改造其获得拯救的过去,城市的观念便能在由流动空间的侵蚀性潮流造成的与实体的脱离后仍然存在。

正如许多城市分析人士所做的,在认识到"城市"和"城市的"这两个名称(nomos)在每一点上都与其他等价词语——如"社区"或"社会"——同样可以争论时,重要的是要记住,城市的社会建构本身就是其物理发展的物质状况的表达。换句话说,有可能找到一种共同的"城市语言",同时又领会到,许多城市话语都来自对地点、身份和权利的有争议的解释(Parker,2012)。

我在第一章中提出的城市"四 C",即消费、文化、社区和冲突,每一个都组织、再现、转化着城市生活的话语,正如城市复合体在全球范围内塑造并延伸着现代性的各种模式。城市经验将继续确定着人们构思和想象城市的条件,但是,除非继续拓展我们的理论词汇,否则感知和理解城市所需的语言就无法应对共同的城市未来所发出的挑战。

延伸阅读

关于另一种城市未来,宜居社区合伙人(Partners for Livable Communities)的出版物《宜居城市:复兴城市社区》(*The Livable City. Revitalizing Urban Communities*,2000)表明,在美国另一种城市世界同样是可能的。作者认为,实现它的途径是使各个社区共同协作。这本书强调自助,但也承认政府和企业同样需要付出更多努力来使美国的城市变得宜居。阿明等的《多数人而非极少数人的城市》(*Cities for the Many not the Few*, 2001),从英国激进地理学的视角提供了另一种城市愿景,赞成通过使民主城市变为现实来切实地实现列斐伏尔所说的"城市权利"。苏珊·法因斯坦同样支持将阿姆斯特丹视为另一种城市未来,不过作了一些限定(Fainstein,2000);她最近的作品《公平的城市》(*The Just City*,Fainstein,2010)则把这些观点推得更远。

曼纽尔·卡斯特尔 2000 年 4 月发表于《城市》中的关于可持续性和信息城市的演讲(Castells,2000b),仍是一份鼓舞人心的召唤,呼唤我们使城市成为对孩子们,事实上也是对所有人来说更好的地方。联合国教科文组织"在城市中长大"(Growing Up in Cities)项目的出版物《与孩子和青年一起创造更好的城市》(*Creating Better*

Cities with Children and Youth)，就孩子和年轻人如何加入进来决定自己的城市环境，提出了切实可行的建议。

当代城市理论

发表于《城市地理》(*Urban Geography*)杂志、由这位作者和威廉·赛茨共同编辑的关于"城市理论新方向"的文集，为城市研究中新的理论创建工作提供了一幅有用的、虽然难免不够全面的剖面图(Parker and Sites，2012)。尼尔·布伦纳、彼得·马库塞和玛吉特·迈耶(Margit Mayer)合编的《以人为本而非唯利是图的城市》(*Cities for People, Not for Profit*)，从明确具有批判理论倾向的立场出发，力图从激进的方向来复兴关于社会正义和城市的争辩和理论。与布伦纳、马库塞和迈耶的视角不同，乔纳森·S.戴维斯和戴维·英布罗肖(2010)合编的《批判性城市研究》(*Critical Urban Studies*)特别关注将新的批判方法和态度用于具体的城市案例研究。在戴维斯和英布罗肖的作品中也有贡献的沃尔格·马格努森，在专著《城市主义的政治：城市的视角》(*The Politics of Urbanism. Seeing Like a City*，2011)中提出了一个更为广泛的论点，把城市视为独特的政治学和社会学结构。《从芝加哥到洛杉矶：理解城市理论》(*From Chicago to LA: Making Sense of Urban Theory*)对关于城市生活和建成环境的理论的发展情况，进行了以美国为中心的描述，对于那些想要追溯北美城市理论演变过程的人来说，本书也是宝贵的资料来源。

斯科特和施托普尔(2014)的文章《城市的本质：城市理论的范围和界限》(The Nature of Cities: The Scope and Limits of Urban Theory)中提出的许多主张和论点，在阿纳尼娅·罗伊和珍妮·罗宾逊(2015)于同一份杂志中所编的专题讨论"全球城市主义的类型"中受到驳斥和挑战，后者对比较城市研究，包括许多主要的城市研究者和理论家所写的论文，持一种更为多元化的态度。尼尔·布伦纳

(2013)所编的关于“城市化问题”的经典和当代文章合集，即《内爆/爆炸：趋向全球城市化研究》(*Implosions/Explosions: Towards a Study of Planetary Urbanization*)，无疑会在任何城市理论必读书目中占有一席之地。关于南方国家城市理论建构的更为广泛的叙述，埃登索(Edensor)和杰恩(Jayne)(2012)的《西方以外的城市理论》(*Urban Theory Beyond the West*)是理想的入门读物。

术语表

CID　共同利益住宅区。一项私人住宅计划，在其中土地和基础设施由每一个住宅单元的业主所共有。CID 的管理者可以是选举出的业主代表，也可以委托给职业经理人或律师。这类计划往往只受到外部当局微弱的管制，虽然美国有多个州都已通过了法律来加强与其运行相关的规则。

commodified space　商品化的空间。土地、领地和航道等被转化成可以交易的资产(交易价值)。这种做法主要——虽然并非完全——与资本主义类型的经济相关联。

dialectic　辩证法。趋向真理的一种过程，先陈述一个论题(thesis)，再用它的反题(antithesis)与之对立，最终分散成连续的合题(synthesis)。这也是黑格尔哲学中历史变化的因果过程，同时也是马克思哲学中的，只不过在后者看来，辩证对立是由敌对的阶级力量造成的。

embourgeoised　资产阶级化。把某种环境、信念或社会群体转变成中产阶级或资产阶级特征。

epistemology　认识论。关于知识和思想体系的理论。

flânerie　无所事事。浪荡子的行为。

flâneur　浪荡子。瓦尔特·本雅明普及的一个词,用来形容涉身于城市生活这场戏剧,追寻城市经验那隐秘的真相、神秘和愉悦的人。

Foridst/Fordism　福特制的/福特制。一种工业生产体制,与福特汽车公司创始人亨利·福特(Henry Ford)相关。在此体制下,典型做法是在单独一家公司内、在一个大型场地的批量生产,员工通常居住在离工厂大门很近的地方。与福特制相关的另一项特征,是特定类型的生产集中于特定的城镇,因为需要把专业的供货商集中到同一区域,并利用规模经济的好处。参见后福特制(post-Fordism)。

Frankfurt School　法兰克福学派。还有个正式名称,叫社会研究所,由马克斯·霍克海默(Max Horkheimer)于1923年在德国美因河畔法兰克福创立。后来,研究所迁往美国,吸纳了西奥多·阿多诺、赫伯特·马尔库塞(Herbert Marcuse)和恩斯特·布洛赫等人。其成员在重要的哲学和审美问题上往往持不同的立场,但该群体的"共同语言"来自他们的关切,即从马克思主义的辩证唯物主义及其先驱黑格尔和康德的作品中,发展出一种"批判理论"。后期的法兰克福学派尤其与尤尔根·哈贝马斯这个人物相关联,他的作品集中关注合法性、权威和交往行动等普遍主题。

historical materialism　历史唯物主义。马克思主义的社会关系和经济关系理论,把一个阶级对另一个阶级的物质剥削视为生产关系和历史变迁的活跃因素。劳动价值(剩余价值)不均衡分布的长期效应,将最终导致危机、崩溃以及剥削性的生产方式被取代,直到纯粹共产主义的无阶级社会得以实现(相续的阶段包括原始共产主义、奴隶制、封建主义、资本主义和社会主义)。在某些表述中,历史唯物主义是辩证唯物主义的同义词。参见辩证法(dialectic)。

historicist　历史决定论者。对社会现象的一种解释,认为历史条件和背景决定着社会结构和人的能动作用。

immanent critique　内在批判。与马克思主义相关的一种社会分析方法,尤指法兰克福学派的批判理论(参看该条),试图通过批判地、辩证地涉身于实际存在的权力和支配体制("此世"的神学词源学意思),来揭示社会改造的激进可能性。这一批判性方法的不那么系统的变化形式,已经被范围广泛的激进哲学,包括女性主义、解构、后结构主义和后殖民主义等所采纳。

new urbanism　新城市主义。见 TND

oeuvre　全部作品。亨利·列斐伏尔发明的词,用来描述城市的方方面面——真实的与想象的,具体的与象征的。

ontological　本体论的。与存在的本质相关。

post-Fordism　后福特制。一种类型的工业生产,与从"垂直式"向"水平式"生产过程的过渡相关,在此过程中大公司通常把部分或全部生产过程转包给专业的(大多数是)小公司。通过"准时"交货流程使库存保持在最低数量,并通过使低劳动成本优先于劳动的邻近性,将成本保持在较低的水平。由于运输和通信成本较低,不仅是制造行业,服务型经济也发现有可能通过把劳动密集型活动转移至新兴工业化国家来提高利润,那些国家的工资水平通常低于西方的工业化国家。

smart growth　精明增长。起源于美国的一项规划运动,倡导更为严格的规划指导原则、向传统的城市和郊区的重新开发而不是向耕地和林地的重新开发过渡、把补贴由私人交通转移到公共交通上、联邦层面更少地诱导无序扩张(比如对在新建住宅上提高抵押的人给予公路补贴和税收减免)。精明增长的倡导者包括新城市主义(参见该条)建筑师杜安伊·普莱特-泽伯特(Duany Plater-

Zybert)。

sociation　社会化成。与格奥尔格·齐美尔的社会理论相关，指这样一种过程，在此过程中个体共同成长进入一种一致状态，他们的兴趣也在这个过程中得到集体实现。

TND　传统居住区设计，也称为传统居住区开发。一种建筑设计，与城镇规划运动，与杜安伊·普莱特-泽伯特和利昂·克里尔等“新城市主义”学派建筑师相关，这些建筑师推崇历史的建筑风格以及对住宅、零售和服务的乡村式布局。典型的例子包括佛罗里达州的滨海城和英格兰多塞特郡的庞德伯里镇。

transduction　转导。亨利·列斐伏尔用来形容理论对象（比如一座新城市）建构过程的一个词，这种建构不仅基于与当前的城市现实相关的信息，而且基于其他可能的城市现实所提出的问题。随着新的理论想象被赋予具体形式，反馈机制确保着随后的规划（projections/projects），在思考—调查—批判—执行的无尽循环中遍布着这一新近改变的现实。

trope　修辞。对语言或意义系统的修辞性运用，比如“比喻”“讽刺”等。

参考文献

Note: Where works are cited in the text the numbers given refer to pages in the case of printed books and locations in the case of electronic books.

Abbott, A. (1999) *Department and Discipline. Chicago Sociology at One Hundred*, Chicago, IL: University of Chicago Press.

Abu-Lughod, J. (ed.) (1994) *From Urban Village to East Village: The Battle for New York's Lower East Side*, Oxford: Blackwell.

Ackerman, D. (1990) *A Natural History of the Senses*, New York: Random.

Adams, T. (1929) *Regional Plan: Regional Plan of New York and its Environs*, New York: The Regional Plan Association Inc.

Addams, J. (1895) *Hull-House Maps and Papers. A Presentation of Nationalities and Wages in a Congested District of Chicago*, New York: Library of Economics and Politics.

—— (1898) 'Why the Ward Boss Rules', *The Outlook* 58, 14 (April): 879–82.

—— (1909) *The Spirit of Youth and the City Streets*, New York: Macmillan.

—— (1930) *The Second Twenty Years at Hull-House*, New York: Macmillan.

—— (1967) *Twenty Years at Hull-House with Autobiographical Notes*, New York: Macmillan.

Agamben, G. (2005) *State of Exception*, Chicago, IL and London: University of Chicago Press.

Aglietta, M. (1976) *Régulation et crise du capitalisme: l'expérience des Etats-Unis*, Paris: Calmann-Levy.

Ali, S.H. and Keil, R. (2008) *Networked Disease: Emerging Infections in the Global City*, Oxford: Wiley-Blackwell.

Alland, A. (1975) *Jacob A. Riis, Photographer and Citizen*, London: Gordon Frazer.

Allen, M. (1997) *Ideas That Matter. The Worlds of Jane Jacobs*, Owen Sound, Ontario: The Ginger Press.

Almond, G.A. (1990) *A Discipline Divided: Schools and Sects in Political Science*, 1st edn, Newbury Park, CA: Sage.

AlSayyad, N. (2006) *Cinematic Urbanism: A History of the Modern from Reel to Real*, New York and London: Routledge.

American Planning Association (2002) *Planning for Smart Growth 2002. State of the States*, Washington, DC: APA.

Amin, A. (ed.) (1994) *Post-Fordism. A Reader*, Oxford: Blackwell.

—— and Thrift, N. (1992) 'Neo-Marshallian Nodes on Global Networks', *International Journal of Urban and Regional Research* 16, 4: 571–87.

—— and —— (2002) *Cities. Reimagining the Urban*, Cambridge: Polity Press.

——, Massey, D. and Thrift, N. (2001) *Cities for the Many not the Few*, Bristol: Policy Press.

Anderson, E. (1993) 'Sex Codes and Family Life among Poor Inner-City Youths', in Wilson, W.J. (ed.) *The Ghetto Underclass. Social Science Perspectives*, Newbury Park, CA: Sage, 76–95.

Anderson, N. (1967) *The Hobo. The Sociology of the Homeless*, Chicago, IL: University of Chicago Press.

Anderson, P. (1998) *The Origins of Postmodernism*, London: Verso.

Arensberg, C. and Kimball, S. (1967) *Community and Culture*, New York: Harcourt, Brace and World.

Arrow, K.J. (1951) *Social Choice and Individual Values*, London: Chapman and Hall.

Atkinson, B. (1997) 'Jane Jacobs Author of Book on Cities, Makes the Most of Living in One', in Allen, M. (ed.) *Ideas that Matter. The Worlds of Jane Jacobs*, Owen Sound, Ontario: The Ginger Press, 52–3.

Atkinson, R. (2000) 'The Hidden Costs of Gentrification: Displacement in Central London', *Journal of Housing and the Built Environment* 15, 4: 307–26.

—— and Willis, P. (2007) 'Charting the Ludodrome. The Mediation of Urban and Simulated Space and Rise of the Flâneur Electronique', *Information, Communication & Society* 10, 6: 818–45.

Augé, M. (1995) *Non-Places. Introduction to an Anthropology of Supermodernity*, London: Verso.

Aurigi, A. (2003) *The First Steps of Digital Cities. Development and Social Shaping of Web-Based Urban Cyberspace in Europe*, PhD Thesis, School of Architecture, Planning and Landscape, University of Newcastle-upon-Tyne, Newcastle.

—— and Graham, S. (2000) 'Cyberspace and the City: The "Virtual City" in Europe', in Bridge, G. and Watson, S. (eds) *A Companion to the City*, Oxford: Blackwell, 489–502.

Auyero, J. and Swistun, D. (2009) *Flammable: Environmental Suffering in an Argentine Shantytown*, New York and Oxford: Oxford University Press.

Axenov, K., Brade, I. and Bondarchuk, E. (2006) *The Transformation of Urban Space in Post-Soviet Russia*, London: Routledge.

Bach, S. and Kolins Givan, R. (2011) 'Varieties of New Public Management? The Reform of Public Service Employment Relations in the UK and USA', *The International Journal of Human Resource Management* 22, 11: 2349–66.

Bachrach, P. and Baratz, M.S. (1962) 'Two Faces of Power', *American Political Science Review* 56: 947–52.

Bahrdt, H.P. (1961) *Die moderne Großstadt. Soziologische Überlegungen zum Städtebau*. Rowohlt: Reinbek bei Hamburg.

Bailey, R.W. (1999) *Gay Politics, Urban Politics: Identity and Economics in the Urban Setting*, New York: Columbia University Press.

Baker, J.L. (2012) *Climate Change, Disaster Risk, and the Urban Poor: Cities Building Resilience for a Changing World*, Washington, DC: World Bank.

Ballard, J.G. (2009) 'The Concentration City', in *The Complete Short Stories*, New York: W.W. Norton, 23–38.

Banfield, E.C. (1961) *Political Influence*, Glencoe, IL: Free Press.

Banham, R. (2001) *Los Angeles. The Architecture of Four Ecologies*, Berkeley, CA: University of California.

Bangladesh Ministry of Environment and Forests (2012) *Bangladesh: Rio + 20: National Report on Sustainable Development*, Dhaka: Bangladesh Ministry of Environments and Forests.

Barber, B.R. (2013) *If Mayors Ruled the World: Dysfunctional Nations, Rising Cities*, New Haven, CT: Yale University Press.

Barclay, G. and Tavares, C. (2002) *International Comparisons of Criminal Justice Statistics 2000*, London: UK Home Office.

Barth, G. (1980) *City People: The Rise of Modern City Culture in Nineteenth-Century America*, New York and London: Oxford University Press.

Barth, J.R., Li, T., McCarthy, D., Phumiwasana, T. and Yago, G. (2006) *Economic Impacts of Global Terrorism: From Munich to Bali*. Santa Monica, CA: Milken Institute.

Baruzi, J. (1988) 'L'Esthetique de Georg Simmel' (Georg Simmel's Aesthetic), *Sociétés* 19, Sept.: 3–5.

Baudrillard, J. (1997) 'The Beaubourg-Effect: Implosion and Deterrence', in Leach, N. (ed.) *Rethinking Architecture. A Reader in Cultural Theory*, London: Routledge, 210–24.

Beames, T. (1970) *The Rookeries of London*, London: Frank Cass.

Beasley-Murray, J., Cameron, M.A. and Hershberg, E. (2009) 'Latin America's Left Turns: An Introduction', *Third World Quarterly* 30, 2: 319–30.

Beauregard, R.A. (1985) 'Politics, Ideology and Theories of Gentrification', *Journal of Urban Affairs* 7, 4: 51–62.

—— (1986) 'The Chaos and Complexity of Gentrification', in Smith, N. and Williams, P. (eds) *Gentrification of the City*, Winchester, MA, and London: Allen and Unwin, 35–55.

—— (1995) 'Edge Cities: Peripheralizing the Center', *Urban Geography* 16, 8: 708–21.

—— (2003) 'City of Superlatives', *City & Community* 2, 3: 183–99.

—— and Body-Gendrot, S. (eds) (1999) *The Urban Moment. Cosmopolitan Essays on the Late-20th Century City*, Urban Affairs Annual Reviews ed., Thousand Oaks, CA: Sage.

Bech, H. (1998) 'Citysex: Representing Lust in Public', *Theory, Culture & Society* 15, 3–4: 215–41.

Beevers, R. (1988) *The Garden City Utopia. A Critical Biography of Ebenezer Howard*, London: Macmillan.

Bell, C. and Newby, H. (1971) *Community Studies. An Introduction to the Sociology of the Local Community*, London: Allen and Unwin.

Bellamy, E. (1996) [1888] *Looking Backward, 2000–1887*, London and New York: Dover.

Bendix, R. (1998) *Max Weber: An Intellectual Portrait*, London: Routledge.

Benevolo, L. (1977) *La progettazione della città moderna*, Rome: Laterza.

Benfield, F.K., Terris, J. and Glendening, P. (2001) *Solving Sprawl: Models of Smart Growth in Communities Across America*, New York: Natural Resources Defence Council.

Benjamin, W. (1986) *Moscow Diary*, Cambridge, MA: Harvard University Press.

—— (1997) *One-Way Street*, London: Verso.

—— (1999a) *Illuminations*, London: Pimlico.

—— (1999b) *The Arcades Project*, Cambridge, MA and London: Belknap Press/Harvard University Press.

Berman, M. (1982) *All that is Solid Melts into Air*, London: Verso.

Berry, B.J.L. (1985) 'Islands of Renewal in Seas of Decay', in Petersen, P. (ed.) *The New Urban Reality*, Washington, DC: The Brookings Institution, 69–96.

——, Portney, K.E. and Thomson, K. (1993) *The Rebirth of Urban Democracy*, Washington, DC: Brookings Institution.

Bettencourt, L. and West, G. (2010). 'A Unified Theory of Urban Living', *Nature* 467, 7318: 912–13.

Bevers, A.M. (1982) *Geometrie van de Samenleving: Filosofie en Sociologie in het Werk van Georg Simmel*, Deventer, The Netherlands: Van Loghum Slaterus.

Bhabha, H. (1994) *The Location of Culture*, London: Routledge.

Bish, R.L. and Ostrom, V. (1973) *Understanding Urban Government. Metropolitan Reform Reconsidered*, Washington, DC: American Enterprise Institute for Public Policy.

Bishop, B. and Cushing, R.G. (2009) *The Big Sort: Why the Clustering of Like-Minded America is Tearing us Apart*, New York: Houghton Mifflin.

Bishop, R. and Phillips, J.W. (2013) 'The Urban Problematic', *Theory, Culture & Society* 30, 7–8: 221–41.

Blakely, E.J. and Snyder, M.G. (1997) *Fortress America. Gated Communities in the United States*, Washington, DC: Brookings Institution Press.

Bloch, A. (2010) 'The Right to Rights? Undocumented Migrants from Zimbabwe Living in South Africa', *Sociology* 44, 2: 233–50.

Body-Gendrot, S. (2012) *Globalization, Fear and Insecurity: The Challenges for Cities North and South*, Basingstoke, Hants: Palgrave Macmillan.

Bondi, L. (1991) 'Gender Divisions and Gentrification. A Critique', *Transactions of the Institute of British Geographers* 16, 2: 190–8.

Bonney, N. (1996) 'The Black Ghetto and Mainstream America', *Ethnic and Racial Studies* 19, 1: 193–200.

Boo, K. (2012) *Behind the Beautiful Forevers: Life, Death and Hope in a Mumbai Undercity*, London: Portobello.

Booth, C. (1902) *Life and Labour of the People in London*, London: Macmillan.

Borden, I., Rendell, J., Kerr, J. and Pivaro, A. (eds) (2000) *The Unknown City*, Cambridge, MA: MIT Press.

Bose, S.K. (2013) 'Bourgeois Environmentalism, Leftist Development and Neoliberal Urbanism in the City of Joy', in Samara, T.R., He, S. and Chen, G. (eds) *Locating Right to the City in the Global South*, Abingdon and New York: Routledge, 127–51.

Bosker, B. (2013) *Original Copies: Architectural Mimicry in Contemporary China*, Honolulu: University of Hawai'i Press.

Boudreau, J.A. and Keil, R. (2001) 'Seceding from Responsibility? Secession Movements in Los Angeles', *Urban Studies* 38, 10: 1701–32.

Bourdieu, P. (1986) *Distinction*, London and New York: Routledge.

—— (2000a) *Habitus*, Aldershot, Hants: Ashgate.

—— (2000b) 'Social Space and Symbolic Space', in Robbins, D. (ed.) *Pierre Bourdieu*, Vol. 6, London: Sage, 3–16.

Boyer, C. (1983) *Dreaming the Rational City. The Myth of American City Planning*, Cambridge, MA: MIT Press.

Boyle, T.C. (1996) *The Tortilla Curtain*, New York: Penguin USA.

Braun, B. (2008) 'Thinking the City Through SARS: Bodies, Topologies, Politics', in Keil, R. and Ali, S.H. (eds) *Networked Disease: Emerging Infections in the Global City*, Oxford: Wiley-Blackwell, 250–66.

Brenner, N. (1997) 'Global, Fragmented, Hierarchical: Henri Lefebvre's Geographies of Globalization', *Public Culture* 10, 1: 135–67.

—— (1998a) 'Globalisation and Reterritorialisation: The Re-Scaling of Urban Governance in the European Union', *Urban Studies* 26, 3: 431–51.

—— (1998b) 'Global Cities, Glocal States: Global City Formation and State Territorial Restructuring in Contemporary Europe', *Review of International Political Economy* 5, 1: 1–37.

—— (2000) 'The Urban Question as a Scale Question: Reflections on Henri Lefebvre, Urban Theory and the Politics of Scale', *International Journal of Urban and Regional Research* 24, 2: 361–79.

—— (2002) 'Decoding the Newest "Metropolitan Regionalism" in the USA: A Critical Overview', *Cities* 19, 1: 3–21.

—— (2004) *New State Spaces: Urban Governance and the Rescaling of Statehood*, Oxford: Oxford University Press.

—— (2013) 'Theses on Urbanization', *Public Culture* 25 (1 69): 85–114.

—— (ed.) (2013) *Implosions/Explosions: Towards a Study of Planetary Urbanization*, Berlin: Jovis.

——, Marcuse, P. and Mayer, M. (eds) (2012) *Cities for People, not for Profit: Critical Urban Theory and the Right to the City*, London: Routledge.

—— and Schmid, C. (2013) 'The "Urban Age" in Question', in Brenner, N. (ed.) *Implosions/Explosions: Towards a Study of Planetary Urbanization*, Berlin: Jovis, 310–37.

—— and Theodore, N. (2002) *Spaces of Neoliberalism. Urban Restructuring in North America and Western Europe*, Oxford: Blackwell.

Bressi, T. (2002) *The Seaside Debates*, New York: Rizzoli.

Bridge, G. and Watson, S. (eds) (2000) *A Companion to the City*, Oxford: Blackwell.

——and —— (2002) *The Blackwell City Reader*, Oxford: Blackwell.

Briggs, A. (1982) *Cities and Countrysides. British and American Experience*, Leicester: Leicester University Press.

—— (2001) *Michael Young. Social Entrepreneur*, Basingstoke: Palgrave.

—— and Macartney, A. (1984) *Toynbee Hall. The First Hundred Years*, London: Routledge & Kegan Paul.

Briggs, X. de Souza (1997) 'Social Capital and the Cities: Advice to Change Agents', *National Civic Review* 86, 2 (Summer): 111–18.

Brody, K.M. (1982) 'Simmel as a Critic of Metropolitan Culture', *The Wisconsin Sociologist* 19: 75–83.

Brotchie, J.F., Batty, M., Blakely, E., Hall, P. and Newton, P. (eds) (1995) *Cities in Competition. Productive and Sustainable Cities for the 21st Century*, Melbourne: Longman Australia.

Brown, K. (1981) 'Race, Class and Culture: Towards a Theorization of the "Choice/Constraint" Concept', in Jackson, P. and Smith, S.J. (eds) *Social Interaction and Ethnic Segregation*, London and New York: Academic Press, 185–203.

Brown, R.C. (2012) *East Asian Labor and Employment Law: International and Comparative Context*, Cambridge and New York: Cambridge University Press.

Brownill, S. (2000) 'Regen(d)eration: Woman and Urban Policy in Britain', in Darke, J., Ledwith, S. and Woods, R. (eds) *Woman and the City: Visibility and Voice in Urban Space*, Basingstoke, Hants: Palgrave, 114–29.

Bryan, M.L. and Davis, A.F. (1990) *100 Years at Hull-House*, Bloomington, IN: Indiana University Press.

Buchanan, J.M. (1957) 'Social Choice, Democracy, and Free Markets', *Journal of Political Economy* 62, 2: 114–23.

—— (1965) 'An Economic Theory of Clubs', *Economica* 32, 125: 1–14.

Buckley, R.M. (2011) 'Social Inclusion in Mumbai: Economics Matters Too', *Environment and Urbanization* 23, 1: 277–84.

Buck-Morss, S. (1989) *Dialectics of Seeing: Walter Benjamin and the Arcades Project*, Cambridge, MA: MIT Press.

Bulmer, M. (1984) *The Chicago School of Sociology. Institutionalization, Diversity, and the Rise of Sociological Research*, Chicago, IL and London: University of Chicago Press.

Burdett, R. and Sudjic, D. (eds) (2007) *The Endless City: The Urban Age Project by the London School of Economics and Deutsche Bank's Alfred Herrhausen Society*, London: Phaidon.

Burgess, E.W. (1925) 'The Growth of the City: An Introduction to a Research Project', in Park, R.E., Burgess, E.W. and McKenzie, R.D. *The City*, Chicago, IL: University of Chicago Press, 47–62.

—— (1938) 'Personality Traits of the Brothers', in Shaw, C., McKay, H.D. and McDonald, J.F. *Brothers in Crime*, Chicago, IL: University of Chicago Press, 326–35.

Burnham, D.H., Bennett, E.H. and Moore, C. (1909) *Plan of Chicago Prepared Under the Direction of the Commercial Club During the Years 1906, 1907, and 1908*, Chicago, IL: The Commercial Club.

Burrows, R. (2009) 'Afterword: Urban Informatics and Social Ontology', in M. Foth (ed.) *Handbook of Research on Urban Informatics*, Hershey, PA: Information Science Reference, 450–4.

—— (2014) 'Area-Based Classifications', in Thrift, N., Tickell, A., Woolgar, S. and Rupp, W. (eds) *Globalisation in Practice*, Oxford: Oxford University Press, 257–60.

—— and Beer, D. (2013) 'Spaces', in Orton-Johnson, K. and Prior, N. (eds) *Digital Sociology. Critical Perspectives*, Basingstoke, Hants: Palgrave, 61–78.

—— and Gane, N. (2006) 'Geodemographics, Software and Class', *Sociology* 40, 5: 793–812.

Butler, J. (1999) *Gender Trouble. Feminism and the Subversion of Identity*, London and New York: Routledge.

Butler, O. (1993) *Parable of the Sower*, New York: Four Walls Eight Windows.

Butler, T. and Robson, G. (2001) 'Social Capital, Gentrification and Neighbourhood Change in London: A Comparison of Three South London Neighbourhoods', *Urban Studies* 38, 12: 2145–62.

Byrne, D. (2001) *Understanding the Urban*, Basingstoke and New York: Palgrave.

Caldeira, T.P. (1996) 'Fortified Enclaves: The New Urban Segregation', *Public Culture* 8, 2: 303–28.

Calthorpe, P. (1993) *The Next American Metropolis*, New York: Princeton Architectural Press.

Calvino, I. (1978) *Invisible Cities*, San Diego, New York and London: Harvest.

Campbell, T. (2012) *Beyond Smart Cities: How Cities Network, Learn and Innovate*, Abingdon, Oxon and New York: Earthscan.

Cano, A. (1999) 'The Cardboard Door', in Kamel, R. and Hoffman, A. (eds) *The Maquiladora Reader*, Philadelphia, PA: American Friends Service Commission, 9–13.

Carey, J.T. (1975) *Sociology and Public Affairs. The Chicago School*, Beverly Hills, CA and London: Sage.

Carr, J.B. and Feiock, R.C. (1999) 'Metropolitan Government and Economic Development', *Urban Affairs Review* 34, 3: 476–88.

Carr, J.H. and Megbolugbe, I.F. (1993) *HMDA Data and Mortgage Market Research*, Washington, DC: Fannie Mae Research Roundtable Series.

Carr, M. (2012) *Fortress Europe: Dispatches from a Gated Continent*, London: Hurst.

Carson, M. (1990) *Settlement Folk. Social Thought and the American Settlement Movement, 1885–1930*, Chicago, IL: University of Chicago Press.

Carter, D. (1997) 'Digital Democracy or Information Aristocracy?', in Loader, B. (ed.) *The Governance of Cyberspace*, London: Routledge, 136–52.

Castells, M. (1968) 'Y a-t-il une sociologie urbaine?', *Sociologie du Travail* 1: 72–91.

—— (1972) *La question urbaine*, Paris: Maspero.

—— (1974) *Monopolville. Analyse des rapports entre l'entreprise, l'Etat et l'urbain à partir d'une enquête sur la croissance industrielle et urbaine de la région de Dunkerque*, Paris: Mouton.

—— (1977) *The Urban Question*, London: Edward Arnold.

—— (1978) *City, Class and Power*, London: Macmillan.

—— (1983) *The City and the Grassroots*, London: Edward Arnold.

—— (1989) *The Informational City. Information Technology, Economic Restructuring, and the Urban Regional Process*, Oxford: Basil Blackwell.

—— (1994) 'European Cities, the Informational Society, and the Global Economy', *New Left Review* 204 (March–April): 18–32.

—— (1996) *The Rise of the Network Society*, 1st edn, Oxford: Blackwell.

—— (1997) *The Power of Identity*, Vol. 2 of *The Information Age*, Oxford: Blackwell.

—— (1998) *End of Millennium*, Vol. 3 of *The Information Age*, Oxford: Blackwell.

—— (2000a) *The Rise of the Network Society*, 2nd edn, Vol. 1 of *The Information Age*, Oxford: Blackwell.

—— (2000b) 'Urban Sustainability in the Information Age', *City* 4, 1: 118–22.

—— and Borja, J. (1997) *Local and Global. Management of Cities in the Information Age*, London: Earthscan.

—— and Hall, P. (1994) *Technopoles of the World. The Making of 21st Century Industrial Complexes*, London: Routledge.

Cavan, R. (1983) 'The Chicago School of Sociology, 1918–1933', *Urban Life* 11, 4: 407–20.

Caygill, H. (1998) *Walter Benjamin. The Colour of Experience*, London: Routledge.

——, Coles A. and Klimowski, A. (with Appignanesi, R.) (1998) *Walter Benjamin for Beginners*, Duxford: Icon.

Celebration Company (2001) 'Innovative Town Focuses Spotlight on Community Building', 30 October. Available on-line at http://www.celebrationfl.com/press_room/011030.html (accessed 27 March 2003).

Chapin, F. S. (1965) *Urban Land Use Planning*, Urbana, IL: University of Illinois Press.

Chattopadhyay, S. (2006) *Representing Calcutta: Modernity, Nationalism and the Colonial Uncanny*, London: Routledge.

Chauncey, G. (1994) *Gay New York. Gender, Urban Culture and the Making of the Gay Male World 1890–1940*, New York: Basic Books.

Chernick, H. (2005) *Resilient City: The Economic Impact of 9/11*, New York: Russell Sage Foundation.

Cherry, G. (1996) *Town Planning in Britain since 1900: The Rise and Fall of the Planning Ideal*, Oxford: Blackwell.

Chowdhury, T. and Furedy, C. (1994) *Urban Sustainability in the Third World: A Review of the Literature. Issues in Urban Sustainability* 5, Winnipeg: Institute of Urban Studies, University of Winnipeg.

Chowell, G., Ammon, C.E., Hengartner, N.W. and Hyman, J.M. (2006) 'Estimation of the Reproductive Number of the Spanish Flu Epidemic in Geneva, Switzerland', *Vaccine* 24(44–46): 6747–50.

Ciucci, G., Dal Co, F., Maniera-Elia, M. and Tafuri, M. (1979) *The American City*, Cambridge, MA: MIT Press.

Claes, T. (1994) 'Op wandel in de grootstad. Een schets van de moderne samenleving in Simmeliaans perspectief' (Living in a Metropolis. A Sketch of Modern Society from a Simmelian Point of View), *Tijdschrift voor Sociale Wetenschappen* 39, 4: 357–83.

Clapson, M. (1998) *Invincible Green Suburbs, Brave New Towns. Social Change and Urban Dispersal in Post-War England*, Manchester: Manchester University Press.

Clark, T.J. (1999) *Farewell to an Idea. Episodes from a History of Modernism*, New Haven, CT and London: Yale University Press.

Clarke, D.B. (ed.) (1997) *The Cinematic City*, London: Routledge.

Clarke, S.E. and Gaile, G.L. (1998) *The Work of Cities*, Minneapolis, MN: University of Minnesota Press.

Clavel, P. and Kleniewski, N. (1990) 'Space for Progressive Local Policy: Examples from the United States and the United Kingdom', in Logan, J.R. and Swanstrom, T. (eds) *Beyond the City Limits. Urban Policy and Economic Restructuring in Comparative Perspective*, Philadelphia, PA: Temple University Press, 199–234.

Coaffee, J. and Rogers, P. (2008) 'Rebordering the City for New Security Challenges: From Counter-Terrorism to Community Resilience', *Space and Polity* 12, 1: 101–18.

Cockburn, C. (1977) *The Local State*, London: Pluto Press.

Cohen, R.B. (1981) 'The New International Division of Labour, Multinational Corporations and Urban Hierarchy', in Dear, M. and Scott, A. (eds) *Urbanization and Urban Planning in Capitalist Society*, London: Methuen, 287–315.

Congress of the New Urbanism (2003) 'Charter of the New Urbanism'. Available online at http://www.cnu.org/cnu_reports/Charter.pdf (accessed March 2003).

Copjec, J. (1999) 'The Tomb of Perseverance: On Antigone', in Sorkin, M. and Copjec, J. (eds) *Giving Ground. The Politics of Propinquity*, London: Verso, 233–66.

Cox, K.R. (ed.) (1997) *Spaces of Globalization. Reasserting the Power of the Local*, New York and London: Guilford Press.

Crawford, M. and Cenzatti, M. (1998) '"The Right to the City": Commodification and Decommodification of Public Space in Los Angeles', International Sociological Association Paper.

Crenson, M. (1971) *The Un-Politics of Air Pollution: A Study of Non-Decisionmaking in the Cities*, Baltimore, MD: Johns Hopkins University Press.

Cressey, P.G. (1932) *The Taxi-Dance Hall. A Sociological Study in Commercialized Recreation and City Life*, Chicago, IL: University of Chicago Press.

CREW (2007) *The Best Laid Plans: The Story of How the Government Ignored Its Own Gulf Coast Hurricane Plan*. Washington, DC: Citizens for Responsibility and Ethics in Washington.

Crush, J., Ramachandran, S. and Pendelton, W. (2013) 'Soft Targets: Xenophobia, Public Violence and Changing Attitudes to Migrants after May 2008', Report, Cape Town: Southern African Migration Project.

Cutler, D.M., Glaeser, E.L. and Vigdor, J.L. (1997) *The Rise and Decline of the American Ghetto*, Cambridge, MA: National Bureau of Economic Research.

Dahl, R. (1961) *Who Governs?* New Haven, CT: Yale University Press.

Dahrendorf, R. (1995) *LSE. A History of the London School of Economics and Political Science*, Oxford: Oxford University Press.

Damer, B. (1998) *Avatars! Exploring and Building Virtual Worlds on the Internet*, Berkeley, CA: Beachpit Press.

Datta, A. (2012) *The Illegal City: Space, Law and Gender in a Delhi Squatter Settlement*, Farnham, Surrey: Ashgate.

Davidson, A. (1992) 'Henri Lefebvre', *Thesis Eleven* 33: 152–5.

Davies, J.S. and Imbroscio, D. L. (eds) (2009) *Theories of Urban Politics*, London and Thousand Oaks, CA: Sage.

—— (2010) *Critical Urban Studies: New Directions*, Albany, NY: SUNY Press.

Davis, A.F. (1967) *Spearhead for Reform: The Social Settlements and the Progressive Movement*, Oxford: Oxford University Press.
—— (1973) *American Heroine. The Life and Legend of Jane Addams*, New York: Oxford University Press.
Davis, J.S., Nelson, A.C. and Dueker, K.J. (1994) 'The New 'Burbs: The Exurbs and Their Implications for Planning Policy', *Journal of the American Planning Association* 60, 1: 45–59.
Davis, M. (1992) *City of Quartz. Excavating the Future of Los Angeles*, London: Vintage.
—— (2000a) *Magical Urbanism. Latinos Reinvent the US City*, London and New York: Verso.
—— (2000b) *Ecology of Fear. Los Angeles and the Imagination of Disaster*, London: Picador.
—— (2006) *Planet of Slums*, London: Verso.
Davoudi, S. (2012) 'Resilience: A Bridging Concept or a Dead End?', *Planning Theory & Practice* 13, 2: 299–333.
Deakin, M. (ed.) (2013) *Creating Smart-er Cities*, London: Routledge.
Dear, M. (ed.) (2000) *The Postmodern Urban Condition*, Oxford and Malden, MA: Blackwell.
—— (2002) *From Chicago to LA: Making Sense of Urban Theory*, Thousand Oaks, CA and London: Sage.
de Certeau, M. (1984) *The Practice of Everyday Life*, Berkeley, CA: University of California Press.
Deegan, M.J. (1988) *Jane Addams and the Men of the Chicago School, 1892–1918*, New Brunswick, NJ: Transaction Books.
Dehaene, M. and Cauter, L. (eds) (2008) *Heterotopia and the City: Public Space in a Postcivil Society*, London: Routledge.
De Landa, M. (1997) *A Thousand Years of Non-Linear History*, New York: Zone Books.
Della Porta, D. and Andretta, M. (2002) 'Social Movements and Public Administrations: Spontaneous Citizens' Committees in Florence', *International Journal of Urban and Regional Research* 26, 2: 244–65.
Derrida, J. (1972) *Marges de la philosophie*, Paris: Les Editions de Minuit.
Desai, R. and Sanyal, R. (eds) (2012) *Urbanizing Citizenship: Contested Spaces in Indian Cities*, Thousand Oaks, CA: Sage.
de Saussure, F. (1974) *Course in General Linguistics*, London: Fontana.
Dick, P.K. (1999) *Do Androids Dream of Electric Sheep?*, London: Millennium.
Dickens, P. (1990) *Urban Sociology. Society, Locality and Human Nature*, London: Harvester Wheatsheaf.
Dieleman, F.M. (1994) 'Social Rented Housing: Valuable Asset or Unsustainable Burden', *Urban Studies* 31, 3: 447–63.
DiGaetano, A. and Klemanski, J.S. (1993) 'Urban Regimes in Comparative Perspective: The Politics of Urban Development in Britain', *Urban Affairs Quarterly* 29, 1: 54–83.
Dikeç, M. (2009) 'Justice and the Spatial Imagination', in Marcuse, P. *et al.* (eds) *Searching for the Just City: Debates in Urban Theory and Practice*, London: Routledge, 72–88.
Dililberto, G. (1999) *A Useful Woman. The Early Life of Jane Addams*, New York: Scribner/A Lisa Drew Book.
Dodge, M. and Kitchin, R. (2008) *Software, Objects and Home Space*. Working Paper 35. Maynooth: National Institute for Regional and Spatial Analysis, National University of Ireland, Maynooth.
Doherty, R.J. (1981) *The Complete Photographic Work of Jacob A. Riis*, New York: Macmillan.
Domhoff, G. (1970) *The Higher Circles: The Governing Class in America*, New York: Random House.
—— (1978) *Who Really Rules? New Haven Community Power Re-Examined*, Santa Monica, CA: Goodyear.
Domínguez-Cherit, G., Lapinsky, S.E., Macias, A.E., Pinto, R., Espinosa-Perez, L., de la Torre, A. ... Fowler, R.A. (2009) 'Critically Ill Patients with 2009 Influenza A(H1N1) in Mexico', *Journal of the American Medical Association* 302, 17: 1880–87.
Donald, J. (1992) 'Metropolis: The City as Text', in Bocock, R. and Thompson, K. (eds) *Social and Cultural Forms of Modernity*, Cambridge: Polity Press/Open University, 417–75.

Dowding, K. (1996) *Power*, Buckingham: Open University Press.
Downs, A. (1957) *An Economic Theory of Democracy*, New York: Harper and Row.
—— (1968) 'Alternative Futures for the American Ghetto', *Daedalus* XCVII, 4 (Fall): 1331–78.
Drakakis-Smith, D. (2000) *Third World Cities*, London: Routledge.
Dreier, P., Mollenkopf, J. and Swanstrom, T. (2001) *Place Matters. Metropolitics for the Twenty-First Century*, Lawrence, KA: University Press of Kansas.
Driskell, D.C. (2002) *Creating Better Cities with Children and Youth*, London: Earthscan.
Duany, A., Plater-Zyberg, E. and Speck, J. (2001) *Suburban Nation: The Rise of Sprawl and the Decline of the American Dream*, New York: North Point Press.
——, —— and —— (2003) *The Smart Growth Manual*, New York: McGraw-Hill Professional.
Duncan, N. (1996) 'Renegotiating Gender and Sexuality in Public and Private Spaces', in Duncan, N. (ed.) *BodySpace: Destabilising Geographies of Gender and Sexuality*, London and New York: Routledge, 127–45.
Duncan, S. and Goodwin, M. (eds) (1988) *The Local State and Uneven Development. Behind the Local Government Crisis*, Cambridge: Polity Press.
Dunleavy, P. (1980) *Urban Political Analysis. The Politics of Collective Consumption*, Basingstoke: Macmillan.
Durkheim, E. (1947) *The Division of Labor in Society*, Glencoe, IL: The Free Press.
Dutton, J.A. (2000) *New American Urbanism. Re-Forming the Suburban Metropolis*, Milan and London: Skira.
Easterling, K. (2011) 'The Action is the Form', in Shephard, M. (ed.) *Sentient City: Ubiquitous Computing, Architecture, and the Future of Urban Space*, Cambridge, MA and London: MIT Press.
Edensor, T. and Jayne, M. (2012) *Urban Theory Beyond the West: A World of Cities*, London and New York: Routledge.
Eisenman, P., Krauss, R. and Tafuri, M. (1987) *House of Cards*, New York: Oxford University Press.
Elden, S. (2004) *Understanding Henri Lefebvre: Theory and the Possible*, London: Continuum.
—— (2009) *Terror and Territory: The Spatial Extent of Sovereignty*, Minneapolis, MN and London: University of Minnesota Press.
Elkin, S. (1987) *City and Regime in the American Republic*, Chicago, IL: University of Chicago Press.
Ellin, N. (1996) *Postmodern Urbanism*, Oxford and Cambridge, MA: Blackwell.
Elliott, B. and McCrone, D. (1982) *The City: Patterns of Domination and Conflict*, London: Macmillan.
Elshtain, J.B. (ed.) (2002) *The Jane Addams Reader*, New York: Basic Books.
Engels, F. (1971) *The Condition of the Working Class in England*, 2nd edn, Oxford: Blackwell.
—— (1993) *The Condition of the Working Class in England*, Oxford: Oxford University Press.
Englander, D. (1995) 'Comparisons and Contrasts: Henry Mayhew and Charles Booth as social investigators', in Englander, D. and O'Day, R. (eds) *Retrieved Riches: Social Investigation in Britain 1840–1914*, Aldershot, Hants: Scholar Press, 105–42.
—— and O'Day, R. (eds) (1995) *Retrieved Riches: Social Investigation in Britain 1840–1914*, Aldershot, Hants: Scholar Press.
Esnard, A.-M. and Sapat, A. (2014) *Displaced by Disaster: Recovery and Resilience in a Globalizing World*, New York: Routledge.
Evans, P. (2002) 'Introduction. Looking for Agents of Urban Livability in a Globalized Political Economy', in Evans, P. (ed.) *Livable Cities? Urban Struggles for Livelihood and Sustainability*, Berkeley, CA: University of California Press, 1–30.
Faderman, L. (1991) *Odd Girls and Twilight Lovers. A History of Lesbian Life in Twentieth-Century America*, New York: Columbia University Press.
Fainstein, N. and Fainstein, S. (1974) *Urban Political Movements. The Search for Power by Minority Groups in American Cities*, Urban Affairs Annual Reviews, Englewood Cliffs, NJ: Prentice-Hall.
—— and —— (eds) (1982) *Urban Policy Under Capitalism*, Vol. 22, Beverly Hills, CA and London: Sage.

Fainstein, S. (1993) *The City Builders*, Oxford: Blackwell.

—— (1999) 'Can We Make the Cities We Want?', in Beauregard, R. and Body-Gendrot, S. (eds) (1999) *The Urban Moment. Cosmopolitan Essays on the Late-20th Century City*, Urban Affairs Annual Reviews, Thousand Oaks, CA: Sage, 249–72.

—— (2000) 'The Egalitarian City. Images of Amsterdam', in Deben, L., Heinemeijer, W. and van der Vaart, D. (eds) *Understanding Amsterdam. Essays on Economic Vitality, City Life and Urban Form*, Amsterdam: Het Spinhuis Publishers, 93–115.

—— (2010) *The Just City*, Ithaca, NY: Cornell University Press.

—— and Campbell, S. (eds) (1996) *Readings in Urban Theory*, Oxford: Blackwell.

——, Gordon, I. and Harloe, M. (1992) *Divided Cities: New York and London in the Contemporary World*, Oxford: Blackwell.

Faris, R.E.L. and Dunham, H.W. (1939) *Mental Disorders and Urban Areas*, Chicago, IL: University of Chicago Press.

Farrell, J.T. (1993) *Studs Lonigan. A Trilogy Comprising Young Lonigan, The Young Manhood of Studs Lonigan, and Judgement Day*, Urbana, IL and Chicago, IL: University of Illinois Press.

Feagin, J.R. (1998) *The New Urban Paradigm. Critical Perspectives on the City*, Lanham, MD: Rowman & Littlefield.

—— and Smith, M.P. (eds) (1987) *The Capitalist City. Global Restructuring and Community Politics*, Oxford and Cambridge, MA: Blackwell.

Ferguson, J. (2006) *Global Shadows: Africa in the Neoliberal World Order*, Durham, NC and London: Duke University Press.

Ferguson, P.P. (1994) 'The Flâneur on and off the Streets of Paris', in Test, K. (ed.) *The Flâneur*, London and New York: Routledge, 22–42.

Ferrell, J. (2003) *Tearing Down the Streets: Adventures in Crime and Anarchy*, Basingstoke, Hants: Palgrave.

Fine, G.A. (1995) *A Second Chicago School? The Development of a Postwar American Sociology*, Chicago, IL: University of Chicago Press.

Fisher, I.D. (1986) *Frederick Law Olmsted and the City Planning Movement in the United States*, Ann Arbor, MI: UMI Research Press.

Fishman, R. (1977) *Urban Utopias in the Twentieth Century. Ebenezer Howard, Frank Lloyd Wright, and Le Corbusier*, New York: Basic Books.

—— (1987) *Bourgeois Utopias. The Rise and Fall of Suburbia*, New York: Basic Books.

—— (2000) 'The Metropolitan Tradition in American Planning', in Fishman, R. (ed.) *The American Planning Tradition*, Washington, DC: The Woodrow Wilson Center Press, 65–85.

Florida, R.L. (2010) *The Great Reset: How New Ways of Living and Working Drive Post-crash Prosperity*, New York: Harper.

Fluri, J.L. (2011) 'Bodies, Bombs and Barricades: Geographies of Conflict and Civilian (In) Security', *Transactions of the Institute of British Geographers, NS* 36: 280–96.

Folke, S. Colding, J. and Berkes, F. (2002) 'Synthesis: Building Resilience and Adaptive Capacity in Social-Ecological Systems', in Berkes, F. Colding, J. and Folke, C. (eds) *Navigating Social-Ecological Systems: Building Resilience for Complexity and Change*, Cambridge: Cambridge University Press, 352–87.

Foucault, M. (1997a) *The Order of Things*, London: Routledge.

—— (1997b) 'Of Other Spaces: Utopia and Heterotopias', in Leach, N. (ed.) *Rethinking Architecture. A Reader in Cultural Theory*, London: Routledge, 350–6.

—— (2001) *Madness and Civilization*, London: Routledge.

—— (2002) *The Archaeology of Knowledge*, London and New York: Routledge.

—— and Miskowiec, J. (1986) 'Of Other Spaces', *Diacritics* 16, 1: 22–27.

Fox, S. (2012) 'Urbanization as a Global Historical Process: Theory and Evidence from sub-Saharan Africa', *Population and Development Review* 38, 2: 285–310.
Frantz, D. and Collins, C. (2000) *Celebration, USA. Living in Disney's Brave New Town*, New York: Henry Holt.
Fried, A. and Elman, R.M. (1969) *Charles Booth's London*, London: Hutchinson.
Friedman, T.L. (2007) *The World is Flat: The Globalized World in the Twenty-first Century*, London: Penguin.
Friedmann, J. (1986) 'The World City Hypothesis', *Development and Change* 17, 10: 69–83.
—— (1995) 'Where We Stand. A Decade of World City Research', in Knox, P.L. and Taylor, P. (eds) *World Cities in a World System*, Cambridge: Cambridge University Press, 21–47.
—— and Wolff, G. (1982) 'World City Formation: An Agenda for Research and Action', *International Journal of Urban and Regional Research* 6, 3: 309–43.
Frisby, D. (1984) *Georg Simmel*, Chichester, Sussex: Horwood.
—— (1985) *Fragments of Modernity. Theories of Modernity in the Work of Simmel, Kracauer, and Benjamin*, 1st edn, Cambridge: Polity Press.
—— (1987) 'The Ambiguity of Modernity: Georg Simmel and Max Weber', in Mommsen, W. (ed.) *Max Weber and His Contemporaries*, London: Allen and Unwin, 422–33.
—— (1988) *Fragments of Modernity. Theories of Modernity in the Work of Simmel, Kracauer, and Benjamin*, 2nd edn, Cambridge, MA: MIT.
—— (1992a) *Sociological Impressionism. A Reassessment of Georg Simmel's Social Theory*, 2nd edn, London: Routledge.
—— (1992b) *Simmel and Since. Essays on Georg Simmel's Social Theory*, London and New York: Routledge.
—— (1994) *Georg Simmel. Critical Assessments*, Vol. 3, London and New York: Routledge.
Froebel, V., Heinrichs, J. and Kreye, O. (1980) *The New International Division of Labour. Structural Unemployment in Industrial Countries and Industrialisation in Developing Countries*, Cambridge: Cambridge University Press.
Fujita, M., Krugman, P. and Venables, A.J. (1999) *The Spatial Economy. Cities, Regions, and International Trade*, Cambridge, MA: MIT Press.
Fulton, W. (1996) *The New Urbanism: Hope or Hype for American Communities?*, Cambridge, MA: Lincoln Institute of Land Policy.
Gambacorta, C. (1989) 'Experiences of Daily Life', *Current Sociology* 37, 1: 121–40.
Gandal, K. (1997) *The Virtues of the Vicious. Jacob Riis, Stephen Crane, and the Spectacle of the Slum*, Oxford: Oxford University Press.
Gans, H.J. (1962) *The Urban Villagers. Group and Class in the Life of Italian-Americans*, 1st edn, Glencoe, IL: The Free Press.
—— (1967) *The Levittowners. Ways of Life and Politics in a New Suburban Community*, London: Allen Lane/The Penguin Press.
—— (1982) *The Urban Villagers. Group and Class in the Life of Italian-Americans*, 2nd edn, London: The Free Press/Collier Macmillan Publishers.
—— (ed.) (1991) *People, Plans, and Policies: Essays on Poverty, Racism, and Other National Urban Problems*, New York: Columbia University Press.
Gärling, T. (1995) 'Introduction: How Do Urban Residents Acquire, Mentally Represent, and Use Knowledge of Spatial Layout?' in Gärling, T. (ed.) *Urban Cognition*, London: Academic Press.
Garreau, J. (1991) *Edge City: Life on the New Frontier*, New York: Anchor Books.
Garside, P. and Hebbert, M. (eds) (1989) *British Regionalism 1900–2000*, London: Mansell.
Gbah Bear, L. (1994) 'Miscegenations of Modernity: Constructing European Respectability and Race in the Indian Railway Colony, 1857–1931', *Women's History Review* 3, 4: 531–48.

Gee, M. (1997) 'Deciphering the Great Code', in Allen, M. (ed.) *Ideas that Matter. The Worlds of Jane Jacobs*, Owen Sound, Ontario: The Ginger Press, 159–60.
Genocchio, B. (1995) 'Discourse, Discontinuity, Difference: The Question of "Other" Spaces', in Watson, S. and Gibson, K. (eds) *Postmodern Cities and Spaces*, Oxford: Blackwell, 35–46.
George, H. (1976) [1880] *Progress and Poverty*, London: Dent.
Gephart, W. (1992) 'L'image de la modernité chez Georg Simmel' (The Image of Modernity in Georg Simmel), *Sociétés* 37: 267–78.
Gerth, H.H. and Mills, C.W. (eds) (1970) *From Max Weber. Essays in Sociology*, London: Routledge & Kegan Paul.
Gibson, W. (2001) *Neuromancer*, London: Voyager.
—— and Sterling, B. (1990) *The Difference Engine*, London: Gollancz.
Giddens, A. (1972) *Politics and Sociology in the Thought of Max Weber*, London: Macmillan.
—— (1979) *Central Problems in Social Theory. Action, Structure and Contradiction in Social Analysis*, Basingstoke, Hants: Macmillan.
—— (1984) *The Constitution of Society. Outline of the Theory of Structuration*, 1st edn, Cambridge: Polity Press.
—— (1994) 'Living in a Post-Traditional Society', in Beck, U., Giddens, A. and Lash, S. (eds) *Reflexive Modernization. Politics, Tradition and Aesthetics in the Modern Social Order*, Cambridge: Polity Press, 56–109.
Gilloch, G. (1996) *Myth and Metropolis. Walter Benjamin and the City*, Cambridge: Polity Press.
Glaeser, E.L. (2012) *Triumph of the City*, London: Pan Books.
Glass, R. (1955) 'Urban Sociology in Great Britain', *Current Sociology* IV, 4: 5–76.
—— (1960) *Newcomers. The West Indians in London*, London: Centre for Urban Studies/Allen and Unwin.
—— (1966) 'Conflict in Cities', in Glass, R. (ed.) *Conflict in Society*, London: Churchill.
—— *et al.* (eds) (1964) *London: Aspects of Change*, London: Macgibbon and Kee.
Gleeson, B. (2012) 'Critical Commentary. The Urban Age: Paradox and Prospect', *Urban Studies* 49, 5: 931–43.
—— (2013) 'What Role for Social Science in the "Urban Age"?', *International Journal of Urban and Regional Research* 37, 5: 1839–51.
Goldsmith, W.W. and Blakely, E.J. (1992) *Separate Societies. Poverty and Inequality in U.S. Cities*, Philadelphia, PA: Temple University Press.
Golubchikov, O. and Phelps, N.A. (2011) 'The Political Economy of Place at the Post-Socialist Urban Periphery: Governing Growth on the Edge of Moscow', *Transactions of the Institute of British Geographers* 36, 3: 425–40.
Goodman, R. (1971) *After the Planners*, Harmondsworth: Penguin.
Gordon, D. (1977) 'Class Struggle and the Stages of Urban Development', in Watkins, A. and Derry, R. (eds) *The Rise of the Sunbelt Cities*, Beverly Hills, CA: Sage, 55–82.
—— (1984) 'Capitalist Development and the History of American Cities', in Tabb, W. and Sawers, L. (eds) *Marxism and the Metropolis*, 2nd edn, New York: OUP, 21–53.
Gottdiener, M. (1987) 'Crisis Theory and Socio-Spatial Restructuring: The US Case', in Gottdiener, M. and Komninos, N. (eds) *Capitalist Development and Crisis Theory: Accumulation, Regulation and Spatial Restructuring*, Basingstoke, Hants: Macmillan, 365–90.
—— (1992) 'Critique of Everyday Life', Vol. 1, *Sociology* 26, 3: 530–2.
—— (1993) 'A Marx for Our Time: Henri Lefebvre and The Production of Space', *Sociological Theory* 11, 1: 129–34.
—— (1994) *The Social Production of Urban Space*, 2nd edn, Austin, TX: University of Texas Press.
—— (1996) 'Alienation, Everyday Life, and Postmodernism as Critical Theory', in Geyer, F. (ed.) *Alienation, Ethnicity, and Postmodernism*, Westport, CT: Greenwood, 139–48.
—— (2000) 'Lefebvre and the Bias of Academic Urbanism. What Can We Learn from the "New" Urban Analysis?', *City* 4, 1: 93–100.

—— Collins, C.C. and Dickens, D. (1999) *Las Vegas: The Social Production of an All-American City*, Oxford: Blackwell.

Graham, M., Zook, M. and Boulton, A. (2013) 'Augmented Reality in Urban Places: Contested Content and the Duplicity of Code', *Transactions of the Institute of British Geographers* 38, 3: 464–79. Online first 2012.

Graham, S. (1999) 'Towards Urban Cyberspace Planning: Grounding the Global through Urban Telematics Policy and Planning', in Downey, J. and McGuigan, J. (eds) *Technocities*, London: Sage, 9–33.

—— (2002) 'Digital Space Meets Urban Place. Sociotechnologies of Urban Restructuring in Downtown San Francisco', *City* 6, 3: 369–82.

—— (ed.) (2004) *The Cybercities Reader*, New York: Routledge.

—— (ed.) (2009) *Disrupted Cities. When Infrastructure Fails*, New York: Routledge.

—— (2010) *Cities Under Siege: The New Military Urbanism*, London: Verso.

—— and Marvin, S. (1996) *Telecommunications and the City. Electronic Spaces, Urban Places*, London and New York: Routledge.

—— and —— (2001) *Splintering Urbanism: Networked Infrastructures, Technological Mobilities and the Urban Condition*, London and New York: Routledge.

Gramsci, A. (1971) *Selections from the Prison Notebooks*, Hoare, Q. and Nowell-Smith, G. (eds) London: Lawrence & Wishart.

Greater London Authority (2010) *The Mayor's Economic Development Strategy for London*, London: GLA.

Green, S.F. (1997) *Urban Amazons. Lesbian Feminism and Beyond in the Gender, Sexuality, and Identity Battles of London*, Basingstoke, Hants: Macmillan.

Greenfield, A. (2013) *Against the Smart City*, New York: Do Projects.

Greenstein, S. and Prince, J. (2009) 'Internet Diffusion and the Geography of the Digital Divide in the United States', in Mansell, R., Avgerou, C., Quah, D. and Silverstone, R. (eds) *The Oxford Handbook of Information and Communication*, Oxford: Oxford University Press, 168–95.

Greer, S. (1962) *The Emerging City. Myth and Reality*, Glencoe, IL: Free Press.

Gregory, D. and Urry, J. (eds) (1985) *Social Relations and Spatial Structures*, Cambridge: Cambridge University Press.

Gregory, S. (1999) *Black Corona: Race and the Politics of Place in Urban Community*, Princeton, NJ: Princeton University Press.

Grosz, E. (1995) *Space, Time and Perversion: Essays on the Politics of Bodies*, London: Routledge.

—— (2002) 'Bodies-Cities', in Bridge, G. and Watson, S. (eds) *The Blackwell City Reader*, Oxford: Blackwell, 297–303.

Guerrero, C. (1997) 'Regional Development Strategies of a New Regional Government: the Junta de Andalucia, 1984–1992', *Progress in Planning* 48, 2: 67–160.

Guest, A.M. (1997) 'Robert Park and the Natural Area: A Sentimental Review', in Plummer, K. (ed.) *The Chicago School. Critical Assessments*, London: Routledge, 5–27.

Gurr, T.R. and King, D.S. (1987) *The State and the City*, Basingstoke, Hants: Macmillan.

Guzanova, A.K. (1997) *The Housing Market in the Russian Federation: Privatization and its Implications for Market Development*, Washington, DC: World Bank.

Haber, P. (2006) *Power from Experience: Urban Popular Movements in Late Twentieth-Century Mexico*, University Park, PA: Pennsylvania State University Press.

Habermas, J. (1976) *Legitimation Crisis*, London: Heinemann Educational Books.

—— (1989) *The Structural Transformation of the Public Sphere*, Cambridge, MA: MIT Press.

Habitat/United Nations Centre for Human Settlements (2001) *Cities in a Globalizing World. Global Report on Human Settlements*, London: Earthscan.

Hall, P. (1966) *The World Cities*, New York: McGraw-Hill.
—— (1985) *Urban and Regional Planning*, London: Allen and Unwin.
—— (1988) *Cities of Tomorrow: An Intellectual History of Urban Planning and Design in the Twentieth Century*, Oxford and Cambridge, MA: Blackwell.
—— (1998) *Cities in Civilisation. Culture, Innovation and Urban Order*, London: Weidenfeld and Nicolson.
—— and Ward, C. (1998) *Sociable Cities. The Legacy of Ebenezer Howard*, Chichester, Sussex: John Wiley.
Hall, S. (2012) *City, Street and Citizen: The Measure of the Ordinary*, London: Routledge.
Halpern, R. (1997) 'Respatializing Marxism and Remapping Urban Space', *Journal of Urban History* 23, 2: 221–30.
Hamel, P., Mayer, M. and Lustiger-Thaler, H. (eds) (2000) *Urban Movements in a Globalising World*, London: Routledge.
Hamnett, C. (1991) 'The Blind Men and the Elephant: The Explanation of Gentrification', *Transactions of the Institute of British Geographers* 16, 2: 173–89.
—— (1992) 'Gentrifiers or Lemmings? A Response to Neil Smith', *Transactions of the Institute of British Geographers* 17, 1: 116–19.
Hannigan, J. (1998) *Fantasy City: Pleasure and Profit in the Postmodern Metropolis*, London: Routledge.
Hansen, M. (1987) 'Benjamin, Cinema and Experience: The Blue Flower in the Land of Technology', *New German Critique* 40: 179–224.
Hanssen, B. (ed.) (2006) *Walter Benjamin and the Arcades Project*, London and New York: Continuum.
Haraway, D.J. (1997) *Modest-Witness@Second-Millennium. FemaleMan-Meets-OncoMouseTM Feminism and Technoscience*, New York and London: Routledge.
Harding, A. (1994) 'Urban Regimes and Growth Machines: Towards a Cross-National Research Agenda', *Urban Affairs Quarterly* 29, 1: 356–82.
—— (1997) 'Urban Regimes in a Europe of the Cities?', *European Urban and Regional Studies* 4, 4 (Oct.): 291–314.
—— (1999) 'North American Urban Political Economy, Urban Theory and British Research', *British Journal of Political Science* 29, 4: 673–98.
Harding, A. and Blokland, T. (2011) 'Comment on Sharon Zukin/1. 'From "Strict" Urban Sociology to Relaxed but Engaged Urban Theories', *Sociologica* 3: 1–8.
Harloe, M., Mingione, E., Pickvance, C. and Preteceille, E. (1998) 'IJURR: Looking Back Twenty-One Years Later', *International Journal of Urban and Regional Research* 22, 1: i–iv (ii).
Hartman, C. (1979) 'Comment on "Neighborhood Revitalization and Displacement: A Review of the Evidence"', *Journal of the American Planning Association* 45, 4: 488–91.
Harvard Design School (2001) *Great Leap Forward*, Cologne: Taschen.
Harvey, D. (1973) *Social Justice and the City*, London: Edward Arnold.
—— (1975) 'The Geography of Capitalist Accumulation: A Reconstruction of Marxian Theory', *Antipode* 7, 2: 9–21.
—— (1982) *The Limits to Capital*, Oxford: Blackwell.
—— (1985) *Consciousness and the Urban Experience*, Oxford: Basil Blackwell.
—— (1989) *The Condition of Postmodernity*, Oxford: Basil Blackwell.
—— (2000) *Spaces of Hope*, Edinburgh: Edinburgh University Press.
—— (2002) 'Cracks in the Edifice of the Empire State', in Sorkin, M. and Zukin, S. (eds) *After the World Trade Center. Rethinking New York City*, New York: Routledge, 57–67.
—— (2012) *Rebel Cities: From the Right to the City to the Urban Revolution*. New York: Verso.
Harvey, Lee (1987) *Myths of the Chicago School of Sociology*, Aldershot, Hants: Avebury.
Hausner, V.A. *et al*. (1987) *Urban Economic Change. Five City Studies*, Oxford: Clarendon Press.

Haussermann, H. (1995) 'Die Stadt und die Stadtsoziologie. Urbane Lebensweise und die Integration des Fremden' (The City and the Sociology of Cities. Urban Lifestyles and the Integration of the Foreign), *Berliner Journal für Soziologie* 5, 1: 89–98.

Hayden, D. (2000) *Model Houses for the Millions. The Making of the American Suburban Landscape, 1820–2000*, Cambridge, MA: Lincoln Institute of Land Policy.

He, S. and Wu, F. (2007) 'Neighborhood Changes and Residential Differentiation in Shanghai', in Wu, F. (ed) *China's Emerging Cities*, Abingdon and New York: Routledge, 185–209.

Heinrichs, D., Krellenberg, K. and Fragkias, M. (2013) 'Urban Responses to Climate Change: Theories and Governance Practice in Cities of the Global South', *International Journal of Urban and Regional Research* 37: 1865–78.

Hernandez, F., Kellett, P. and Allen, L.K. (2010) *Rethinking the Informal City: Critical Perspectives from Latin America*, New York: Berghahn Books.

Hetherington, K. (1997) *The Badlands of Modernity: Heterotopia and Social Ordering*, London and New York: Routledge.

Hill, O. (1970) *Homes of the London Poor* (featuring a new impression of Mearns, A. *The Bitter Cry of Outcast London: An Inquiry into the Condition of the Abject Poor*, with a note on the authors by W.H. Chaloner), London: Frank Cass and Co.

Hill, R.C. (1984) 'Urban Political Economy: Emergence, Consolidation and Development', in Smith, M.P. (ed.) *Cities in Transformation: Class, Capital and the State*, London and Thousand Oaks, CA: Sage, 123–37.

Hodson, M. and Marvin, S. (2010) *World Cities and Climate Change: Producing Urban Ecological Security*, Maidenhead, Berks: Open University Press.

Hommann, M. (1993) *City Planning in America. Between Promise and Despair*, Westport, CT: Praeger.

Hollander, J.B. (2013) 'Moving Toward a Shrinking Cities Metric: Analyzing Land Use Changes Associated With Depopulation in Flint, Michigan', *Cityscape* 12: 133–51.

Holston, J. (2009) 'Insurgent Citizenship in an Era of Global Urban Peripheries', *City & Society* 21, 2: 245–67.

Hooghe, L. (1995) 'Subnational Mobilisation in the European Union', *West European Politics* 18, 3: 175–98.

—— and Keating, M. (1994) 'The Politics of European Union Regional Policy', *Journal of European Public Policy* 1, 3: 53–78.

Hook, D. and Vrdoljak, M. (2002) 'Gated Communities, Heterotopia and a "Rights" of Privilege: A Hetero-topology of the South African Security-Park', *Geoforum* 33, 2: 195–219.

Hossain, S. (2008) 'Rapid Urban Growth and Poverty in Dhaka City', *Bangladesh e-Journal of Sociology* 5, 1: 1–24.

Howard, E. (1985) [1902] *Garden Cities of To-morrow*, Eastbourne: Attic Books.

HRH the Prince of Wales (1989) *A Vision of Britain. A Personal View of Architecture*, London: Doubleday.

—— (1998) 'Why I'm Modern but not a Modernist', *The Spectator*, 8 August.

—— (2001) 'Tall Buildings', speech given to the Invensys Conference, QE2 Centre, London, 11 December.

Hsing, Y.-T. (2010) *The Great Urban Transformation: Politics of Land and Property in China*, Oxford: Oxford University Press.

Hu, R. (2012) 'Clustering: Concentration of the Knowledge-based Economy in Sydney', in Yigitcanlar, T., Metaxiotis, K. and Carrillo, J. (eds) *Building Prosperous Knowledge Cities: Policies, Plans and Metrics*, Cheltenham, UK: Edward Elgar, 195–212.

Humpherys, A. (1977) *Travels in a Poor Man's Country. The Work of Henry Mayhew*, Athens, GA: Georgia University Press.

Hunter, F. (1953) *Community Power Structure. A Study of Decision Makers*, Chapel Hill, NC: University of North Carolina Press.

—— (1959) *Top Leadership, U.S.A.*, Chapel Hill, NC: University of North Carolina Press.

Hymer, S. (1972) 'The Multinational Corporation and the Law of Uneven Development', in Bhagwati, J. (ed.) *Economics and World Order from the 1970s to the 1990s*, London: Macmillan, 31–46.

International Trade Union Confederation (2010) 'Internationally Recognised Core Labour Standards in the People's Republic of China. Report for the WTO General Council', Brussels: ITUC: 1–18.

IPCC (2012) 'Summary for Policymakers', in *Managing the Risks of Extreme Events and Disasters to Advance Climate Change Adaptation. A Special Report of Working Groups I and II of the Intergovernmental Panel on Climate Change*, Cambridge and New York: Cambridge University Press.

—— (2013) *Climate Change 2013: The Physical Science Basis. Contribution of Working Group I to the Fifth Assessment Report of the Intergovernmental Panel on Climate Change*, Cambridge University Press: Cambridge and New York.

ITU Policy & Technology Watch Division (2013) *Smart Cities Seoul: A Case Study*, Geneva: ITU.

Jackson, F. (1985) *Sir Raymond Unwin. Architect, Planner and Visionary*, London: Zwemmer.

Jackson, K.B. (1965) *Dark Ghetto. Dilemmas of Social Power*, New York: Harper and Row.

Jackson, K.T. (1985) *Crabgrass Frontier. The Suburbanization of the United States*, Oxford: Oxford University Press.

Jacobs, J. (1958) 'Downtown is for People', in Whyte, W.H. (ed.) *The Exploding Metropolis*, New York: Doubleday, 140–68.

—— (1986) *Cities and the Wealth of Nations*, Harmondsworth, UK: Penguin.

—— (1992) *The Death and Life of Great American Cities*, New York: Vintage Books.

Jameson, F. (1998) *The Cultural Turn. Selected Writings on the Postmodern 1983–1998*, London: Verso.

—— (1999) 'The Theoretical Hesitation: Benjamin's Sociological Predecessor', *Critical Inquiry* 25, 2: 267–88.

Jaworski, G.D. (1997) *Georg Simmel and the American Prospect*, Albany, NY: State University of New York Press.

Jay, M. (1973) *The Dialectical Imagination. A History of the Frankfurt School and the Institute of Social Research 1923–1950*, Boston: Little Brown & Co.

Jencks, C. (1980) *Late-Modern Architecture and Other Essays*, London: Academy Editions.

—— (1987) *Le Corbusier and the Tragic View of Architecture*, Harmondsworth, UK: Penguin.

—— (1988) *The Prince, the Architects, and the New Wave Monarchy*, London: Wiley-Academy.

—— (1991) *The Language of Post-Modern Architecture*, New York: Rizzoli.

—— (ed.) (1992) *The Post-Modern Reader*, London: Academy Editions.

—— (1993) *Heteropolis: Los Angeles, the Riots and the Strange Beauty of Hetero-architecture*, London: Academy Editions.

Jenkins, B.M. (2009) 'Terrorists Can Think Strategically: Lessons Learned From the Mumbai Attacks', Senate Homeland Security and Governmental Affairs Committee, January 28, Santa Monica, CA: RAND Corporation.

Jenkins, R. (2002) *Pierre Bourdieu*, revised edn, London: Routledge.

Jessop, B. (1997) 'Survey Article: The Regulation Approach', *Journal of Political Philosophy* 5, 3: 287–326.

—— (2000) 'Globalisation, Entrepreneurial Cities and the Social Economy', in Hamel, P., Lustiger-Thaler, H. and Mayer, M. (eds) *Urban Movements in a Globalising World*, London and New York: Routledge, 81–100.

—— (2002) 'Liberalism, Neoliberalism, and Urban Governance: A State-Theoretical Perspective', in Brenner, N. and Theodore, N. (eds) *Spaces of Neoliberalism: Urban Restructuring in North America and Western Europe*, Oxford: Blackwell: 105–25.

—— and Sum, N.-L. (2000) 'An Entrepreneurial City in Action: Hong Kong's Emerging Strategies in and for (Inter) Urban Competition', *Urban Studies* 37, 12: 2287–313.

——, Peck, J. and Tickell, A. (1999) 'Retooling the Machine: Economic Crisis, State Restructuring, and Urban Politics', in Jonas, A.E.G. and Wilson, D. (eds) *The Urban Growth Machine. Critical Perspectives Two Decades Later*, Albany, NY: State University of New York Press, 141–59.

Joas, H. (1991) 'Berlin lieu et objet de la recherche sociologique' (Berlin as the Location and the Object of Sociological Research), *Critique* 47: 531–2, 643–54.
Jonas, S. (1991) 'La Metropolisation de la société dans l'oeuvre de Ferdinand Tönnies' (The Metropolitanization of Society in the Work of Ferdinand Tönnies), *Sociétés* 31: 79–86.
—— (1995) 'La Groszstadt-Metropole européene dans la sociologie des pères fondateurs allemands' (The European Metropolis in the Sociology of the German Founding Fathers), in Rémy, J. (ed.) *Georg Simmel: Ville et Modernité*, Paris: Editions L'Harmattan, 19–35.
Judd, D.R. and Kantor, P.B. (eds) (2001) *The Politics of Urban America*, New York: Longman.
Judge, D., Stoker, G. and Wolman, H. (1995) *Theories of Urban Politics*, London: Sage.
Kanna, A. (2011) *Dubai, the City as Corporation*, Minneapolis, MN: University of Minnesota: Press.
Kaesler, D. (1988) *Max Weber: An Introduction to His Life and Work*, Cambridge: Polity Press.
Kajaj, K. (1998) 'Stadtluft macht frei: ou la ville comme lieu de liberté et d'épanouissement personnel' (City Air Makes Free, or, the City as a Place of Liberty and Personal Expansion), *Revue des Sciences Sociales de la France de l'Est* 25: 28–34.
Kamel, R. and Hoffman, A. (1999) *The Maquiladora Reader. Cross-Border Organizing since NAFTA*, Philadelphia, PA: American Friends Service Committee.
Kantor, P. and Savitch, H.V. (2002) 'Can Politicians Bargain with Business? A Theoretical and Comparative Perspective on Urban Development', in Judd, D.R. and Kantor, P. (eds) *The Politics of Urban America. A Reader*, New York: Longman, 276–95.
Kaplan, C. (2010) 'The Biopolitics of Technoculture in the Mumbai Attacks', *Theory, Culture & Society* 26, 7–8: 301–13.
Katz, B., Altman, A. and Wagner, J. (2007) 'An Agenda for the Urban Age', in Burdett, R. and Sujic, D. (eds) *The Endless City: The Urban Age Project by the London School of Economics and Deutsche Bank's Alfred Herrhausen Society*, London: Phaidon, 474–81.
Katznelson, I. (1981) *City Trenches. Urban Politics and the Patterning of Class in the United States*, Chicago, IL and London: University of Chicago Press.
—— (1992) *Marxism and the City*, Oxford: Oxford University Press.
Keating, M. (1995) 'Size, Efficiency and Democracy: Consolidation, Fragmentation and Public Choice', in Judge, D., Stoker, G. and Wolman, H. (eds) *Theories of Urban Politics*, London: Sage, 117–34.
Keil, R. (1998a) *Los Angeles. Globalization, Urbanization and Social Struggles*, Chichester: J. Wiley and Sons.
—— (1998b) 'Globalization Makes States: Perspectives of Local Governance in the Age of the World City', *Review of International Political Economy* 5, 4: 616–46.
—— (ed.) (2013) *Suburban Constellations: Governance, Land and Infrastructure in the 21st Century*, Berlin: Jovis.
—— and Ronneberger, K. (2000) 'The Globalization of Frankfurt am Main: Core, Periphery and Social Conflict', in Marcuse, P. and van Kempen, R. (eds) *Globalizing Cities. A New Spatial Order?*, Oxford: Blackwell, 228–48.
—— and Young, D. (2003) 'A Charter for the People?: A Research Note on the Debate about Municipal Autonomy in Toronto', *Urban Affairs Review* 39, 1: 87–102.
Kelley, R.D.G. (1998) *Yo' Mama's Disfunktional. Fighting the Culture Wars in Urban America*, Boston, MA: Beacon Press.
Kennedy, L. (2000) 'Paranoid Spatiality: Postmodern Urbanism and American Cinema', in Balshaw, M. and Kennedy, L. (eds) *Urban Space and Representation*, London: Pluto Press, 116–28.
Keynes, J.M. (1937) 'Some Economic Consequences of a Declining Population', *The Eugenics Review* 29, 1: 13–17.
King, D. and Stoker, G. (eds) (1996) *Rethinking Local Democracy*, Basingstoke, Hants: Macmillan/ESRC Local Governance Programme.

Kipfer, S. (1998) 'On the Possibilities of the Urban: Rereading Henri Lefebvre's Open and Integral Marxism', International Sociological Association Paper.

Kish Sklar, K. (1985) 'Hull-House in the 1890s: A Community of Women Reformers', *Signs* 10 (Summer): 657–77.

Kitchin, R. and Dodge, M. (2011) *Code/Space: Software and Everyday Life*, Cambridge, MA and London: MIT Press.

Klein, N. (2001) *No Logo*, London: Flamingo.

Klepper, S. (2010) 'The Origin and Growth of Industry Clusters: The Making of Silicon Valley and Detroit', *Journal of Urban Economics* 67(1): 15–32.

Kling, R. and Poster, M. (eds) (1995) *Beyond the Edge: The Dynamism of Posturban Regions*, Berkeley, CA: University of California Press.

Knox, P.L. (1995) 'World Cities and the Organisation of Global Space', in Johnston, R.J., Taylor, P.J. and Watts, M.J. (eds) *Geographies of Global Change*, Oxford: Blackwell, 232–48.

—— and Marston, S.A. (2001) *Places and Regions in Global Context: Human Geography*, Upper Saddle River, NJ: Prentice Hall.

—— and Taylor, P.J. (1995) *World Cities in a World System*, Cambridge: Cambridge University Press.

Kofman, E. and Lebas, E. (eds) (1996) *Henri Lefebvre: Writings on Cities*, Oxford: Blackwell.

Koolhaas, R. (1978) *Delirious New York. A Retroactive Manifesto for Manhattan*, London: Thames and Hudson.

—— and Harvard Project on the City (2001) *Mutations*, Bordeaux: Arc en Rêve Centre d'Architecture.

Koonings, K. and Kruijt, D. (2009) *Megacities: The Politics of Urban Exclusion and Violence in the Global South*, London and New York: Zed Books.

Korllos, T.S. (1988) 'The Physical City: A Reinterpretation of Wirth's Theory', North Central Sociological Association Paper.

Krane, J. (2009) *Dubai. The Story of the World's Fastest City*, London: Atlantic Books.

Krier, L. (1988) 'God Save the Prince', *Modern Painters* 1, 2: 23–5.

—— (1998) *Architecture: Choice or Fate*, Windsor: Andreas Papadakis Publisher.

Krugman, P. (1991) *Geography and Trade*, Leuven: Leuven University Press.

Kunstler, J.H. (1993) *Geography of Nowhere*, New York: Simon and Schuster.

—— (2001) Interview with Jane Jacobs, *Metropolis Magazine*, March. Available on-line at http://www.kunstler.com/mags_jacobs1.htm (accessed August 2014).

Kurtz, L.R. (1984) *Evaluating Chicago Sociology. A Guide to the Literature, with an Annotated Bibliography*, Chicago, IL and London: University of Chicago Press.

LaFarge, A. (ed.) (2000) *The Essential William H. Whyte*, New York: Fordham University Press.

Lal, B.B. (1990) *The Romance of Culture in an Urban Civilization: Robert E. Park on Race and Ethnic Relations in Cities*, London: Routledge.

Landesco, J. (1968) *Organized Crime in Chicago*, Chicago, IL: University of Chicago Press.

Landman, K. (2000) *Gated Communities: An International Review*, CSIR Building and Construction Technology, BP 449, BOU/I 186.

Landry, B. (1987) *The New Black Middle Class*, Berkeley, CA: University of California Press.

Lang, M.H. (1999) *Designing Utopia. John Ruskin's Urban Vision for Britain and America*, Montreal and London: Black Rose.

Lash, S. (2002) *Critique of Information*, London: Sage.

—— (2007) 'Capitalism and Metaphysics', *Theory, Culture & Society* 24, 5: 1–26.

Latour, B. (1993) *We Have Never Been Modern*, New York and London: Harvester Wheatsheaf.

—— (2013) 'Telling Friends from Foes at the Time of the Anthropocene', Paris: University of Paris, Sciences Po.

Lave Johnston, J. and Johnston Dodds, K. (2002) *Common Interest Developments: Housing at Risk?*, Sacramento, CA: California State Library Research Bureau.

Lebas, E. (1982) 'Urban and Regional Sociology in Advanced Industrial Societies', *Current Sociology* 30, 1: 1–264.

Leccese, M. and McCormick, K. (eds) (1999) *Charter of the New Urbanism*, New York: McGraw-Hill Professional.

Lecomte, J. (2013) 'Beyond Indefinite Extension: About Bruno Latour and Urban Space', *Social Anthropology* 21, 4: 462–78.

Le Corbusier (c. 1925) *Urbanisme. Collection de "l'Espirit Nouveau"*, Paris: Les Éditions G. Crès & Cie.

—— (1986) *Towards a New Architecture*, London and New York: Dover.

—— (1996) 'A Contemporary City' from 'The City of To-morrow and Its Planning', reprinted in Le Gates, R.T. and Stout, F. (eds) *The City Reader*, London: Routledge, 368–75.

Lee, S. (2007) 'Public–Private Partnership in the Urban Water Sector in Shanghai', in Wu, F. (ed.) *China's Emerging Cities. The Making of New Urbanism*, Abingdon, Oxon and New York: Routledge, 44–65.

Lees, L., Slater, T.P.D. and Wyly, E.K. (2008) *Gentrification*, London, Routledge.

—— (2010) *The Gentrification Reader*, London, Routledge.

Lefebvre, H. (1968) *Le droit à la ville*, Paris: Anthropos.

—— (1972) *La pensée marxiste et la ville*, Paris: Castermann.

—— (1976) *The Survival of Capitalism. Reproduction of the Relations of Production*, London: Allison and Busby.

—— (1991) *The Production of Space*, Oxford: Basil Blackwell.

—— (1991–2005) *Critique of Everyday Life* (3 Vols), London: Verso.

—— and Regulier, C. (1986) 'Essai de rythmanalyse des villes mediterranéennes' (An Essay on a Rhythm Analysis of Mediterranean Cities), *Peuples Mediterranéens* (Mediterranean Peoples) 37, Oct.–Dec.: 5–16.

—— (2004) *Rhythmanalysis: Space, Time, and Everyday Life*, London and New York: Continuum.

—— (2013) *The Urban Revolution*, Minneapolis, MN: The University of Minnesota Press. Ebook.

Le Galès, P. (1999) 'Is Political Economy Still Relevant to Study the Culturalization of Cities?', *European Urban and Regional Studies* 6, 4: 293–302.

Le Gates, R.T. and Stout, F. (eds) (1996) *The City Reader*, 1st edn, London: Routledge.

—— and —— (eds) (1999) *The City Reader*, 2nd edn, London: Routledge.

—— and —— (eds) (2003) *The City Reader*, 3rd edn, London: Routledge.

Leitner, H., Peck, J. and Sheppard, E.S. (2007) *Contesting Neoliberalism: Urban Frontiers*, New York and London: Guilford Press.

Leslie, E. (1999) 'Space and West End Girls: Walter Benjamin versus Cultural Studies', *New Formations* 38: 110–24.

Lessig, L. (1999) *Code and Other Laws of Cyberspace*, New York: Basic Books.

Levine, D.N., Carter, E.B. and Miller Gorman, E. (1976) 'Simmel's Influence on American Sociology. II', *American Journal of Sociology* 81, 5: 1112–32.

Ley, D. (1987) 'Reply: The Rent Gap Revisited', *Annals of the Association of American Geographers* 77, 3: 465–8.

Library of Congress, 'Frank Lloyd Wright: Designs for an American Landscape, 1922–1932', Madison Gallery, Library of Congress, 14 November 1996 to 15 February 1997. Available on-line at http://lcweb.loc.gov/exhibits/flw/flw.html (accessed August 2014).

Liggett, H. (2003) *Urban Encounters*, Minneapolis, MA: University of Minnesota Press.

—— and Perry, D.C. (1995) *Spatial Practices. Critical Explorations in Social/Spatial Theory*, Thousand Oaks, CA: Sage.

Lima, Z. R. and Pallamin, V. M. (2010) 'Informal Practices in the Formal City: Housing, Disagreement and Recognition in Downtown Sao Paolo', in Hernandez, F., Kellett, P. and Allen, L.K. (eds) *Rethinking the Informal City: Critical Perspectives from Latin America*, New York: Berghahn, 39–52.

Lindner, B. (1986) 'The Passagen-Werk, the Berliner Kindheit, and the Archaelogy of the "Recent Past"', *New German Critique* 39: 25–46.

Lindner, R. (1996) *The Reportage of Urban Culture: Robert Park and the Chicago School*, Cambridge: Cambridge University Press.

Linn, J.W. (1935) *Jane Addams. A Biography*, New York and London: Appleton-Century Co.

Liotta, P.H. and Miskel, J.F. (2012) *The Real Population Bomb: Megacities, Global Security & the Map of the Future*, Washington, DC: Potomac Books.

Livingstone, K. (1987) *If Voting Changed Anything, They'd Abolish It*, London: Fontana/Collins.

Llewelyn-Davies Planning (1996) *Four World Cities. A Comparative Study of London, Paris, New York and Tokyo*, London: Comedia.

Lofland, L.H. (1971) *Analyzing Social Settings*, Belmont, CA: Wadsworth.

—— (1983) 'Understanding Urban Life', *Urban Life* 11: 491–511.

Logan, J.R. (2000) 'Still a Global City: The Racial and Ethnic Segmentation of New York', in Marcuse, P. and van Kempen, R. (eds) *Globalizing Cities. A New Spatial Order?*, Oxford and Malden, MA: Blackwell, 158–85.

—— and Molotch, H. (1987) *Urban Fortunes: The Political Economy of Place*, Berkeley, CA: University of California Press.

—— and —— (1996) 'The City as a Growth Machine', in Fainstein, S. and Campbell, S. (eds) (1996) *Readings in Urban Theory*, Oxford: Blackwell, 291–337

—— and Swanstrom, J. (eds) (1990) *Beyond the City Limits. Urban Policy and Economic Restructuring in Comparative Perspective*, Philadelphia, PA: Temple University Press.

Lojkine, J. (1976) 'A Marxist Theory of Capitalist Urbanisation', in Pickvance, C.G. (ed.) *Urban Sociology. Critical Essays*, London: Tavistock, 119–46.

—— (1977) *Le Marxisme, L'Etat et La Question Urbaine*, Paris: Presses Universitaires de France.

Lovelock, J. (2014) *A Rough Ride to the Future*, London: Penguin.

Löw, M. (2012) 'The Intrinsic Logic of Cities: Towards a New Theory on Urbanism', *Urban Research & Practice* 5, 3: 303–15.

Low, S.M. and Smith, N. (2006) *The Politics of Public Space*, New York; London: Routledge.

Lubeck, P.M. and Britts, B. (2002) 'Muslim Civil Society in Urban Public Spaces: Globalization, Discursive Shifts, and Social Movements', in Eade, J. and Mele, C. (eds) *Understanding the City. Contemporary and Future Perspectives*, Oxford: Blackwell, 305–35.

Lynch, J. (2006) 'Problems and Promise of Victimization Surveys for Cross-National Research', *Crime and Justice* 34, 1: 229–87.

Lynch, K. (1960) *The Image of the City*, Cambridge, MA: Technology Press and Harvard University Press.

Lynd, R.S. and Lynd, H.M. (1929) *Middletown*, New York: Harcourt Brace.

—— and —— (1937) *Middletown in Transition*, New York: Harcourt Brace.

Lyotard, J.-F. (1979) *La condition postmoderne: rapport sur le savoir*, Paris: Les Editions de Minuit.

—— (1984) *The Postmodern Condition. A Report on Knowledge*, Manchester: Manchester University Press.

Mabin, A. (2000) 'Varied Legacies of Modernism in Urban Planning', in Bridge, G. and Watson, S. (eds) *A Companion to the City*, Oxford: Blackwell, 555–66.

MacCannell, D. (1999) '"New Urbanism" and its Discontents', in Copjec, J. and Sorkin, M. (eds) *Giving Ground. The Politics of Propinquity*, London: Verso, 106–28.

McCormick, S. and Whitney, K. (2013) 'The Making of Public Health Emergencies: West Nile virus in New York City', *Sociology of Health & Illness* 35, 2: 268–79.

McDowell, L. (1999) *Gender, Identity and Place. Understanding Feminist Geographies*, Cambridge: Polity Press.

McFarlane, C. (2004) 'Geographical Imaginations and Spaces of Political Engagement: Examples from the Indian Alliance', *Antipode* 36, 5: 890–916.

—— (2008) 'Governing the Contaminated City: Infrastructure and Sanitation in Colonial and Post-Colonial Bombay', *International Journal of Urban and Regional Research* 32, 2: 415–35.

—— (2010) 'The Comparative City: Knowledge, Learning, Urbanism', *International Journal of Urban and Regional Research* 34, 4: 725–42.

McGeehan, N. (2012) 'Transnational Crime or State Exploitation? The Trafficking of Migrant Workers to the United Arab Emirates', *Immigration, Asylum and Nationality Law* 26, 1: 27–39.

Mackenzie, E. (1994) *Privatopia: Homeowner Associations and the Rise of Residential Private Government*, New Haven, CT and London: Yale University Press.

McKinsey & Co. (2003) *Vision Mumbai: Transforming Mumbai into a World Class City*, Mumbai: McKinsey & Company.

McKinsey Global Institute (2011) 'Big Data: The Next Frontier for Innovation, Competition, and Productivity'. Available at www.mckinsey.com/mgi.

McNeill, D. (1999) 'Globalization and the European City', *Cities* 16, 3: 143–8.

McPherson, M., Smith-Lovin, L. and Cook, J.M. (2001) 'Birds of a Feather: Homophily in Social Networks', *Annual Review of Sociology*, 27: 415–44.

Magnusson, W. (1996) *The Search for Political Space. Globalization, Social Movements and the Urban Political Experience*, Toronto and London: University of Toronto Press.

—— (2011) *Politics of Urbanism: Seeing like a City*, London: Routledge.

Makhrova, A.G., Nefedova, T.G. and Treivish, A.I. (2013) 'Moscow Agglomeration and "New Moscow": The Capital City-Region Case of Russia's Urbanization', *Regional Research of Russia*, 3, 2: 131–41.

Marcuse, P. (1995) 'Not Chaos, but Walls: Postmodernism and the Partitioned City', in Watson, S. and Gibson, K. (eds) *Postmodern Cities and Spaces*, Oxford: Blackwell, 243–53.

—— and van Kempen, R. (eds) (2000) *Globalizing Cities. A New Spatial Order?*, Oxford: Blackwell.

Marques, E.C. (2012) *Opportunities and Deprivation in the Urban South: Poverty, Segregation and Social Networks in São Paulo*, Burlington, VT: Ashgate.

Marshall, A. (2000) *How Cities Work: Suburbs, Sprawl, and the Roads not Taken*, Austin, TX: University of Texas Press.

Martínez-Herrera, E. (2002) 'From Nation-Building to Building Identification with Political Communities: Consequences of Political Decentralisation in Spain, the Basque Country, Catalonia and Galicia, 1978–2001', *European Journal of Political Research* 41: 421–53.

Marvin, S. and Hodson, M. (2014) *After Sustainable Cities?*, Abingdon and New York: Routledge.

Marx, K. (1964) *Pre-Capitalist Economic Formations*, New York: International Publishers.

—— (1973) *Grundrisse*, Harmondsworth, UK: Penguin.

—— (1974) [1846] *The German Ideology*, London: Lawrence and Wishart.

—— (1976) *Capital*, Volume 1, Harmondsworth, UK: Penguin.

Massey, D. (1995) *Spatial Divisions of Labour. Social Structures and the Geography of Production*, 2nd edn, Basingstoke: Macmillan.

—— and Denton, N.A. (1993) *American Apartheid. Segregation and the Making of the Underclass*, Cambridge, MA: Harvard University Press.

Mattelart, A. (1996) *The Invention of Communication*, Minneapolis, MN: University of Minnesota Press.

—— (2000). *Networking the World 1794–2000*, Minneapolis, MN: University of Minnesota Press.

Matthews, F.H. (1977) *Quest for an American Sociology. Robert E. Park and the Chicago School*, Montreal and London: McGill-Queen's University Press.

Mattrisch, G. (2001) 'Sustainable Cities: Future Challenges and Research Issues', in Brebbia, C.A., Ferrante, A., Rodriquez, M. and Terra, B. (eds) *The Sustainable City. Urban Regeneration and Sustainability*, Southampton: WIT Press, 3–11.

Mayer, M. (2010) *Social Movements in the (Post-) Neoliberal City*, London: Bedford Press.

Mayhew, H. (1968) *London Labour and the London Poor*, London: Constable.

—— (1980) *Morning Chronicle Survey of Labour and the Poor*, 6 volumes, Firle: Caliban Books.

—— (1985) *London Labour and the London Poor*, Harmondsworth, UK: Penguin.

Mayor of London (2002) *The Draft London Plan. Draft Spatial Development Strategy for Greater London*, London: Greater London Authority.

Meacham, S. (1987) *Toynbee Hall and Social Reform 1880–1914. The Search for Community*, New Haven, CT and London: Yale University Press.

Meligrana, J., Ren, W., Zhang, Z. and Anderson, B. (2008) 'Planning a Mega-City's Future: An Evaluation of Shanghai's Municipal Land-Use Plan', *Town Planning Review* 79, 2: 267–93.

Merrett, G.L.B. (2013) 'Tackling Antibiotic Resistance for Greater Global Health Security', Briefing Paper, London: Chatham House.

Merrifield, A. (2006) *Henri Lefebvre: A Critical Introduction*, London: Routledge.

—— (2011) 'The Right to the City and Beyond: Notes on a Lefebvrian Re-Conceptualization', *City* 15, 3–4: 473–81.

—— (2013) 'The Urban Question Under Planetary Urbanization', *International Journal of Urban and Regional Research* 37, 3: 909–22.

Micklethwait, J. and Wooldridge, A. (2000) *A Future Perfect. The Challenge and Hidden Promise of Globalization*, New York: Times Books.

Mila, N. (1998) 'Imaginaries of the Modern City', *Simmel Newsletter* 8, 2: 107–13.

Miller, M. (1992) *Raymond Unwin: Garden Cities and Town Planning*, Leicester: Leicester University Press.

Mills, C.W. (1956) *The Power Elite*, New York: Oxford University Press.

Miner, H. (1952) 'The Folk-Urban Continuum', *American Sociological Review* 17, 5: 529–37.

Mingione, E. (1981) *Social Conflict and the City*, Oxford: Blackwell.

Miraftab, F. and Kudva, N. (eds) (2014) *Cities of the Global South Reader*, Abingdon, UK: Routledge.

Mitchell, W.J. (1995) *City of Bits*, Cambridge, MA: MIT Press.

—— (2000) *E-topia. 'Urban Life, Jim – But Not As We Know It'*, Cambridge, MA: MIT Press.

Mitchell-Weaver, C., Miller, D. and Deal, R.J. (2000) 'Multilevel Governance and Metropolitan Regionalism in the USA', *Urban Studies* 37, 5–6: 851–76.

Mollenkopf, J. (1992) *A Phoenix in the Ashes: The Rise and Fall of the Koch Coalition in New York City Politics*, Princeton, NJ: Princeton University Press.

—— and Castells, M. (eds) (1991) *Dual City. Restructuring New York*, New York: Russell Sage.

Molotch, H. (1976) 'The City as a Growth Machine. Toward a Political Economy of Place', *American Journal of Sociology* 82, 2: 309–32.

—— (1993) 'The Space of Lefebvre', *Theory & Society* 22, 6: 887–95.

Moran, G.J., Talan, D.A. and Abrahamian, F.M. (2008) 'Biological Terrorism', *Infectious Disease Clinics of North America* 22, 1: 145–87, vii.

More, Sir Thomas (1995) *Utopia*, Latin text and English translation, Logan, G.M., Adams, R.M. and Miller, C.H. (eds), Cambridge: Cambridge University Press.

Moreau, D. (2006) 'Levees and Land Use: The Making of a Disaster in New Orleans', in Center, N.H. (ed.) *Learning from Catastrophe: Quick Response Research in the Wake of Hurricane Katrina*. Boulder, CO: Institute of Behavioral Science, University of Colorado, 11–43.

Morris, W. and Morton, A.L. (1968) *Three Works by William Morris. A Dream of John Ball. The Pilgrims of Hope. News from Nowhere. With an Introduction by A.L. Morton*, London: Lawrence & Wishart.

Mort, F. (2000) 'The Sexual Geography of the City', in Bridge, G. and Watson, S. (eds) *A Companion to the City*, Oxford: Blackwell, 307–15.

Mossberger, K., Tolbert, C.J. and McNeal, R.S. (2008) *Digital Citizenship: The Internet, Society, and Participation*, Cambridge, MA and London: MIT.

——, —— and Franko, W. (2013) *Digital Cities: The Internet and the Geography of Opportunity*, New York: Oxford University Press.

Moynihan, D.P. (1965) *The Negro Family: The Case for National Action*, Washington, DC: Office for Policy Planning and Research, US Department of Labor.

Muller, P. and Surel, Y. (1998) *L'analyse des politiques publiques*, Paris: Montchrestien.

Mumford, E. (2000) *The CIAM Discourse on Urbanism, 1928–1960*, Cambridge, MA: MIT Press.

Mumford, L. (1924) *Sticks and Stones. A Study of American Architecture and Civilization*, New York: W.W. Norton.

—— (1938) *The Culture of Cities*, London: Secker and Warburg.

—— (1961) *The City in History*, New York: Harcourt Brace and World.

Municipal Corporation of Greater Mumbai (2010) *Mumbai Human Development Report*, New Delhi: Municipal Corporation of Greater Mumbai.

Munt, S.R. (2001) 'The Lesbian Flâneur', in Borden, I., Kerr, J., Rendell, J. and Pivaro, A. (eds) *The Unknown City. Contesting Architecture and Social Space*, Cambridge, MA: MIT Press, 246–60.

Murakami Wood, D. (2013) 'What is Global Surveillance? Towards a Relational Political Economy of the Global Surveillant Assemblage', *Geoforum* 49: 317–26.

Murray, C. (1984) *Losing Ground. American Social Policy, 1950–1980*, New York: Basic Books.

Myers, G.A. (2011) *African Cities: Alternative Visions of Urban Theory and Practice*, London: Zed Books.

Negroponte, N. (1995) *Being Digital*, London: Hodder and Stoughton.

Nelson, D.R., Adger, W.N. and Brown, K. (2007) 'Adaptation to Environmental Change: Contributions of a Resilience Framework', *Annual Review of Environment and Resources* 32, 1: 395–419.

Newman, O. (1972) *Defensible Space: Crime Prevention Through Urban Design*, London: Macmillan.

Nicholls, W.J. (2008) 'The Urban Question Revisited: The Importance of Cities for Social Movements', *International Journal of Urban and Regional Research* 32, 4: 841–59.

Nippel, W. (1995) 'Max Weber und die okzidentale Stadt' (Max Weber and the Western City), *Berliner Journal für Soziologie* 5, 3: 359–66.

North, D.C. (1990) *Institutions, Institutional Change and Economic Performance*, Cambridge: Cambridge University Press.

Obraniak, P. (1997) 'Zmiany w spoleczno-przestrzennej strukturze Lodzi w drugiej polowie XX wieku' (Changes in the Social and Spatial Structure of the City of Lodz in the Second Half of the 20th Century), *Przeglad Socjologiczny* 46: 29–51.

O'Day, R. and Englander, D. (1993) *Mr Charles Booth's Inquiry: Life and Labour of the People in London Reconsidered*, Rio Grande, OH and London: Hambledon Press.

OECD (2011a) *OECD Guide to Measuring the Information Society 2011*, Paris: OECD.

—— (2011b) *Future Global Shocks. Improving Risk Governance*, OECD: Paris.

—— (2014) *PISA 2012 Results: What Students Know and Can Do. Student Performance in Mathematics, Reading and Science (Volume I) Revised Edition*, February 2014. Paris: OECD Publishing.

OECD Risk Management (2013) *Strategic Crisis Management*, OECD: Paris.

Olson, M. (1965) *The Logic of Collective Action: Public Goods and the Theory of Groups*, Cambridge, MA: Harvard University Press.

Orlans, H. (1971) *Stevenage. A Sociological Study of a New Town*, London: Greenwood Press.

Osborne, D. and Gaebler, T. (1992) *Reinventing Government: How the Entrepreneurial Spirit is Transforming the Public Sector*, Reading, UK: Addison-Wesley.

Otiso, K.M. (2009) 'Colonial Urbanization and Urban Management in Kenya', in Salm, S.J. and Falola, T. (eds) *African Urban Spaces in Historical Perspective*. Rochester, NY: University of Rochester Press, 73–97.

Pahl, R.E. (1970) *Whose City? And Other Essays on Sociology and Planning*, London: Longman.

Palen, J.J. (2001) *The Urban World*, New York: McGraw-Hill Education.

Paquin, J. (2001) 'World City Theory: The Case of Seoul', *Research in Urban Sociology* 6: 337–56.

Park, B.G. (2013) 'State Rescaling in Non-Western Contexts', *International Journal of Urban and Regional Research* 37, 4: 1115–22.

Park, R.E. (1915) 'The City: Suggestions for the Investigation of Human Behavior in the City Environment', *American Journal of Sociology* 20, 5 (March): 577–612.

—— (1925) 'The City: Suggestions for the Investigation of Human Behavior in the Urban Environment', in Park, R.E., Burgess, E.W. and McKenzie, R.D. *The City*, Chicago, IL: University of Chicago Press, 1–46.

—— (1929) 'The City as a Social Laboratory', in Smith, T.V. and White, L.D. (eds) *Chicago: An Experiment in Social Science Research*, Chicago, IL: University of Chicago Press.

—— (1967) *On Social Control and Collective Behaviour. Selected Papers*. Selected and with an introduction by Ralph H. Turner, Chicago, IL: University of Chicago Press.

——, Burgess, E.W. and McKenzie, R.D. (1925) *The City*, Chicago, IL: University of Chicago Press.

Parker, I. (2005) 'The Mirage: The Architectural Insanity of Dubai', *The New Yorker*, October 17: 128–43.

Parker, S. (1999) 'From the Slums to the Suburbs. Labour, the LCC and the Woodberry Down Estate, Stoke Newington (1934–1963)', *London Journal* 24, 2: 51–69.

—— (2000a) 'Sustainability and the Information City', *City* 4, 1: 123–35.

—— (2000b) 'Tales of the City. Situating Urban Discourse in Place and Time', *City* 4, 2: 233–46.

—— (2001a) 'Community, Social Identity and the Structuration of Power in the Contemporary European City. Part One: Towards a Theory of Urban Structuration', *City* 5, 2: 189–202.

—— (2001b) 'Community, Social Identity and the Structuration of Power in the Contemporary European City. Part Two: Power and Identity in the Urban Community: A Comparative Analysis', *City* 5, 3: 281–309.

—— (2011) *Cities, Politics and Power*, Abingdon, UK: Routledge.

—— (2012) 'Urbanism as Material Discourse: Questions of Interpretation in Contemporary Urban Theory', *Urban Geography* 33, 4: 530–44.

—— (2013) '"Hidden in Plain Sight": Baltimore, The Wire and the Politics of UnderDevelopment in Urban America', in Lewis, D., Rodgers, D. and Woolcock, M. (eds) *Popular Representations of Development: Insights from Novels, Films, Television and Social Media*, Abingdon, UK: Routledge, 92–113.

—— and Sites, W. (2012) 'New Directions in Urban Theory: Introduction', *Urban Geography* 33, 4: 469–73.

—— Uprichard, E. and Burrows, R. (2007) 'Class Places and Place Classes. Geodemographics and the Spatialization of Class', *Information Communication and Society* 10, 6: 902–21.

Parkin, F. (1982) *Max Weber*, Chichester: Ellis Horwood.

Parkinson, J. (2012) *Democracy and Public Space: the physical sites of democratic performance*, Oxford: Oxford University Press.

Parks, R. and Oakerson, R. (1989) 'Metropolitan Organization and Governance: A Local Public Economy. Approach', *Urban Affairs Review* 25, 1: 18–29.

Parnell, S. and Oldfield, S. (eds) (2014) *The Routledge Handbook on Cities of the Global South*, Abingdon, UK: Routledge.

—— and Robinson, J. (2012) '(Re)theorizing Cities from the Global South: Looking Beyond Neoliberalism', *Urban Geography* 33, 4: 593–617.

Parsons, T. (1949) [1937] *The Structure of Social Action. A Study in Social Theory with Special Reference to a Group of Recent European Writers (Alfred Marshall, Vilfredo Pareto, Emile Durkheim, Max Weber)*, New York and London: McGraw-Hill.

Partners for Livable Communities (2000) *The Livable City. Revitalizing Urban Communities*, Washington, DC: McGraw-Hill.

Peach, C. (1996) 'Does Britain Have Ghettos?', *Transactions of the Institute of British Geographers* 21, 1: 216–35.
Peck, J. (2012) 'Austerity urbanism', *City* 16, 6: 626–55.
—— (2014) 'Pushing Austerity: State Failure, Municipal Bankruptcy and the Crises of Fiscal Federalism in the USA', *Cambridge Journal of Regions, Economy and Society* 7, 1: 17–44.
——, Theodore, N. and Brenner, N. (2009) 'Neoliberal Urbanism: Models, Moments, Mutations', *SAIS Review* 29: 49–66.
Peerenboom, J.P. and Fisher, R.E. (2007) Analyzing Cross-Sector Interdependencies. *System Sciences, 2007. HICSS 2007. 40th Annual Hawaii International Conference*, pp. 1–9.
Peterson, P.E. (1981) *City Limits*, Chicago, IL: University of Chicago Press.
Pfautz, H.W. (1967) *Charles Booth On the City: Physical Pattern and Social Structure*, Chicago, IL and London: University of Chicago Press.
Phillips, W.R.F. (1994) *Urban Sociology and City Planning at the Turn-of-the-Century: Reevaluating Significant Links in Britain, Germany, and the United States*, International Sociological Association Paper.
Philpott, T.L. (1978) *The Slum and the Ghetto. Neighbourhood Deterioration and Middle Class Reform, Chicago, 1880–1930*, New York: Oxford University Press.
Pickvance, C.G. (1985) 'The Rise and Fall of Urban Movements and the Role of Comparative Analysis', *Environment and Planning D: Society and Space* 3: 31–53.
Pierre, J. (1999) 'Models of Urban Governance: The Institutional Dimension of Urban Politics', *Urban Affairs Review* 34, 3: 372–96.
Pieterse, E. (2009) 'African Reverberations of the Mumbai Attacks', *Theory, Culture & Society* 26, 7–8: 289–300.
—— (2010) 'Cityness and African Urban Development', *Urban Forum* 21, 3: 205–19.
—— (2014) *Epistemological Practices of Southern Urbanism*, Cape Town: African Centre for Cities, University of Cape Town.
—— and Parnell, S. (2014) 'Africa's Urban Revolution in Context', in *Africa's Urban Revolution*, London: Zed Books, 1–17.
Piketty, T. (2014) *Capital in the Twenty-First Century*, Cambridge, MA: Harvard University Press.
Pile, S. and Thrift, N. (eds) (2000) *City A–Z*, London: Routledge.
Pinker, S. (2012) *The Better Angels of Our Nature: A History of Violence and Humanity*, London: Penguin.
Plant, S. (1998) *Zeros + Ones. Digital Women + the New Technoculture*, London: Fourth Estate.
Platt, H.L. (2000) 'Jane Addams and the Ward Boss Revisited: Class, Politics, and Public Health in Chicago, 1890–1930', *Environmental History* 5, 2 (April): 194–222.
Plummer, K. (ed.) (1997) *The Chicago School. Critical Assessments*, London: Routledge.
Polikoff, B.G. (1999) *With One Bold Act. The Story of Jane Addams*, Chicago, IL: Boswell Books.
Polsby, N.W. (1963) *Community Power and Political Theory*, New Haven, CT: Yale University Press.
Popovich, L., Potapchik, E., Shishkin, S., Richardson, E., Vacroux, A. and Mathivet, B. (2011) 'Russian Federation Health System Review', *Health Systems in Transition* 13, 7: 1–190.
Portes, A. and Landolt, P. (1996) 'Unsolved Mysteries: The Tocqueville Files II', *The American Prospect* 7, 26, 1 May–1 June. Available on-line through www.prospect.org.
Potts, D. (2010) *Circular Migration in Zimbabwe and Contemporary Sub-Saharan Africa*, Woodbridge, Suffolk, UK and Rochester, NY: James Currey.
Powell, J. (1998) *Postmodernism for Beginners*, London: Writers and Readers.
Powell, T., Hanfling, D. and Gostin, L.O. (2012) 'Emergency Preparedness and Public Health: The Lessons of Hurricane Sandy', *Journal of the American Medical Association* 308, 24: 2569–70.
Pratt, A.C. (2000) 'New Media, the New Economy and New Spaces', *Geoforum* 31, 4: 425–36.

—— and Hutton, T. A. (2013) 'Reconceptualising the Relationship Between the Creative Economy and the City: Learning from the Financial Crisis', *Cities* 33: 86–95.
Putnam, R.D., with Leonardi, R. and Nanetti, R.Y. (1993a) *Making Democracy Work. Civic Traditions in Modern Italy*, Princeton, NJ: Princeton University Press.
—— (1993b) 'The Prosperous Community: Social Capital and Public Life', *The American Prospect* 13 (Spring): 35–42.
—— (1996) 'The Strange Disappearance of Civic America', *The American Prospect* 24 (Winter): 34–48.
—— (2000) *Bowling Alone. The Collapse and Revival of American Community*, New York: Simon and Schuster.
Rabinow, P. (ed.) (1984) *The Foucault Reader*, New York: Pantheon Books.
Reckless, W. (1933) *Vice in Chicago*, Chicago, IL: University of Chicago Press.
Redfield, R. (1947) 'The Folk Society', *American Journal of Sociology* 3, 4: 293–308.
Reeder, D.A. (1984) *Charles Booth's Descriptive Map of London Poverty 1889*, London: Topographical Society.
Ren, X. (2011) 'The Urban Question as a Rights Question: Remaking Urban Citizenship in Contemporary China', University of California–Berkeley Workshop on Space Production and Territoriality, University of California, Berkeley, CA.
—— (2013) *Urban China*, Cambridge: Polity.
Rex, J. (1973) *Race, Colonialism and the City*, London: Routledge & Kegan Paul.
—— (1988) *The Ghetto and the Underclass. Essays on Race and Social Policy*, Aldershot, UK: Avebury.
—— and Tomlinson, S. (1979) *Colonial Immigrants in a British City. A Class Analysis*, London: Routledge.
Riesman, D.N. with Glazer, N. and Denney, R. (1950) *The Lonely Crowd*, New Haven, CT: Yale University Press.
Riis, J. (1891) *How the Other Half Lives. Studies among the Poor*, London and New York: Sampson, Low, Marson, Searle & Rivington. [Also sub-titled 'Studies among the Tenements of New York'.]
Riker, W.H. (1992) 'The Entry of Game Theory into Political Science', in Weintraub, E.R. (ed.) *Toward a History of Game Theory*, Durham, NC and London: Duke University Press, 207–3.
Ritzer, G. (2013) *The McDonaldization of Society*, Thousand Oaks, CA: Sage.
Robins, K. (1999) 'Foreclosing on the City? The Bad Idea of Virtual Urbanism', in Downey, J. and McGuigan, J. (eds) *Technocities*, London: Sage, 34–59.
Robinson, J. (2006) *Ordinary Cities: Between Modernity and Development*, London: Routledge.
—— and Roy, Ananya (2015) 'Global Urbanisms and the Nature of Urban Theory: Introduction to a Debates and Developments Symposium', *International Journal of Urban and Regional Research*.
Rodaway, P. (1994) *Sensuous Geographies: Body, Sense and Place*, London: Routledge.
Rodgers, D., Beall, J. and Kanbur, S.M.R. (eds) (2012a) *Latin American Urban Development into the 21st Century: Towards a Renewed Perspective on the City*, Basingstoke, UK: Palgrave Macmillan.
Rodgers, D., Beall, J. and Kanbur, S.M.R. (2012b) 'Re-Thinking The Latin American City', in Rodgers, D., Beall, J. and Kanbur, S.M.R. (eds) *Latin American Urban Development into the 21st Century: Towards a Renewed Perspective on the City*, Basingstoke, UK: Palgrave Macmillan, 3–33.
Rogers, R. (1997) *Cities for a Small Planet*, London: Faber and Faber.
Rosenlund, L. (2000) 'Cultural Changes in a Norwegian Urban Community: Applying Pierre Bourdieu's Approach and Analytical Framework', in Robbins, D. (ed.) *Pierre Bourdieu*, vol. 6, London: Sage, 220–43.
Ross, A. (2000) *The Celebration Chronicles*, London: Verso.
Rothschild, J. with Cheng, A. (1999) *Design and Feminism: Re-Visioning Spaces, Places, and Everyday Things*, New Brunswick, NJ: Rutgers University Press.
Roy, A. (2003) *City Requiem, Calcutta: Gender and the Politics of Poverty*, Minneapolis, MN and London: University of Minnesota Press.
—— (2009) 'Civic Governmentality: The Politics of Inclusion in Beirut and Mumbai', *Antipode* 41, 1: 159–79.

—— (2011) 'Slumdog Cities: Rethinking Subaltern Urbanism', *International Journal of Urban and Regional Research* 35, 2: 223–38.
—— and Ong, A. (2011) *Worlding Cities: Asian Experiments and the Art of Being Global*, Oxford: Wiley-Blackwell.
—— and Robinson, J. (eds) (2015) 'Global Urbanisms and the Nature of Urban Theory', *International Journal of Urban and Regional Research*.
Ruddiman, W.F. (2010) *Plows, Plagues, and Petroleum: How Humans Took Control of Climate*, Princeton, NJ and Oxford: Princeton University Press.
Rudner, M. (2013) 'Cyber-Threats to Critical National Infrastructure: An Intelligence Challenge', *International Journal of Intelligence and Counter Intelligence* 26, 3: 453–81.
Ruggieri, G. (1993) 'Comprendere il fenomeno urbano contemporaneo: utilità ed attualità delle analisi di M. Weber, G. Simmel, R E. Park, L. Wirth' (Understanding the Modern Urban Phenomenon: The Usefulness and Relevance of Analyzing M. Weber, G. Simmel, R. E. Park, L. Wirth), *Sociologia* 27, 1–3: 577–88.
Ruggiero, V. (2001) *Movements in the City. Conflict in the European Metropolis*, Harlow, UK: Prentice Hall.
Rusk, D. (1993) *Cities without Suburbs*, Baltimore, MD: Johns Hopkins University Press.
Russell, J.S. (2001) 'Dutch Docklands Renewed: A New New Urbanism is Taking Shape in the Netherlands, Solving Housing Issues and Revamping Formerly Deserted Docklands', *Architectural Record* 189, 4: 94–103.
Russian Federation (2000) *The State of the Cities in the Russian Federation*, Moscow: Gosstroy. Available online at http://www.unhabitat.org/Istanbul%2B5/Russia2.doc.
Rutheiser, C. (1996) *Imagineering Atlanta. The Politics of Place in the City of Dreams*, London and New York: Verso.
Rykwert, J. (2000) *The Seduction of Place: The City in the Twenty First Century*, London: Weidenfeld and Nicolson.
Sabel, C. (1994) 'Flexible Specialisation and the Re-Emergence of Regional Economies', in Amin, A. (ed.) *Post-Fordism: A Reader*, Oxford: Blackwell, 101–56.
—— and Piore, M. (1984) *The Second Industrial Divide. Possibilities for Prosperity*, New York: Basic Books.
Safier, M. (1996) 'The Cosmopolitan Challenge in Cities on the Edge of the Millennium. Moving from Conflict to Coexistence', *City* 3–4: 12–29.
Sandercock, L. and Berry, M. (1983) *Urban Political Economy. The Australian Case*, Sydney: George Allen and Unwin Australia.
Sassen, S. (1991) *The Global City. New York, London, Tokyo*, 1st edn, Princeton, NJ: Princeton University Press.
—— (1994) *Cities in a World Economy*, 1st edn, Thousand Oaks, CA: Pine Forge Press.
—— (1999) 'Whose City is It? Globalization and the Formation of New Claims', in Holston, J. (ed.) *Cities and Citizenship*, Durham, NC and London: Duke University Press, 177–94.
—— (2000) *Cities in a World Economy*, 2nd edn, Thousand Oaks, CA: Pine Forge Press.
—— (2001a) *The Global City: New York, London, Tokyo*, 2nd edn, Princeton, NJ and Oxford: Princeton University Press.
—— (2001b) 'The Changing Context and Directions of Urban Governance', in Habitat/United Nations Centre for Human Settlements *Cities in a Globalizing World. Global Report on Human Settlements*, London: Earthscan, 57–76.
—— (2005) 'Global City: Introducing a Concept', *The Brown Journal of World Affairs* 11: 27–44.
—— (2010a) 'Reading the City in a Global Digital Age: The Limits of Topographic Representation', *Procedia – Social and Behavioral Sciences* 2, 5: 7030–41.
—— (2010b) 'When the City Itself Becomes a Technology of War', *Theory, Culture & Society* 27, 6: 33–50.
Satterthwaite, D. (2007) *The Transition to a Predominantly Urban World and its Underpinnings*, Human Settlements Discussion Paper Series, International Institute for Environment and Development, 4 September.
—— (2010) 'Urban myths and the mis-use of data that underpin them', in Beall, J., Guha-Khasnobis, B. and Kanbur, R. (eds) *Urbanization and Development*, Oxford: Oxford University Press, 83–102.
Saunders, P. (1981) *Social Theory and the Urban Question*, 1st edn, London: Hutchinson.

—— (1995) *Social Theory and the Urban Question*, 2nd edn, London: Routledge.
Savage, M. (2011) 'The Lost Urban Sociology of Pierre Bourdieu', in Bridge, G. and Watson, S. (eds) *The New Blackwell Companion to the City*, Oxford: Wiley-Blackwell, 511–20.
——, Bagnall, G. and Longhurst, B. (2004) *Globalization and Belonging*, London and Thousand Oaks, CA: Sage.
—— and Warde, A. (1993) *Urban Sociology, Capitalism and Modernity*, Basingstoke, UK: Macmillan.
——, —— and Ward, K. (2003) *Urban Sociology, Capitalism and Modernity*, 2nd edn, Basingstoke, UK: Palgrave.
——, Devine, F., Cunningham, N., Taylor, M., Li, Y., Hjellbrekke, J. ... Miles, A. (2013) 'A New Model of Social Class? Findings from the BBC's Great British Class Survey Experiment', *Sociology* 47, 2: 219–50.
Savitch, H.V. (1988) *Postindustrial Cities: Politics and Planning in New York, Paris and London*, Princeton, NJ: Princeton University Press.
Saxenian, A. (1994) 'Lessons from Silicon Valley', *Technology Review* 97, 5 (July): 42–51.
Schama, S. (1987) *The Embarrassment of Riches. An Interpretation of Dutch Culture in the Golden Age*, London: Collins.
Schrank, D. and Lomax, T. (2001) *Urban Mobility Study*, Texas Transportation Institute, College Station.
Schumpeter, J.A. (1987) *Capitalism, Socialism and Democracy*, 7th edn, London: Unwin Paperbacks.
Schuurman, F. and Van Naerssen, T. (2013) *Urban Social Movements in the Third World*, Abingdon, UK: Routledge.
Scott, A.J. (1981) *Metropolis. From the Division of Labour to Urban Form*, Berkeley, CA: University of California Press.
—— (2011) 'Emerging Cities of the Third Wave', *City* 15(3-4): 289–321.
—— and Soja, E.W. (eds) (1996) *The City. Los Angeles and Urban Theory at the End of the Twentieth Century*, Berkeley, CA: University of California Press.
—— and Storper, M. (2014) 'The Nature of Cities: The Scope and Limits of Urban Theory', *International Journal of Urban and Regional Research*. Online.
Scott, M. (1971) *American City Planning since 1890*, Berkeley, CA: University of California Press.
Seabrook, J. (1996) *In the Cities of the South. Scenes from a Developing World*, London: Verso.
Seamon, D. (1979) *A Geography of the Lifeworld: Movement, Rest and Encounter*, London: Croom Helm.
Sennett, R. (1990) *The Conscience of the Eye. The Design and Social Life of Cities*, London: Faber and Faber.
—— (1993) *The Fall of Public Man*, London: Faber and Faber.
—— (1994) *Flesh and Stone. The Body and the City in Western Civilization*, New York: W.W. Norton.
—— (1999) *The Corrosion of Character. The Personal Consequences of Work in the New Capitalism*, New York: W.W. Norton.
—— (2000) *The Art of Making Cities*, London: London School of Economics.
—— (2001) 'Capitalism and the City', in Echenique, M. and Saint, R. (eds) *Cities for the New Millennium*, London: Spon, 15–22.
Shatkin, G. (2013) *Contesting the Indian City: Global Visions and the Politics of the Local*, Oxford: Wiley-Blackwell.
Shaw, C.R. (1930) *The Jack-Roller. A Delinquent Boy's Own Story*, Chicago, IL: University of Chicago Press.
——, McKay, H.D. and McDonald, J.F. (1938) *Brothers in Crime*, Chicago, IL: University of Chicago Press.
Shaw, J.S. and Utt, R.D. (2001) *A Guide to Smart Growth: Shattering Myths, Providing Solutions*, Washington, DC: Heritage Foundation.
Shefter, M. (1985) *Political Crisis/Fiscal Crisis: The Collapse and Revival of New York City*, New York: Basic Books.
Shepard, B. and Hayduk, R. (eds) (2002) *From ACT UP to the WTO: Urban Protest and Community Building in the Era of Globalization*, London: Verso.
Shepherd, I.D.H. (1999) 'Mapping the Poor in Late-Victorian London: A Multi-scale Approach', in Bradshaw, J. and Sainsbury, R. (eds) *Proceedings of the Conference to Mark the Centenary of Seebohm Rowntree's First Study of Poverty in York*, Cambridge: Polity Press.

Shiel, M. and Fitzmaurice, T. (2001) *Cinema and the City*, Oxford: Blackwell.
Shields, R. (1991) *Places on the Margin: Alternative Geographies of Modernity*, New York: Routledge.
—— (1999) *Lefebvre, Love and Struggle. Spatial Dialectics*, London: Routledge.
Shonfield, K. (2000) *Walls Have Feelings – Architecture, Film and the City*, London: Routledge.
Short, J.R. (1996) *The Urban Order. An Introduction to Cities, Culture and Power*, Oxford: Blackwell.
—— (1999a) *Globalization and the City*, New York: Prentice Hall.
—— (1999b) 'Urban Imagineers: Boosterism and the Representation of Cities', in Jonas, A.E.G. and Wilson, D. (eds) *The Urban Growth Machine. Critical Perspectives Two Decades Later*, Albany, NY: State University of New York Press, 37–54.
Shpak Lissak, R. (1989) *Pluralism and Progressives: Hull-House and the New Immigrants 1890–1919*, Chicago, IL: University of Chicago Press.
Shragge, E. and Church, K. (1998) 'None of Your Business?! Community Economic Development and the Mixed Economy of Welfare', *Canadian Review of Social Policy* 41 (Spring): 33–44.
Simey, T.S. and Simey, M.B. (1960) *Charles Booth, Social Scientist*, London: Oxford University Press.
Simmel, G. (1950) 'The Metropolis and Mental Life', in Wolff, K.H. (ed.) *The Sociology of Georg Simmel*, Glencoe, IL: Free Press, 409–26.
—— (1986) *Schopenhauer and Nietzsche*, Amherst, MA: University of Massachusetts Press.
—— (1990) *The Philosophy of Money*, London: Routledge.
—— (1996) 'Roma, un'analisi estetica' (Rome, an Aesthetic Analysis), *La Critica Sociologica* 116 (Jan.–Mar.): 1–7.
Simone, A.M. (2010) *City life from Jakarta to Dakar: Movements at the Crossroads*, Abingdon: Routledge.
—— and Abouhani, A. (eds) (2005) *Urban Africa: Changing Contours of Survival in the City*, London and Pretoria: Codesria/Zed Books/University of South Africa Press.
—— and Fauzan, A.U. (2013) 'Majority Time: Operations in the Midst of Jakarta', *The Sociological Review* 61, S1: 109–23.
Sites, W. (2002) 'The Limits of Urban Regime Theory: New York City Under Koch, Dinkins and Giuliani', in Judd, D.R. and Kantor, P. (eds) *The Politics of Urban America. A Reader*, New York: Longman, 215–32.
—— (2007) 'Beyond Trenches and Grassroots? Reflections on Urban Mobilization, Fragmentation, and the Anti-Wal-Mart Campaign in Chicago', *Environment and Planning A* 39: 2632–51.
Sitte, C. von (1965) *City Planning According to Artistic Principles*, London: Phaidon.
Skocpol, T. (1985) 'Bringing the State Back In: Strategies of Analysis in Current Research', in Evans, P.B., Rueschemeyer, D. and Skocpol, T. (eds) *Bringing the State Back In*, Cambridge: Cambridge University Press, 4–37.
Smith, D. (1988) *The Chicago School. A Liberal Critique of Capitalism*, Basingstoke, UK: Macmillan.
Smith, D.A. and Timberlake, M. (1995) 'Conceptualising and Mapping the Structure of the World Systems City System', *Urban Studies* 32, 2: 287–302.
Smith, G. (ed.) (1991) *On Walter Benjamin. Critical Essays and Recollections*, Cambridge, MA: MIT Press.
Smith, H.L. (1930–1935) *The New Survey of London Life and Labour*, 9 volumes, London: P.S. King and Sons.
Smith, K. (2012) *Environmental Hazards: Assessing Risk and Reducing Disaster*, London: Routledge.
Smith, M.E., Ur, J. and Feinman, G. (2014)'Jane Jacobs' "Cities First" Model and Archaeological Reality', *International Journal of Urban and Regional Research*. Online.
Smith, M.P. (1980) *The City and Social Theory*, Oxford: Basil Blackwell.
—— (ed.) (1984) *Cities in Transformation: Class, Capital, and the State*, Beverly Hills, CA: Sage.
—— (2001) *Transnational Urbanism. Locating Globalization*, Oxford and Malden, MA: Blackwell.
—— and Feagin, J.R. (eds) (1987) *The Capitalist City. Global Restructuring and Community Politics*, Oxford and Cambridge, MA: Blackwell.

Smith, N. (1992) 'Blind Man's Bluff, or Hamnett's Philosophical Individualism in Search of Gentrification', *Transactions of the Institute of British Geographers* 17, 1: 110–15.
—— (1996) *The New Urban Frontier. Gentrification and the Revanchist City*, London and New York: Routledge.
—— (1999) 'Which New Urbanism? New York City and the Revanchist 1990s', in Beauregard, R. and Body-Gendrot, S. (eds) *The Urban Moment. Cosmopolitan Essays on the Late-20th Century City, Urban Affairs Annual Reviews*, Thousand Oaks, CA: Sage, 185–208.
—— and Williams, P. (eds) (1986) *Gentrification of the City*, London: Unwin Hyman.
Soja, E.W. (1989) *Postmodern Geographies. The Reassertion of Space in Critical Social Theory*, London and New York: Verso.
—— (1996a) 'The Trialectics of Spatiality', *Osterreichische Zeitschrift für Soziologie* 21, 2: 139–64.
—— (1996b) *Thirdspace*, Oxford: Blackwell.
—— (2000a) 'Putting Cities First: Remapping the Origins of Urbanism', in Bridge, G. and Watson, S. (eds) *A Companion to the City*, Oxford: Blackwell, 26–34.
—— (2000b) *Postmetropolis*, Oxford: Blackwell.
—— (2000c) 'On Spuistraat: The Contested Streetscape in Amsterdam', in Borden, I. (ed.) *The Unknown City: Contesting Architecture and Social Space*, Cambridge, MA: MIT Press, 280–95.
Sorensen, A. and Okata, J. (2011) *Megacities: Urban Form, Governance, and Sustainability*, Tokyo and New York: Springer.
Sorkin, M. (ed.) (1992) *Variations on a Theme Park. The New American City and the End of Public Space*, New York: Hill and Wang.
—— (2002) 'The Center Cannot Hold', in Sorkin, M. and Zukin, S. (eds) *After the World Trade Center*, New York: Routledge, 197–207.
—— and Zukin, S. (eds) (2002) *After the World Trade Center*, New York: Routledge.
Spain, D. (2002) 'What Happened to Gender Relations on the Way from Chicago to Los Angeles?', *City and Community* 1, 2: 155–69.
Spivak, G.C. (1987) *In Other Worlds. Essays in Cultural Politics*, London and New York: Methuen.
Stedman-Jones, G. (1971) *Outcast London: A Study in the Relationship between Classes in Victorian Society*, Oxford: Oxford University Press.
—— (1976) *Outcast London. A Study in the Relationship Between Classes in Victorian London*, Harmondsworth, UK: Penguin.
Stein, H. and Nafzier, E.W. (1990) 'Structural Adjustment, Human Needs, and the World Bank Agenda', *Journal of Modern African Studies* 29, 1: 173–89.
Stephens, G.R. and Wikstrom, N. (2000) *Metropolitan Government and Governance. Theoretical Perspectives, Empirical Analysis, and the Future*, New York: Oxford University Press.
Stephenson, Neal (1992) *Snow Crash*, New York: Bantam Books.
Stoker, G. (1995) 'Urban Regime Theory', in Judge, D., Stoker, G. and Wolman, H. *Theories of Urban Politics*, London: Sage, 54–71.
—— and Mossberger K. (1994) 'Urban Regime Theory in Comparative Perspective', *Government and Policy* 12: 195–212.
Stone, C.N. (1989) *Regime Politics. Governing Atlanta 1946–1988*, Lawrence, KA: University Press of Kansas.
—— (1993) 'Urban Regimes and the Capacity to Govern: A Political Economy Approach', *Journal of Urban Affairs* 15, 1: 1–28.
—— (2001) 'Urban Regimes: A Research Perspective', in Judd, D.R. and Kantor, P.B. (eds) *The Politics of Urban America*, New York: Longman, 26–42.
—— and Sanders, H.T. (1987) *The Politics of Urban Development*, Lawrence, KA: University Press of Kansas.

Storper, M. (1997) *The Regional World. Territorial Development in a Global Economy*, London: The Guilford Press.

—— (2013) *Keys to the City: How Economics, Institutions, Social Interactions, and Politics Shape Development*, Princeton, NJ and Oxford: Princeton University Press.

—— and Walker, R. (1989) *The Capitalist Imperative. Territory, Technology and Industrial Growth*, Oxford: Blackwell.

Strange, S. (1997) *Casino Capitalism*, 2nd edn, Manchester: Manchester University Press.

Sudjic, D. (1995) *The 100 Mile City*, London: Flamingo.

Sultana, N. and Rayhan, M.I. (2012) 'Coping Strategies with Floods in Bangladesh: An Empirical Study', *Natural Hazards* 64, 2: 1209–18.

Sumka, H.J. (1979) 'Neighborhood Revitalization and Displacement. A Review of the Evidence', *Journal of the American Planning Association* 45: 480–7.

Susser, I. (2002) *The Castells Reader on Cities and Social Theory*, Oxford: Blackwell.

Suttles, G.D. (1968) *The Social Order of the Slum. Ethnicity and Territory in the Inner-City*, Chicago, IL: University of Chicago Press.

Swanstrom, T. (1988) 'Urban Populism, Uneven Development, and the Space for Reform', in Cummings, S. (ed.) *Business Elites and Urban Development*, Albany, NY: SUNY Press, 121–52.

—— (2001) 'What We Argue About When We Argue About Regionalism', *Journal of Urban Affairs* 23, 5: 479–96.

Swyngedouw, E. (1997) 'Neither Global nor Local: "Glocalization" and the Politics of Scale', in Cox, K. (ed.) *Spaces of Globalization*, London: Arnold, 167–76.

—— and Baeten, G. (2001) 'Scaling the City: The Political Economy of "Glocal" Development – Brussels' Conundrum', *European Planning Studies* 9, 7: 827–49.

Tabb, W.K. and Sawers, L. (1984) *Marxism and the Metropolis*, Oxford: Oxford University Press.

Tafuri, M. (1999) [1976] *Architecture and Utopia: Design and Capitalist Development*, Cambridge, MA: MIT Press.

Talen, E. (1999) 'Sense of Community and Neighbourhood Form: An Assessment of the Social Doctrine of New Urbanism', *Urban Studies* 36, 8: 1361–80.

Tavakoli-Targhi, M. (2001) 'The Homeless Texts of Persianate Modernity', *Cultural Dynamics* 13, 1: 263–92.

Taylor, M. (1992) 'Can You Go Home Again? Black Gentrification and the Dilemma of Difference', *Berkeley Journal of Sociology* 37: 121–38.

Taylor, P.J. and Walker, D.R.F. (2001) 'World Cities: A First Multivariate Analysis of their Service Complexes', *Urban Studies* 38, 1: 23–47.

——, Beaverstock, J., Cook, G., Pain, K., Greenwood, H. and Pandit, N. (2003) *Financial Service Clustering and its Significance for London*, London: Corporation of London.

Testa, M., Astone, N.M., Krogh, M. and Neckerman, K.M. (1993) 'Employment and Marriage among Inner-City Fathers', in Wilson, W.J. (ed.) *The Ghetto Underclass. Social Science Perspectives*, Newbury Park, CA: Sage, 96–108.

Thomas, A.D., Kam, V. and Gibson, M. (1984) *Research On Urban Renewal. A Consultancy Report to the ESRC Environment and Planning Committee*, London: ESRC.

Thomas, W.I. and Znaniecki, F. (1984) *The Polish Peasant in Europe and America*, Urbana, IL: University of Illinois Press.

Thompson, F.M.L. (1982) *The Rise of Suburbia*, Leicester: Leicester University Press.

Thrasher, F.M. (1927) *The Gang. A Study of 1,313 Gangs in Chicago*, Chicago, IL: University of Chicago Press.

Thrift, N. (1996) *Spatial Formations*, London and Thousand Oaks, CA: Sage.

Tiebout, C. (1956) 'A Pure Theory of Local Expenditure', *Journal of Political Economy* 64: 416–24.

Tilly, C. (1990) *Coercion, Capital, and European States, A.D. 990–1990*, Oxford: Blackwell.

Topalov, C. (1993) 'The City as *Terra Incognita*: Charles Booth's Poverty Survey and the People Of London, 1886–1891', *Planning Perspectives* 8, 4: 395–425.

Townsend, A.M. (2013) *Smart Cities: Big Data, Civic Hackers, and the Quest for a New Utopia*, New York: W.W. Norton.

Tschumi, B. (1994) *Event-Cities*, Cambridge, MA: MIT Press.

—— (2000) *Event-Cities 2*, Cambridge, MA: MIT Press.

Turner, B.S. (1996) *For Weber. Essays on the Sociology of Fate*, London: Sage.

Turner, S. (ed.) (2000) *The Cambridge Companion to Weber*, Cambridge: Cambridge University Press.

Tyler, I. (2013) *Revolting Subjects: Social Abjection and Resistance in Neoliberal Britain*, London: Zed Books.

Tyler, S. and Moench, M. (2012) 'A Framework for Urban Climate Resilience', *Climate and Development* 4, 4: 311–26.

Udwadia, Z., Falzon, D., Zignol, M., Daley, C., Wayer, K., Cegielski, P. ... Oliviera, P. (2012) 'Totally Drug-Resistant TB: A WHO Consultation on the Diagnostic Definition and Treatment Options', Geneva: WHO, 1–22.

UNAMA (2013) *Afghanistan. Annual Report 2013. Protection of Civilians in Armed Conflict*, Kabul, Afghanistan: United Nations Assistance Mission in Afghanistan.

UN-Habitat (2006) *The State of the World's Cities Report 2006/2007. 30 Years of Shaping the Habitat Agenda*, London: UN-Habitat.

—— (2011) *Cities and Climate Change: Global Report on Human Settlements, 2011/United Nations Human Settlements Programme*, London: Earthscan.

UNHCR (2013) *UNHCR Eligibility Guidelines for Assessing The International Protection Needs of Asylum-Seekers from Afghanistan*, Geneva: UNHCR.

UNISDR (2009) *UNISDR Terminology on Disaster Risk Reduction*, Geneva: UN/International Strategy for Disaster Reduction.

United Nations (1999) *Human Development Report, 1999*, New York: United Nations.

—— Department of Economic and Social Affairs (2012) *World Urbanization Prospects: The 2011 Revision. Highlights*, New York: United Nations.

—— Department of Economic and Social Affairs (2014) *World Urbanization Prospects: The 2014 Revision*, New York: United Nations.

United Nations General Assembly (2001) 'Declaration on Cities and Other Human Settlements in the New Millennium', 6th Plenary Meeting, New York, 9 June 2001.

Unwin, R. (1971) *Town Planning in Practice. An Introduction to the Art of Designing Cities and Suburbs*, New York: B. Blom.

Urban Task Force (1999) *Report of the Urban Task Force*, London: Spon.

Urry, J. (1990) *The Tourist Gaze. Leisure and Travel in Contemporary Societies*, London: Sage.

US Bureau of Census (2002) *National Population Projections I. Summary Files*. Available online at http://www.census.gov/population/www/projections/natsum-T1.html (accessed September 2002).

US National Advisory Commission on Civil Disorders (1988) *The Kerner Report*, New York: Pantheon Books.

Valentine, G. (1997) '(Hetero)Sexing Space: Lesbian Perceptions and Experience of Everyday Spaces', in McDowell, L. and Sharp, J.P. (eds) *Space, Gender, Knowledge. Feminist Readings*, London: Arnold, 284–300.

van Kempen, R. and Priemus, H. (1999) *Revolution in Social Housing in the Netherlands: Changing Social Function and Legal Status of Housing Associations*. Paper for the ENHR-CECODHAS-NETHUR Workshop on Social Housing Policy, Nunspeet, the Netherlands, 18/19 February, 1999.

van Weesep, J. and Musterd, S. (eds) (1991) *Urban Housing for the Better-Off: Gentrification in Europe*, Utrecht: Stedelijke Netwerken.

van Winden, W., de Carvalho, L., van Tuijl, E., van Haaren, J. and van den Berg, L. (2012) *Creating Knowledge Locations in Cities: Innovation and Integration Challenges*, London and New York: Routledge.

Venkatesh, S. (2001) 'Chicago's Pragmatic Planners: American Sociology and the Myth of Community', *Social Science History* 25, 2: 275–317.

Venturi, R. (1977) *Complexity and Contradiction in Architecture*, 2nd edn, London: The Architectural Press.

——, Scott Brown, D. and Izenour, S. (1993) *Learning from Las Vegas. The Forgotten Symbolism of Architectural Form*, revised edn, Cambridge, MA: MIT Press.

Vergara, C.J. (1995) *The New American Ghetto*, New Brunswick, NJ: Rutgers University Press.

Vernant, J.-P. (1972) 'Greek Tragedy: Problems of Interpretation', in Macksey, R. and Donato, E. (eds) *The Structuralist Controversy*, Baltimore, MD and London: Johns Hopkins University Press, 278–88.

Vidler, A. (1991) 'Agoraphobia: Spatial Estrangement in Georg Simmel and Siegfried Kracauer', *New German Critique* 54, (Fall): 31–45.

Virilio, P. (1986) *Speed and Politics. An Essay on Dromology*, New York: Semiotext(e).

Viitanen, J. and Kingston, R. (2013) 'Smart Cities and Green Growth: Outsourcing Democratic and Environmental Resilience to the Global Technology Sector', *Environment and Planning A* 45: 1–17.

Von Neumann, J. and Morgenstern, O. (1944) *The Theory of Games and Economic Behaviour*, Princeton, NJ: Princeton University Press.

Vora, N. (2011) 'Unofficial Citizens: Indian Entrepreneurs and the State-Effect in Dubai, United Arab Emirates', *International Labor and Working Class History* 79, 1: 122–39.

Wacquant, L.J.D. (1994) 'The New Urban Color Line: The State and Fate of the Ghetto in Post-Fordist America', in Calhoun, C. (ed.) *Social Theory and the Politics of Identity*, Oxford: Blackwell, 231–76.

—— (1999a) 'America as Social Dystopia', in Bourdieu, P. *et al. The Weight of the World. Social Suffering in Contemporary Society*, Cambridge: Polity Press, 130–9.

—— (1999b) 'Inside "The Zone". The Social Art of the Hustler in the American Ghetto', in Bourdieu, P. *et al.* (eds) *The Weight of the World. Social Suffering in Contemporary Society*, Cambridge: Polity, 140–67.

—— (2008) *Urban Outcasts: A Comparative Sociology of Advanced Marginality*, Cambridge: Polity.

—— and Wilson, W.J. (1993) 'The Cost of Racial and Class Exclusion in the Inner City', in Wilson, W.J. (ed.) *The Ghetto Underclass. Social Science Perspectives*, Newbury Park, CA: Sage, 25–42.

—— Slater, T. and Pereira, V.B. (2014) 'Territorial Stigmatization in Action', *Environment and Planning A* 46, 6: 1270–80.

Waley, P. (2000) 'Tokyo: Patterns of Familiarity and Partitions of Difference', in Marcuse, P. and van Kempen, R. (eds) *Globalizing Cities. A New Spatial Order?*, Oxford and Malden, MA: Blackwell, 127–57.

Wall, T. and Monahan, T. (2011) 'Surveillance and Violence from Afar: The Politics of Drones and Liminal Security-Scapes', *Theoretical Criminology* 15, 3: 239–54.

Walton, J. (1993) 'Urban Sociology: The Contribution and Limits of Political Economy', *American Review of Sociology* 19, 1: 301–20.

—— (2000) 'Urban Sociology', in Quah, S.R. and Sales, A. (eds) *The International Handbook of Sociology*, London, Thousand Oaks, CA and New Delhi: Sage, 299–318.

Wamsler, C. (2014) *Cities, Disaster Risk and Adaptation*, Abingdon, UK: Routledge.

Ward, D. (1982) 'The Ethnic Ghetto in the United States: Past and Present', *Transactions of the Institute of British Geographers* 7, 3: 257–75.

Warde, A. (1991) 'Gentrification as Consumption: Issues of Class and Gender', *Environment and Planning D: Society and Space* 9: 223–32.

Warner, L. (1963) *Yankee City*, New Haven, CT and London: Yale University Press.

Watson, S. (2002) 'City A/genders', in Bridge, G. and Watson, S. (eds) *The Blackwell City Reader*, Oxford: Blackwell, 290–96.

—— and Gibson, K. (1995) *Postmodern Cities and Spaces*, Oxford: Blackwell.

Wax, M.L. (2000) 'Old Chicago and the New France', *The American Sociologist* 31, 4: 65–82.

WCED (1987) World Commission on Environment and Development. *Our Common Future*, Oxford: Oxford University Press.

Weaver, S.C. (2013) 'Urbanization and Geographic Expansion of Zoonotic Arboviral Diseases: Mechanisms and Potential Strategies for Prevention', *Trends in Microbiology* 21, 8: 360–3.

Webber, M.A. (1964) 'Urban Place and the Nonplace Urban Realm', in Webber, M.A. *et al. Explorations into Urban Structure*, Philadelphia, PA: Pennsylvania University Press, 79–153.

Weber, A. (1899) *The Growth of Cities in the Nineteenth Century. A Study in Statistics*, New York: Columbia College Studies in History, Economics and Public Law. Reprinted by Cornell University Press, Ithaca, 1963.

Weber, M. (1958) *The City*, Glencoe, IL: Free Press.

—— (1968) *Economy and Society. An Outline of Interpretive Sociology*, Vols 1–3, New York: Bedminster Press.

—— (1985) *The Protestant Ethic and the Spirit of Capitalism*, London: Unwin.

Weinstein, D. and Weinstein, M.A. (1993) *Postmodern(ized) Simmel*, London: Routledge.

Weinstein, L. (2014) '"One-Man Handled"': Fragmented Power and Political Entrepreneurship in Globalizing Mumbai', *International Journal of Urban & Regional Research* 38, January: 14–35.

——, Sami, N. and Shatkin, G. (2013) 'Contested Developments: Enduring Legacies and Emergent Political Actors in Contemporary Urban India', in Shatkin, G. (ed.) *Contesting the Indian City: Global Visions and Politics of the Local*, New York: Wiley-Blackwell (Studies in Urban and Social Change), 39–64.

Weiss, M. J. (2000) *The Clustered World: How We Live, What We Buy, and What it all Means about Who We Are*, Boston, MA: Little, Brown.

Weizman, E. (2007) *Hollow Land: Israel's Architecture of Occupation*, London: Verso.

—— (2011) *The Least of all Possible Evils: Humanitarian Violence from Arendt to Gaza*, London: Verso.

Werlen, B. (1993) *Society, Action, and Space: An Alternative Human Geography*, London: Routledge.

Wetherell, M., Taylor, S. and Yates, S. (eds) (2001) *Discourse Theory and Practice: A Reader*, London and Thousand Oaks, CA: Sage.

White, H. (1987) *The Content of the Form: Narrative Discourse and Historical Representation*, Baltimore, MD: Johns Hopkins University Press.

White, R.R. (2001) 'Sustainable Development in Urban Areas: An Overview', in Devuyst, D. (ed.) *How Green is the City. Sustainability Assessment and the Management of the Urban Environments*, New York: Columbia University Press, 47–62.

Whyte, W.F. (1955) *Street Corner Society*, Chicago, IL and London: Chicago University Press.

Whyte, W.H. (1956) *The Organization Man*, New York: Simon and Schuster.

—— (ed.) (1958) *The Exploding Metropolis*, New York: Doubleday.

—— (1980) *The Social Life of Small Urban Spaces*, Washington, DC: Conservation Foundation.

Wickersham, J. (2001) 'Jane Jacobs's Critique of Zoning: From Euclid to Portland and Beyond', *Boston College Environmental Affairs Law Review* 28, 4: 547–63.

Wigley, M. (2002) 'Insecurity by Design', in Sorkin, M. and Zukin, S. (eds) *After the World Trade Center*, New York: Routledge, 69–85.

Williams, R. (1961) *The Long Revolution*, London: Chatto and Windus.

—— (1973) *The Country and the City*, New York: Oxford University Press.

Willmott, P. and Young, M. (1960) *Family and Class in a London Suburb*, London: Routledge & Kegan Paul.

—— and —— (1971) *Family and Class in a London Suburb*, 2nd edn, London: New English Library.

Wilson, E. (1992) *The Sphinx in the City. Urban Life, the Control of Disorder, and Women*, Oxford: University of California Press.

—— (1995) 'The Invisible Flaneur', in Watson, S. and Gibson, K. (eds) *Postmodern Cities and Spaces*, Oxford: Blackwell, 59–79.

Wilson, W.J. (1978) *The Declining Significance of Race*, Chicago, IL: University of Chicago Press.
—— (1987) *The Truly Disadvantaged. The Inner City, the Underclass, and Public Policy*, Chicago, IL: University of Chicago Press.
—— (1996) *When Work Disappears. The World of the New Urban Poor*, New York: Knopf.
Winlow, S. and Hall, S. (2013) *Rethinking Social Exclusion: The End of the Social?* London: Sage.
Wirth, L. (1928) *The Ghetto*, Chicago, IL: University of Chicago Press.
—— (1938) 'Urbanism as a Way of Life', *American Journal of Sociology* 44, 1: 1–24.
—— (1964) *On Cities and Social Life: Selected Papers*, Chicago, IL: Chicago University Press.
—— (1996) 'Urbanism as a Way of Life', in Le Gates, R.T. and Stout, F. (eds) *The City Reader*, London and New York: Routledge, 189–97.
Wohl, A. (ed.) (1970) *The Bitter Cry of Outcast London, by Andrew Mearns*, Leicester: Leicester University Press.
—— (1977) *The Eternal Slum. Housing and Social Policy in Victorian London*, London: Edward Arnold.
Wolf, E. R. (1997) *Europe and the People Without History*, Cambridge: Cambridge University Press.
Wolff, J. (1990) 'Feminism and Modernism', in Wolff, J. (ed.) *Feminine Sentences: Essays on Women and Culture*, Berkeley, CA: University of California Press.
World Bank (2000) *Poverty in an Age of Globalization*, Washington, DC: World Bank.
—— (2012) *The Little Data Book on Information and Communication Technology 2012*, Washington, DC: World Bank/International Telecommunication Union.
World Health Organization (2010) *Multidrug and Extensively Drug-Resistant TB (M/XDR-TB): 2010 Global Report on Surveillance and Response*, Geneva: WHO.
Wright, Frank Lloyd (1996) 'Broadacre City: A New Community Plan', *The Architectural Record*, 1935, reprinted in Le Gates, R.T. and Stout, F., *The City Reader*, 1st edn, London: Routledge, 377–381.
Wu, F. (ed.) (2007) *China's Emerging Cities: The Making of New Urbanism*, London: Routledge.
Yeoh, B.S.A. (1999) 'Global/Globalizing Cities', *Progress in Human Geography* 23, 4 (Dec.): 607–16.
Yeqin, Z. (2013) 'Housing and Citizenship Rights of Rural Migrants in Urban China', in Perera, N. and Tang, W.-S. (eds) *Transforming Asian Cities. Intellectual Impasse, Asianizing Space, and Emerging Translocalities*, Abingdon, UK: Routledge, 94–111.
Young, K. and Mills, L. (1993) *A Portrait of Change*, Luton: Local Government Management Board/ESRC Local Governance Programme.
Young, M. and Willmott, P. (1986) *Family and Kinship in East London*, London: Penguin.
—— and —— (1992) *Family and Kinship in East London*, Berkeley, CA: University of California Press.
Young, P.V. (1932) *The Pilgrims of Russian-Town. The Community of Spiritual Christian Jumpers in America*, Chicago, IL: University of Chicago Press.
Yunusa, M.-B. (2005) 'Life in a High-Density Urban Area: Anguwar Mai Gwado in Zaria', in Simone, A.M. and Abouhani, A. (eds) *Urban Africa: Changing Contours of Survival in the City*, London and Pretoria: Codesria/Zed Books/University of South Africa Press, 177–205.
Zevi, B. (1950) *Towards an Organic Architecture*, London: Faber and Faber.
Zorbaugh, H.W. (1929) *Gold Coast and Slum. A Sociological Study of Chicago's Near North Side*, Chicago, IL: University of Chicago Press.
Zotti, E. (1997) 'Eyes on Jane Jacobs', in Allen, M. (ed.) *Ideas that Matter. The Worlds of Jane Jacobs*, Owen Sound, Ontario: The Ginger Press, 61–2.
Zukin, S. (1988) *Loft Living. Culture and Capital in Urban Change*, London: Radius.
—— (1991) *Landscapes of Power. From Detroit to Disney World*, Berkeley, CA: University of California Press.
—— (1995) *The Cultures of Cities*, Oxford: Blackwell.

《城市研究系列》总目

☑ 已出版，☐ 待出版

- ☑ 马克思主义与城市
- ☑ 保卫空间
- ☑ 城市空间的社会生产
- ☑ 城市：非正当性支配
- ☑ 现代性和大都市
- ☑ 驱逐：全球经济中的野蛮性与复杂性
- ☑ 浮现的世界：21 世纪的城市与区域
- ☑ 空间问题：文化拓扑学和社会空间化
- ☑ 文化崩溃：创意阶层的衰落
- ☑ 城市的视角
- ☑ 世界城市网络：一项全球层面的城市分析
- ☑ 社会理论与城市问题
- ☑ 全球城市政治：国家的非正规化
- ☑ 城市理论与城市经验：遇见城市
- ☑ 未来是什么？
- ☐ 为增长而规划：中国的城市与区域规划
- ☐ 阁楼生活方式：城市变化中的文化与资本
- ☐ 城市发展的基本趋势
- ☐ 大都市与精神生活

图书在版编目(CIP)数据

城市理论与城市经验:遇见城市 / (英)西蒙·帕克著;何本国译.—南京:江苏凤凰教育出版社,2019.9

ISBN 978-7-5499-8025-3

Ⅰ.①城… Ⅱ.①西…②何… Ⅲ.①城市管理-研究 Ⅳ.①F293

中国版本图书馆 CIP 数据核字(2019)第 086796 号

Urban Theory and the Urban Experience: Encountering the City, 2nd edition
By Simon Parker.
ISBN: 978-0-415-52070-6

© Routledge
All Rights Reserved. Authorized translation from English language edition published by Routledge, a member of the Taylor & Francis Group.
本书原版由 Taylor & Francis 出版集团旗下 Routledge 出版公司出版,并经其授权翻译出版。版权所有,侵权必究。
Phoenix Education Publishing ltd. is authorized to publish and distribute exclusively the Chinese (Simplified Characters) language edition. This edition is authorized for sale throughout Mainland of China. No part of the publication may be reproduced or distributed by any means, or stored in a database or retrieval system, without the prior written permission of the publisher.
本书中文简体翻译版由江苏凤凰教育出版社独家出版并限在中国大陆地区销售。未经出版者书面许可,不得以任何方式复制或发行本书的任何部分。
Copies of this book sold without a Taylor & Francis sticker on the cover are unauthorized and illegal.
本书封面贴有 Taylor & Francis 防伪标签,无标签者不得销售。
江苏省版权局著作权合同登记 图字 10-2018-169 号

书　　名	**城市理论与城市经验:遇见城市**
作　　者	[英]西蒙·帕克
译　　者	何本国
责任编辑	洪淑娴　蒋志君　张　玲　杨赤民
出版发行	凤凰出版传媒股份有限公司
	江苏凤凰教育出版社(南京市湖南路 1 号 A 楼　邮编 210009)
苏教网址	http://www.1088.com.cn
照　　排	南京紫藤制版印务中心
印　　刷	江苏凤凰通达印刷有限公司(电话 025-57572508)
厂　　址	南京市六合区冶山镇(邮编 211523)
开　　本	787 毫米×1092 毫米　1/16
印　　张	32.5
版　　次	2019 年 9 月第 1 版
	2019 年 9 月第 1 次印刷
书　　号	ISBN 978-7-5499-8025-3
定　　价	68.00 元
网店地址	http://jsfhjycbs.tmall.com
公 众 号	苏教服务(微信号:jsfhjyfw)
邮购电话	025-85406265,025-85400774,短信 02585420909
盗版举报	025-83658579

苏教版图书若有印装错误可向承印厂调换
提供盗版线索者给予重奖